Zu diesem Buch

Psychische Strukturen und Handlungsmuster von Menschen sind das Resultat sozialer Prozesse, in die diese verstrickt sind. Diese Abhängigkeit kann an etwas aufgezeigt werden, was scheinbar nur der Natur gehorcht: am sexuellen Verhalten. Die Misere der männlichen Sexualität, die die Frauen auf schmerzliche Art zu spüren bekommen, ist nicht – wie Teile der Frauenbewegung meinen – Ausdruck patriarchalischer Willkür, sie ist Ausdruck sozialer Verhältnisse, die die Männer (und Frauen) in Unfreiheit halten. Fragwürdige sexuelle Verhaltensweisen können zurückverfolgt werden auf ökonomische Strukturen, die der Gesellschaft ihren Stempel aufdrücken.

Der Versuch einer Psychologie der männlichen Sexualität wäre allerdings zum Scheitern verurteilt, wenn er nicht die Analyse ihrer abgespaltenen, verdrängten homosexuellen Anteile einbezieht: Ohne das Begreifen der Homosexualität, die an ihr teilhat, bliebe die Heterosexualität unbegriffen. Dies Buch will daher die Bedeutung der offenen und versteckten Homosexualität für das männliche Verhalten herausarbeiten. Darüber hinausgehend versucht es, psychoanalytische Befunde über Hetero- und Homosexualität einzugliedern in Vorüberlegungen zu einer materialistischen Psychologie. Die Analyse des Elends der Männlichkeit soll in der Kritik gesellschaftlicher Verhältnisse ihre Nützlichkeit auf die Probe stellen.

Gerhard Vinnai, geboren 1940 in Stuttgart, ist Professor für Sozialpsychologie an der Universität Bremen. Veröffentlichungen: Fußballsport als Ideologie, Frankfurt am Main 1970; Sport in der Klassengesellschaft, Frankfurt am Main 1972 (Herausgeber); Sozialpsychologie der Arbeiterklasse, Reinbek 1973.

sachbuch rororo

Politische Erziehung

Friedrich Barabas, Thomas Blanke, Christoph Sachße, Ulrich Stascheit
Jahrbuch der Sozialarbeit 1976
Projekte, Konflikte, Recht [6914]

Johannes Beck / Heiner Boehncke (Hg.)
Jahrbuch für Lehrer 1977
Hilfen für die Unterrichtsarbeit [6988]

Hamburger Lehrerkollektiv
Jahrbuch für Junglehrer 1975
Perspektiven für die Berufspraxis [6884]

Johannes Beck, Klaus Bergmann, Heiner Boehncke (Hg.)
Das B.-Traven-Buch [6986]

Heinrich Bast u. a.
Gewalt gegen Kinder
Kindesmißhandlungen und ihre Ursachen [6934]

Aïda Vasquez, Fernand Oury u. a.
Vorschläge für die Arbeit im Klassenzimmer
Die Freinet-Pädagogik [6957]

Johannes Beck
Lernen in der Klassenschule
Untersuchungen für die Praxis [6820]

Dieter Richter / Jochen Vogt (Hg.)
Die heimlichen Erzieher
Kinderbücher und politisches Lernen [6843]

Götz Dahlmüller, Wulf D. Hund, Helmut Kommer
Politische Fernsehfibel
Materialien zur Klassenkommunikation [6849]

Projektgruppe Arbeitslehre Marburg
Schule, Produktion, Gewerkschaften
Ansätze für eine Arbeitslehre im Interesse der Lohnabhängigen [6908]

Gerhard Vinnai
Sozialpsychologie der Arbeiterklasse
Identitätszerstörung im Erziehungsprozeß [6812]

Wohnste sozial, haste die Qual
Mühsamer Weg zur Solidarisierung [6912]

Christian Marzahn u. a.
Konflikt im Jugendhaus
Fortbildung für Sozialarbeiter, Sozialpädagogen, Lehrer [6921]

Erika Stückrath-Taubert (Hg.)
Erziehung zur Befreiung
Volkspädagogik in Südamerika [6877]

Klaus-Jürgen Bruder u. a.
Kritik der Pädagogischen Psychologie [6948]

Klaus Bergmann/Günter Frank (Hg.)
Bildungsarbeit mit Erwachsenen [7059]

Anna Dorothea Brockmann (Hg.)
Landleben
Ein Lesebuch von Land und Leuten [7064]

Wilfried Gottschalch
Schülerkrisen
Autoritäre Erziehung, Flucht und Widerstand [7070]

Klaus Ottomeyer
Ökonomische Zwänge und menschliche Beziehungen
Soziales Verhalten im Kapitalismus [7055]

Gerhard Vinnai
Das Elend der Männlichkeit
Heterosexualität, Homosexualität und ökonomische Struktur [7076]

Analysen, Modelle, Materialien für Schüler, Lehrlinge, Studenten, Lehrer

Gerhard Vinnai

Das Elend der Männlichkeit

Heterosexualität, Homosexualität und ökonomische Struktur

Elemente einer materialistischen Psychologie

rororo

Rowohlt

Die mit dem Aufdruck «Politische Erziehung» versehenen Bände veröffentlichen im Rahmen des rororo-Sachbuch-Programms für Schüler, Lehrlinge, Studenten, Sozialarbeiter und Lehrer:

- Projektberichte aus Schul-, Hochschul-, Stadtteil-, Betriebs- und Sozialarbeit, Berichte und Analysen wichtiger Erziehungskonzeptionen, auch aus anderen Ländern, Erfahrungen und Perspektiven der Organisation aller im Ausbildungsbereich Tätigen;
- Vorschläge, Modelle und Materialien für eine veränderte Praxis in den genannten Bereichen, insbesondere Vorschläge zum Unterricht für Lehrer und Schüler;
- Untersuchungen des Zusammenhangs von Produktion, Ausbildung und Bewußtseinsbildung, die Voraussetzungen sind für eine politische Erziehung.

Herausgeber: Johannes Beck, Heiner Boehncke, Gerhard Vinnai

Redaktion Wolfgang Müller
Umschlagentwurf Jürgen Wulff
Die Zeichnungen und Collagen auf den S. 25, 140 und 141 stammen von Elisabeth Meyer, Bremen, auf den S. 51, 89 und 116 von Herbert Nagel, Frankfurt

1.–13. Tausend Juni 1977
14.–20. Tausend November 1977

ORIGINALAUSGABE
Veröffentlicht im Rowohlt Taschenbuch Verlag GmbH, Reinbek bei Hamburg, Juni 1977

Satz Aldus (Linotron 505 C)
Gesamtherstellung Clausen & Bosse, Leck/Schleswig
Printed in Germany
880-ISBN 3 499 17076 0

Inhalt

Vorwort 9

1. Psychologische Aspekte der Männlichkeit in der bürgerlichen Gesellschaft Heterosexualität, Homosexualität und ökonomische Struktur 10

Vorbemerkungen 10
Kritik der männlichen Psyche als Kritik ihrer verdrängten Anteile 15
Liebesfähigkeit – Liebesunfähigkeit 18
Psychoanalyse der Homosexualität 28
Homosexualität, Fetischismus und Heterosexualität 46
Psychische Konstitution und ökonomische Zwänge 60
Kindliche Prägung und Erwachsenensexualität 74
Mutter-Kind-Beziehung und Geschlechterverhältnis 82
Verdrängte Homosexualität, Gewalt und Leistungskonkurrenz 96
Aspekte der genitalen Sexualität 108
Der Homosexuelle als der Gleiche und der andere 132
Homosexualität, Heterosexualität und bürgerliche Vernunft 144
Zum Schicksal der Männlichkeit 156

2. Vorüberlegungen zu einer materialistischen Psychologie 160

Zur Kritik der positivistischen Psychologie 160
a) Subjektive Erfahrung und Theoriebildung 160
b) Psychologie und Kritik der politischen Ökonomie 167
Zum Verhältnis von Pathologie und Normalität 174
Die politökonomischen Determinanten der Familie und die Psychoanalyse als Theorie der familialen Sozialisation 193
Zum Elend der linken Psychologiefeindschaft 230

3. Zur Konstitution proletarischer Subjektivität 240

Für Anne

Vorwort zur 2. Auflage

Das Buch hat bei Homosexuellen teilweise heftige Kritik hervorgerufen. Die Äußerungen über homosexuelles Sexualverhalten, die es enthält, orientieren sich nach ihrer Ansicht an einem fragwürdigen Ideal der Normalität, demgegenüber die heute vorherrschenden Formen der Homosexualität notwendig als defizitär erscheinen müssen, was ihre Diskriminierung erleichtere.

Es trifft zu, daß der Text das Sexualverhalten der Homosexuellen als problematisch darstellt, weil es häufig mit einer Tendenz zur Vereinsamung, zur Abspaltung der Sexualität von der Person und zur Verdinglichung des Sexualpartners verknüpft ist. Hängt er damit heterosexuellen Idealen an, die für die Homosexuellen terroristische Konsequenzen haben? Mir scheint das nicht der Fall zu sein, weil die Homosexuellen selber meist massiv unter diesem Zustand leiden. Auf die Versöhnung von Sinnlichkeit und Subjektivität, Vernunft und Sexualität hoffen Heterosexuelle wie Homosexuelle. Das «Ideal», an dem sich der Text orientiert, scheint mir nicht nur eine fragwürdige Norm zu sein, weil das Glück und die Hoffnungen der Heterosexuellen wie der Homosexuellen an ihm hängen. Wenn Homosexuelle als beschädigt dargestellt werden, bedeutet das nicht unbedingt ihre Diskriminierung, sondern vor allem eine Anklage gegen eine Gesellschaft, die diesen Zustand herbeiführt, indem sie die produktive Bearbeitung homosexueller Regungen kaum zuläßt.

Diese Verteidigung des Männlichkeitstextes will ihn nicht gegen Kritik immunisieren. Ob ein «Zwangsheterosexueller», der seine sexuelle Identität nicht zuletzt der Abwehr der Homosexualität verdankt, dem Phänomen Homosexualität gerecht werden kann, muß die Kritik des Textes zeigen. Die Emanzipation der Homosexuellen hängt heute vor allem davon ab, daß sie sich zu ihrer sexuellen Praxis bekennen und sich von Heterosexuellen keine Orientierung an deren Norm vorschreiben lassen. Wenn sexuelle Beziehungen nicht mit der Ausbeutung anderer verknüpft sind, sollte in bezug auf sie einzig die Maxime gelten: Wer anklagt, hat Unrecht!

1. Psychologische Aspekte der Männlichkeit in der bürgerlichen Gesellschaft Heterosexualität, Homosexualität und ökonomische Struktur

Vorbemerkungen

Eine kritische Psychologie muß – was noch begründet werden soll – vor allem Analysen des Unbewußten liefern.[1] Sie muß das thematisieren, was die Subjekte an sich nicht wahrnehmen dürfen, was sie zwanghaft verdrängen müssen, um gesellschaftlichen Anforderungen zu genügen. Eine psychologische Kritik der Männlichkeit kann daher an deren verdrängten homosexuellen Komponenten ansetzen. Die nachfolgende Untersuchung will in Verbindung mit der Analyse dessen, was als homosexuell etikettiert wird, Aspekte der Problematik dessen aufzeigen, was als männlich gilt. Erich Fromm formulierte in den dreißiger Jahren über den typischen Mann in der kapitalistischen Gesellschaft: «Das Liebesleben dieses Typus weist eine eigenartige Spaltung auf. In physiologischer Hinsicht ist der durchschnittliche autoritäre Mann heterosexuell. In seelischer Hinsicht aber ist er homosexuell, mit anderen Worten, er ist wohl der Frau gegenüber im Sinne der Befriedigung der körperlich sexuellen Impulse potent und damit auch im Sinne des zur Gründung einer Familie und zur Erzeugung von Kindern notwendigen Mindestmaßes an heterosexueller Praxis; in seelischer Hinsicht aber ist er homosexuell und der Frau gegenüber feindselig, grausam eingestellt.»[2] Wenn Fromms These auch heute noch einige Berechtigung hat, lassen sich die mit dem Geschlechterverhältnis verbundenen sexualpsychologischen Problematiken von Männern in weiten Teilen ausgehend von der Homosexualität analysieren.

Die folgende Arbeit will Elemente einer Sozialpsychologie des Kapitalismus liefern. Was Männlichkeit bzw. Homosexualität unter anderen Gesellschaftsordnungen ausmacht, ist nicht ihr Thema. Der Text bezieht sich primär auf den bürgerlichen und kleinbürgerlichen Sozialcharakter im fortgeschrittenen Kapitalismus, dessen theoretischer Durchdringung die angeführten psychoanalytischen Befunde entstammen. Die Abstraktionsebene, auf der er angesiedelt ist, erlaubt es jedoch, die gezogenen

1 Siehe hierzu S. 15 ff. dieses Buches. Darüber hinaus S. 183 ff. des Abschnitts «Vorüberlegungen zu einer materialistischen Psychologie» und M. Horkheimer: Geschichte und Psychologie, in: Zeitschrift für Sozialforschung, Leipzig 1932, S. 125 ff.

2 E. Fromm: Autorität und Familie, hg. von M. Horkheimer, Paris 1936, S. 126.

Schlußfolgerungen der Tendenz nach auf alle Männer auszudehnen, die in der kapitalistischen Gesellschaftsordnung leben bzw. gelebt haben und durch die für sie typische Familienform sozialisiert wurden.

Wenn im folgenden, mitunter vielleicht auch etwas fahrlässig, von «Männlichem» oder «Weiblichem» die Rede ist, so beinhaltet dies keineswegs, daß irgendwelche geschlechtlichen Wesensqualitäten als jenseits aller besonderen gesellschaftlichen Prägungen angenommen werden. Es gibt kein ursprüngliches «Männliches» oder «Weibliches»; geschlechtsspezifische Verhaltensmuster und Erfahrungsweisen sind immer sozial produziert. Auch wenn sie Biologisches, Vererbtes in sich aufnehmen, erscheint dies immer nur in einer gesellschaftlich besonderen Formbestimmtheit. Der Text bezieht sich bei der Bestimmung des Männlichen bzw. Weiblichen auf überkommene Geschlechtermuster, wie sie für die kapitalistische Gesellschaftsordnung typisch sind oder waren; die dargestellten psychoanalytischen Konstruktionen arbeiten mit idealtypisch vereinfachten Mustern, die diese voraussetzen.

Die Untersuchung orientiert sich bei der Bezugnahme auf die offene Homosexualität an dem, was Dannecker und Reiche als den «gewöhnlichen Homosexuellen»[3] bezeichnen. Sie behandelt die für die bestehende Gesellschaft typische Form der manifesten männlichen Homosexualität, die sich, wie diese und andere Autoren belegt haben, nicht nur durch die Wahl eines gleichgeschlechtlichen Liebesobjektes auszeichnet, sondern für die auch eine Überbetonung der Genitalität und – zumindest in weiten Teilen – ausgeprägte Promiskuität und mit dieser verbundene unpersönliche Sexualkontakte typisch sind. Die Frage, ob diese Gesellschaft am Rande auch andere Formen der Homosexualität hervorbringt und ob homosexuelle Kontakte im Seelenhaushalt verschiedener Individuen nicht unterschiedliche Funktionen erfüllen können, beantwortet der Text nicht.

Wenn der folgende Text implizit und an manchen Stellen auch explizit Kritik an bestimmten theoretischen Positionen der Frauenbewegung übt, bedeutet dies keineswegs eine generelle Ablehnung dieser Bewegung. Die Kritik an der von Feministinnen vertretenen interessenpsychologisch orientierten «Geschlechterkampftheorie», die der Willkür der Männer zurechnet, was ihrem Eingespanntsein in gesellschaftliche Zwangszusammenhänge entspringt, soll nicht negieren, daß die Frauenbewegung in der Bundesrepublik oder den USA, beim Fehlen einer antikapitalistischen Arbeiterbewegung, vielleicht die wichtigste soziale Emanzipationsbewegung darstellt. Der Frauenbewegung kommt das Verdienst zu, Verkehrsformen und Bedürfnisdispositionen zu politisieren, die von sozialistischen und kommunistischen Gruppen tabuisiert werden, die in ihrer verbissenen Orthodoxie nur politisches Handeln für legitim erach-

3 M. Dannecker, R. Reiche: Der gewöhnliche Homosexuelle, Frankfurt 1974.

ten, das sich darum bemüht, vergangene Phasen der Arbeiterbewegung nochmals zu inszenieren. Die Frauenbewegung thematisiert etwas praktisch, gegenüber dem die akademischen Marxexegeten ebenso wie die Anhänger der sozialistischen Orthodoxie versagen, nämlich die Bekämpfung des Kapitalismus in den Subjekten, in uns, durch die Produktion neuer kapitalalternativer Verkehrs- und Arbeitsformen. Daß die Frauenbewegung sich traditionellen Parteienschemata entzieht, erlaubt ihr eine praktische Kritik kapitalistischer Kultur, zu der der linke Neokonservativismus, der seinem rechten Widerpart entspricht, nicht fähig ist.

Das schlimmste an der Frauenbewegung sind ihre männlichen Kritiker, die mit Hilfe eines vorurteilsvollen, autoritären Gehabes ihre Ängste vor emanzipierten Frauen abwehren müssen. Aber nicht nur ein von Angst gespeister reaktionärer Autoritarismus verzerrt die Einsicht von Männern in die Realität von Frauen, auch die sicherlich meist berechtigten Schuldgefühle von Männern den Frauen gegenüber können die Analyse verderben. Männer, die sich weigern, Interpretationen der Frauenbewegung, die ihnen nicht gerecht werden, auf masochistische Art zu akzeptieren, oder die offen feststellen, daß der Gewaltzusammenhang der bestehenden Verhältnisse es mit sich bringt, daß auch Frauen Männern gegenüber zu Schlimmem fähig sind, sind nicht unbedingt «Sexchauvinisten», wie bestimmte Frauengruppen mitunter glauben machen wollen. Die Kritik von Männern an der Frauenbewegung hat ihr Recht bereits darin, daß diese ihnen allerhand Anstrengungen abverlangen kann. Wenn Männer von sich aus oder unter dem Druck von Frauen auf die Kritik an der Frauenbewegung verzichten, obwohl sie sie für kritikwürdig halten, fallen sie patriarchalischen Mustern anheim: Frauen von bestimmten Formen der Kritik auszunehmen, heißt ihnen damit, wie Kindern, gewissermaßen Narrenfreiheit zuzubilligen, was eine bestimmte Art der Diskriminierung beinhaltet. Solidarität mit anderen heißt nicht, diese von der Kritik auszunehmen, sondern sie so zu kritisieren, daß sie etwas dabei lernen können.

Die theoretischen ebenso wie die praktischen Schwächen der Frauenbewegung sind historisch notwendige. Keine soziale Emanzipationsbewegung ist bisher mit einer richtigen Theorie und Praxis in die Geschichte eingetreten. Eine der Realität angemessene Theorie, die eine massenhafte politische Praxis rational anleiten kann, war bisher stets die Konsequenz der Aufarbeitung von in Kämpfen gemachten Erfahrungen.[4] Die Meinung, daß die richtige Theorie der politischen Praxis vorangehen muß und nicht wesentlich deren Konsequenz ist, ebenso wie die Einstellung, daß eine massenhafte politische Praxis so lange nicht ernst zu nehmen ist, solange sie sich nicht an dem orientiert, was die sozialisti-

4 M. Vester hat dies für die frühe englische Arbeiterbewegung aufgezeigt, in: Die Entstehung des Proletariats als Lernprozeß, Frankfurt 1970.

schen Stammväter für die Wahrheit hielten, ist Teil des ideologischen Inventars des «Universitätsleninismus». Eine neu entstandene Frauenbewegung, die sich von erdrückenden patriarchalischen Traditionen absetzen will, ohne Kinderkrankheiten ist eine historische Unmöglichkeit. Welche Konsequenzen die Frauenbewegung für den gesellschaftlichen Fortschritt zeitigen wird, läßt sich zureichend nicht aus ihren heutigen Theorien ableiten, ist es doch in erster Linie von deren Fähigkeiten abhängig, aus Kampferfahrungen zu lernen. Ob die Frauenbewegung die sozialistische Bewegung vorantreiben wird oder ob sie nur ein systemkonformer Reflex der Tatsache bleiben wird, daß Frauen in die kapitalistische Konkurrenz geworfen werden, ohne dabei bisher die gleichen Chancen wie Männer zu haben, ist kaum ihren gegenwärtigen Theorien zu entnehmen – diese Frage kann nur ihre zukünftige Praxis beantworten.

Die folgende Kritik der Männlichkeit konzentriert sich vorwiegend auf deren Schattenseiten; eine mehr historisch gerichtete Analyse in stärker praktisch-politischer Absicht hätte die Widersprüchlichkeiten der Männlichkeit und deren Wandlungen präziser herauszuarbeiten.

Die bürgerliche Gesellschaft hat die Männer aus feudalen Banden befreit, sie hat sie als einzelne zu «freien» Eigentümern gemacht – zumindest dürfen sie Eigentümer ihrer Arbeitskraft sein –, die sich im Dschungel der ökonomischen Konkurrenz behaupten müssen. Diese Freisetzung trägt weitgehend scheinhaften Charakter, weil sie eine Freisetzung unter dem Diktat ökonomischer Zwangsgesetze ist, die die Menschen als Agenten ihrer Waren – zu denen nicht zuletzt die Ware Arbeitskraft gehört – zu vollstrecken haben. Bei Marx heißt es: «Nicht die Individuen sind freigesetzt in der freien Konkurrenz, sondern das Kapital ist frei gesetzt. Solange die auf dem Kapital ruhende Produktion die notwendige, daher die angemessenste Form für die Entwicklung der gesellschaftlichen Produktivkraft, erscheint das Bewegen der Individuen innerhalb der reinen Bedingungen des Kapitals als ihre Freiheit.»[5] «Diese Art individueller Freiheit ist daher zugleich die völligste Aufhebung aller individuellen Freiheit und die völlige Unterjochung der Individualität unter gesellschaftliche Bedingungen, die die Form von sachlichen Mächten, ja von übermächtigen Sachen – von den sich beziehenden Individuen selbst unabhängigen Sachen – annehmen.»[6] Die Transformation der Menschen in freie Eigentümer, die die bürgerliche Gesellschaft bewerkstelligt, macht diese zu Unfreien, die unter dem Diktat ökonomischer Charaktermasken zur Bedürfnisrepression, zur Lieblosigkeit und Einsamkeit verdammt sind.

Die Verwandlung der Menschen in Anhängsel von Waren – ihre

5 K. Marx: Grundrisse der Kritik der politischen Ökonomie, Berlin 1953, S. 544.
6 Ebd., S. 545.

Verdinglichung – ist ihrer Qualität nach widersprüchlich, sie beinhaltet auch einen, wenn auch fragwürdigen, historischen Fortschritt. Dies nicht nur, weil sie eine ungeheuere Entwicklung der Produktivkräfte möglich gemacht hat, sondern auch, weil sie, zumindest für die bürgerliche Klasse, eine zur Härte der Ökonomie wenigstens teilweise alternative Sphäre der privaten Reproduktion hervorgebracht hat, die die Entfaltung der individuellen Geschlechtsliebe und einer spezifischen Form der Innerlichkeit erlaubt hat, als deren Ausdruck die bürgerliche Kunst und Literatur zu begreifen sind. Den einzelnen, denen die Härte des kapitalistischen Alltags Selbstkontrolle, Selbstdisziplin, Härte gegen sich selbst wie gegen andere abverlangt, wird in der «Freizeit» eine soziale Sphäre zugebilligt, die diese Eigenschaften – real oder auch nur scheinhaft – zu vermenschlichen oder zu kompensieren erlaubt. Die Liebe eines einzelnen Mannes zu einer einzelnen Frau soll in der Privatheit die Isolierung, zu der die Menschen von der Ökonomie verdammt werden, überwinden helfen. Die Liebe, die sich am Ideal der vollständigen, unendlichen Hingabe eines besonderen Subjekts an ein besonderes Subjekt des anderen Geschlechts orientiert, taucht historisch erstmals mit der bürgerlichen Gesellschaft bzw. ihren Vorläufern auf. Bereits Hegel hat in seiner «Ästhetik» aufgezeigt, daß die spezifische Form der individuellen Geschlechtsliebe, die in der bürgerlichen Kunst ihre Überhöhung erfährt und noch heute das Ideal setzt, im ästhetischen Bereich erstmals in der Romantik auftaucht und etwa der Antike fremd war.[6a] In einer der schönsten Darstellungen des bürgerlichen Liebesideals heißt es: «Dies Verlorensein seines Bewußtseins in dem anderen, dieser Schein von Uneigennützigkeit und Selbstlosigkeit, durch welchen sich das Subjekt erst wiederfindet und zum Selbst wird, diese Vergessenheit seiner, so daß der Liebende nicht für sich existiert, nicht für sich lebt und besorgt ist, sondern die Wurzeln seines Daseins in einem anderen findet und doch in diesem anderen gerade ganz sich selbst genießt, macht die Unendlichkeit der Liebe aus; und das Schöne ist vornehmlich darin zu suchen, daß dies Gefühl nicht nur Trieb und Gefühl bleibt, sondern daß die Phantasie sich ihre Welt zu diesem Verhältnis ausbildet, alles andere, was sonst an Interessen, Umständen, Zwecken zum wirklichen Sein und Leben gehört, zu einem Schmucke dieses Gefühls erhebt, alles in diesen Kreis reißt und nur in dieser Beziehung ihm einen Wert zuteilt. – In dieser subjektiven Innigkeit der Empfindung kommt die Liebe in der klassischen Kunst nicht vor und tritt überhaupt nur als ein für die Darstellung untergeordnetes Moment oder nur nach der Seite des sinnlichen Genusses auf.»[7]

6a Bei Shakespeare oder Petrarca hat sie ihre Vorläufer.

7 G. W. F. Hegel: Ästhetik, Bd. 1, Berlin (DDR) 1965, S. 540. Zum Problem der Entstehung der individuellen Geschlechtsliebe und ihrer Bedeutung für die sozialistische Gesellschaft siehe auch: F. Engels: Der Ursprung des Privateigentums, der Familie und des Staats.

Die Entwicklung der kapitalistischen Ökonomie hat die private Sphäre jenseits der Produktionssphäre, deren Autonomie schon immer weitgehend scheinhaft war, zunehmend ihrer Substanz beraubt, sie hat kaum mehr als leere Hülsen des Bürgerlich-Individuellen zurückgelassen – das schon immer vorhandene Elend, das dies Buch beschreibt, tritt damit offener zutage. Die Frage, ob die gesellschaftliche Entwicklung, die die Zerstörung des bürgerlichen Subjekts mit sich bringt, das sein Ideal am erfolgreichen selbständigen Geschäftsmann oder am einsamen Genie hat, neue Formen kollektiver Orientierung hervorbringt, die sich vielleicht, politisch transformiert, gegen das Kapitalverhältnis wenden lassen, muß theoretisch wie praktisch noch beantwortet werden.

Kritik der männlichen Psyche als Kritik ihrer verdrängten Anteile[1]

In einer Gesellschaft wie der kapitalistischen regiert der «stumme Zwang der ökonomischen Verhältnisse» (Marx) das Handeln der Menschen in einem Ausmaß, das diese sich nicht ohne weiteres bewußt machen können. Die ökonomischen Zwangsgesetze, die hier die Menschen beherrschen, bleiben diesen nicht äußerlich, sondern verlängern sich in der Konstitution ihrer Subjektivität als bewußte, aber in starkem Maße auch unbewußte Determinanten des Handelns: Die ökonomischen Prozesse gehen weitgehend undurchschaut sozusagen durch die Subjekte hindurch, der Kapitalismus ist in ihnen. Solange sich die Menschen die gesellschaftliche Realität nicht durch kollektives demokratisches Handeln angeeignet haben, verfügen sie nicht wirklich über sich und damit nicht über ihre Bedürfnisse. Solange sie die gegenständliche Welt ebenso wie ihre Verkehrsformen nicht in Freiheit durch solidarisches Handeln gestalten können, sind ihre Triebregungen[2] nicht wirklich ihre Triebregungen. Die entfremdeten gesellschaftlichen Verhältnisse bringen eine

1 Zur Problematik dieses Abschnittes siehe auch das Kapitel «Zum Verhältnis von Pathologie und Normalität» in diesem Buch S. 173 ff.

2 Der Ausdruck «Trieb», der im folgenden des öfteren benutzt wird, ist keineswegs eine Schöpfung der Psychoanalyse. Er wird in der klassischen bürgerlichen Philosophie ständig verwandt. Auch Karl Marx z. B. pflegte ihn zu benutzen. In den «Pariser Manuskripten» heißt es: «Der Mensch ist unmittelbar Naturwesen. Als Naturwesen und als lebendiges Naturwesen ist er, teils mit natürlichen Kräften, mit Lebenskräften ausgestattet, ein tätiges Naturwesen; diese Kräfte existieren in ihm als Anlagen und Fähigkeiten, als Triebe.» Ökonomisch-philosophische Manuskripte, MEW, Ergänzungsband I, S. 578. Zum Triebbegriff siehe auch Ernst Bloch: Das Prinzip Hoffnung, Wissenschaftliche Sonderausgabe, Frankfurt 1967, S. 49 ff.

Entfremdung der Menschen von ihren Triebregungen mit sich; die kapitalistisch organisierte Enteignung von Gebrauchswerten zugunsten einer privilegierten Minderheit wird von einer psychischen «Enteignung» begleitet, die den Subjekten die bewußte Kontrolle über Teile ihres Selbst entzieht. Einer irrationalen Ökonomie entsprechen irrationale Bedürfnisse; unter einer falschen gesellschaftlichen Organisation müssen Triebregungen notwendig pervertiert werden. Nur wenn die vorfindliche äußere Realität, auf die sich die Triebe notwendigerweise bewußt oder unbewußt richten, humanisiert ist, können auch diese humanisiert werden. Nur die bewußte Aneignung, die bewußte Produktion der Realität erlaubt zugleich auch die bewußte Aneignung und Produktion von Bedürfnissen. Die Qualität eines Triebes richtet sich – auch wenn er biologische Ansprüche zum Ausdruck bringen muß – vor allem nach der Qualität der Objekte, auf die er sich richten oder nicht richten darf.

Die kritische Analyse der Subjektivität unter kapitalistischen Verhältnissen muß weitgehend eine Analyse des Unbewußten sein. Nur sie vermag zu den tiefer sitzenden psychischen Dispositionen, zu den «entfremdeten» Triebregungen vorzustoßen, vermittels derer die entfremdete Ökonomie die Menschen bewußtlos gefangenhält. Solange das Handeln der Menschen kaum freien kollektiven Entscheidungen gehorcht, sondern weitgehend einer wild gewordenen Ökonomie verfallen ist, ist es notwendig aufzuhellen, wie diese sich mit einem notwendigen psychischen Kitt versorgt, den nicht zuletzt eine undurchschaute, nicht humanisierte «innere Natur» zur Verfügung stellt. Die kritische Analyse des Unbewußten der Menschen wäre erst hinfällig, wenn diese ihr Schicksal auf Grund eigener autonomer Entscheidungen bestimmen würden und damit nicht mehr gezwungen wären, wesentliche Elemente ihrer Subjektivität zwanghaft ihrem Bewußtsein zu entziehen, um die Anpassung an irrationale Verhältnisse leisten zu können.

Die gesellschaftlichen Verhältnisse verlängern sich in der psychischen Konstitution von Menschen, die unter ihnen leben, nicht zuletzt durch eine spezifische Strukturierung der Sexualität. Die weitgehende Formbarkeit der psychosexuellen Konstitution erlaubt deren Zurichtung im Sinne einer bestimmten Sozietät. Die Tatsache, daß sexuelle Triebregungen notwendig gesellschaftlich sind, schon weil sie unmittelbar oder mittelbar zu ihrer Befriedigung eines Partners bedürfen, bringt ihre Modellierung durch gesellschaftlich verordnete soziale Beziehungsmuster mit sich. Das Moment der Lust, das mit sexuellen Regungen verbunden ist, kann die Unterwerfung unter die Autoritäten erleichtern, die die ökonomischen Gesetzmäßigkeiten durchsetzen, wenn diese sie offen oder verdeckt anzuziehen vermögen. Selbst ein Handeln, das offensichtlich gegen eigene Interessen gerichtet ist, braucht nicht frei von einem gewissen Lustgewinn zu sein, wenn es unterschwellig pervertierten sexuellen Strebungen Befriedigung zu verschaffen vermag.

Wenn gesellschaftliche Zwangsverhältnisse sich nicht zuletzt in fragwürdigen Persönlichkeitsanteilen niederschlagen, die dem Bewußtsein entzogen sind, bedeutet das für die Sexualität, daß ihre diskriminierte homosexuelle Komponente der kritischen Analyse bedarf. Die Aufhellung der tabuisierten homosexuellen Persönlichkeitsanteile, deren Kehrseite die Diskriminierung der Homosexuellen darstellt, ist notwendig, wenn die Modellierung der Sinnlichkeit im Dienste von bestehenden Herrschaftsstrukturen transparent werden soll. Die verdrängten homosexuellen Anteile der «normalen» heterosexuellen Konstitution werden weitgehend zugunsten bestehender Verhältnisse wirksam, solange sie nicht bewußt werden dürfen und damit der Bearbeitung zugänglich sind. Die homosexuellen Regungen entfalten als abgespaltene eine Dynamik, die zugunsten der Herrschaft des Kapitalverhältnisses ausschlägt.

Jede unterdrückte Minderheit repräsentiert in gewisser Weise ein Übel, an dem die Mehrheit leidet. Sie offenbart Züge, die die Mehrheit an sich nicht wahrhaben darf, wenn sie unter den bestehenden Verhältnissen funktionieren will. Die Ausgrenzung von Minderheiten demonstriert die Misere der Mehrheit und zugleich, daß sie genötigt ist, sich diese Misere verschleiern zu müssen: Die Ausgrenzung der Homosexuellen hilft die Misere dessen zu verschleiern, was als normale Heterosexualität gilt. Die kritische Analyse der offenen Homosexualität unter kapitalistischen Verhältnissen als «extreme» Form sexuellen Verhaltens unter repressiven, entfremdeten Verhältnissen hilft, die Problematik der etablierten Form der Heterosexualität deutlich zu machen. «Es ist eine Eigentümlichkeit aller verfolgten Minderheiten, solange sie sich in das Schicksal ihrer Verfolgung schicken, daß sie gerade die Eigenschaften ihrer Verfolger, die diese an sich selbst nicht wahrhaben dürfen, bis zur Kenntlichkeit verzerrt ausbilden müssen.»[3]

Die gängigen theoretischen Analysen der Homosexualität verdoppeln unkritisch die reale gesellschaftliche Ausgrenzung und Diskriminierung der Homosexuellen, indem sie primär an der Differenz zwischen Homosexualität und Heterosexualität ansetzen. Das etablierte falsche Bewußtsein, das sich auch in den Köpfen der Theoretiker niederschlägt, interpretiert die Homosexualität schlicht als «abweichendes» sexuelles Verhalten, das es als solches entweder zu bekämpfen gilt oder dem mit Toleranz zu begegnen ist, weil auch das «Andere» seine Daseinsberechtigung haben soll. Eine kritische Analyse des Verhältnisses von Homosexualität und Heterosexualität hat aufzuzeigen, daß die sicherlich auch reale Differenz zwischen beiden Formen sexuellen Verhaltens zugleich gesellschaftlich produzierter Schein ist. Sie hat aufzuzeigen, daß ihre für die Sicherung der etablierten Herrschaftsstrukturen (die vor allem in Gestalt von

3 M. Dannecker und R. Reiche: Der gewöhnliche Homosexuelle, Frankfurt 1974, Klappentext.

ökonomischen Zwängen erscheinen) notwendige Aufspaltung auf die Erscheinungsebene verhindert, daß ihre Verwandtschaft durchschaubar wird, in der sich die allgemeine Misere des Schicksals der Sinnlichkeit unter kapitalistischen Verhältnissen ausdrückt. Freud formuliert: «Wenn wir diese krankhaften Gestalten der Sexualität nicht verstehen und sie nicht mit dem normalen Sexualleben zusammenbringen können, so verstehen wir eben die normale Sexualität nicht.»[4] In dem, was als Heterosexualität gilt, ist die Homosexualität immer als wesentliches Moment mit enthalten, ebenso wie die Homosexualität in sich durch das bestimmt wird, was als Heterosexualität gilt. Wer beim Konstatieren der offensichtlichen Differenzen im Sexualverhalten von Homosexuellen und Heterosexuellen verharrt, bleibt an der Oberfläche kleben, die durchstoßen werden muß, wenn die entscheidenden Strukturzusammenhänge sichtbar werden sollen. Daß Homosexualität und Heterosexualität einander «abstrakt» gegenüber gestellt werden, daß sie nur äußerlich zueinander in Beziehung gesetzt werden, ist notwendig falsches Bewußtsein, das einer spezifischen gesellschaftlichen Verfaßtheit entspricht.

Liebesfähigkeit – Liebesunfähigkeit

Jede Liebesbeziehung zwischen zwei Menschen weist zwei Dimensionen auf, die miteinander verschlungen sind. Sie schließt den gegenwärtigen Bezug auf ein Gegenüber ein, dem das erotische Interesse gilt, und zugleich den Bezug auf die eigene Vergangenheit, die eigene Lebensgeschichte. Beziehungen, in die die eigene Subjektivität eingebracht wird, sind immer von vergangenen Erfahrungen mitbestimmt, die diese geprägt haben. Sexuelle Lust beinhaltet immer einen Rückgriff auf lebensgeschichtlich Vergangenes bis hin zu frühesten kindlichen Erfahrungen. In der orgiastischen Lust werden die Ich-Grenzen wieder aufgehoben, werden bestimmte Ich-Leistungen hinfällig, es findet eine Verschmelzung mit dem Liebesobjekt statt, die die Individuierung in gewisser Weise wieder zurücknimmt. Glück, Lust bedeutet, die erworbene Panzerung der Psyche tendenziell wieder aufzuheben, als Erwachsener ein glückliches Kind sein zu dürfen, die Glückserfahrungen der Kindheit in gewandelter Form wiederholen zu können. Der Rückgriff auf das Kinderglück in der Liebesbeziehung ist besonders in einer Gesellschaft wie der bürgerlichen von Bedeutung, wo die Sphäre der Kindheit weitgehend von der des Erwachsenseins abgetrennt ist und den Kindern dadurch ein

4 S. Freud: Vorlesungen zur Einführung in die Psychoanalyse, Gesammelte Werke, Bd. XI, S. 317.

Schonraum zugebilligt wird, der, trotz seiner Fragwürdigkeiten, der Härte der Erwachsenenwelt in vieler Hinsicht entgegensteht. Die Erfahrung des Glücks besteht freilich nicht nur darin, wieder ein Kind sein zu dürfen, sie ist – wenigstens in der bestehenden Gesellschaft – an die Erfahrung schmerzlicher Trennungsprozesse, an die Erfahrung von Einsamkeit und Entfremdung gebunden. Die Erfahrung des Glücks besteht in der Erfahrung des Wiederfindens nach schmerzlichen Trennungen, die dieses Wiederfinden als Wunder erscheinen lassen. Die Liebe gewinnt, zumindest in der bürgerlichen Gesellschaft, ihre utopische Dimension dadurch, daß sie nur eintritt, wenn man eigentlich den Glauben an sie verloren hat. Sie bekommt notwendig etwas Fremdartiges dadurch, daß sie Kinderträume aufleuchten läßt, die zwanghaft von denen abgewehrt werden müssen, die in einer lieblosen Welt realitätstüchtig bleiben wollen. Liebe ist die Erfahrung dessen, was es eigentlich nicht mehr geben darf; sie ist die Ahnung der Erfüllung eines Kindertraums, dessen Scheitern im Prozeß des Erwachsenenwerdens für einige Zeit negiert werden kann. Die große, die utopische Liebe ist in der bürgerlichen Literatur immer eine scheiternde Liebe – eine zweite Kindheit, die besser wäre als die erste, wird unter dem Kapitalismus kaum jemandem gegönnt.

«Die Objektfindung ist eigentlich eine Wiederfindung.»[1] Jede Liebesbeziehung versucht ein verlorenes Glück in anderer Form wiederherzustellen, das in der Kindheit erfahren wurde. «Im Streben nach Lust schwingt neben der Suche nach dem Neuen stets das Verlangen nach dem Sich-Gleichen, nach dem Vertrauten mit. Das wird etwa im ästhetischen Genuß deutlich: wir lieben ein Bild oder eine Melodie, wenn sich darin, auf eine meist schwer zu durchschauende Weise, der Reiz des Unbekannten mit dem des Bekannten paart. Das gilt für den sexuellen Genuß. Eine der größten Entdeckungen Freuds – die der frühkindlichen Sexualität – gründet sich auf diese Tatsache. Denn in der Anziehungskraft, die der erwachsene Sexualpartner auf uns ausübt, teilt sich die Determinationskraft eines frühen Liebesparadieses oder auch einer frühen Hölle mit. Die Elemente, die im Liebesspiel der Erwachsenen wirksam werden: die Freude am Lutschen, Kosen, an der Hautberührung und am Geruch, die sich mit der Lust am Orgasmus zu einer Erlebniseinheit verschränken, haben in der Beziehung zur Mutter – und möglicherweise zum Vater und zu den Geschwistern – ihre Vorläufer. Gerade im Streben nach sexueller Lust betreiben wir immer eine recherche des temps perdus.»[2]

Schon Nietzsche wußte: «Jedermann trägt das Bild des Weibes von der Mutter her in sich: davon wird er bestimmt, die Weiber überhaupt zu

1 S. Freud: Drei Abhandlungen zur Sexualtheorie, in: Gesammelte Werke, Bd. V, S. 124.

2 H. Stierlin: Das Tun des Einen ist das Tun des Anderen, Frankfurt 1971, S. 50f.

verehren oder sie geringzuschätzen oder gegen sie im Allgemeinen gleichgültig zu sein.»[3] Da das erste Liebesobjekt lebensgeschichtlich die Mutter war, liefert die Beziehung zur Mutter die psychische Basis für alle späteren Liebesbeziehungen. «Von dieser ersten und wichtigsten aller sexuellen Beziehungen bleibt auch nach der Abtrennung der Sexualtätigkeit von der Nahrungsaufnahme ein wichtiges Stück übrig, welches die Objektwahl vorbereiten, das verlorene Glück also wiederherstellen hilft.»[4] Das höchste Glück erscheint in der bürgerlichen Gesellschaft als an die heterosexuelle Liebe zweier Menschen gebunden. Die erfüllte Liebe des Mannes erscheint als notwendig auf eine bipolare Beziehung eingeschränkt, die ihr Modell an der Beziehung des Knaben zur Mutter in der Privatheit der Kleinfamilie hat. In der Frau sucht der Mann immer Aspekte seiner Mutter, auch wenn er scheinbar das Gegenteil all dessen sucht, was seine Mutter für ihn verkörperte. «Auch wer die inzestiöse Fixierung seiner Libido glücklich vermieden hat, ist dem Einfluß derselben nicht völlig entzogen. Es ist ein deutlicher Nachklang dieser Entwicklungsphase, wenn die erste ernsthafte Verliebtheit des jungen Mannes, wie so häufig, einem reifen Weibe, die des Mädchens einem älteren, mit Autorität ausgestatteten Manne gilt, die ihnen das Bild der Mutter und des Vaters beleben können. In freierer Anlehnung an diese Vorbilder geht wohl die Objektwahl überhaupt vor sich. Vor allem sucht der Mann nach dem Erinnerungsbild der Mutter, wie es ihn seit den Anfängen der Kindheit beherrscht; in vollem Einklang steht es damit, wenn sich die noch lebende Mutter gegen diese ihre Erneuerung sträubt und ihr mit Feindseligkeit begegnet.»[5] Die großen Psychologen des bürgerlichen Romans ahnten zumindest, daß die Liebe, an die sich die unendliche Sehnsucht heftet, die keine Erfüllung finden darf, ihr Modell an der Beziehung zur Mutter hat. Die Sehnsucht nach der älteren Frau, die, dem ödipalen Konflikt entsprechend, einem anderen gehört und deshalb nicht oder nur bei Strafe des Untergangs als Liebesobjekt zur Verfügung steht, liefert den Stoff für die utopische Liebe von Julien Sorel zu Frau Renal in Stendhals «Rot und Schwarz» oder für die Liebe von Frédéric Moreau zu Frau Arnoux in Flauberts «Lehrjahre des Gefühls». Die bürgerliche Idealisierung des unschuldigen Mädchens trägt auf der psychologischen Ebene die Züge einer Reaktionsbildung auf die bedrohliche erotische Versuchung, die von der Mutter ausging und unter Einwirkungen traumatischer Art aufgegeben werden mußte.[6] Die utopische Liebe ist in der

3 F. Nietzsche: Menschliches, Allzumenschliches I, 380, Berlin 1967, S. 273.
4 S. Freud, a. a. O., S. 124.
5 Ebd., S. 129.
6 Die Glorifizierung der sexuellen Unschuld hat freilich ihre entscheidende soziale Wurzel in dem Zwang zur Vermeidung außerehelicher sexueller Beziehungen bzw. deren Folgen vor der Einführung von Verhütungsmitteln.

bürgerlichen Literatur immer in der Nähe des Todes angesiedelt; diese verarbeitet damit unbewußt – neben der Einsicht in die kindliche Wehrlosigkeit von Liebenden, die zum Opfer werden, weil die Gesellschaft nicht duldet, daß sie sich dem Realitätsprinzip verweigern wollen –, was die Psychoanalyse aufgedeckt hat: daß die Rückkehr zur Mutter in letzter Konsequenz die Rücknahme der Individuierung einschließt und daß das Inzesttabu, das sich mit der erotischen Beziehung zur Mutter verbindet, an die Drohung der Kastration geknüpft ist, die für den kleinen Jungen identisch mit der Erfahrung des Todes ist. Die Liebe ist an die Erfahrung von Angst gebunden, Lust und Glück bestehen wesentlich in der Überwindung und Transformation von Angst. Da das Kinderglück untrennbar mit den Versagungen verknüpft ist, die die Vertreibung aus seinem Reich bewerkstelligt haben, vermögen Versagungen, die in deren Nachfolge stehen, sogar die Lust des Erwachsenen zu steigern – Männer lieben nicht selten nur, wo die Frau sich verweigert. Die Liebe hebt die Trennungsangst, die ursprünglich mit dem Prozeß der Ablösung von der Mutter verbunden war, in gewisser Weise auf, indem sie Ersatz für die verlorene Mutter gewährt. Die Erfahrung der Liebe ist immer an die Erfahrung des kindlichen Traumas der Trennung von der Mutter gebunden. Die Angst des Mannes vor der Zurückweisung, vor der Ausgrenzung ist damit notwendig mit ihr assoziiert. Die Liebe kennt kindliche Heiterkeit, aber es gibt auch nichts Ernsteres als sie – der orgiastischen Lust ist das Lachen fremd. Die Urängste des Mannes, die Angst vor dem Verlassenwerden durch die Mutter und die Angst vor der Kastration, erfahren in der Liebe ihre Aufhebung, durch sie muß der Mann hindurch, wenn er die Liebe zur Frau verwirklichen will. Die Kastrationsangst läßt sich dabei – entsprechend einer psychoanalytischen Spekulation – als mit der Trennungsangst eng verschwistert interpretieren, ist doch an den Phallus die Möglichkeit des Eindringens in die Frau, also gewissermaßen die Rückkehr in den Mutterleib und der tendenzielle Abbau der Ich-Grenzen während des Orgasmus gebunden, die sich als Wiederaufhebung der Trennung von der Mutter interpretieren lassen.[7] Die Versöhnung mit der eigenen Kindheit in einer Liebesbeziehung ist an die Möglichkeit gebunden, Mutterimagines wiederfinden zu können, mit denen eine Versöhnung möglich ist.

Das Wiederfinden der Mutter in der geliebten Frau bedeutet zugleich das Wiederfinden der Mutter und damit der Frau in der eigenen Person. Aus der primären Identifikation mit der Mutter folgt, daß Mütterlichkeit bzw. Weiblichkeit beim Mann zu einem Teil der eigenen Person geworden ist: Sich mit der Kindheit versöhnen, heißt daher auch, sich mit Persönlichkeitsanteilen zu versöhnen, die dem anderen Geschlecht zuge-

7 Siehe hierzu S. Freud: Neue Folge der Vorlesungen zur Einführung in die Psychoanalyse, in: Gesammelte Werke, Bd. XI, S. 94.

rechnet werden. Die Liebe des Mannes zur Frau gelingt nur, wenn es ihm gelingt, in der Beziehung zur Frau auch seine eigene Weiblichkeit zu genießen. (Die psychoanalytische Aufgliederung von Objektwahlen nach dem Anlehnungstyp – angelehnt z. B. an die Beziehung zur Mutter – und dem narzißtischen Typ ist demzufolge nicht ohne weiteres haltbar.) Durch die Projektion seiner Weiblichkeit auf die Frau, durch die Möglichkeit, seine weiblichen Anteile an der Frau, im anderen wiederfinden zu können, vermag der Mann die Fremdheit der Frau zu überwinden, ohne daß die Differenz negiert zu werden braucht, an die die Lust gebunden ist. Die Überwindung der Angst vor der Frau – die ihre individualgeschichtliche Basis in die Erfahrung von bedrohlichen Aspekten der Beziehung zur Mutter hat –, die Überwindung der Angst vor dem Fremden, dem Unbekannten, gelingt durch eine spezifische Reaktivierung von Aspekten der eigenen kindlichen Beziehung zur Mutter und damit zur Weiblichkeit, die zum Teil des eigenen Selbst geworden ist. Der Mann kann sich der Frau liebevoll überlassen, wenn er an ihr seine weiblichen Anteile – oder in ihren männlichen Persönlichkeitsanteilen seine Männlichkeit – aufzufinden vermag. Indem die Liebenden im Fremden das Bekannte, im Nichtidentischen das Identische zu entdecken vermögen, wird die Versöhnung, die Heilung des Bruchs zwischen Mein und Dein möglich, die die Liebe ausmacht.

Das Wiederfinden des Verlorenen in der Liebe bedeutet die Versöhnung von Vergangenheit und Gegenwart, es bedeutet die Aufhebung der Zeit im erfüllten Augenblick – den Liebenden schlägt bekanntlich keine Stunde. Der Augenblick der Liebe ist dem Grauen der leeren Zeit wie der Angst vor dem Altern entronnen. Der erfüllte Augenblick, der die Trennung, die Entfremdung negiert, der die Gegenwart mit dem Kindertraum der Vergangenheit versöhnt, ist in der bürgerlichen Gesellschaft der Katastrophe verwandt, weil er das Außerkraftsetzen der Abwehrmechanismen, der psychischen Erstarrungen und Brutalitätsmuster notwendig macht, an die das Überleben im vom Kapital gestifteten Gewaltzusammenhang gebunden ist. Es gehört viel Stärke dazu, sich als Liebender der Schwäche des Kindes überlassen zu können.

Obwohl die Liebe in der bestehenden Gesellschaft daran krankt, daß sie von den Möglichkeiten kollektiver Produktion weitgehend abgetrennt ist, ist für sie dennoch das Moment der Produktion wesentlich.[8] Die befreienden Regressionen, die die Liebe ermöglicht, brechen psychische Verhärtungen auf und können es deshalb erlauben, das Ich unter dem Einfluß veränderter Erfahrungen des Selbst wie der Umwelt neu zu organisieren. Die Erfahrung der individuellen Besonderheit kann, vermittelt über die Erfahrung der Besonderheit des anderen, vertieft wer-

8 Siehe hierzu R. zur Lippe: Bürgerliche Subjektivität, Frankfurt 1975, S. 241ff.

den, ebenso wie das Allgemeine im Besonderen deutlicher werden kann. Das Bewußtsein seiner selbst entfaltet sich dadurch, daß zwei mit ihm ausgestattete Liebende sich wechselseitig zu verstehen suchen bzw. sich einander verständlich zu machen suchen. Am Beginn einer intensiven Liebesbeziehung versuchen sich die Liebenden dadurch näherzukommen, daß sie wechselseitig Elemente ihrer individuellen Geschichte darstellen und erforschen; eine Uminterpretation der eigenen Lebensgeschichte, eine intellektuelle Aufarbeitung der Vergangenheit wird dadurch möglich, die in eine reifere Identität münden kann. In Liebesbeziehungen müssen die eigenen Probleme im Zusammenhang mit denen des anderen bearbeitet werden; seine Reaktionen können dabei aufzeigen, ob man bewußt genug mit den eigenen Schwierigkeiten umgeht, an den Reaktionen des anderen auf die eigenen Handlungen kann man lernen, ob und wie die eigenen Bedürfnisse und Wünsche mit denen anderer übereinstimmen. Die Liebe als intensivste Produktion einer Beziehung zwischen zwei Menschen produziert zugleich ein erweitertes Bewußtsein seiner selbst. Bei Hegel heißt es: «Dieses Verlorensein seines Bewußtseins in dem anderen, dieser Schein von Uneigennützigkeit und Selbstlosigkeit, durch welchen sich das Objekt erst wiederfindet und zum Selbst wird, diese Vergessenheit seiner, so daß der Liebende nicht für sich existiert, nicht für sich selbst besorgt ist, sondern die Wurzeln seines Daseins in einem anderen findet und doch in diesem anderen gerade ganz sich selbst genießt, macht die Unendlichkeit der Liebe aus.»[9]

Die Liebe erfüllt die Träume der Kindheit, ihr Mißlingen reaktiviert, verlängert ihre Traumata und zerstört damit ihre produktiven Potenzen. «Bei solcher Bedeutung der kindlichen Beziehungen zu den Eltern für die spätere Wahl des Sexualobjekts ist es leicht zu verstehen, daß jede Störung dieser Kindheitsbeziehungen die schwersten Folgen für das Sexualleben nach der Reife zeitigt; auch die Eifersucht des Liebenden ermangelt nie der infantilen Wurzel oder wenigstens der infantilen Verstärkung. Zwistigkeiten zwischen den Eltern selbst, unglückliche Ehe derselben, bedingen die schwerste Prädisposition für gestörte Sexualentwicklung oder neurotische Erkrankung der Kinder.»[10] Mißlingende elterliche Beziehungen, in die das Kind verstrickt ist, wirken auf dessen spätere Beziehungen ein. Schon Nietzsche wußte: «Die unaufgelösten Dissonanzen im Verhältnis von Charakter und Gesinnung der Eltern klingen in dem Wesen des Kindes fort und machen seine innere Leidensgeschichte aus.»[11] Allzu traumatische Erfahrungen während der Kindheit haben Sperren aufgerichtet, die sich einem Zustand widersetzen, der einen zwingt, tendenziell wieder ein wehrloses Kind zu werden. Wenn

9 G. F. W. Hegel: Ästhetik I, a. a. O., S. 540.
10 S. Freud: Drei Abhandlungen zur Sexualtheorie, a. a. O., S. 130.
11 F. Nietzsche: Menschliches, Allzumenschliches I, 379, Berlin 1967, S. 273.

Liebe Schwäche, Weichheit, Offenheit beinhaltet, müssen gegen sie psychische Barrieren in einer Gesellschaft aufgerichtet werden, die die Individuen in feindliche Atome verwandelt.

Um sich von Zeit zu Zeit den Anforderungen der Realität entziehen zu können, um psychische Entlastung von übermächtigen gesellschaftlichen Anforderungen zu erreichen, müssen die Individuen sich wenigstens rudimentär die Fähigkeit zu befreienden Regressionen bewahrt haben. Die Fähigkeit zur Regression, zum Aufbrechen psychischer Verhärtungen muß den Individuen zu Gebote stehen, wenn sie psychische Entlastungen, z. B. zur Rekonstruktion ihrer Arbeitskraft, benötigen. Wo die Möglichkeit zu einer befreienden Regression im Dienste des Ichs wegen übergroßer Ängste nicht mehr zu Gebote steht oder Liebesobjekte, die dafür notwendig sind, nicht vorhanden sind, gewinnt die Regression zwanghafte, destruktive Züge. Ohne Liebe oder Schlaf, die dem Ich Entlastung vom Realitätsprinzip gewähren, kommt es zu Regressionen, die das Ich zerstören. Der psychisch schwer Beschädigte, der «Psychotiker» etwa, dem die Fähigkeit oder die Möglichkeit zur befreienden Regression genommen ist, gerät in einen psychischen Sog, der ihn nötigt, infantil zu werden, anstatt auf befreiende Art kindlich. Die Regression des psychisch Kranken ist blind, zwanghaft, das Es überwältigt das Ich – die des Liebenden ist frei, befreiend, sie versöhnt Ich und Es. Den Liebenden ist die Freiheit gegeben, auf erwachsene Art ein glückliches Kind zu sein; Menschen, denen die Liebe versagt ist, bleibt zur Entlastung vor den Anforderungen der Realität nur die Flucht in eine verbiesterte Infantilität, die die Lebendigkeit, die Spontaneität zum zwanghaften Ritual erstarren läßt.

Der Liebesunfähige ist an seine Vergangenheit gefesselt, die er sich nicht aneignen kann, die er nicht mit der Gegenwart versöhnen kann. Eine unbewältigte traumatische Erbschaft aus der Kindheit, die dem Bewußtsein entzogen ist, läßt die Vergangenheit über die Gegenwart triumphieren, sie läßt das Individuum im Schatten übermächtiger Elternimagines verharren: Eine traumatische Vergangenheit vermauert die Zukunft. Freud über hysterische Patienten: «Beide Patienten machen uns den Eindruck, als wären sie an ein bestimmtes Stück ihrer Vergangenheit fixiert, verständen sie nicht davon freizukommen und seien sie deshalb der Vergangenheit und der Zukunft entfremdet.»[12] Die überwältigenden Traumata der Kindheit haben Fixierungen gesetzt, die die endlose Wiederholung des Immergleichen erzwingen; sie lassen die Ablösung von den Eltern mißlingen und haben die Erfahrung kindlicher Ohnmacht in infantil gebliebenen psychischen Dispositionen verankert. Liebesunfähigkeit des Mannes beinhaltet, von der Mutter nicht losge-

12 S. Freud: Vorlesungen zur Einführung in die Psychoanalyse, in: Gesammelte Werke, Bd. XI, S. 282.

E.M.

kommen zu sein, unbewußt zwanghaft an sie gefesselt zu sein; Liebesfähigkeit beinhaltet sich von der Mutter abgelöst zu haben, die Mutter verlassen zu haben und damit zugleich die Freiheit gewonnen zu haben, sie in der anderen, der geliebten Frau wiederfinden zu können, trotz der Versagungen und Enttäuschungen, die sie in der Kindheit auferlegt hat. Die Rückkehr zur Mutter in der Liebesbeziehung setzt voraus, daß die Abtrennung von ihr gelungen ist, daß die Freiheit besteht, sich einer anderen Frau zuzuwenden, die nicht nur ein Substitut der Mutter in Gestalt ihres Ebenbildes oder dessen Gegenteils darstellt. Die geliebte Frau darf nicht nur das Bekannte, das Vertraute repräsentieren, sie muß auch das Fremde, das Andere, das Unbekannte verkörpern, um dem Anspruch erfüllter Erotik gerecht werden zu können, die sich nicht um die Differenz betrügen lassen kann. (Bekanntlich geht deshalb von fremdländischen Frauen ein spezieller Reiz aus. Die Südeuropäer finden die Nordeuropäer, die Nordeuropäer finden die Südeuropäer erotisch besonders attraktiv.) Der Liebesunfähige will in seinem verzweifelten Narzißmus im anderen nur das eigene Selbst finden – Genußfähigkeit stellt sich erst ein, wenn die Differenz nicht nur Schrecken verbreitet.

Die Liebe ist an die Differenz gebunden, aber auch an die Gleichheit. Wo an Ungleichheit gebundene infantile Abhängigkeiten einrasten, wo im anderen vor allem der mit Stärke ausgestattete Elternersatz oder das abhängige Kind gesucht wird, kommt keine wirkliche Liebe zustande. «Geliebt wirst du einzig, wo du schwach dich zeigen darfst, ohne Stärke zu provozieren.»[13] Wenn in Beziehungen ständig auf undurchschaute Art verbissen darum gekämpft wird, wer die Elternfigur zu verkörpern hat und wer in deren Schatten das «Kind» sein darf, sind die Subjekte ihren Eltern so wenig entkommen, daß sie zur Liebe unfähig sind. Der in seiner Liebesfähigkeit gestörte Mann verdeckt mit seinem scheinbar besonders erwachsenen, autoritären Gehabe gegenüber der Frau, daß er ein infantil fixiertes «Riesenbaby» ist, das die Frau zwingen will, ihn wie einst die Mutter zu verwöhnen und nur für ihn da zu sein. Es gibt keine wirkliche Liebe, wo kindliche Schwäche die verachtende Ablehnung des Partners provoziert, der, von Ängsten getrieben, zu ihr unfähig ist, oder wo sie nur im Schutz von Individuen angestrebt wird, die für die Psyche machtvolle Elternfiguren zu verkörpern in der Lage sind.

Wer unter den bestehenden gesellschaftlichen Verhältnissen das Thema Liebe aufgreift, gerät leicht in die Nähe zum Schlagertext oder zum tiefsinnigen Geschwätz. Liebe läßt sich in der bestehenden Gesellschaft am ehesten als etwas bestimmen, was nicht sein darf, was zum Scheitern verurteilt ist. Was in der kapitalistischen Gesellschaft als typisch männlich gilt, lebt von Abwehrmechanismen, die die Aneignung der eigenen Kindheit und der eigenen Weiblichkeit in der Beziehung zur Frau höch-

13 Th. W. Adorno: Minima Moralia, Frankfurt 1962, S. 255.

stens für einen Moment oder auf verquere Art dulden. Da die Glückserfahrung des Kindes in der zum Terrorzusammenhang tendierenden Kleinfamilie[14] in enger Nachbarschaft von Gewalt, Unfreiheit und Einsamkeit angesiedelt ist, ist die Erotik des Erwachsenen niemals frei von blinden Ängsten, Wiederholungszwängen und Rücksichtslosigkeiten. Die Lust paart sich mit Gewaltsamkeit, mit Negation der Subjektivität des Partners, weil die Erfahrungen der Kindheit diese miteinander verschweißt haben. Die in der Kindheit erfahrenen Widersprüchlichkeiten von Beziehungen, unter einer Familienform, unter der sich Menschen nahe und doch fremd und feindlich sind, weil sie sich in ihr nicht wirklich gehören, bringen ambivalente Gefühlseinstellungen hervor, die später von den sozialen Verhältnissen verfestigt fortwirken und Menschen auf Distanz halten. Die Unmöglichkeit der Versöhnung mit einer verdorbenen Kindheit, die Unmöglichkeit der Versöhnung mit introjizierten bedrohlichen frühen Mutterimagines, also mit dem, was die ersten Erfahrungen mit der Weiblichkeit repräsentiert, haben die Liebesunfähigkeit in der Psyche des Mannes verankert, sie sabotiert die Humanisierung seiner Sexualität. Wenn die Ängste der Männer, deren Überwindung einen wesentlichen Teil dessen ausmacht, was als Glück erfahren wird, schon auf Grund schlimmer kindlicher Erfahrungen zu mächtig sind, muß die Erotik ihre Lebendigkeit einbüßen, muß die an relative Angstfreiheit geknüpfte Spontaneität zum mechanischen Ritual erstarren, das auf die Verdinglichung der Frau angewiesen ist.

Die Lieblosigkeit und Rücksichtslosigkeit von Männern, die Frauen leicht als Ausdruck ungezähmter Willkür und Selbstherrlichkeit erscheint, ist wesentlich Ausdruck von Leiden und Unfreiheit. Der Autoritarismus der Männer, der die Frau herabwürdigt und zum bloßen Objekt machen will, ist zutiefst unfrei; er lebt auf der psychischen Ebene von einer an infantile Traumata geketteten Zwanghaftigkeit. Die Brutalitätsmuster gegenüber Frauen, die die etablierte Männlichkeit auszeichnen, sind Ausdruck von Unmündigkeit; sie entsprechen sozialen Verhältnissen, unter denen Weiblichkeit für die Männer eine verdorbene Vergangenheit und zugleich eine schlechte Gegenwart repräsentieren muß. Frauen, denen die Männer schlicht als allmächtige Tyrannen erscheinen, anstatt als Wesen, die ihre gesellschaftlich verursachte Schwäche, um psychisch zu überleben, durch eine fragwürdige Härte und Robustheit überkompensieren müssen, demonstrieren, daß sie noch infantilen Realitätsinterpretationen verhaftet sind, die auf kindlichen Einschätzungen von übermächtigen Vaterfiguren basieren. Die Infantilisierung der Frau durch ihre Unterdrückung unter den bestehenden gesellschaftlichen Verhältnissen reproduziert sich auch noch im falschen Bewußtsein von

14 Siehe hierzu G. Vinnai: Sozialpsychologie der Arbeiterklasse, Reinbek 1973.

Frauen, die im Mann nur den Unterdrücker sehen können und nicht auch den Schwächling, der Stärke zu demonstrieren gezwungen ist, obwohl er das kaum noch vermag.

Psychoanalyse der Homosexualität

Die für die bestehende Gesellschaft typischen Formen der offenen männlichen Homosexualität, denen die Frau als Sexualobjekt gleichgültig zu sein scheint, können nach psychoanalytischer Interpretation als extremer Typus des Mißlingens der sexuellen Beziehung des Mannes zur Frau auf Grund problematischer Kindheitserfahrungen begriffen werden. Da sexuell «Abweichendes» sich nach der Einsicht Freuds zumindest auf der psychologischen Ebene nur quantitativ vom als normal Bezeichneten unterscheidet,[1] kann die Einsicht in die Infantilgenese der «Extremvariante» der manifesten Homosexualität zugleich Licht auf die Infantilgenese der Triebstrukturen werfen, die das heterosexuelle Liebesleben beeinträchtigen. Die Psychoanalyse mag – wie ihre Kritiker aufzuzeigen sich bemüht haben – nur halb richtige, verzerrte Einsichten zustande zu bringen[2], und sie mag dazu neigen, die Homosexuellen auf Grund ihrer Fixierung an einen fragwürdigen Normalitätsbegriff zu diskriminieren[3], trotzdem stellt sie die einzige psychologische Theorie dar, die wesentliches zum Verständnis der Homosexualität wie der Sexualität im allgemeinen beigetragen hat. Eine Analyse der offenen und verdeckten Formen der Homosexualität muß in jedem Fall die psychoanalytischen Einsichten zu diesem Problem in sich aufnehmen, wenn sie ihrem Gegenstand gerecht werden will.

Die psychoanalytischen Einsichten in das Problem der Homosexualität, die in die folgenden Abschnitte auf verschiedene Weise eingehen, sollen in diesem Kapitel zusammenfassend skizziert werden. Die vorliegenden Zusammenfassungen der psychoanalytischen Befunde zu diesem Thema fallen alle relativ konfus aus; verschiedene Theoriefragmente werden mehr oder weniger assoziativ aneinandergereiht. Bisher steht vor allem die Verknüpfung der Einsichten der älteren Theorie der Homose-

1 Siehe hierzu S. Freud: Die Freudsche psychoanalytische Methode, in: Gesammelte Werke Bd. V, S. 8 oder: Über Psychoanalyse, in: Gesammelte Werke, Bd. VIII, S. 54.

2 Die notwendige Kritik der Psychoanalyse kann im Rahmen dieses Textes nicht oder nur ansatzweise erfolgen. Siehe hierzu S. 192ff. dieses Buches.

3 R. Reiche hat die Homosexuellenfeindschaft von Charles Socarides, des führenden psychoanalytischen Homosexuellentheoretikers, aufgezeigt. In: Socarides, der versteckte Anti-Homosexuelle. Eine Entgegnung, in: Psyche 26/1972, S. 476ff.

xualität, die diese als Resultat des Ödipuskomplexes begreift, mit den Befunden der neueren Theorie, die sie als Konsequenz der Mutter–Kind-Dyade begreift, aus. Die Schwächen der folgenden Darstellung sind deshalb, zumindest teilweise, die Konsequenz der Schwächen der vorliegenden Literatur.[4]

Die psychoanalytische Theorie hat aufgezeigt, daß die Wahl von bestimmten Liebesobjekten nicht biogenetisch vorprogrammiert ist. Aus einem relativ plastischen Anlagepotential formen Sozialisationseinflüsse spezifische sexuelle Verhaltensweisen und Formen der Objektwahl. Die Qualität sexueller Regungen wird – auch wenn sie biologisch vorgegebene Potentiale in sich aufnehmen – entscheidend durch die Liebesobjekte geprägt, auf die sie sich richten oder nicht richten dürfen – es besteht keine angeborene, fixierte Verbindung zwischen Sexualtrieb und sexueller Objektwahl. In Freuds bahnbrechender Arbeit «Drei Abhandlungen zur Sexualtheorie» heißt es: «Wir werden aufmerksam gemacht, daß wir uns die Verknüpfung des Sexualtriebes mit dem Sexualobjekt als eine zu innige vorgestellt haben. Die Erfahrung an den für abnorm gehaltenen Fällen lehrt uns, daß hier zwischen Sexualtrieb und Sexualobjekt eine Verlötung vorliegt, die wir bei der Gleichförmigkeit der normalen Gestaltung, wo der Trieb das Objekt mitzubringen scheint, in Gefahr sind zu übersehen. Wir werden so angewiesen, die Verknüpfung zwischen Trieb und Objekt in unseren Gedanken zu lockern.»[5] Es gibt keine angeborene Disposition zur Wahl eines gleichgeschlechtlichen oder gegengeschlechtlichen Partners.[6] Die ausschließende Wahl von Liebesobjekten nur eines Geschlechts beim Erwachsenen ist das Ergebnis seiner Entwicklungsgeschichte. Zwischen dem Sexualtrieb und der Wahl des Sexualobjekts besteht kein fixer Zusammenhang, die sexuelle Objektwahl ist erworbenes, erlerntes Verhalten.

Da die Möglichkeit homosexueller Objektwahlen bei allen Menschen potentiell vorhanden ist oder zumindest in den frühen Phasen der Ent-

4 Die folgende Darstellung orientiert sich vor allem an Ch. Socarides: Der offen Homosexuelle, Frankfurt 1976; O. Fenichel: Perversionen, Psychosen, Charakterstörungen, Darmstadt 1976; F. Morgenthaler: Die Stellung der Perversionen in Metapsychologie und Technik, in: Psyche 12/1974, S. 1077.

5 S. Freud: Drei Abhandlungen zur Sexualtheorie, in: Gesammelte Werke, Bd. V, S. 46f.

6 Diese Feststellung schließt nicht aus, daß die homosexuelle oder heterosexuelle Objektwahl bei den einzelnen Individuen von einem «konstitutionellen Faktor» unterstützt wird. Wie dieser Faktor aussieht, hat die Forschung allerdings bisher noch nicht ermittelt. Dannecker und Reiche formulieren: «Sowenig es eine ‹Vererbung› oder ein ‹Angeborensein› der Homosexualität oder der Heterosexualität geben kann – eine solche Konstruktion widerspricht dem Begriff der Sexualität – so wenig ist das Eingreifen besonderer biologischer Potentiale in den Prozeß des Homosexuell-Werdens bei einzelnen Individuen auszuschließen.» Der gewöhnliche Homosexuelle, a. a. O., S. 10.

wicklung vorhanden war, bedarf es der Erklärung, warum nur eine Minderheit sich manifest homosexuell verhält, also orgiastische Befriedigung in der Beziehung zu gleichgeschlechtlichen Partnern sucht. Dies um so mehr, als Freuds bisher nicht widerlegte Annahme einer angeborenen Bisexualität darauf hinweist, daß jeder Mensch konstitutionell eine Komponente aufweist, die die homosexuelle Objektwahl nahelegt. Auch die Tatsache, daß bei den dem Menschen nächstverwandten Tieren zwar heterosexuelles Verhalten vorherrschend ist, homosexuelles Verhalten in gewissem Ausmaße aber fast immer vorkommt[7], wirft die Frage auf, warum offen homosexuelles Verhalten in der bestehenden Gesellschaftsordnung als «widernatürlich» erscheint und nicht als lustvoll zu nutzende Möglichkeit. Was bei allen Kinder noch als Möglichkeit angelegt ist, muß durch eine versagende Sozialisation im Prozeß des Erwachsenwerdens weitgehend niedergerungen werden. «Das präödipale Kind schwankt noch zwischen heterosexuellen und homosexuellen, zwischen aktiven und passiven Strebungen hin und her und genießt noch die Freiheit, spielerisch verschiedene Rollen zu übernehmen. Es kann sich in seinen Phantasien, Einstellungen und Handlungen auf einem mehr oder weniger primitiven Ichniveau abwechselnd einmal mit dem Vater, ein andermal mit der Mutter, einem älteren Geschwister oder einem gleichaltrigen Rivalen identifizieren. Ich erwähnte bereits, daß Phantasien von Verschmelzungen mit der Mutter bis zum Alter von 3 Jahren als Normalerscheinung anzusehen sind. Aber durch die Entdeckungen oder Festigungen der sexuellen Identität des Kindes, die den Schritt zur genitalen Stufe seiner Triebentwicklung widerspiegeln, reduziert sich seine Freiheit, verschiedene Rollen zu spielen, beträchtlich.»[8] Keine Form der Erziehung vermag homosexuelle Strebungen gänzlich auszumerzen, sie vermag sie nur auf eine latente Stufe zurückzuschrauben. Freud betont, «daß alle Normalen neben ihrer manifesten Heterosexualität ein sehr erhebliches Ausmaß von latenter oder unbewußter Homosexualität erkennen lassen»[9]. Unter dem Druck von sozialen Verhältnissen, die sich durch die Unmöglichkeit zur heterosexuellen Objektwahl auszeichnen – etwa im Gefängnis[10] – sind viele Individuen, die sich als Heterosexuelle interpretieren, in der Lage, ihre latenten homosexuellen Regungen in manifeste zu überführen.

Der Homosexuelle ist für Freud nicht der andere, dessen sexuelle Regungen dem Heterosexuellen völlig fremd sind. Das ausschließliche

7 Siehe hierzu C. S. Ford und F. A. Beach: Formen der Sexualität, Hamburg 1968.

8 E. Jacobson: Das Selbst und die Welt der Objekte, Frankfurt 1973, S. 86.

9 S. Freud: Über die Psychogenese eines Falles von weiblicher Homosexualität, in: Gesammelte Werke, Bd. XII, S. 300.

10 Siehe hierzu W. Simon und J. H. Gagnon: Gefangenensexualität, in: Sexuelle Außenseiter, Reinbek 1970.

sexuelle Interesse des Mannes an der Frau, das diese Regungen verleugnet, ist ihm ein der kritischen Analyse bedürftiges Problem. «Die psychoanalytische Forschung widersetzt sich mit aller Entschiedenheit dem Versuche, die Homosexuellen als eine besonders geartete Gruppe von den anderen Menschen abzutrennen. Indem sie auch andere als die manifest kundgegebenen Sexualregungen studiert, erfährt sie, daß alle Menschen der gleichgeschlechtlichen Objektwahl fähig sind und dieselbe auch im Unbewußten vollzogen haben. Ja, die Bindungen libidinöser Gefühle an Personen des gleichen Geschlechts spielen als Faktoren im normalen Seelenleben keine geringere und als Motoren der Erkrankung eine größere Rolle als die, welche dem entgegengesetzten Geschlecht gelten. Der Psychoanalyse erscheint vielmehr die Unabhängigkeit der Objektwahl vom Geschlecht des Objektes, die gleich freie Verfügung über männliche und weibliche Objekte, wie sie im Kindesalter, in primitiven Zuständen und frühhistorischen Zeiten zu beobachten ist, als das Ursprüngliche, aus dem sich durch Einschränkung nach der einen oder anderen Seite der normale wie der Inversionstypus entwickeln. Im Sinne der Psychoanalyse ist also auch das ausschließliche sexuelle Interesse des Mannes für das Weib ein der Aufklärung bedürftiges Problem und keine Selbstverständlichkeit, der eine im Grunde chemische Anziehung zu unterlegen ist.»[11] Trotz Freuds Feststellung taucht in der Praxis der Psychoanalyse und auch meist in ihrer Theorie normalerweise kaum die Frage auf, warum die Fähigkeit zu homosexuellen Beziehungen nicht jedermann zur Verfügung steht. Hier stellt sich typischerweise lediglich die entgegengesetzte Frage: Warum kommt es bei bestimmten Individuen nicht zu heterosexuellen Objektwahlen und statt dessen zu zwanghaften homosexuellen Objektwahlen? Da die bestehende Gesellschaft ein spezifisches Mann–Weib-Schema hervorgebracht hat, das in ihren Produktionsverhältnissen und der mit ihnen verbundenen Ehe- und Familienform fest verankert ist und das überdies durch seine Verquickung mit komplementär strukturierten anatomischen Dispositionen besonders naheliegend erscheint, ist der Psychoanalyse vor allem die Abweichung von diesem Schema zum Problem geworden. Da die heterosexuelle Objektwahl, sofern sie sich bestimmten Regeln fügt, gesellschaftlich prämiert wird, während die homosexuelle «Abweichung» mit schweren negativen Sanktionen versehen ist, und da das Mann–Weib-Schema den Kindern von Geburt an vorgeführt und aufgezwungen wird, stellt sich die Frage, warum sich Individuen zwanghaft diesem Schema verweigern müssen. Warum weichen Individuen, deren ursprüngliche sexuelle Konstitution die heterosexuelle Objektwahl prinzipiell zuließ, zwanghaft auf homosexuelle Objektwahlen aus, obwohl sie dafür mit Verfolgung, mit Angst und mit Leiden bezahlen müssen, die das mit heterosexuellen Objekt-

11 S. Freud: Drei Abhandlungen, in: Gesammelte Werke, Bd. V, S. 44, Fußnote.

wahlen Verbundene fast immer übertreffen?

In ihren Anfängen begriff die psychoanalytische Theorie die Homosexualität schlicht als Ausdruck der Fixierung an einem bestimmten Punkt der infantilen Sexualentwicklung. Die Homosexualität, die als «Perversion» bezeichnet[12] wird, weil sie nicht einem am Ziel der Fortpflanzung orientierten genitalen Primat gehorcht, das nach psychoanalytischer Interpretation die reife Sexualität auszeichnen soll, ist durch das Gebundensein an ein bestimmtes Niveau der infantilen Sexualentwicklung bzw. den Rückfall auf dieses Niveau auf Grund traumatischer Erfahrungen gekennzeichnet. Die Homosexualität ist danach durch die «Fixierstelle» eines Partialtriebs gekennzeichnet; sie ist durch die Dominanz einer prägenitalen infantilen sexuellen Reaktionsweise bestimmt, die der «reifen» Genitalität entgegensteht. So gilt beispielsweise der Homosexuelle als auf die anale Stufe fixiert – das Klischee bezeichnet ihn bekanntlich als «Arschficker» oder «Spinatstecher» –, weil er der Bedrohung durch übergroße Kastrationsängste während der ödipalen Konfliktkonstellation durch ein Verharren auf der analen Entwicklungsstufe bzw. den Rückfall auf diese begegnen mußte. Die Homosexualität bleibt allerdings durch ihre Fixierung an eine infantile Entwicklungsstufe, keine «polymorph-perverse» kindliche Sexualität, sie ist vielmehr eine Form der Erwachsenensexualität mit bestimmten infantilen Zügen.

Für die neuere, zuerst von Sachs entwickelte psychoanalytische Konzeption über die Genese von Perversionen, sind diese nicht mehr schlicht durch die Fixierung an einen bestimmten Partialtrieb bestimmt, sie sind vielmehr das Resultat eines Abwehrkompromisses: Die homosexuelle Praxis und die an sie gebundenen Phantasieregungen werden in den Dienst von Verdrängungsprozessen genommen; sie sind wesentlich durch ihre Funktion gekennzeichnet, bestimmte präödipale oder ödipale Regungen und die mit ihnen verbundenen Ängste verdrängen zu helfen. Bestimmte hypertrophierte Aspekte der infantilen Sexualität dienen dazu, andere ihrer Aspekte zu verbergen. Der Homosexualität kommt die Aufgabe zu, Verdrängungsleistungen bewerkstelligen zu helfen, die sich auf die Mutter–Kind-Dyade in der frühesten Kindheit oder auf die ödipale Konfliktkonstellation beziehen. Die Homosexualität hat demnach, wie sich Morgenthaler ausdrückt, die Funktion eines «Propfes»,[13] der eine prekäre psychische Struktur zu kitten hat. Was der «Perverse» als Triebbefriedigung erfährt, hat, dieser Interpretation zufolge, eine andere Be-

12 Freud bezeichnet die Homosexualität noch als «Inversion», die er von der Perversion unterscheidet; seine Schüler machen diese Unterscheidung zumeist nicht mehr. Über das Verhältnis von Homosexualität, Perversion und Normalität in den psychoanalytischen Deutungen siehe Dannecker und Reiche, a. a. O., S. 265 ff.

13 F. Morgenthaler: Die Stellung der Perversionen in Metapsychologie und Technik, in: Psyche 12/1974, S. 1081.

deutung, als es scheint. Die Triebhandlung hat einen Funktionswandel erfahren, der ihr die Aufgabe zuweist, die für sie wesentlich ist, nämlich gewissermaßen eine psychische Lücke zu füllen. Morgenthaler meint: «Für den Analytiker ist es wichtig zu wissen, daß das, was der Patient als Triebbefriedigung schildert, eine andere Bedeutung hat: der Funktionswandel, dem die Triebhandlung des Perversen unterliegt, steht so im Vordergrund, daß die Triebbefriedigung an sich nicht nur sekundär, sondern in den meisten Fällen merkwürdig gering gesetzt ist, unterbewertet, ja beinahe indifferent ist.»[14] Was die Homosexuellen durch das Erreichen ihrer sexuellen Ziele anstreben und außerordentlich hartnäkkig besetzen, wäre demnach nicht primär die Befriedigung bestimmter sexueller Regungen, sondern die Aufrechterhaltung ihrer psychischen Struktur mit ihren spezifischen Objektbesetzungen, Idealbildungen und Selbstinterpretationen, die es ihnen erlaubt, sich innerhalb des sozialen Rahmens, in dem sie leben, relativ angepaßt zu verhalten. Zur Stabilität seiner Psyche, die an die Aufrechterhaltung jener Ich-Funktionen und Triebstrukturen gebunden ist, die sich mit der Entwicklung der Persönlichkeit ausgebildet haben, bedarf der Homosexuelle seiner Perversion als einer Stütze, die zugleich in gewisser Weise von ihr als Symptom abgespalten ist. Morgenthaler stellt fest: «Perversionen sind – metapsychologisch gesehen – in allererster Linie Funktion. Diese Funktion läßt sich am besten als Plombe, Pfropf, als ein heterogenes Gebilde beschreiben, das eine Lücke schließt, die eine fehlgehende narzißtische Entwicklung schafft. Dank dieser Plombe wird die Homöostase im narzißtischen Bereich ermöglicht und aufrechterhalten.»[15] Was auf der Erscheinungsebene als gesellschaftlich verfemte Perversion zutage tritt, was sich also scheinbar asozial und unangepaßt ausnimmt, dient demzufolge in Wahrheit der sozialen Anpassung.

Die «klassische» psychoanalytische Theorie, wie sie von Freud vertreten wurde, sah im Ödipuskomplex den lebensgeschichtlich maßgebenden Kernkomplex, dessen falsche Bewältigung ihr zufolge die Homosexualität zur Konsequenz hat; die neueren psychoanalytischen Ansätze begreifen die Homosexualität primär als Resultat des Mißlingens der Auflösung der «Mutter–Kind-Symbiose» in der frühesten Kindheit. Die theoretische Entmachtung des Ödipus, als Kernkomplex, durch die Mutter–Kind-Dyade, die die Theorienentwicklung kennzeichnet, ist nicht unproblematisch. Sie ist Ausdruck eines theoretischen Fortschritts, der die frühesten psychischen Prägungen angeht, und sicher auch das Produkt von gewandelten Symptomstrukturen bei psychischen Erkrankungen, mit denen die Psychoanalytiker konfrontiert werden. Politökonomische Strukturwandlungen und die mit ihnen verbundenen Veränderungen

14 Ebd., S. 1080.
15 Ebd., S. 1081.

der Familie, besonders der Rolle der Frau in ihr, haben Wandlungen in den Sozialisationsprozessen herbeigeführt, die, nach den Feststellungen der Psychoanalytiker, immer mehr psychische Defekte hervorbringen, die ihre Basis schon in gestörten präödipalen Mutter–Kind-Beziehungen haben.[16] Zugleich hat die gesellschaftlich bedingte zunehmende Entmachtung des Vaters den ödipalen Konflikt des Kindes mit diesem entschärft.[17] Derartige Erklärungen – die sicherlich Momente der Wahrheit treffen – zur Rechtfertigung der nunmehr vorrangigen Analyse der präödipalen Konstellationen können den Verdacht nicht beiseite schieben, daß dieser Trend auch bestimmten, psychoanalytisch faßbaren Abwehrmechanismen entspricht. Die Rede vom «fehlenden Urvertrauen» oder «überfürsorglichen Müttern» ist weit weniger von Abwehrmechanismen bedroht als die Thematisierung der sexuellen Regungen während der ödipalen Phase: Solange die Kleinfamilie besteht, ist der Einfluß des Inzesttabus auch auf Psychoanalytiker nicht zu unterschätzen. Die modische theoretische Entmachtung des Ödipus ist zumindest partiell auch eine Flucht vor seiner noch weiterbestehenden Macht.

Eine zureichende Interpretation – die bisher noch aussteht – müßte die Disposition zur späteren Homosexualität als Resultat beider infantiler Kernkomplexe begreifen, deren Bewältigungsformen auf spezifische Weise verkoppelt sind. Die Basis dessen, was bei männlichen Erwachsenen als Homosexualität etikettiert wird, muß als Resultat eines Sozialisationsverlaufs begriffen werden, an dem die Bewältigung der Mutter-Kind-Dyade und des ödipalen Dreierkonflikts auf spezifische Weise beteiligt sind. Die problematischen psychischen Resultate der Bewältigung der Mutter–Kind-Dyade spannen sozusagen später entstehende psychische Strukturelemente, besonders solche, die aus dem Ödipuskomplex resultieren, für sich ein; zugleich wirken sie als Handikap bei der Bewältigung des ödipalen Konflikts und bestimmen die aus diesem resultierenden Strukturen mit. In das, was als Homosexualität erscheint, sind die Bewältigungsformen beider Konstellationen in einer spezifischen Verquickung eingegangen: Die «Perversion» ist mehrfach determiniert.

Während der Ablösung von der Mutter in der frühen Kindheit entstehen, wie vor allem Spitz[18] herauszuarbeiten versucht hat, die grundlegenden Strukturen des Ichs. Während der Aufspaltung der ursprünglichen Mutter–Kind-Symbiose konstituieren sich, der psychoanalytischen

16 Siehe hierzu z. B. K. Horn: Einleitung zu: Gruppendynamik und der subjektive Faktor, Frankfurt 1972, oder T. Ziehe: Pubertät und Narzißmus, Frankfurt 1975.

17 Ein Buch wie «Antiödipus» von Deleuze und Guittari konnte sicherlich erst in Verbindung mit dem Zerfall des traditionellen Ödipuskomplexes entstehen. Erst die Krise eines sozialen Phänomens macht es zum theoretischen Problem. Wie schon Hegel wußte, fliegt die Eule der Minerva in der Dämmerung.

18 R. Spitz: Vom Säugling zum Kleinkind, Stuttgart 1967.

Interpretation zufolge, nach einer Phase relativer psychischer Unstrukturiertheit die Vorläufer der späteren Objektbeziehungen, es wird die Trennung von Selbst und Objektwelt erstmals erfahren, es entwickelt sich die Basis der Erfahrung von Raum und Zeit, Denken als «Probehandeln» zur Bewältigung von Konflikten tritt zum erstenmal auf den Plan. Mit dem Prozeß der Ablösung von der Mutter, der – was die Psychoanalyse weitgehend vernachlässigt – mit dem Erlernen von Formen der Aneignung der sachlichen Realität verbunden ist, werden grundlegende, später fortwirkende psychische Leistungen erlernt. Da der Prozeß der Aufsprengung der ursprünglichen Mutter–Kind-Einheit mit Angst und traumatischen Versagungen verbunden ist, produziert er unvermeidlich den Drang nach seiner Umkehr, die Sehnsucht, wieder mit der Mutter eins zu werden. Der Mythos der Vertreibung aus dem Paradies, der die Entstehung von Vernunft und Arbeitsfähigkeit thematisiert, hat seine psychologische Wurzel in dieser Erfahrung.

Der spätere Homosexuelle ist, der neueren psychoanalytischen Theorie zufolge, nicht in der Lage, die frühen Trennungs- bzw. Individuierungsprozesse erfolgreich zu bewältigen. Die Folge ist ein schadhaftes Ich, das in der Perversion eine Stütze suchen muß, um seine Defekte zu kompensieren. Um ständig geforderte soziale Leistungen vollbringen zu können, um der psychischen Katastrophe zu entgehen, die der Zusammenbruch bestimmter Ich-Leistungen bedeuten würde, ist die Perversion als Krücke notwendig. Seine Perversion, so könnte man im Rahmen der Psychoanalyse formulieren, verhindert, daß der Homosexuelle z. B. zum psychotischen Charakter wird.

Schon Freud hat bei seinen männlichen homosexuellen Patienten festgestellt, daß sie eine überstarke Mutterfixierung erfahren haben. Sie lösen sich ihm zufolge aus dieser Bindung nur, indem sie sich mit der überwältigenden Mutter identifizieren. Sie nehmen als Konsequenz gewissermaßen ihr Selbst zum Sexualobjekt, indem sie auf narzißtische Art Männer wählen, die ihnen ähnlich sind oder während einer bestimmten Altersstufe waren und die sie selbst so lieben können, wie sie ihre Mutter geliebt hat. Diese Art der Lösung der Mutter–Kind-Beziehung geht, wie besonders Socarides und vor ihm schon Bergler herauszuarbeiten sich bemüht haben, bereits auf den Kernkomplex der präödipalen Phase zurück. «Der Kernkomplex des Homosexuellen entsteht in der frühesten Lebensphase und erzwingt die Wahl eines gleichgeschlechtlichen Partners, damit das Ich überlebt. Der Homosexuelle war nicht in der Lage, die Phasen der Symbiose und Trennungs-Individuation erfolgreich zu durchlaufen. Das Scheitern der Reifung und (psychologischen) Entwicklung bewirkt schwere Schädigungen des Ichs. Die Homosexualität dient der Verdrängung eines zentralen Kernkomplexes: dieser besteht in dem Drang, auf die präödipale Fixierung zu regredieren, in welcher der Wunsch, aber auch die Furcht vorherrscht, mit der Mutter zu verschmelzen, um die primitive Mutter–Kind-Einheit wieder herzustellen.»[19] Der spätere Homosexuelle hat besondere Schwierigkeiten bei der Bewältigung des frühen Kernkomplexes, weil – wie die bisherigen Untersuchungen zeigen – seine Mutter typischerweise eine sozusagen parasitäre Figur ist, die den Verlust ihres bisherigen vegetativen Anhängsels nicht ertragen kann. Sie zeichnet sich durch eine ihre Aggressivität verschleiernde Überfürsorglichkeit aus, die den Ablösungsprozessen des Kindes massiven Widerstand entgegensetzt, das sie bewußt oder unbewußt als Teil des eigenen Selbst interpretiert. Ein relativ starker Vater, der dem Kind bei der Ablösung von der Mutter Hilfestellung geben könnte, ein Vater, von dem der Sohn erwarten könnte, daß er ihn davor bewahrt, von der Mutter «verschlungen» zu werden, steht üblicherweise dem späteren Homosexuellen nicht zur Verfügung.

Die Fixierung des Homosexuellen auf den frühinfantilen Kernkomplex hat verschiedene miteinander verknüpfte psychische Reaktionsmuster zur Konsequenz. Die Angst vor der «Einverleibung» durch die Mutter wird unbewußt auf andere Frauen übertragen. Um den Wunsch zur Rückkehr nach der Mutter–Kind-Einheit niederzuhalten, der die eigene Subjektivität bedroht, vermeidet der Homosexuelle Kontakte zu Frauen, die diesen reaktivieren könnten. «Auf der bewußten Ebene versucht der Patient seinen primären Kernkonflikt durch bestimmte Handlungen zu kompensieren, die den isolierten Affektzustand der Mutter–Kind-Einheit abwehren und abkapseln sollen. Daher nähert er sich – besonders sexuell – keiner anderen Frau, da dies die Angst der Mutter–Kind-Einheit aktivieren würde.» Die Folge: «Sexuelle Befriedigung wird ausschließlich durch Substitution, Verschiebung und andere Abwehrmechanismen erreicht.»[20] Die Beziehung zum Mann ersetzt die Beziehung zur Frau.

Die vorherrschenden Formen der offenen Homosexualität zeichnen sich nicht nur dadurch aus, daß an die Stelle der Frau der Mann tritt. Sie sind darüber hinaus dadurch geprägt, daß sie oft nur Beziehungen mit sehr flüchtigem, unstetem Charakter dulden, die sie von der vorherrschenden Heterosexualität unterscheiden: Die Homosexualität fällt häufig extrem promisk und unpersönlich aus. Einer Darstellung Martin Danneckers zufolge zerfällt die Subkultur der Homosexuellen, idealtypisch vereinfacht dargestellt, in zwei Bereiche, die sich nach ihrer Nähe oder Ferne zu den gemeinhin als normal bezeichneten Verhaltensweisen unterscheiden lassen. «Der Bereich, zu dem Bars, Clubs und ‹private subkulturelle Aktivitäten› rechnen, läßt sich, wenn auch mit etwas Mühe, unter die gesamtgesellschaftlichen Vorstellungen von Normalität subsumieren, soweit diese wie üblich am äußeren Verhalten gemessen wird. Weil zu allen diesen Einrichtungen analoge Einrichtungen in der

19 C. W. Socarides: Der offene Homosexuelle, Frankfurt 1971, S. 104f.
20 Ebd., S. 105.

‹heterosexuellen Welt› existieren, denen die subkulturellen nachgebildet sind, scheint an ihnen der liberale Satz, Homosexuelle unterscheiden sich von Heterosexuellen lediglich durch ihre gleichgeschlechtliche Objektwahl, wahr zu werden. In der Tat wird ein wohlwollender Beobachter an den Interaktionen in einer homosexuellen Bar nichts Auffälliges entdekken. Erkennt man an, daß hier Personen des gleichen Geschlechts sexuelle Beziehungen realisieren möchten, scheint das soziale Gewand, in das die sexuellen Wünsche verborgen sind, das gleiche oder doch ein vergleichbares zu sein, wie es der Beobachter – von dem hier angenommen wird, daß er ein Heterosexueller ist – beispielsweise aus Diskotheken kennt.»[21] Dieser «normale» Bereich der homosexuellen Subkultur erfährt jedoch eine Ergänzung durch einen Bereich, der es erschwert, Homosexuelle und Heterosexuelle als lediglich durch die sexuelle Objektwahl geschieden zu interpretieren. «Für den zweiten Bereich der homosexuellen Subkultur, zu dem die Sauna, der Park und die Klappe zählen, gibt es unter Heterosexuellen keine Entsprechung. Dieser Bereich repräsentiert gleichsam die andere Seite von dem, was Homosexuell-Sein gegenwärtig auch heißt. Mit den Normalitätsvorstellungen ist er so leicht nicht in Einklang zu bringen wie es für die Bar etc. möglich ist. Deswegen wird an diesem Bereich auch die gängige Toleranz rasch irre, baut diese doch auf bürgerlicher Wohlanständigkeit im Gewande der Homosexualität auf. Was diese Zone der Subkultur institutionell absichert, ist flüchtigster sexueller Kontakt, hinter dem die daran beteiligten Individuen nahezu verschwinden. In die Bar etc. geht auch der promiskeste Homosexuelle, um jemand zu finden, mit dem er Sex haben kann. In dieser Zone der Subkultur jedoch geht man, um Sex zu haben. Die Aufnahme eines Kontakts zum Zwecke sexueller Bedürfnisbefriedigung schließt in der Bar eine Begegnung zwischen zwei homosexuellen Subjekten, wie oberflächlich diese auch immer sein mag, mit ein. Die hier ihren Anfang nehmenden sexuellen Erlebnisse gelten deswegen als minder ehrenrührig und vergleichsweise zivilisiert, weil hier ein Kompromiß zwischen sexuellen Wünschen und sozialer Norm geschlossen werden kann. In den dunkleren Zonen kommt es im Gegensatz dazu lediglich zu homosexuellen Begegnungen, ohne daß hier das Subjekt als störendes Element bei der Realisierung homosexueller Triebwünsche dazwischen tritt. Von diesem läßt sich hier, ebenso wie von den kulturellen und persönlichen Idealen abstrahieren. Deswegen ist es auch möglich, daß hier Personen Sex miteinander haben, die im Lichte der Bar, bei eingeschalteter sozialer Kontrolle, nicht einmal einen flüchtigen Blick gewechselt hätten. Die Divergenz zwischen den beiden Zonen der Subkultur läßt sich auch daran ablesen, daß in einem Teil ohne Sprache nicht auszukom-

21 M. Dannecker: Geschlechterrollenauflösung und homosexuelle Wirklichkeit, unveröffentlichtes Manuskript, S. 1.

men ist, während im zweiten Teil der Verzicht auf Sprache geradezu unerläßliche Bedingung für die Aufrechterhaltung des Betriebs ist.»[22] Die Homosexuellen kennen feste Freundschaften, die denen der Heterosexuellen weitgehend entsprechen; sie kennen aber auch Formen sexueller Beziehungen, die sich nur schwer mit den etablierten Vorstellungen von reifer sexueller Befriedigung verbinden lassen. Promiskuität, unpersönliche, flüchtige Kontakte kennzeichnen die verborgene Homosexualität. Sexuelle Kontakte können in der Subkultur ihre entfremdetste, verdinglichste Form erhalten, wenn sie, wie in manchen Toiletten üblich, durch ein Loch in der Zwischenwand, das eben noch erlaubt den Penis hindurchzustecken, ausgeführt werden. Sobald die sexuelle Anziehung in einer homosexuellen Freundschaft nachläßt, weichen die Partner üblicherweise auf sexuelle Kontakte mit Dritten aus; zwanghaft, von Angst getrieben, erfolgt die Flucht in die Promiskuität, in eine verdinglichte Sexualität, die nur den Phallus und den Orgasmus will. Diese Form sexueller Kontakte läßt sich, der psychoanalytischen Interpretation zufolge, zumindest partiell, als Ausdruck des Mißlingens der Bewältigung des frühen infantilen Kernkomplexes begreifen.

Da die Ablösung von der Mutter beim Homosexuellen nur unzureichend gelungen ist, ist das Selbstwertgefühl, das mit der Beziehung zum eigenen Körper verknüpft ist, also die psychische und sexuelle Identität, ständig bedroht. Die Schwierigkeiten bei der Trennung von Selbst- und Objektrepräsentanzen erschweren es dem Ich, seine integrative Funktion zu erfüllen, die zur Ausbildung der Identität notwendig ist; der damit ständig drohende Identitätsverlust führt zu Auflösungsängsten, die nur flüchtige Beziehungen zu Liebesobjekten dulden. Eine gestörte narzißtische Entwicklung[23] bringt es mit sich, daß die narzißtische Homöostase nur mit Hilfe der Perversion als Plombe aufrechterhalten werden kann. Morgenthaler stellt fest: «Im gesunden Prozeß der narzißtischen Entwicklung füllt sich das Selbst mit Inhalten und Gefühlen auf und rundet

22 Ebd., S. 3f.

23 Zum Begriff der narzißtischen Entwicklung bemerkt Morgenthaler: «Unter dem Begriff der narzißtischen Entwicklung wird der Prozeß verstanden, der zur Abgrenzung des Selbst führt. Dabei werden die Selbstrepräsentanzen und die Objektrepräsentanzen ausgebildet. Dies geschieht einerseits auf dem Weg der Verinnerlichung und Integration der idealisierten Elternimago, wodurch das Ich-Ideal aufgerichtet wird. Andererseits geschieht dies durch die Umformung des grandiosen Selbst in ein lustvoll erlebtes Bild der eigenen Person und des eigenen Körpers, wodurch die Fähigkeit mit ausgebildet wird, Ambitionen zu spüren und auf Ziele zu richten. Dabei festigt sich das Selbstgefühl, die Beziehung zum eigenen Körper, kurz: die psychische und sexuelle Identität. Psychodynamisch betrachtet spielt die adäquate, empathische Erlebnisfähigkeit der Mutter in der Dualunion mit dem Kind eine entscheidende Rolle.» Die Stellung der Perversionen in Metapsychologie und Technik, a. a. O., S. 1081.

sich ab. Bei einer gestörten narzißtischen Entwicklung sind die integrierenden und umformenden Prozesse mißlungen. Das Selbst rundet sich nicht ab: es bleibt eine Lücke. Das Selbst entleert sich, wird inhaltslos und gefühlskalt. Weil es sich so verhält, ist auch die Metapher einer Plombe, eines Pfropfes, d. h. einer Verbindungs- oder Überbrückungsstruktur geeignet, um zu verstehen, welche Funktion eine Entwicklung zur Perversion hat.»[24] Die unpersönliche Form sexueller Kontakte in der Subkultur entspricht den mit einer bedrohten Identität einhergehenden Berührungsängsten. «Die Nähe zum anderen beschwört daher die Gefahr herauf, daß die frühkindliche Gier, Unersättlichkeit und Zerstörungswut wieder erwachen und sich gegen die Person richten, der gegenüber wir uns hilflos gemacht und damit in gewissem Sinne die kindliche Abhängigkeit wiederhergestellt haben. Wir müssen riskieren, daß wir unsere Ich-Grenzen verlieren und einem inneren Terror ausgesetzt werden.»[25] Die unbewältigte Abtrennung von der Mutter, die den Homosexuellen auszeichnet, setzt ihn dieser Gefahr besonders stark aus. Er muß seine sexuellen Beziehungen deshalb oberflächlich und flüchtig gestalten: Die Partner als Liebesobjekte werden abgewertet, Beziehungen als solche werden aufgewertet.

Ein Streben nach menschlicher Nähe, das abgewehrt werden muß, darf sich nur in unpersönlichen Kontakten, die der Aufrechterhaltung einer prekären narzißtischen Homöostase dienen, Geltung verschaffen. Weil Objektbesetzungen mit ausgeprägten sexuellen Komponenten auf Grund der frühen Erfahrungen mit der Mutter nur schwer aufrechterhalten werden können, erfolgen diese nur probeweise und primär zur narzißtischen Stabilisierung. Morgenthaler formuliert: «Die Perversen besetzen ihre Objekte und die Handlungen ihrer Partner – die Homosexuellen ihre Partner als Gesamtperson – probeweise mit Libido. Diese Libidobesetzung wird identifikatorisch entlehnt oder fusionell benützt, um die Selbstrepräsentanzen aufzuladen. Weil das Leitobjekt die Besetzung im gleichen Moment verliert, in welchem das Selbst damit besetzt werden sollte, bleibt das Selbst leer. Dies ist so, weil Selbst und Objekt mangelhaft getrennt sind. Die mangelhafte Trennung von Selbst und Objekt bewirkt Verwirrung und Widerspruch zwischen Phantasie und Realität. Dieser Besetzungsmodus wird nun durch die Sexualität quantitativ und qualitativ dramatisiert. Quantitativ dadurch, daß die Besetzungsmodalität zwischen Selbst und Objekt zu oszillieren beginnt und mit der sexuellen Erregung gesteigert wird. Im Moment des Orgasmus entsteht ein qualitativer Umschlag, indem die sexuelle Befriedigung, zu Wohlbefinden transformiert, dem Selbst und dem Objekt gefestigtere Repräsentan-

24 Ebd.
25 H. Stierlin: Das Tun des Einen ist das Tun des Anderen, Frankfurt 1972, S. 64.

zen verleiht. Solche Stabilisierung der Repräsentanzen, sowenig dauerhaft sie auch sein mag, entsteht auch dann, wenn der Phantasie nur vorübergehend Realitätscharakter verliehen wird. Das narzißtische Gleichgewicht stellt sich ein. Wenn nun unter dem Druck der Realität erneut eine narzißtische Disharmonie zu entstehen droht, meldet sich automatisch der Drangzustand, der zur perversen Handlung führt.»[26] Über den Orgasmus in der unpersönlichen Beziehung wird Angst gebannt und damit Realitätstüchtigkeit gewährleistet. Primär ist der erotische Kontakt, der neueren psychoanalytischen Theorie zufolge, nicht Ausdruck sexueller Bedürfnisse, sondern Ausdruck des Bedürfnisses nach der Reduktion von Angst, die ihre Wurzel in frühen Traumata hat. Der Homosexuelle wird zwanghafter als der Heterosexuelle von seiner inkriminierten Triebregung getrieben, der Verzicht auf sie bedroht seine gesamte psychische Struktur. Socarides formuliert: «Sobald sie sich schwach, geängstigt, leer, schuldig, beschämt oder irgendwie hilflos und ohnmächtig fühlen, brauchen und suchen die Homosexuellen verzweifelt Kontakt. Wie ein Patient es nannte, brauchen sie ihren ‹Schuß Männlichkeit›. Dann fühlen sie sich wunderbar wohl, gestärkt und frei von Auflösungserscheinungen. Sobald sie mit einem männlichen Partner den Orgasmus erreichen, fühlen sie sich augenblicklich reintegriert. Schmerz, Angst und Schwäche verschwinden für den Augenblick; sie fühlen sich wieder ganz und heil.»[27] Wer dem Homosexuellen seine sexuellen Neigungen verbieten will, ohne ihm eine Veränderung seiner psychischen Struktur zu gönnen, bedroht ihn mit der psychischen Katastrophe. Die Forderung nach dem Verzicht auf homosexuelle Kontakte verlangt vom Homosexuellen den Verzicht auf seine Subjektivität, den er nicht zu leisten vermag. Dannecker stellt fest: «Dieser Verzicht aber, das hat jeder erfahren müssen, der gegen mächtige innere und äußere Widerstände homosexuell geworden ist, käme einem psychischen Zusammenbruch gleich. Der Homosexuelle muß homosexuell sein, weil er sonst nicht sein kann; weder psychisch noch sozial, wohingegen der andere (der Heterosexuelle, G. V.) auf homosexuelle Kontakte in aller Regel verzichten kann, ohne in heftige Verlustängste zu stürzen.»[28] Die Psychotherapie Homosexueller darf demzufolge nicht darauf zielen, primär dem «perversen» Handeln den Kampf anzusagen, sie kann sinnvollerweise nur daran interessiert sein, eine andere narzißtische Homöostase und damit stabilere Objektbesetzungen möglich zu machen, gleichgültig, ob sie homosexuellen oder heterosexuellen Charakter haben. Morgenthaler: «Der Heilungsprozeß besteht nicht darin, daß da irgend etwas verschwindet. Er besteht vielmehr darin, daß jetzt eine echte Liebesbeziehung

26 Morgenthaler, a. a. O., S. 1093 f.
27 Socarides, a. a. O., S. 99.
28 Dannecker, a. a. O., S. 14.

konfliktfrei und lustvoll im Gewande der perversen Struktur entsteht. Das ist etwas sehr merkwürdiges und eigenartiges und zunächst schwer einfühlbar, sofern der Perverse mit unbelebten Objekten umgeht. Der wichtigste Aspekt in diesem Geschehen ist die gewonnene Fähigkeit des Analysanden, Illusion mit der Wirklichkeit in Übereinstimmung zu bringen. Das Ganze erhält mit der Zeit die Züge des glücklichen Umgangs mit Objekten im Spiel. Es ist außerordentlich beeindruckend zu erleben, wie die Perversion zum Liebesspiel gesundet. Ist ihr analytischer Prozeß soweit fortgeschritten, ist die narzißtische Lücke geschlossen und die Plombenfunktion der Perversion flexibel geworden. Sie kann abgenommen werden wie ein Verband, der eine Verletzung schützte, die unter ihm geheilt ist. Doch nur der Analysand kann das versuchen. Er versucht es autonom und von seiner sexuellen Neugier getrieben. Er versucht es probeweise und greift immer wieder auf seine Plombenfunktion zurück – das ganze weitere Leben.»[29]

Für die ältere psychoanalytische Theorie ist die homosexuelle Disposition das Resultat einer spezifischen Form der Bewältigung der ödipalen Konfliktkonstellation. Ihr zufolge wird der Ödipus- bzw. Kastrationskomplex, entsprechend dem von Sachs herausgearbeiteten Mechanismus, mit Hilfe der Perversion in Verdrängung gehalten. Bei Fenichel etwa heißt es: «Sie (die Homosexualität, G. V.) erweist sich als das Produkt der spezifischen Art dieser Verdrängung, dessen Existenz das Fortbestehen der Verdrängung garantiert. Wir dürfen mit Recht sagen, daß hier das Bewußtsein sonst unbewußter Regungen (nämlich der homosexuellen) gerade dazu dient, andere anstößige Inhalte, nämlich den Ödipus- und Kastrationskomplex in der Verdrängung zu halten.»[30] Die Homosexualität des Mannes dient also der Bewältigung der Kastrationsängste, die, idealtypisch vereinfacht, aus der Rivalität mit dem Vater um die Liebe der Mutter resultieren. Die Homosexualität ist danach der fragwürdige Versuch der gegen das eigene Geschlecht gerichteten realen oder scheinbaren Aggressivität, von seiten des Vaters und später anderer Männer, durch Vermeidung der Konkurrenz mit ihnen zu entgehen. Die Angst des männlichen Kindes vor dem Penisverlust, vor der Kastration durch den Vater, die beim Anblick der weiblichen Penislosigkeit in seiner Phantasie voller Schrecken zur Möglichkeit wird, führt zur partiellen Regression auf eine Stufe, auf der eine sexuelle Beziehung anderer Art zur Mutter gestattet war. In seiner genitalen Sexualität durch die Kastrationsangst gestört, weicht der Junge auf jene Stufe der frühkindlichen Sexualität zurück, die ihm eine gewisse Sicherheit, zumindest aber eine Beschwichtigung seiner Ängste gewährte. Um der «Bedrohung» durch den Vater auszuweichen, die nicht zuletzt das Produkt der eigenen, auf

29 Morgenthaler, a. a. O., S. 1095.
30 Fenichel, a. a. O., S. 29.

den Vater projizierten Aggressivität ist, flüchtet der Sohn in die Identifikation mit der Mutter, die auf den präödipalen Stufen geduldet wurde. Er verdrängt den Haß auf den Vater und will, um als Penisträger zu überleben, von ihm so geliebt werden, wie die Mutter von ihm geliebt wird.

Die Liebe zu Männern kann, der Psychoanalyse folgend, dadurch erleichtert werden, daß diese, mit Hilfe projektiver Mechanismen, mit dem eigenen Selbst identifiziert werden: Was der Furcht vor der Kastration zum Opfer fällt, soll durch die Identifikation mit dem Mann entschädigt werden. Um den Verzicht auf die eigene «reife» genitale Sexualität zu kompensieren, sucht der Homosexuelle Ersatz bei anderen Männern. Bei Socarides heißt es: «Der Homosexuelle, zur Verleugnung des eigenen Phallus gezwungen, muß in anderen Männern, deren Genitalien er begehrt, Ersatz finden. In allen Fällen wird das Selbstbild, die narzißtische Projektion gesucht. Auf diese Weise strebt der Homosexuelle nach Ganzheit und Vollständigkeit. In allen seinen sexuellen Handlungen kombiniert er eine Vielzahl von Rollen. Er kann der Vater-Aggressor sein, der die ödipale Mutter attackiert; ein andermal kann er die Rolle des Muttterersatzes spielen und sich passiv einem homosexuellen Objekt unterwerfen, welches sein eigenes phallisches Ich vertritt; oder er kann die Rolle eines projizierten Ich-Ideals spielen. Allen diesen Möglichkeiten ist eines gemeinsam: Der Homosexuelle strebt nach Erfüllung seiner eigenen Männlichkeit, nach Identifikation mit einer starken, männlichen Person, um seinen Penis maskulin aufzuwerten, um Ganzheit, Vollständigkeit und Befriedigung zu erreichen, ohne die Angst vor der Kastrationsdrohung durch den Vater oder die Mutter.»[31] Auf Grund seiner primär weiblichen Identifikation oder auf Grund der übergroßen, aus den elterlichen Einschüchterungen resultierenden Kastrationsängste muß der Homosexuelle versuchen, die eigene Maskulinität durch die Identifikation mit der Männlichkeit des Partners zu stärken. Der Homosexuelle muß sich sozusagen von einem Teil seiner Persönlichkeit absetzen; dieser Teil wird auf den Partner projiziert und an ihm genossen. Was der Homosexuelle bei anderen Männern zu finden hofft, ist damit ein Bild seiner selbst, das sich kompensatorisch zu dem verhält, was ihm am eigenen Selbst nicht bewußt werden darf.

Die Überbetonung des Penis, des Phallus, die für die Homosexualität typisch ist, resultiert nicht nur aus phantasierten Bedrohungen während der ödipalen Phase, sie wird auch von oralen Strebungen aus der Zeit des primären Kernkomplexes gespeist, die eine spezifische Verschiebung erfahren haben. Socarides meint: «In jedem Fall tritt ein Teil der infantilen Sexualität in den Dienst der Verdrängung durch Verschiebung und Substitution . . . Um den positiven Ödipuskomplex, d. h. die Bindung an

31 Socarides, a. a. O., S. 68f.

die Mutter und den Haß auf den Vater sowie die auf den Körper der Mutter gerichteten punitiven, aggressiven und destruktiven Bestrebungen zu verdrängen, ersetzt der Homosexuelle die Brust der Mutter durch den Penis des Partners.»[32]

Wie dieses Beispiel zeigt, lassen sich im homosexuellen Handeln und Empfinden, nach psychoanalytischer Interpretation, die Auswirkungen der beiden infantilen Kernkomplexe ausmachen: Jeder Aspekt der Homosexualität ist mehrfach determiniert. Über die Beziehungen der determinierenden Faktoren und deren Auswirkungen auf das Sexualverhalten lassen sich an Hand der vorliegenden Literatur nur vage Andeutungen machen; die vorliegenden Texte reihen verschiedene Faktoren meist mehr oder weniger zufällig aneinander.

Schon Freud konstatierte beim Homosexuellen eine frühe, starke Mutterbindung. Nach der Aufgabe dieser Beziehung identifiziert sich der Homosexuelle ihm zufolge weiterhin mit der Mutter und nimmt sich selbst narzißtisch zum Sexualobjekt. Er sucht nach männlichen Individuen, die er so lieben kann, wie die Mutter ihn geliebt hat. Zugleich sucht er nach Männern, die ihm identifikatorisch die Kraft verleihen sollen, sich gegen das «Verschlungenwerden» durch Frauen zu wehren. Die Identifikation mit der Mutter ist bei überwältigenden, versteckt aggressiven Müttern, die die Ablösung des Sohnes torpedieren, besonders naheliegend. Die Versuche, von diesen Müttern loszukommen, tragen, schon auf Grund der psychischen Fixierung an sie, Züge der Vergeblichkeit. Socarides schreibt: «Jeder von ihm (dem Homosexuellen, G. V.) unternommene Versuch einer Trennung verstärkt die unbewußten Bindungen. Daher bemüht er sich, die ‹sicherste Nähe› zu ihr zu wahren, während er sich anderen Frauen gegenüber asexuell verhält. Sexuelle Befriedigung wird ausschließlich durch Substitution, Verschiebungen und andere Abwehrmechanismen erreicht. Da er sich bereits weiblich identifiziert, bezieht er Kraft aus der zeitweiligen Identifikation mit dem männlichen Partner. Indem der Homosexuelle einen Mann substituiert, genießt er beim Geschlechtsverkehr unbewußt die sexuelle Nähe zur Mutter.»[33] Die extreme Bindung an die Mutter strukturiert auf verschiedene Weise die Liebesbeziehung des Homosexuellen. Socarides: «Es ist wichtig, zwischen der primären Identifikation mit der Mutter und der sekundären Identifikation mit dem Mann zu unterscheiden, wie sie in der Homosexualität vorliegt. Letztere ist völlig transitorisch und muß mit Hilfe von männlichen Liebesobjekten ständig von Neuem ergänzt werden . . . Der homosexuelle Mann kann sich auch noch in anderem Sinn mit der Mutter identifizieren, indem er die Identifikation mit dem Aggressor leistet. Dies hat einen ökonomischen Aspekt, insoweit er keinen

32 Ebd., S. 72.
33 Ebd., S. 105.

Angriff ihrerseits zu fürchten hat, solange er in der Identifikation mit ihr verharrt. Dadurch vermeidet er auch ödipale Gefühle und kann durch sie nicht frustriert werden, da er in der Identifikation mit ihr vereinigt ist; darüber hinaus kann er von ihr nicht gequält oder geängstigt werden. Hat er sich mit der Mutter identifiziert, so kann er sich liebevoll gegenüber Männern verhalten, so wie er wünscht, daß seine Mutter sich ihm gegenüber verhalten hätte. Dies versichert ihn gegen die entziehende Mutter und verleiht ihm Befriedigung.»[34]

Die unbewußte starke Fixierung an die Mutter tritt besonders bei Individuen auf, denen ein abwesender oder schwacher Vater kein Gegengewicht zur überwältigenden Mutter anbieten konnte. «Da das Kind im allgemeinen dazu neigt, sich mit dem Elternteil ausgiebiger zu identifizieren, von dem die größeren Versagungen ausgehen, wird der Freudsche Fund verständlich, daß besonders Männer zu Homosexualität neigen, die einen ‹schwachen› oder gar keinen Vater hatten, bei denen also alle ausschlaggebenden Versagungen von der Mutter ausgingen.»[35] Die extreme, bereits in der frühesten Kindheit gesetzte Bindung an die Mutter kann sich als besonderes Handikap während des ödipalen Konflikts bemerkbar machen. Freud konstatiert beim späteren Homosexuellen eine extrem verschärfte frühe ödipale Konfliktkonstellation. Der überstark an die Mutter fixierte Sohn hat besonders große Schwierigkeiten, das gesellschaftlich geforderte Inzesttabu aufzurichten. Der beim späteren Homosexuellen typischerweise anzutreffende schwache Vater liefert kein Identifikationsangebot, das es ermöglicht, auf die Mutter als erotisches Objekt zu verzichten. Das Kind kann die für die Ablösung von der Mutter notwendigen Verdrängungsleistungen nicht vollbringen, wenn nicht ein Vater zur Verfügung steht, dessen bedrohliche Existenz den Verzicht auf die Mutter provoziert und der zudem zugleich eine Liebesbindung an sich ermöglicht, die die Kraft zum Verzicht leiht. Nur eine zugleich aggressiv und liebevoll getönte Beziehung zu einem relativ starken Vater erlaubt es, sich mit diesem zu identifizierten und damit ein Vaterimago in das Über-Ich einzubringen, das den weitgehenden Bruch mit der Mutter als primärer Bezugsperson gewährleistet.

Ein schwacher oder abwesender Vater kann darüber hinaus eine sekundäre Verschärfung des ödipalen Konflikts mit sich bringen, indem er auf das mütterliche Verhalten gegenüber dem Sohn einwirkt. Vor allem die in ihren Beziehungen zum Mann sexuell unbefriedigte Frau tendiert dazu, bei ihrem Sohn unbewußt Ersatz zu suchen. Sie fesselt den Sohn dadurch stark erotisch an sich, wodurch ihm der ödipale Konflikt besondere Schwierigkeiten bereiten kann.

Das Mißlingen intensiver Beziehungen zu Frauen beim Homosexuel-

34 Ebd., S. 117f.
35 Fenichel, a. a. O., S. 25.

len, das in der prekären frühen Beziehung zur Mutter wurzelt, wird nicht selten durch ein Mißlingen der Beziehung zu Männern ergänzt, die psychogenetisch in der Abdankung des Vaters wurzelt. Weil die Beziehung zum Vater, die neben der Beziehung zur Mutter das Modell der späteren Beziehungen zu Männern liefert, mißlingt, tragen Bemühungen, intensive, stabile Kontakte mit Männern aufzubauen allzu leicht Züge der Vergeblichkeit. «Da der Homosexuelle auf sein Streben nach Befriedigung seiner starken Bindung an die Mutter – und folglich auch an andere Frauen – verzichten muß und wegen der Abdankung des Vaters auch um dessen Nähe beraubt wurde, leidet er sein Leben lang unter schweren Einsamkeitsgefühlen. Die Homosexualität ist ein Versuch, menschliche Kontakte herzustellen und aus der Einsamkeit auszubrechen.»[36] Die Tendenz zur Vereinsamung kann durch das Bemühen, Kontakte mit Männern aufzunehmen, zumeist nicht aufgehoben werden, weil diese Kontakte von unterschwelliger Aggressivität geprägt sind. «Feindseligkeit gegenüber dem Vater brachte Schuldgefühle hervor, Furcht vor Vergeltung von seiten der Männer und einen Wunsch, den Haß durch Liebe zu Männern zu verschleiern.»[37] Die unterschwellige Aggressivität in homosexuellen Kontakten, die diese leicht zur Flüchtigkeit verdammt, verbindet Strebungen, die ursprünglich, während des Ödipuskomplexes, dem Vater galten und nun auf den Partner übertragen werden, mit solchen, die in frühesten Phasen gegen die Mutter gerichtet waren. «Bei seiner narzißtischen Objektwahl liebt der Homosexuelle nicht nur seinen Partner in der Weise, wie er selbst von der Mutter geliebt werden wollte, sondern er reagiert ihm gegenüber auch mit der sadistischen Aggression, die einst der weiblichen Mutter galt, weil sie eine Trennung erzwang. Diese unbewußte Feindseligkeit bewirkt, daß die liebende und fürsorgliche Seite der Mutter stärker verleugnet wird.»[38]

Die Aggressivität gegen Männer, ursprünglich gegen gleichgeschlechtliche Rivalen in Gestalt des Vaters oder von Brüdern gerichtet, kann, wie schon Freud herausgearbeitet hat, durch libidinöse Bindungen verdeckt werden. «Die Beobachtung machte mich auf mehrere Fälle aufmerksam, bei denen in früher Kindheit besonders starke eifersüchtige Regungen aus dem Mutterkomplex gegen Rivalen, meist ältere Brüder, aufgetreten waren. Diese Eifersucht führte zu intensiv feindseligen und aggressiven Einstellungen gegen die Geschwister, die sich bis zum Todeswunsch steigern konnten, aber der Entwicklung nicht Stand hielten. Unter den Einflüssen der Erziehung, gewiß auch infolge der anhaltenden

36 Socarides, a. a. O., S. 31.

37 F. Boehm: Über den Weiblichkeitswahn des männlichen Homosexuellen, in: Internationale Zeitschrift für Psychoanalyse 19/1933, zit. nach Socarides, a. a. O., S. 107.

38 Socarides, a. a. O., S. 95.

Ohnmacht dieser Regungen kam es zu Verdrängung derselben und zu einer Gefühlsumwandlung, so daß die früheren Rivalen nun die ersten homosexuellen Liebesobjekte wurden.»[39] Was als Liebe zum Mann erscheint, dient nicht zuletzt der Verschleierung von Aggressivität, die unterschwellig wirksam ist und den Partner auf Distanz hält. «Sekundäre Gewinne kann die Homosexualität gewiß in ebenso mannigfaltiger Weise bieten wie jede Neurose. Der wichtigste und charakteristischste ist wohl der, daß man im Ambivalenzkonflikt dem gleichgeschlechtlichen Konkurrenten ausweicht.»[40] Freud bezeichnet bestimmte Formen der Homosexualität als «haßüberkompensierende» Homosexualität. Die Verschleierung der aggressiven Komponente in der Beziehung sowohl zum Vater als auch zur Mutter gelingt durch spezifische Formen der Ich-Spaltung. «Einerseits war die Mutter für den Homosexuellen während des Säuglingsalters gefährlich und beängstigend; sie bedrohte das Kind mit Trennung und dem Verlust von Liebe und Fürsorge. Andererseits wurden die bewußten und unbewußten Strebungen der Mutter als der Trennung entgegenwirkend empfunden. Angst und Frustration drängten nach einem Abzug der libidinösen Besetzung von der Mutter und führten im Libidohaushalt zu einem Wechsel in Richtung gesteigerter Aggression. Diese introjizierte Mutterimago führte zu einer Ich-Spaltung.»[41] Mit dieser Ich-Spaltung bzw. der Überkompensation von Aggressivität gelingt es dem Homosexuellen, der Abweisung durch beide Geschlechter zu begegnen – er ist damit zugleich mit einer psychischen Disposition ausgestattet, die ihn zur Einsamkeit prädisponiert.

Homosexualität, Fetischismus und Heterosexualität

Die männliche Homosexualität zeigt bestimmte Züge dessen, was als männliche Heterosexualität gilt, in besonders deutlicher Ausprägung. Obwohl weder Homosexuelle noch Heterosexuelle das wahrhaben wollen, weil ihre Interpretationsweisen wie gebannt auf die Differenz starren, die sie trennt, sind die Unterschiede zwischen beiden kaum mehr als quantitative.[1] Die Psychoanalyse zeigt, daß sich «Perversionen» und die «normale Sexualbetätigung» in eine Reihe stellen lassen. Zwischen bei-

39 S. Freud: Über einige neurotische Mechanismen bei Eifersucht, Paranoia und Homosexualität, in: Gesammelte Werke, Bd. XIII, S. 205 f.

40 Fenichel, a. a. O., S. 25.

41 Socarides, a. a. O., S. 95.

1 Siehe hierzu z. B. Dannecker und Reiche: Der gewöhnliche Homosexuelle, a. a. O., S. 265 ff.

den herrschen auf der psychologischen Ebene kaum mehr als quantitative Differenzen, auch wenn ihre gesellschaftliche Bedeutung sie als qualitativ geschieden erscheinen läßt. «Es hat gar keinen Sinn, Personen mit einzelnen solchen Zügen aus der Reihe der Normalen auszuscheiden und zu den Perversen zu stellen, vielmehr erkennt man immer deutlicher, daß das Wesentliche der Perversionen nicht in der Überschreitung des Sexualzieles, nicht in der Ersetzung der Genitalien, ja nicht einmal immer in der Variation des Objektes besteht, sondern allein in der Ausschließlichkeit, mit welcher sich diese Abweichungen vollziehen, und durch welche der der Fortpflanzung dienende Sexualakt beiseite geschoben wird. So wie sich die perversen Handlungen als vorbereitende oder als verstärkende Beiträge in die Herbeiführung des normalen Sexualaktes einfügen, sind sie eigentlich keine Perversionen mehr. Natürlich wird die Kluft zwischen der normalen und der perversen Sexualität durch Tatsachen dieser Art sehr verringert. Es ergibt sich ungezwungen, daß die normale Sexualität aus etwas hervorgeht, was vor ihr bestanden hat, indem sie einzelne Züge dieses Materials als unbrauchbar ausscheidet und die anderen zusammenfaßt, um sie einem neuen, dem Fortpflanzungsziel, unterzuordnen.»[2] (Die von Freud genannte «Unterordnung unter das Fortpflanzungsziel» ist seit der Existenz von Empfängnisverhütungsmitteln nicht mehr ohne weiteres zu halten.)

Weil der Heterosexuelle seine homosexuellen Persönlichkeitsanteile verdrängen muß und der Homosexuelle seine heterosexuellen wird eine Mauer zwischen beiden aufgerichtet, die den Blick auf die vielen Züge, die beide gemeinsam haben, verstellt. Psychoanalytiker, die Homosexuellen ihre Triebeinstellung wegtherapieren wollen und sie damit zugleich, ihrem Normalitätsbegriff entsprechend, ihrer Infantilität und Unemanzipiertheit zu überführen sich bemühen, sagen unfreiwillig, indem sie sich über die Homosexualität auslassen, auch die Wahrheit über die Heterosexualität. Der fragwürdige böse Blick des Analytikers kann am «abweichenden» Homosexuellen wahrnehmen, was am «normalen» Heterosexuellen zumeist übersehen und verleugnet wird. Man tut dem Homosexuellen keinen Gefallen, wenn man seine Beschädigung mit dem liberalen Gestus dessen übersieht, dem die Minderheit so recht ist, wie sie ist. Die kritische Analyse der Homosexualität erlangt ihre Legitimität allerdings erst dadurch, daß sie vor der Heterosexualität nicht haltmacht. Die Beschädigung des Homosexuellen ist nämlich Teil eines Elends, dem alle, wenn auch in unterschiedlichem Ausmaße, in der bestehenden Gesellschaft verfallen sind.

Die Art, wie die Heterosexuellen und die Homosexuellen mit ihren gleichgeschlechtlichen bzw. gegengeschlechtlichen Regungen umgehen,

2 S. Freud: Vorlesungen zur Einführung in die Psychoanalyse, in: Gesammelte Werke, Bd. XI, S. 333 f.

ist in dem gemeinsamen Bemühen verwandt, eine verschleiernde Differenz aufzurichten. Der Homosexuelle ist keineswegs frei von heterosexuellen Regungen, er bearbeitet diese lediglich unbewußt so, daß sie weitgehend in homosexueller Verkleidung auftreten. Freud bemerkt: «Es ist kein Zweifel, daß ein großer Teil der männlichen Invertierten den psychischen Charakter der Männlichkeit bewahrt hat, verhältnismäßig wenig sekundäre Charaktere des anderen Geschlechts an sich trägt und in seinem Sexualobjekt eigentlich weibliche psychische Züge sucht.»[3] Der ursprünglich heterosexuelle Wunsch des Zwangshomosexuellen, der auf die Mutter gerichtet war und unter Angsteinfluß verdrängt wurde, darf sich nur in homosexueller Gestalt verhüllt wieder melden. Umgekehrt sind bei Zwangsheterosexuellen homosexuelle Regungen vorhanden, die nur als heterosexuelle erscheinen dürfen. In den Anfängen der Psychoanalyse, als diese noch den Mut und die Kraft zu kritischem spekulativem Denken hatte, formulierte Ferenczi: «Es hat aber den Anschein, als ob diese Rudimente der Liebe zum eigenen Geschlecht die heutigen Männer für den Entgang an Freundesliebe nicht voll entschädigen würden. Ein Teil der unbefriedigten Homoerotik bleibt ‹frei flottierend›, verlangt nach Sättigung und, da dies bei den heutigen Kulturverhältnissen unmöglich ist, muß sich diese Libidoquantität eine Verschiebung gefallen lassen, und zwar die Verschiebung auf die Gefühlsbeziehungen zum anderen Geschlecht. Ich glaube allen Ernstes, daß die heutigen Männer infolge dieser Affektverschiebung samt und sonders zwangsheterosexuell sind; um sich vom Manne loszumachen, werden sie Weiberknechte. Dies könnte uns die übertriebene, oft sichtlich affektierte Frauenanbetung und ‹Ritterlichkeit› erklären, die die Männerwelt seit dem Mittelalter beherrscht; dies wäre auch die mögliche Erklärung des Don-Juanismus, der zwanghaften und doch nie voll befriedigten Jagd nach immer neuen heterosexuellen Abenteuern. Auch wenn Don Juan selbst diese Theorie lächerlich wähnte, müßte ich ihn für einen Zwangskranken erklären, der in der endlosen Reihe von Frauen die Befriedigung niemals finden kann, da diese Frauen eigentlich nur Substitution verdrängter Liebesobjekte sind. Ich möchte nicht mißverstanden werden; ich finde es natürlich und in der psychophysischen Organisation der Geschlechter begründet, daß der Mann das Weib ungleich lieber hat als seinesgleichen; unnatürlich ist aber, daß der Mann die Männer abstoßen und die Weiber mit zwanghafter Übertreibung anbeten muß.»[4]

Die unterschiedliche Wahl eines gleichgeschlechtlichen oder gegengeschlechtlichen Liebesobjektes, die Homosexualität und Heterosexualität als gegensätzlich erscheinen läßt, zeigt bei genauerer Analyse gemeinsame Strukturprinzipien, die beide ungleich viel näher zusammenrückt, als

3 S. Freud: Drei Abhandlungen, a. a. O., S. 43.
4 S. Ferenczi: Schriften zur Psychoanalyse, Frankfurt 1970, S. 195 f.

der Bruch auf der Erscheinungsebene dies vermuten läßt.

Daß der Homosexuelle bei seinem Partner den Penis nicht missen möchte, daß er sogar, wie ein Blick auf die Homosexuellenpornographie zeigt, dessen wichtigstes Attribut zu sein scheint, gilt in gewisser Weise auch für den Heterosexuellen, dessen Sexualität auf fetischistische Züge angewiesen ist. Zwischen homosexuellen, fetischistischen und heterosexuellen Dispositionen bestehen fließende Übergänge[5]: Der Homosexuelle möchte beim Partner den realen Penis nicht missen, der Heterosexuelle begnügt sich mit Attributen des Partners, die für seine Psyche in symbolischer Verschlüsselung die Penislosigkeit des Partners negieren.

Die etablierte Männlichkeit in heterosexueller wie homosexueller Gestalt ist genital zentriert, sie kreist um den Phallus und die genitale Potenz. Da sie wesentlich durch die infantile Verarbeitung der Angst vor der Kastration geprägt ist, erlangt die genitale Leistungsfähigkeit bei ihr eine besondere Bedeutung: Wer sie aufweist, bestätigt sich damit unbewußt gewissermaßen, daß er noch einmal davongekommen ist. Die sexuelle Lust des Mannes enthält immer auch den Triumph über die in der Kindheit erfahrene Kastrationsangst; männliches sexuelles Streben will immer auch den fragwürdigen Potenzbeweis. (Daß die Orgasmusraten von Homosexuellen, wie Dannecker und Reiche aufzeigen, die von Heterosexuellen im Durchschnitt weit übertreffen, hängt u. a. auch damit zusammen, daß sich Homosexuelle noch zwanghafter als Heterosexuelle ihrer phallischen Potenz versichern müssen, die in ihrer Kindheit in besonders extremer Weise bedroht erschien).

«Der Kastrationsschreck beim Anblick des weiblichen Genitales bleibt wahrscheinlich keinem männlichen Wesen erspart»[6], seine Verarbeitung kann in die Heterosexualität, die Homosexualität und, gewissermaßen als eine Art Zwischenstufe zwischen beiden, in den Fetischismus münden. Daß die Kastrationsängste des männlichen Individuums mit der Erfahrung der Penislosigkeit des Weibes assoziiert sind, führt dazu, daß dieses die Penislosigkeit des Liebesobjekts nicht akzeptieren will. Die Erfahrungen des kleinen Knaben, dem weibliche Wesen als kastriert erscheinen, womit die Möglichkeit des Penisverlustes real erscheint, auch wenn niemand wirklich mit der Kastration droht, wirken beim erwachsenen Mann unterschwellig fort. Viele Homosexuelle geben bei genauer Befragung zu, daß ihre Beziehung zu Frauen vor allem deshalb gestört ist, weil sie deren Genitalien als schrecklich, ekelhaft oder sonst irgend-

5 Heterosexualität, Fetischismus und Homosexualität werden im Rahmen dieses Kapitels vielleicht etwas zu glatt auf einer Linie untergebracht. Der Anteil der oralen und analen Momente an ihnen bzw. der Anteil des Einflusses des primären Kernkomplexes mag durchaus verschieden sein. Siehe hierzu: Dannecker und Reiche, a. a. O., S. 265ff.

6 S. Freud: Fetischismus, in: Gesammelte Werke, Bd. XIV, S. 314.

wie abstoßend empfinden. «Wo der Geschlechtsunterschied im Gegensatz zu seiner genuinen relativen Belanglosigkeit dem Unbewußten von ausschlaggebender Bedeutung ist, wo die Erfahrungen, die mit einem Menschen gemacht werden, unbewußt gerade auf das Geschlecht des betreffenden Menschen bezogen werden, handelt es sich um den Kastrationskomplex. Dazu stimmt der Umstand, daß die Ablehnung der Frau durch den Homosexuellen eine exquisit genitale ist. Viele homosexuelle Männer sind mit Frauen sehr befreundet und anerkennen sie durchaus; nur in genitaler Beziehung schrecken sie vor ihnen zurück. Bisher hat die Analyse von Homosexuellen immer gezeigt: Sie leiden an den Folgen verdrängter Erinnerungen, an vom weiblichen Genitale ausgehenden Kastrationsängsten. Freud hat es einmal so formuliert, daß er sagte, die Homosexuellen hingen zu sehr an der Vorstellung des Penis, daß sie ihn bei ihrem Partner nicht missen wollen. Vielleicht läßt sich das auch negativ formulieren: Sie schrecken so sehr vor dem penislosen Genitale zurück, daß sie einen solchen Partner ablehnen müssen!»[7] Der Homosexuelle will einen Partner, der einen Penis aufweist, um seine Kastrationsängste, die mit der Erfahrung der Penislosigkeit anderer menschlicher Wesen assoziiert sind, zu überspielen. Er sucht im Partner gewissermaßen ein weibliches Wesen, das seines Penis nicht beraubt ist. Das erklärt seine Vorliebe für Jünglinge, die dem Weiblichen näher sind als ältere Männer; es wird ein weibliches Wesen gesucht, das zugleich männlich ist und damit unterschwellige Kastrationsängste beschwichtigen kann.[8] Freud stellt fest: «Bei den später Homosexuellen, die nach meiner Erwartung und nach den Beobachtungen von J. Sadger alle in der Kindheit eine amphigene Phase durchmachen, trifft man auf die nämliche infantile Präponderanz der Genitalzone, speziell des Penis. Ja, diese Hochschätzung des männlichen Gliedes wird zum Schicksal für die Homosexuellen. Sie wählen das Weib zum Sexualobjekt ihrer Kindheit, solange sie auch beim Weibe die Existenz dieses ihnen unentbehrlich dünkenden Körperteils voraussetzen; mit der Überzeugung, daß das Weib sie in diesem Punkt getäuscht hat, wird das Weib für sie als Sexualobjekt unannehmbar. Sie können den Penis bei der Person, die sie zum Sexualverkehr reizen soll, nicht entbehren und fixieren ihre Libido im günstigen Fall auf

7 Fenichel, a. a. O., S. 19.

8 Die Homosexuellen nehmen nicht bewußt wahr, daß sie an ihrem Partner weibliche Züge suchen. Da der Partner, wie im vorigen Kapitel dargestellt wurde, zugleich die eigene Männlichkeit aufwerten soll, werden an ihm bewußt eher männliche Züge gesucht, die die weiblichen überdecken. Die für Homosexuelle typische Abwehr der «Tunte», des «weibischen Schwulen» (siehe hierzu Dannecker und Reiche) zeigt, daß die weiblichen Züge des Partners sogar meist bewußt abgelehnt werden: Der Partner darf nicht offen an die Mutter erinnern, weil sonst infantile Traumata zu sehr aktiviert werden. Die Suche nach der Frau im Partner muß unbewußt bleiben.

‹das Weib mit dem Penis›, den feminin erscheinenden Jüngling. Die Homosexuellen sind also Personen, welche durch die erogene Bedeutung des eigenen Genitales gehindert worden sind, bei ihrem Sexualobjekt auf diese Übereinstimmung mit der eigenen Person zu verzichten. Sie sind an der Entwicklung vom Autoerotismus zur Objektliebe an einer Stelle, dem Autoerotismus näher, fixiert geblieben.»[9] Besonders deutlich wird dies in der Antike, wo eine verbreitete Homosexualität sich speziell auf Jungen bezog, deren sekundäre Geschlechtsmerkmale noch nicht ausgebildet waren. «Bei den Griechen, wo die männlichsten Männer unter den Invertierten erscheinen, ist es klar, daß nicht der männliche Charakter des Knaben, sondern seine körperliche Annäherung an das Weibliche sowie seine weiblichen seelischen Eigenschaften, Schüchternheit, Zurückhaltung, Lern- und Hilfsbedürftigkeit die Liebe des Mannes entzündeten. Sobald der Knabe ein Mann wurde, hörte er auf, ein Sexualobjekt für den Mann zu sein, und wurde etwa selbst ein Knabenliebhaber. Das Sexualobjekt ist in diesem Falle, wie in vielen anderen, nicht das gleiche Geschlecht, sondern die Vereinigung beider Geschlechtsmerkmale, das Kompromiß etwa zwischen einer Regung, die nach dem Manne, und einer, die nach dem Weibe verlangt, mit der festgehaltenen Bedingung

9 S. Freud: Analyse der Phobie eines fünfjährigen Knaben, in: Gesammelte Werke, Bd. VII, S. 343 f.

der Männlichkeit des Körpers (der Genitalien) sozusagen die Spiegelung der bisexuellen Natur.»[10]

Auch dem späteren Heterosexuellen wurde als Knabe die Penislosigkeit des Weibes zum Trauma. Der typische erwachsene Heterosexuelle empfindet die Genitalien der Frau keineswegs als schön, ihre Attraktivität gehorcht einer Lust, die frühere Unlust in sich aufhebt. Wenn Frauen bestimmte Narben oder körperliche Defekte aufweisen, stört das die sexuelle Lust vieler Männer empfindlich, weil es infantile Verstümmelungsängste, die als Kastrationsängste wirksam wurden, reaktiviert.

Der Kastrationsschreck bei der Wahrnehmung der weiblichen Penislosigkeit kann zur Flucht in die Homosexualität führen, die diese dadurch zu bewältigen sucht, daß sie Penisträger als Liebesobjekte verlangt, die ihn nicht reaktivieren. Wenn das «Weib», das man begehrt, mit einem Penis ausgestattet ist, kann die Kastrationsangst überspielt werden. Der Fetischist bewältigt den Kastrationsschreck, indem er sich auf versteckte Art und Weise weigert, die Penislosigkeit des Weibes zur Kenntnis zu nehmen. «Nein, das kann nicht wahr sein, denn wenn das Weib kastriert ist, ist sein eigener Penis bedroht, und dagegen sträubt sich das Stück Narzißmus, mit dem die Natur vorsorglich gerade dieses Organ ausgestattet hat.»[11] Der Konflikt zwischen der wahrgenommenen unerwünschten Penislosigkeit der Frau und dem Gegenwunsch, der beinhaltet, daß alle Menschen Penisträger sind, womit Kastrationsängste gegenstandslos wären, wird durch einen Kompromiß bewältigt, der – wie Freud aufgezeigt hat – eine Ichspaltung einschließt. Das Ich versucht die Penislosigkeit des Weibes anzunehmen als auch sie zu verleugnen, es gehorcht der Realität und hält zugleich an der Fiktion eines weiblichen Penis fest, indem etwas anderes an seine Stelle tritt, das als Ersatz fungiert: der Fetisch. «Es ist nicht richtig, daß das Kind sich nach seiner Beobachtung am Weibe den Glauben an den Phallus des Weibes unverändert gerettet hat. Es hat ihn bewahrt, aber auch aufgegeben; im Konflikt zwischen dem Gewicht der unerwünschten Wahrnehmung und der Stärke des Gegenwunsches ist es zu einem Kompromiß gekommen, wie er nur unter der Herrschaft der unbewußten Denkgesetze – der Primärvorgänge – möglich ist. Ja, das Weib hat im Psychischen dennoch einen Penis, aber dieser Penis ist nicht mehr dasselbe, das er früher war. Etwas anderes ist an seine Stelle getreten, ist sozusagen zu seinem Ersatz ernannt worden und ist nun der Erbe des Interesses, das sich dem früheren zugewendet hatte. Das

10 S. Freud: Drei Abhandlungen, a. a. O., S. 43 ff. Dannecker und Reiche haben die übergroße Wertschätzung von Jünglingen als Sexualobjekt bei Homosexuellen empirisch belegt. «Für fast drei Viertel der Befragten ist es unvorstellbar, mit Männern Sex zu haben, die älter als 35 sind.» Dannecker und Reiche: Der gewöhnliche Homosexuelle, a. a. O., S. 123.

11 S. Freud: Fetischismus, in: Gesammelte Werke, Bd. XIV, S. 312.

Interesse erfährt aber noch eine außerordentliche Steigerung, weil die Abscheu vor der Kastration sich in der Schaffung dieses Ersatzes ein Denkmal gesetzt hat. Als stigma indelebile der stattgehabten Verdrängung bleibt auch die Entfremdung gegen das weibliche Genitale, die man bei keinem Fetischisten vermißt.»[12] Die Leistung der Spaltung, die das Ich des Fetischisten vollbringt, erspart es diesem, ein Homosexueller zu werden. «Man überblickt jetzt, was der Fetisch leistet und wodurch er gehalten wird. Er bleibt das Zeichen des Triumphes über die Kastrationsdrohung und der Schutz gegen sie, er erspart es dem Fetischisten auch, ein Homosexueller zu werden, indem er dem Weib jenen Charakter verleiht, durch den es als Sexualobjekt erträglich wird.»[13]

Die Differenz zwischen dem Fetischisten und dem Homosexuellen ist nur eine quantitative, wenn man berücksichtigt, daß der Homosexuelle vorzugsweise Jünglinge liebt, die für das Unbewußte relativ leicht eine Frau darstellen können, die mit einem Penis ausgestattet ist, während der Fetischist an den symbolischen Penis der Frau fixiert ist. Der Fetisch, der als Genitalersatz dient, hat den Vorteil, daß andere seine Bedeutung nicht wahrnehmen können; er ist darüber hinaus leicht zugänglich, was die an ihn gebundene sexuelle Befriedigung unschwer zu erlangen erlaubt. Als Fetisch wird gewählt, was sich besonders als Phallussymbol eignet. «Es liegt nahe, zu erwarten, daß zum Ersatz des vermißten weiblichen Phallus solche Organe oder Objekte gewählt werden, die auch sonst als Symbole den Penis vertreten. Das mag oft genug stattfinden, es ist aber gewiß nicht entscheidend. Bei der Einsetzung des Fetisch scheint vielmehr ein Vorgang eingehalten zu werden, der an das Haltmachen der Erinnerung bei traumatischer Amnesie mahnt. Auch hier bleibt das Interesse wie unterwegs stehen, wird etwa der letzte Eindruck vor dem Unheimlichen, Traumatischen, als Fetisch festgehalten. So verdankt der Fuß oder Schuh seine Bevorzugung als Fetisch – oder ein Stück derselben – dem Umstand, daß die Neugier des Knaben von unten, von den Beinen her nach den weiblichen Genitalen gespäht hat; Pelz und Samt fixieren – wie längst vermutet wurde – den Anblick der Genitalbehaarung, auf den der ersehnte des weiblichen Gliedes hätte folgen sollen; die so häufig zum Fetisch erkorenen Wäschestücke halten den Moment der Entkleidung fest, den letzten, in dem man das Weib noch für phallisch halten durfte. Ich will aber nicht behaupten, daß man die Determinierung des Fetischs jedesmal mit Sicherheit durchschaut.»[14]

Die normale Heterosexualität ist niemals frei von fetischistischen Zügen, die eine spezifische Beziehung zur Frau ermöglichen. Schon 1867 schrieb Binet, daß «in der Liebe ein jeder mehr oder weniger Fetischist ist

12 Ebd., S. 313.
13 Ebd.
14 Ebd., S. 314.

und auch in der normalsten stets ein Quantum Fetischismus enthalten ist»[15]. Auch Freud bemerkt: «Ein gewisser Grad von solchem Fetischismus ist daher den normalen Lieben regelmäßig eigen.»[16] Die fetischistischen Züge der Heterosexualität erlauben den Triumph über die Kastrationsdrohung; sie ersparen es homosexuell zu werden, indem sie der Frau jenen Charakter verleihen, der sie als Sexualobjekt erträglich macht.

Wenn die Frau symbolisch mit einem Phallus ausgestattet wird, wird ein – wenn auch fragwürdiger Zugang – zu ihr eröffnet; sie büßt ihre Fremdheit teilweise ein. Je mehr fetischistische Züge seine Heterosexualität aufweist, desto gleichgültiger ist der Mann dem Besonderen des Liebesobjekts gegenüber, an das er sie anheftet. Das sexuelle Interesse gilt den Attributen der Frau, die fetischistische Züge einfangen, ihre Subjektivität wird demgegenüber gleichgültig. Das sexuelle Interesse des Homosexuellen, besonders im «verborgenen» Teil der Subkultur, gilt im Extremfall einzig dem Phallus des Partners, seine Person ist gleichgültig; das Interesse der fetischistisch strukturierten Heterosexualität gilt den symbolischen Repräsentanzen des Phallus, die Subjektivität der Frau, die mit ihnen ausgestattet ist, ist tendenziell gleichgültig. Der Penis des Partners des Homosexuellen kann in gewisser Weise als der Penis eines Weibes interpretiert werden; der Heterosexuelle, dessen Beziehung zur Frau notwendig auf fetischistische Züge angewiesen ist, ist ihm näher verwandt, als beide wahrhaben wollen.

Was bisher dargestellt wurde, kann auch anders formuliert werden: Homosexuelle Strebungen können in heterosexuellen Beziehungen verborgen werden, dadurch, daß der Mann in die Beziehung zur Frau fetischistische Züge einbringt. Das gelingt in der bestehenden Gesellschaft besonders leicht bei Männern mit ausgeprägten masochistischen Zügen, die auf dominierende «phallische» Frauen treffen. «Häufig ist die Homosexualität in Form einer heterosexuellen masochistischen Perversion oder Phantasie verschleiert, wobei die Frau (eine phallische Frau) als Ersatz für den Mann dient; in verschleierter Form wird dabei eine homosexuelle Vereinigung praktiziert.»[17]

Das «Festhalten an der Penisbedeutung» (Freud) gilt für Homosexuelle wie Heterosexuelle, wenn auch in verschiedenem Ausmaß; beide suchen mit ihr die Kastrationsangst zu überspielen, indem sie die Andersartigkeit des Partners bis zu einem gewissen Grad zu negieren trachten. Gunnar Heinsohn hat dies am Beispiel eines kleinen Jungen aufgezeigt. Sein Bericht soll im folgenden relativ ausgiebig zitiert werden.

«Ich möchte mit einer Beobachtung des kleinen J. beginnen, die seine

15 A. Binet: Le Fetischismus dans l'Amour, in: Revue Philosophique 1887, zitiert nach: Objekte des Fetischismus, hg. von J. B. Pontalis, Frankfurt 1972, S. 7.

16 S. Freud: Drei Abhandlungen, a. a. O., S. 53.

17 Socarides, a. a. O., S. 70.

Selbstwahrnehmung als die eines Penisträgers betrifft. Diese Beobachtung besteht darin, daß der erste Name, den der kleine J. sich selbst zulegte, ‹Pipi› war. ‹Pipi› war seine, an der Ausscheidungsverrichtung gewonnene Bezeichnung für seinen Penis und erfolgte im Alter von 20 Monaten. Übrigens hatte er auch den Namen des Vaters vor dem der Mutter gelernt, der zudem an seiner Pflege ebenso beteiligt war wie die Mutter. Zu beiden Elternteilen bestand eine intensive Beziehung, die sich u. a. darin ausdrückt, daß J. kaum schreit und außergewöhnlich vergnügt ist. Beide Eltern begegnen dem Jungen nackt, baden mit ihm, lassen ihn in die Toilette, wenn sie dort sind, windeln ihn usw.

Kurz vor dem Zeitpunkt, an dem er sich als ‹Pipi› vorstellte, begann er eine aufmerksame Sexualforschung an der Mutter, also eine bewußtere Wahrnehmungstätigkeit als zuvor, obwohl diese objektiv schon immer möglich war. Diese Forschung erfolgte so, daß bestimmte Körperteile der Mutter mit dem fragenden Attribut ‹Pipi?› belegt wurden, nachdem seine genaue Untersuchung in der Genitalregion keinen Penis erbracht hatte. Er zeigte also auf den Bauchnabel, die Brustwarzen, etikettierte sie als ‹Pipi?› und erhielt die unmißverständliche Auskunft, daß es sich nicht um einen Pipi handele. Dennoch ließ seine Forschungstätigkeit nicht nach. Während einer Autofahrt – J. saß hinter der Mutter – griff er an ihren Pferdeschwanz, den sie manchmal als Frisur wählt und sagte entschlossen und erleichtert ‹Pipi›! Als ihm geantwortet wurde, nein, kein Pipi, entwickelte er eine wilde Wut und riß mit aller Kraft an dem Pferdeschwanz, wovon er nur unter hartem Einsatz der Mutter wieder abließ, aber fortgesetzt wieder nach ihren und auch den Haaren anderer Mitfahrer griff und enorm schmerzhaft an ihnen riß. (Vgl. auch zum Zusammenhang von Haarereißen und Fetischismus E. Buxbaum: Hair Pulling and Fetism, in: The Psychoanalytic Study of the Child, 1960, XV. Bd., S. 243 ff.)

Wenige Tage nach diesem echten Kampf um den Pferdeschwanz ließ J. auf einmal von der Mutter ab und leitete einen dreitägigen ziemlich totalen Boykott ein. Er schloß sich in dieser Zeit völlig an den Vater an, badete mit diesem und verglich unter großen Begeisterungsrufen immer wieder seinen Penis mit dem des Vaters. Diese Begeisterungsrufe hatten den Charakter wirklicher überschäumender Freude, und er ließ keine Gelegenheit aus, seinem Vater beim Urinieren, Ausziehen usw. zu begleiten und nach seinem Penis zu greifen und sich selber als ‹Pipi› zu bezeichnen.

Was wurde nun aber aus der Beziehung des 20 Monate alten J. zu seiner Mutter? Am 3. Tage des Boykotts, in dem er sie in jeder Weise ablehnend und handfest zurückstoßend behandelt hatte, kam er in die Toilette, während sie diese benutzte, faßte plötzlich ihre Füße ins Auge und forderte wütend ‹Tsue aus›. Dieses Schuheausziehen und Füßebetrachten der Mutter wurde etliche Tage – immer unter den entsprechenden Wutäußerungen, wenn es nicht schnell genug ging – fortgeführt. Zugleich liebte er es, wenn ihm die Strümpfe ausgezogen und die Füße massiert wurden und seine Großmutter konnte beobachten, wie er auf einem kleinen Hocker saß, seine Füße betrachtete und sie zärtlich mit dem Namen der Mutter ansprach.

Neben diesem infantilen Fußfetischismus ging J. dazu über, für seine Mutter zu sammeln und zwar vorwiegend Wäsche, Bleistifte, Kugelschreiber (eindeutig längliche Gegenstände). Diese Sammeltätigkeit hatte er vorher nie gezeigt und betrieb sie auch jetzt ausschließlich für die Mutter. Zugleich sorgte er dafür, daß sie nicht benachteiligt wurde, hütete ihre Kaffeetasse usw. Ein wirklich versöhnender Abschluß des Boykotts aber lag erst vor, als er eines Morgens seine Mutter beim Duschen beobachtete und plötzlich – ihren Körper betrachtend – ausrief: ‹Mama chic›. Das Attribut chic wurde ihm zuteil, nachdem man ihn gekämmt hatte; die Zweiwortsatzschöpfung aber erfolgte vollkommen selbständig.

Inzwischen – J. ist jetzt 26 Monate alt – ist der Fußfetischismus nicht verschwunden, aber entschieden verdünnt. Zwar wirft J. ab und zu noch einen schnellen Blick auf die Füße der Mutter, indem er etwa ihre Bettdecke hochhebt, er hat sich aber angewöhnt, seine Beziehung zu dem Fuß noch verbal auszudrücken, was etwa so aussieht, daß er der Mutter kokett zublinzelt und nur ‹Fuß, Fuß› sagt. Er hat auch den körperlichen Kontakt mit ihr wieder voll aufgenommen. Sein Abtasten der Mutter hat aber den forschenden Charakter zugunsten eines Verhaltens abgelegt, das die Mutter als ausgesprochen männlich bezeichnet. Er zeigt auch Eifersuchtsregungen gegen den Vater und möchte mit der Mutter dasselbe machen wie dieser. Er legt also zunehmend ein ‹heterosexuelles› Verhalten an den Tag und ist auch dazu übergegangen, sich mit seinem wirklichen Namen zu bezeichnen.

Wir sehen also beim kleinen J. die Selbstwahrnehmung als Penisträger, die negativistische Reaktion gegen die Mutter, das erlaubte homosexuelle Bündnis mit dem Vater und eine neuerliche Hinwendung zur Mutter, die mit Hilfe eines Fetischs erleichtert wird.»[18]

Die Bedeutung des männlichen Genitales und der daran gebundenen Kastrationsängste ist nicht schlicht aus physiologischen Differenzen zwischen den Geschlechtern abzuleiten. Die körperlichen Unterschiede zwischen den Geschlechtern werden vielmehr in der Kindheit dazu benutzt, soziale Konstellationen auf gewissermaßen magische Art zu erfassen. Die körpernahen magischen Realitätsdeutungen des Kindes und die an sie gebundenen Affektlagen, die lustvoll oder unlustvoll getönt sind, wirken

18 G. Heinsohn: Zu einem Moment der heterosexuellen Entwicklung des menschlichen Mannes unter der Familienform, Bremen 1975, unveröffentlichtes Manuskript, S. 6ff.

beim Erwachsenen unterschwellig weiter. Die latenten Kastrationsängste des Erwachsenen, die im sexuellen Bereich etwa bei Potenzstörungen bzw. der allgemeinen Abwehr des Geschlechtlichen wirksam werden oder, auf eine eher entsexualisierte Art, Konkurrenzbeziehungen beeinflussen,[19] sind die Konsequenz des Fortwirkens infantiler Dispositionen. Je traumatischer die kindlichen Ängste ausfallen, die als Kastrationsängste erfahren werden, auch wenn real niemand mit der Kastration droht, je mehr sie das kindliche Ich überwältigen, desto stärker wirken sie beim Erwachsenen unterschwellig – in Verbindung mit verdrängten Triebregungen – nach und lassen magische, infantile Realitätsbezüge fortwirken.

Während der frühen Kindheit hat der Junge allmählich gelernt, sich partiell von der Mutter abzulösen und sich als gesondertes Selbst wahrzunehmen. Mit dem Beginn der phallischen Phase, die den Genitalbereich zur führenden «erogenen» Zone macht, kristallisieren sich die Selbstwahrnehmung und Fremdwahrnehmung um den Penis. Die Tatsache, daß ab einem bestimmten Alter der Genitalbereich besonders viel Lust zu spenden vermag, erlaubt es, ihn sozusagen zur körperlichen Leitzone zu machen, die den Realitätsbezug vermittelt. Die Selbsterfahrung kristallisiert sich um den Penis, an dem auch ohne fremde Hilfe lustvolle Sensationen erreicht werden können. Der Junge erfährt sich als Penisträger, die Wahrnehmung anderer Menschen konzentriert sich auf die Erkundung, ob diese einen Penis aufweisen oder nicht. An der Mutter oder anderen weiblichen Wesen wird wahrgenommen, daß sie penislos sind; der Penisverlust wird damit auf traumatische Art in der Phantasie zur realen Möglichkeit, weil sich das Weibliche dem Jungen als kastriert darstellt.[20] Soziale Differenzen, die an die Geschlechterrollen gebunden sind, die Andersbehandlung von Jungen und Mädchen werden vom Kind als Ausdruck des Besitzes oder Nichtbesitzes des Penis interpretiert. Daß Frauen sozial benachteiligt sind, ist, der infantilen Interpretation zufolge, die Konsequenz ihrer Penislosigkeit, während männliche Macht in der patriarchalischen Gesellschaft als Ausdruck des Penisbesitzes erscheint. Die patriarchalische Familie erscheint als vom Gesetz des Phallus regiert, dieser repräsentiert die Macht des Männlichen, des Vaters, der gesellschaftliche Herrschaft repräsentiert.[21] Für das Kind gewinnt der Phallus eine besondere Symbolkraft im Kampf um persönliche Autonomie und körperliche Integrität. Die Möglichkeit, sich gegen die überwältigende

19 Siehe hierzu Seite 99ff. dieses Buches.

20 Die schlichte Wahrnehmung des weiblichen Genitales war durchaus schon früher möglich, aber sie hatte keine emotionale Bedeutung und kaum Einfluß für die Realitätsverarbeitung.

21 Im Phalluskult älterer Kulturen kommt dies deutlich zum Ausdruck. Siehe hierzu: F. Böckelmann: Aspekte der Männlichkeit, in: Maskulin–Feminin, München [2]1975, S. 14.

Mutter behaupten zu können, die Möglichkeit, sich von ihr ablösen können, scheint, wie vom Vater im Bewußtsein des Jungen demonstriert wird, an den Besitz des Penis gebunden zu sein. Beim Jungen resultiert daraus der Stolz auf seinen Penis, für das Mädchen ist die Konsequenz der Penisneid.[22] Die Selbstwahrnehmung als Penisträger und die Wahrnehmung der Frau als penisloses Wesen ermöglicht es vorher, auf diffuse Art erfahrene Beschädigungs- und Vernichtungsängste als Kastrationsängste einzuordnen. Die Bedrohung der körperlichen Integrität und die Angst vor dem Tod oder dem Verlust der Identität, die freilich vom Kind nicht gedacht werden können, erscheinen als Bedrohung des Penis. Der Besitz des Penis, um den sich die Erfahrung der Identität kristallisiert, symbolisiert die Aufhebung der primären Identifikation mit der Mutter und zugleich die Fähigkeit, im ödipalen Konflikt mit dem Vater bestehen zu können, ihn ohne Zerstörung des Körpers und damit auch des Selbst zu überleben. Der Besitz des Penis symbolisiert die Bewältigung der Aufsprengung der Mutter–Kind-Dyade und des ödipalen Konflikts: Er symbolisiert damit die Fähigkeit, sich als gesondertes Wesen, als einzelner, in einer feindlichen Umwelt behaupten zu können. Der Schritt von frühen mehr oder weniger diffusen Vernichtungsängsten zu Kastrationsängsten impliziert einen kindlichen Entwicklungsfortschritt, weil Kastrationsängste, im Gegensatz zu diffusen Ängsten, einen präzisen Charakter haben und somit eher bearbeitbar sind. Ängste, die von bedrohlichen Menschen oder Sachen ausgehen, oder Ängste, die aus eigenen aggressiven Neigungen resultieren, die auf übermächtige Erwachsene projiziert werden, können, sobald sie als Kastrationsängste interpretiert werden, beispielsweise durch gezielten Angriff oder Absetzbewegungen gemeistert werden. Das Streben nach aktiver Auseinandersetzung mit der Realität kann dadurch auf der psychologischen Ebene auf spezifische Weise organisiert oder verfestigt werden.

Was bisher zum Kastrationskomplex ausgeführt wurde, weist darauf hin, daß dieser präödipale Problematiken in sich aufnimmt. Kastrationsängste sind nur verständlich, wenn man ihre Vorläufer in Rechnung stellt. «Wenn das Kind während seiner frühen prägenitalen Entwicklung gelernt hat, daß jede Lust ihr Ende findet, dann faßt die Erwartung eines unglücklichen Ausgangs tiefe Wurzeln in ihm, und so lernt es, auch auf genitale Lust mit Kastrationserwartung, als deren Konsequenz, zu reagieren.»[23] In der Kastrationsangst wirken präödipale Traumata nach; die Bewältigung des Ödipuskomplexes wird durch frühere Erfahrungen wesentlich mitbestimmt. Böckelmann stellt fest: «Zur selben Zeit, da der

22 Zum Problem des weiblichen Penisneids und dessen sozialer Bedeutung siehe: U. Prokop: Weiblicher Lebenszusammenhang, Frankfurt 1976, S. 134 ff.

23 A. Alexander: Zur Genese des Kastrationskomplexes, in: Internationale Zeitschrift für Psychoanalyse, 1930, zitiert nach Böckelmann, a. a. O., S. 50.

Knabe entdeckt, daß er ein Imponiermittel der allmächtigen Mutter voraus hat, wird ihm beim Anblick des penislosen weiblichen Genitals klar, daß auch er kastriert werden könnte. Meist gibt man sich schon mit dieser Erklärung zufrieden (und mit dem Hinweis auf inzestuöse Wünsche, die Schuldangst auslösen), obwohl dies keine Erklärung ist. Angst haftet nicht am Genital an sich, man muß sie lernen. Zugrunde liegende Modelle der Kastrationsfurcht sind frühere Verlusterfahrungen: die abrupte Trennung von der Mutterbrust, die Zurückweisung körperlicher Annäherungsversuche, die Unterbindung onanistischer Praktiken jeder Art.»[24] Freud spricht im Anschluß an Rank und Ferenczi davon, daß Ängste, wie die vor der Kastration ebenso wie die vor dem Liebesverlust in der Nachfolge von Geburtsängsten stehen. «Weisen sie die Idee nicht ab, daß diese Angstbedingungen im Grunde die Situation der ursprünglichen Geburtsangst wiederholen, die ja auch die Trennung von der Mutter bedeutete. Ja, wenn sie einem Gedankengang von Ferenczi folgen, können sie auch die Kastrationsangst dieser Reihe anschließen, denn der Verlust des männlichen Gliedes hat ja die Unmöglichkeit einer Wiedervereinigung mit der Mutter oder dem Ersatz für sie im Sexualakt zur Folge. Ich erwähne ihnen nebenbei, diese häufige Phantasie der Rückkehr in den Mutterleib ist der Ersatz dieses Koituswunsches.»[25]

Wenn Kastrationsängste wesentlich präödipal determiniert sind, verweist dies auf die Bedeutung der Einsichten der neueren psychoanalytischen Theorie über den präödipalen Ursprung der Homosexualität. Diese verkennt freilich, indem sie die Bedeutung des Ödipuskomplexes herunterspielt, daß jene bedrohlichen Neigungen zur Regression auf die Stufe der Mutter–Kind-Symbiose und die mit ihnen verbundenen Verschmelzungsängste, die sie in den Mittelpunkt der Analyse stellt, nur vor dem Hintergrund der Bedrohung durch sichtbare und unsichtbare Väter zu verstehen sind.[26] Erst die Allgegenwart von sichtbaren und unsichtbaren Vätern, die in einer patriarchalischen Gesellschaft das traumatisierende Realitätsprinzip verkörpern, verleiht dem Wunsch, wieder mit der Mutter eins zu werden und sich damit der Realität nicht mehr stellen zu müssen, sein besonderes Gewicht.[27]

24 Böckelmann, a. a. O., S. 50.

25 S. Freud: Neue Folge der Vorlesungen zur Einführung in die Psychoanalyse, in: Gesammelte Werke, Bd. XV, S. 94.

26 Siehe hierzu: Böckelmann, a. a. O., S. 50.

27 Wie das oben Ausgeführte zeigt, läßt sich die Produktion der Basis des Elends der Homosexualität, das auch das der Heterosexualität ist, nicht alleine einem der frühen Kernkomplexe zurechnen. Die Theorie des präödipalen Ursprungs der Homosexualität thematisiert, wenn sie diese als eine «abgespaltene Plombe» sieht, dasselbe Problem wie die ältere Theorie, wenn diese von der «Spaltung des Liebeslebens» spricht (siehe hierzu S. 111 dieses Buches). Die Verdinglichung des Partners, die der älteren Theorie zufolge der Fetischismus

Psychische Konstitution und ökonomische Zwänge

Die kapitalistische Wirtschaftsordnung, die die Gesellschaft des Westens entscheidend strukturiert, verlangt einen Sozialcharakter, dem auf spezifische Weise formbestimmte Beziehungen zu Menschen und Sachen eigentümlich ist, dem bestimmte Verkehrsformen und Arbeitstugenden zur zweiten Natur geworden sind. Trotz aller mit der Entwicklung des Kapitalverhältnisses verbundenen Wandlungen zeigt dieser Sozialcharakter bestimmte Züge, die im wesentlichen gleich geblieben sind, die sich nicht qualitativ geändert haben (was nicht bedeutet, daß sich ihr Gewicht innerhalb der psychischen Gesamtstruktur nicht wesentlich verändert haben kann). Die Subjekte, die unterm Kapitalismus leben und arbeiten, zeichnen sich durch eine spezifische Zurichtung der Sinnlichkeit, durch eine spezifische sexuelle Konditionierung aus; die vom Kapitalverhältnis geprägten Formen von Produktion, Distribution und Konsumtion gebieten eine bestimmte Organisation der Triebökonomie. Die vorherrschenden Charakterstrukturen werden im Sinne des Bestehenden wirksam, sie enthalten aber auch, weil sie das Produkt einer Gesellschaft sind, die vom Widerspruch zwischen Produktivkräften und Produktionsverhältnissen geprägt ist, notwendig subversive, antikapitalistische Potenzen: Das menschliche Wesen, als «Ensemble der gesellschaftlichen Verhältnisse» (Marx), ist von den Widersprüchen gezeichnet, die diese in sich tragen. Die von der bürgerlichen Gesellschaft geprägte Sexualität verbindet gattungsgeschichtlich entstandene biologische Momente, mitgeschleppte Elemente vorbürgerlicher Epochen und spezifisch kapitalistische Strukturelemente.

Zur Kennzeichnung der vom Kapitalverhältnis geforderten Subjektivität müssen im Rahmen dieser Arbeit einige nicht unproblematische sehr allgemeine Bestimmungen genügen, die sich primär auf die im engeren Sinne ökonomische Sphäre beziehen. Die Differenzen zwischen den Anforderungen der Produktions- und Zirkulationssphäre[1], lebensgeschichtlich zu verarbeitende Brüche oder klassenspezifische Varianten bleiben weitgehend unberücksichtigt. Ebenso werden die Auswirkungen des kollektiven Charakters der industriellen Produktion und des Klassen-

herbeiführt, wird von der neueren Theorie mit Hilfe des Konzepts der Fixierung an präödipale Objektbeziehungen erklärt (siehe hierzu Dannecker und Reiche, a. a. O., S. 250, oder H. Kohouta: Narzißmus, Frankfurt 1973). Beide setzen bei der Behandlung derselben Problemlagen jeweils verschiedene Akzente; sie fördern dadurch Einsichten zutage, die sich gegenseitig nicht überflüssig machen, sondern vielmehr der interpretativen Verknüpfung bedürfen.

1 Vgl. hierzu K. Ottomeyer: Soziales Verhalten und Ökonomie im Kapitalismus, Gaiganz 1974.

kampfes nicht behandelt. Die kritische Analyse, die der Text liefern will, ist besonders daran interessiert, die Schattenseiten der bürgerlichen Form der Subjektivität herauszuarbeiten. Da diese Schattenseiten in weiten Teilen den gewaltsamen Realabstraktionen entspringen, die das Kapitalverhältnis an den Menschen vornimmt, sind diese relativ systematisch ausgehend von dessen Logik erfaßbar. Die Erfassung der mit diesen Schattenseiten verschränkten positiven Seiten wäre hingegen nur mit Hilfe von Analysen zu leisten, die weit weniger systematisch ausfallen könnten, weil sie sich auf spezifische historische Situationen zu beziehen hätten und dabei z. B. den Entwicklungsstand der Produktivkräfte ebenso wie die Auswirkungen vergangener wie aktueller Klassenkämpfe berücksichtigen müßten.

Die bürgerliche Gesellschaft hat die Menschen aus angestammten persönlichen Abhängigkeiten befreit, sie hat sie als einzelne zu «freien» Eigentümern gemacht – zumindest dürfen sie Eigentümer ihrer Arbeitskraft sein –, die in die Konkurrenz miteinander geworfen werden. Diese Freisetzung trägt weitgehend scheinhaften Charakter, weil sie eine Freisetzung unter dem Diktat ökonomischer Zwänge ist, die die Menschen als Agenten ihrer Waren – zu denen auch die Ware Arbeitskraft gehört – zu vollstrecken haben. Die «persönliche Unabhängigkeit» der Menschen ist «auf sachliche Abhängigkeit gegründet»[2]. Die Autonomie, die Unabhängigkeit der Warenbesitzer ist weitgehend Schein: «Nicht die Individuen sind freigesetzt in der freien Konkurrenz; sondern das Kapital ist freigesetzt. Solange die auf dem Kapital ruhende Produktion die notwendige, daher die angemessenste Form für die Entwicklung der gesellschaftlichen Produktivkraft, erscheint das Bewegende den Individuen innerhalb der Bedingungen des Kapitals als ihre Freiheit.»[3] «Diese Art individueller Freiheit ist daher zugleich die völlige Aufhebung aller individuellen Freiheit und die völlige Unterjochung der Individualität unter gesellschaftliche Bedingungen, die die Form von sachlichen Mächten, ja von übermächtigen Sachen – von den sich beziehenden Individuen selbst unabhängigen Sachen – annehmen.»[4]

Der Kapitalismus macht die Menschen zu Anhängseln von Waren – zu denen nicht zuletzt die unter ihm zur Ware gewordene Arbeitskraft gehört –, die in ihrer Beziehung zueinander, die die gesellschaftliche Teilung der Arbeit verlangt, zugleich voneinander isoliert sind. Die kapitalistische Form der Vergesellschaftung macht die Menschen tendenziell zu isolierten Atomen, denen ihre Gesellschaftlichkeit als Bedrohung erscheinen muß, weil sie durch die fremde Macht des Kapitalverhältnisses in weitem Maße gegen ihre individuellen Interessen und Bedürfnisse

2 K. Marx: Grundrisse der Kritik der politischen Ökonomie, Berlin 1953, S. 75.
3 Ebd., S. 544.
4 Ebd., S. 545.

gestiftet wird. Die Gesellschaft konstituiert sich als das System der Beziehungen und Verhältnisse von Menschen, worin diese zueinander stehen, das sich, in seiner kapitalistischen Gestalt, als System umfassender Verstrickungen ihnen gegenüber verselbständigt hat. «Die wechselseitige und allseitige Abhängigkeit der gegeneinander gleichgültigen Individuen bildet ihren gesellschaftlichen Zusammenhang.»[5] Marx bemerkt in bezug auf die Produktionssphäre: «Als unabhängige Personen sind die Arbeiter Vereinzelte, die in ein Verhältnis zu demselben Kapital, aber nicht zueinander treten. Ihre Kooperation beginnt erst im Arbeitsprozeß, aber im Arbeitsprozeß haben sie bereits aufgehört, sich selbst zu gehören. Als Kooperierende, als Glieder eines werktätigen Organismus sind sie selbst nur eine besondere Existenzweise des Kapitals.»[6] Die Menschen verkehren zumeist gleichgültig und lieblos miteinander, weil ihre Beziehungen, als vom Kapital verordnete, nicht wirklich ihre Beziehungen sind. Das Kapitalverhältnis isoliert die Menschen als Agenten ihrer Waren voneinander, es versetzt sie als solche in feindliche Konkurrenzbeziehungen, die sich durch eine psychische Panzerung gegeneinander abschirmen müssen. Der Tauschverkehr, der die Warenbesitzer verbindet, setzt zugleich ihre Isolierung. Wo der Tausch den Menschen mit anderen Menschen verbindet, erscheint «das Wesensband, was ihn an den anderen Menschen knüpft, als ein unwesentliches Band und vielmehr die Trennung von anderen als sein wahres Dasein»[7]. Die Verwandlung von Gebrauchswerten in Waren, die Enteignung der unmittelbaren Produzenten von Produktionsmitteln – verkürzt formuliert die Eigentumsverhältnisse – setzen objektiv eine Gleichgültigkeit gegenüber Dingen, die nicht für die individuelle Konsumtion bestimmt sind. Der erzwungenen Gleichgültigkeit gegenüber den Objekten korrespondiert die Negation der eigenen Sinnlichkeit: «Im selbem Maße wie die Sinnlichkeit des Dinges wird auch die sinnliche Beziehung des Besitzers zu ihm negiert.»[8] Eine bestimmte Form instrumenteller Vernunft, die dem Besonderen gegenüber gleichgültig ist, entspricht den Beziehungen der Menschen zu Mitmenschen und Sachen. Mit dieser Gleichgültigkeit sind spezifische Formen der Gewaltsamkeit verbunden; die abstrakte Rationalität der ökonomischen Verhältnisse ist mit der Herrschaft von Menschen über Menschen verbunden.

Wo die Gleichgültigkeit zwischen den Menschen durchbrochen wird, tragen die Beziehungen, die dadurch zustande kommen, einen ambivalenten Charakter, der sie belastet. Die Menschen sind als Teil des gesellschaftlichen oder eines betrieblichen «Gesamtarbeiters» arbeitsteilig mit-

5 Ebd., S. 474.
6 K. Marx: Das Kapital I, Berlin 1960, S. 349.
7 K. Marx: Aus den Exzerptheften, in: Marx-Engels-Studienausgabe, Bd. II, Frankfurt 1966, S. 253.
8 W. F. Haug: Kritik der Warenästhetik, Frankfurt 1972, S. 148.

einander verbunden; die Konkurrenzverhältnisse, die das Kapitalverhältnis setzt, isolieren sie zugleich auf feindliche Art voneinander. Auch die Beziehungen der Menschen zu Sachen tragen zumeist einen widersprüchlichen Charakter. Als Gebrauchswerte, die meinem privaten Konsum zur Verfügung stehen, vermögen sie lustvoll meine Bedürfnisse zu befriedigen; wenn sie einem anderen gehören, können sie offen oder versteckt als bedrohlich erfahren werden: Sie wecken Bedürfnisse, die die Eigentumsordnung auf schmerzliche Art zu unterdrücken zwingt, sie können im System der Konkurrenz gegen mich verwandt werden, als Produktionsmittel können sie zum Vehikel der Ausbeutung meiner Arbeitskraft werden. Die Sinnlichkeit von Menschen und Dingen kann im Kapitalismus als bedrohliche Macht erfahren werden. Der «Wahnkranke», der sich von Menschen wie Dingen verfolgt fühlt, erkennt unterm Kapitalismus in falscher Gestalt die Wahrheit.

Die Anforderungen, die die Ökonomie an die Menschen stellt, bleiben diesen keineswegs äußerlich, sie prägen ihre kognitiven Strukturen und werden auch in ihren Bedürfnissen, in ihrer Sinnlichkeit, in ihren Emotionen verankert: Der Kapitalismus geht durch die Menschen hindurch, er ist in ihnen. Ein Urmißtrauen, das die Individuen voneinander fernhält, die Nötigung, in jedem zwanghaft den Konkurrenten erblicken zu müssen, die Unfähigkeit (bzw. die Fähigkeit) sich an menschliche und sachliche Objekte (nicht) stark emotional zu binden – es sei denn, sie werden der eigenen privaten Konsumsphäre zugerechnet –, muß den Menschen unterm Kapitalismus zur zweiten Natur geworden sein.

Die psychische Disposition zu sozialer Isolierung, zu Konkurrenzverhalten, zu Gleichgültigkeit und Gewaltsamkeit ist in einer Triebstruktur verankert, an der eine homosexuelle Komponente Anteil hat, die ihre Bedeutung nicht zuletzt dadurch erhält, daß sie dem Bewußtsein weitgehend entzogen ist.[8a] Da psychische Strukturen als im Rahmen einer Gesellschaft hergestellte begriffen werden müssen, ist eine Uminterpretation der psychoanalytischen Befunde notwendig, die Aussagen über das Sexualverhalten von Individuen in der bestehenden Gesellschaft machen. Die psychoanalytischen Aussagen über die Innerlichkeit von Subjekten müssen uminterpretiert in einen anderen theoretischen Rahmen eingefügt werden. Eine materialistische Psychologie muß von der psychischen Konstitution des Erwachsenen ausgehen, die den Anforderungen einer spezifischen, ökonomisch bestimmten gesellschaftlichen Struktur genügen muß. Sie muß das seelische Elend der Erwachsenen primär als Ausfluß der Zwänge begreifen, die die Ökonomie diesen auferlegt. Die von der Psychoanalyse thematisierten fragwürdigen infantilen Prägungen gewinnen – solange sie sich in einer bestimmten Bandbreite bewegen – eine Funktionalität für das Überleben des Erwachsenen, die ihnen erst

8a Siehe hierzu Seite 82 ff und 96 ff.

ihre Bedeutung verleiht. Der psychoanalytischen Theorie fehlt der Bezug auf die ökonomisch determinierte gesellschaftliche Totalität, welche die historisch spezifische Form der Subjektivität hervorbringt, auf die sie sich bezieht: Geschichtlich Gewordenes gerät der Psychoanalyse, auch wo sie genetisch argumentiert, zur ewig menschlichen Natur. Die Konstitution der Psyche wird von der Psychoanalyse nicht ausgehend von ihrem wesentlichen Bestimmungsgrund analysiert, nämlich von der ökonomisch bestimmten gesellschaftlichen Totalität, unter der die Menschen leben müssen, sie sucht sie statt dessen von ihrem Ursprung her zu begreifen: Die Genesis wird mit der Geltung eines Phänomens fälschlicherweise in eins gesetzt. Indem sie die Ursachen der verschiedenartigen Ausprägungen der Subjektivität und deren Entwicklungspotenzen nicht als wesentlich durch den ökonomisch bestimmten gesellschaftlichen Funktionszusammenhang konstituiert findet, sondern diese statt dessen in der biographischen Vorzeit des Individuums sucht, überwindet die Psychoanalyse nur partiell und auf schiefe Art den falschen Schein der Unmittelbarkeit des aktuellen Phänomens.

Auch die freudianischen Analysen der frühen lebensgeschichtlichen Erfahrungen verharren bei einer falschen Unmittelbarkeit, die deren gesellschaftliche Produziertheit nur verkürzt erfaßt. Die Psychoanalyse vergißt, daß gesellschaftliche Strukturzusammenhänge festlegen, wie Menschen während des Prozesses der primären Sozialisation in der Familie zueinander in Beziehung gesetzt sind. Faktoren wie die Eigentumsverhältnisse, die Trennung der familiären Sphäre von der Produktionssphäre, der Beruf der Eltern oder die materiellen Mittel, mit denen die Familie ausgestattet ist, verleihen dem Familienleben eine bestimmte Qualität, die sich in der Psyche des Kindes niederschlägt. Väter z. B. sind nicht, wie viele Psychoanalytiker zu meinen scheinen, schlicht Erwachsene, die auf Grund ihrer Charakterstruktur ein spezifisches Verhältnis zu ihren Kindern haben, das von diesen auf spezifische Weise erfahren wird, sie sind vielmehr Arbeiter, Angestellte oder Kapitalisten, die eine bestimmte ökonomische Struktur in eine bestimmte Beziehung zu ihrem Kind bringt, die vom Kind auf spezifische Weise erfahren wird; die besonderen, persönlichen, individuellen Faktoren, die die Psychoanalyse benennt, erlangen nur vor diesem Hintergrund ihre Bedeutung.

Weil von den Menschen in der kapitalistischen Gesellschaft die sozialen Beziehungen und Verhältnisse, die ihre Subjektivität hervorbringen, weitgehend als ihnen äußerliche, von einer feindlichen «Umwelt» auferlegte Zwänge erfahren werden, kommen die falschen Abstraktionen eines Psychologismus zustande, dem die Psychoanalyse wie die gesamte etablierte Psychologie verfallen ist: Theorien, die nicht von dem gesellschaftlichen Ganzen, das die Subjektivität prägt, ausgehen und statt dessen den oder die einzelnen als naturgegebenen Ausgangspunkt der Analyse wählen, verfallen einem vom Kapitalismus produzierten Schein.

Daß die kapitalistische Gesellschaft die Menschen zu einzelnen in einer bedrohlichen «Umwelt» macht, von deren persönlichen Interessen und Fähigkeiten scheinbar ihr Schicksal abhängt – wobei dieser Schein durchaus auch reale Züge aufweisen kann –, bringt ein falsches Bewußtsein hervor, das auch die feministischen Theorien bestimmt, die das Geschlechterverhältnis ausgehend von einem interessenpsychologisch motivierten Geschlechterkampf oder der Kritik männlicher Willkür analysieren und nicht ausgehend von bestimmten Produktionsverhältnissen. Die Analysen des Geschlechterverhältnisses verfehlen ihren Gegenstand, solange sie nicht zur Kenntnis nehmen, daß das Verhältnis von Mann und Frau durch eine historisch spezifische gesellschaftliche Produktionsweise strukturiert wird; die gattungsspezifischen biologischen Momente, die in dieses Verhältnis eingehen, können nur in einer Ausprägung auftauchen, die sie von dieser erhalten haben. Die ökonomische Struktur der Gesellschaft, die Art und Weise, wie sich die Menschengattung in einem System gesellschaftlicher Arbeit unter spezifischen Produktionsverhältnissen die äußere Natur aneignet, bestimmt das Verhältnis der Menschen zueinander und zu ihrer eigenen Naturhaftigkeit. In der Beziehung des Mannes zur Frau erscheint das durch spezifische Produktionsweisen geprägte Verhältnis der Menschengattung der Natur. Ein fragwürdiger Umgang mit der äußeren Natur auf Grund einer irrationalen Produktionsweise verdirbt auch das «natürlichste» Verhältnis zwischen Menschen – das zwischen Mann und Frau. Eine falsche Aneignung der äußeren Natur verhindert, daß die Menschen sich ihre eigene Natur wirklich aneignen können, daß sie sich mit ihren Triebregungen, indem sie sie humanisieren, versöhnen. Eine falsche Ökonomie, wie die kapitalistische, verhindert, daß die Bedürfnisse menschliche Bedürfnisse werden, die der glückhaften Entfaltung der Subjektivität dienen. «Das unmittelbare, natürliche, notwendige Verhältnis des Menschen zum Menschen ist das Verhältnis des Mannes zum Weib. In diesem natürlichen Gattungsverhältnis ist das Verhältnis des Menschen zur Natur unmittelbar sein Verhältnis zu Menschen, wie sein Verhältnis zu Menschen unmittelbar sein Verhältnis zum Anfang seiner eigenen natürlichen Bestimmung ist. In diesem Verhältnis erscheint also sinnlich, auf ein anschauliches Faktum reduziert, inwieweit dem Menschen das menschliche Wesen zur Natur oder die Natur zum menschlichen Wesen des Menschen geworden ist. Aus diesem Verhältnis kann man also die ganzen Bildungsstufen des Menschen beurteilen. Aus dem Charakter dieses Verhältnisses folgt, inwieweit der Mensch als Gattungswesen, als Mensch sich geworden ist und erfaßt hat; das Verhältnis des Mannes zum Weibe ist das natürlichste Verhältnis des Menschen zum Menschen. In ihm zeigt sich also, inwieweit das natürliche Verhalten des Menschen menschlich oder inwieweit das menschliche Wesen ihm zum natürlichen Wesen, inwieweit seine menschliche Natur ihm zur Natur geworden ist.

In diesem Verhältnis zeigt sich auch, inwieweit das Bedürfnis des Menschen zum menschlichen Bedürfnis, inwieweit ihm also der andere Mensch als Mensch zum Bedürfnis geworden ist, inwieweit in seinem individuellen Dasein zugleich sein Gemeinwesen ist.»[9]

Die Subjektivität in der bürgerlichen Gesellschaft ist um das Privateigentum, um den individuellen Warenbesitz zentriert; sie lebt demzufolge vom Zwang zur individualistischen Realisierung von Lebenschancen, die auf die Abgrenzung gegenüber anderen, auf ein starr umgrenztes Selbst angewiesen ist. (Daß die Vergesellschaftung der Arbeit oder der Zusammenschluß, den der Klassenkampf verlangt, eine gegenläufige Tendenz zur kollektiv-solidarischen Orientierung hervorbringt, soll hier vernachlässigt werden, zumal diese Tendenz vor allem den proletarischen Sozialcharakter betrifft, der hier nicht im Zentrum des Interesses steht.) Diese Form der Subjektivität ist – wie Erich Wulff aufgezeigt hat – gesellschaftlichen Strukturen fremd, die keine bürgerliche Privatheit, die auf privater Produktion und Konsumtion basiert, kennen, in denen statt dessen eine Gruppenorientierung dominiert, die auf kollektivem Eigentum bzw. einer kollektiven Produktion basiert.[10] Die borniert subjektive Orientierung verlangt ein spezifisches Über-Ich als verinnerlichte Kontrollinstanz; seine Aufrichtung während des Ödipuskomplexes erlaubt eine relativ starre Abkapselung gegenüber der Außenwelt, die bereits durch problematische frühe Mutter–Kind-Beziehungen vorbereitet wurde. Die Entstehung des Über-Ich, die mit der Verdrängung sinnlicher Strebungen einhergeht, erlaubt die Selbstinstrumentalisierung, die die kapitalistische Ökonomie verlangt. Die mit der Etablierung des Über-Ichs verbundene Möglichkeit der Selbstkontrolle setzt eine schroffe Trennung zwischen dem, was zu einem gehört, und dem, was nicht zu einem gehört; sie erlaubt es, die Triebregungen so einzugrenzen, daß sie sich vorwiegend auf das beziehen, was dem einzelnen auf Grund von Besitztiteln legitimerweise zugestanden wird. Die Unterwerfung des Ichs unter das Diktat des Über-Ichs verleiht diesem die Härte, die der Kampf gegen andere wie gegen die eigene Triebhaftigkeit verlangt; zugleich verleiht sie ihm damit eine Starre, die die Fähigkeit zur Wandlung und zur Versöhnung drastisch reduziert. «Die Verbindung mit dem Über-Ich verleiht dem Ich eine Stärke und Härte, die es im Kampf mit den Trieben unnachgiebig, unangreifbar und für künftige Revisionen und Anpassungsleistungen unzugänglich macht.»[11]

Wie das Subjekt, als Antwort auf ökonomische Anforderungen, mit

9 K. Marx: Ökonomisch-philosophische Manuskripte, MEW Ergänzungsband, S. 539.

10 E. Wulff: Grundfragen der transkulturellen Psychiatrie, in: Psychiatrie und Klassengesellschaft, Frankfurt 1972, S. 95 ff.

11 H. Lincke: Das Über-Ich – eine gefährliche Krankheit, in: Psyche 24/1970, S. 382.

seinen Triebregungen umzugehen genötigt ist, bestimmt seinen praktischen wie intellektuellen Bezug zur äußeren Realität. Je mehr es gezwungen ist, sich selbst zu beherrschen, desto mehr ist es darauf aus, die Realität zu beherrschen; je versöhnter es mit seiner Sinnlichkeit sein darf, desto versöhnter ist sein Umgang mit der äußeren Realität. Die Abstraktionen, die die soziale Realität an den Menschen vornimmt, werden von diesen auf jene zurückprojiziert. Ein Ich, das unter dem Diktat des Über-Ichs zum ständigen Kampf gegen die Triebhaftigkeit verdammt ist, zeigt die Neigung, menschliche und sachliche Objekte überwältigen zu wollen. «Das mit dem Über-Ich identifizierte Ich verhält sich der Umwelt gegenüber genauso grausam und selbstherrlich wie das Über-Ich ursprünglich gegenüber dem Ich. Diese beiden Konsequenzen vereinigen sich zu einer machtvollen Resultante, einem zwanghaften und rücksichtslosen Drang, die Umwelt den eigenen Forderungen anzupassen. Die Geschichte der Zivilisation dokumentiert den Erfolg dieses alloplastischen Anpassungsdrangs zur Genüge. Es ist auch leicht zu erkennen, wie vortrefflich dieser Modus der Über-Ich-Abwehr mit Leistung und Initiative harmonisiert.»[12]

Auf Grund des von der Ökonomie auferlegten Zwangs, die eigene Triebhaftigkeit niederhalten zu müssen, weisen die Subjekte ein Ich auf, das dazu prädestiniert ist, offen oder versteckt nach machtvollen äußeren Autoritäten zu verlangen, die ihm dabei behilflich sein könnten, den Geboten des Über-Ichs bzw. den Anforderungen der sozialen Realität, die hinter diesen stehen, gerecht werden zu können – im «freien» Eigentümer steckt immer die Angst vor der Freiheit. Die übersteigerte Triebrepression hat, solange sie nicht durch gesellschaftliche Umwälzungen abzuschütteln ist, als Kehrseite einen Autoritarismus, der auf der Suche nach dem starken Mann ist, dem man sich unterwerfen kann. Dieser Suche kann dadurch eine gewisse Lust abgewonnen werden, daß sie bei den unmündig Gehaltenen, mit infantilen Autoritätsfixierungen verknüpften erotischen Strebungen – bei Männern besonders solchen homosexueller Art – eine versteckte Befriedigung zu gewähren vermag.

Da die Menschen in ihrer vom Kapitalverhältnis gestifteten Vereinigung voneinander isoliert sind, können sie kaum eine kollektive Identität ausbilden, obwohl die Bedingungen, unter denen sie eine Identität zustande bringen müssen, von der Sozialstruktur kollektiv vorgegeben sind. «Dieses Kernmotiv, die dichotomische Organisation der Gesellschaft, ist ein Widersinn: Was alle Individuen zu Einem zusammenschließen soll, zur Gesellschaft oder zur Menschheit, ist das Prinzip der Trennung in Form von Konkurrenz. Die Einzelnen wuchern mit ihrem Privateigentum – wenn sie außer ihrem eigenen Körper eins haben. Dieser Wucher verhilft ihnen zu einer Autonomie, die ihnen einen

12 Ebd., S. 383.

Freiraum gegenüber den Ängsten verspricht, die sich aus Konkurrenz und Isolation ergeben – aus den notwendigen Modalitäten des auf dem Privateigentum beruhenden Organisationsmodells. Die Aufgabe der ‹Synthesis› muß von den einzelnen ‹Monaden› geleistet werden. Die gesellschaftliche Leistung, um die es geht, auch nennen – ist den vielfältigen, bruchstückhaften Formationen der einzelnen Persönlichkeiten überantwortet.»[13] Die isolierten einzelnen erlangen in der bürgerlichen Gesellschaft eine bestimmte Autonomie, wenn sie bereit sind, sich selbst so zu unterdrücken und zu disziplinieren, daß sie den Gesetzen der kapitalistischen Ökonomie zu gehorchen in der Lage sind und damit die Anwendung bestimmter Formen manifesten äußerlichen Zwanges überflüssig machen. «In der bürgerlichen Ökonomie – und der Produktionsepoche, der sie entspricht – erscheint diese völlige Herausarbeitung des menschlichen Innern als völlige Entleerung.»[14] Um sich als einzelne, die sich als identisches Selbst erfahren müssen, behaupten zu können, wie dies einer der Ökonomie geschuldeten fragwürdigen Autonomie entspricht, sind die Subjekte gezwungen, ihre eigene Widersprüchlichkeit und Zerrissenheit, die den Widersprüchen aller kapitalistisch geprägten sozialen Strukturen, den Differenzen der Existenz im Produktions- oder Reproduktionsbereich oder lebensgeschichtlichen Brüchen entspringen, mit Hilfe einer problematischen Synthetisierungsleistung des Ichs zu bewältigen. Das Ich kann die von den Produktionsverhältnissen geforderte Erfahrung eines identischen Selbst, das sich von der «Umwelt» starr abgrenzt, nur dadurch zustande bringen, indem es Persönlichkeitsanteile oder psychische Ambivalenzen dem Bewußtsein entzieht, die sich seiner Anstrengung zur Synthese allzusehr sperren. Die Erfahrung eines identischen Selbst ist immer auch falsches Bewußtsein. Die Erfahrung der Gespaltenheit, der Zerrissenheit, der Enteignung des Selbst bei Menschen, die als «Schizophrene» etikettiert werden, ist in mancher Hinsicht realitätsangemessener als die Erfahrung eines identischen Selbst beim Normalen, die von der Verschleierung von Widersprüchen lebt. Die von der neueren Psychoanalyse gepriesene stabile Erfahrung eines in Raum und Zeit identischen Selbst, die dieser als Index für psychische Gesundheit gilt, lebt von einer gesellschaftlich geforderten Fiktion, die an Unterdrückung gebunden ist. «Das fanatische Ich-Prinzip, das Erkämpfen eines nur dem Menschen zugehörigen und identisch-selbstgewissen Pols gegenüber dem Unfaßlichen, ist der desperate Versuch, die Urangst vor dem chaotischen Draußen, dem Furchtbaren, der blind zuschlagenden Natur zu bannen. In den frühen patriarchalen Hochkulturen, in den

13 R. zur Lippe: Bürgerliche Subjektivität: Autonomie als Selbstzerstörung, Frankfurt 1975, S. 237.

14 K. Marx: Grundrisse der Kritik der politischen Ökonomie, a. a. O., S. 387.

großen Religionen und während der Expansion der technologischen Zivilisation wurde die Integration des Fließenden und Vielfältigen in reine Formen als Sicherung und Selbstverständnis der herrschenden männlichen Identität durchgesetzt. Doch das starke Ich, in willkürlicher, panischer Selbstbehauptung die Entsprechung dessen, dem es zu entkommen sucht, erzeugt selbst soviel Angst, wie es beschwichtigt hat.»[15]

Die Erfahrung des starr umgrenzten Selbst ist an Verdrängungsprozesse gebunden, die die Einsicht in eigene und damit verbunden auch fremde psychische Befindlichkeiten versperren – die Beziehung zwischen den Geschlechtern ist davon entscheidend betroffen.

Die Schwierigkeiten, mit denen die Erwachsenen in der kapitalistischen Gesellschaft beim Bemühen um Objektbesetzungen konfrontiert sind, ziehen spezifische Formen narzißtischer Dispositionen nach sich. Der libidinösen Unterbesetzung der psychischen Repräsentanzen von entfremdeten Menschen oder auch Sachen korrespondiert eine Überbesetzung der Selbstrepräsentanzen. Die Triebe, die, auf Grund der entfremdeten Verhältnisse, kaum menschliche und sachliche Objekte finden dürfen, an die sie sich anheften können, konzentrieren sich auf die Repräsentanzen des eigenen Selbst. Indem das Selbst als Objekt genommen wird, sichert sich das Ich eine bestimmte Unabhängigkeit von äußeren Objekten, die den instrumentellen, gleichgültigen Umgang mit ihnen erlaubt, den die Ökonomie gebietet. Die vom Narzißmus geprägte Psyche kann kapitalistischen Verkehrsformen genügen, die den einzelnen dazu nötigen, andere zu instrumentalisieren, um bestimmte Ziele zu erreichen. Die Menschen, die sich in Anhängsel von Waren, in Anhängsel ihrer Besitztümer verwandeln, müssen zwischenmenschliche Beziehungen zumeist im Hinblick darauf taxieren, ob sie den eigenen borniert individuellen Interessen dienlich sind. Die Wertschätzung eines Menschen, die seinem übersteigerten Narzißmus Gratifikationen verspricht, steigt mit der Warenfülle, über die er verfügt, und der Zahl der Menschen, die er kontrollieren kann, die er für sich instrumentalisieren kann – sie beruht kaum auf der Fähigkeit zu solidarischem Handeln oder zu liebevollem Verhalten, die auf dem Respekt vor der Subjektivität anderer basieren. Die von der Ökonomie erzwungene, mehr oder weniger uneingestandene, giftige Selbstliebe kann sich auf die Realität nur in einer Weise beziehen, die um das eigene aufgeblähte Selbst zentriert ist. Das Subjekt, das im Dschungel der kapitalistischen Ökonomie ständig vom Untergang bedroht ist, kann kaum etwas anderes erfahren als das, was seinen bornierten subjektiven Bedürfnissen dienlich ist – es muß alles negieren, was nicht seine Art ist. Die libidinöse Überbesetzung des eigenen Selbst und damit verbunden der eigenen Körperrepräsentanzen

15 Böckelmann, a. a. O., S. 15f.

impliziert eine homoerotische Disposition, die primär von narzißtischen Objektwahlen lebt, die nur Liebesobjekte akzeptieren kann, die dem eigenen Selbst weitgehend gleichen. Der Kapitalismus verdankt sein Funktionieren Subjekten, die er zur Liebesunfähigkeit verurteilt; das übersteigerte Interesse am eigenen Selbst, das dieser entspricht, kann in seinen Dienst treten. Im Verteilungssektor muß die eigene Erscheinung, das eigene Verhalten, kurz die eigene Person für den Tauschverkehr instrumentalisiert werden, indem diese für Waren werben muß, die es zu veräußern gilt. Die Ausübung gesellschaftlicher Herrschaft verlangt eine weitreichende Gleichgültigkeit gegenüber dem Leiden der ihr Unterworfenen, die auf Verwaltungsobjekte reduziert werden. Sie ist auf eine bornierte Art der Selbstdarstellung angewiesen, die dem Reichtum und der Macht angemessen sein muß, die hinter ihr steht. Die Träger von Macht müssen vor allem verdrängte, infantil gebliebene Triebregungen, die mit Autoritätsfixierung verbunden sind, einfangen können – Liebe würde ihrem Interesse im Wege stehen.

Die Unfähigkeit von Menschen, in ihrer Beziehung zu anderen Menschen liebend ihre Sinnlichkeit zu genießen, ist nicht nur Ausdruck der vom Kapital verordneten Verkehrsformen, sie ist wesentlich die Folge der mit diesen Verkehrsformen verknüpften Arbeitsleistungen, die den Menschen abverlangt werden.

Der Einsatz des Körpers als Arbeitsinstrument in der industriellen Produktion hat seine Beschädigung – wie die Beschädigung der Beziehung des Subjekts zu ihm – zur Konsequenz. Der Leib, bzw. ein Teil des Leibes, der der Disposition des Subjekts weitgehend entzogen ist, wird hier gezwungen, wie eine Maschine zu funktionieren, damit er sich in ein maschinelles System einordnen lassen kann. Er muß dazu entsensibilisiert, enterotisiert werden; spontanes Tun, spielerisches Verhalten, der Genuß einer unreglementierten Sinnlichkeit muß den Individuen, die ihre Arbeitskraft vom toten Kapital aufsaugen lassen müssen, ausgetrieben werden. Die Unterdrückung der lebendigen Sinnlichkeit muß mit Hilfe starrer Abwehrsysteme erfolgen, die als Konsequenz jene stereotypen Bewegungsrituale zeitigen, die der entfremdeten Maschinerie entsprechen. Die Übernahme von Bewegungsritualen kann dadurch erleichtert werden, daß diese eine sekundäre Sexualisierung erfahren. Eine der Abwehr sinnlicher Strebungen dienende psychische Formation kann diesen eine bestimmte Ersatzbefriedigung zubilligen: erzwungene Bewegungsrituale können auf versteckte Art sinnliche Strebungen befriedigen und damit erträglicher gemacht werden. In Erstarrungen, die ähnlich wie Symptome psychischer Erkrankungen als Konsequenz des Konflikts zwischen niedergehaltenen Triebregungen und den sie verdrängenden psychischen Instanzen begriffen werden können, können Ersatzbefriedigungen für sinnliche Strebungen eingebaut sein, auf deren direkte Befriedigung die Menschen verzichten müssen.[16] Wo die kapitalistisch organisierte Arbeit den Menschen keine Selbstdarstellung, keine Vergegenständlichung ihrer Subjektivität erlaubt und kaum liebende Bindungen an andere duldet, findet die Objektlibido kaum etwas, woran sie sich anheften kann: Der Arbeiter, dem es verwehrt ist, Menschen und Dinge libidinös zu besetzen, wird auf einen Autoerotismus zurückgeworfen, der zur Überbesetzung von Bewegungsritualen treibt. Die sexuellen Regungen, die kein Objekt finden dürfen, müssen dazu verwandt werden, eine sekundäre, quasi neurotische Sexualisierung von Verhaltensritualen zu leisten. Der Industriebetrieb ist eine Schule der Liebesunfähigkeit, der Verarmung der Affektivität und des Ausdrucks.

Der libidinösen Überbesetzung des eigenen Selbst, der eigenen Körperrepräsentanzen, die die Arbeit erzeugt, entspricht eine homosexuelle Disposition, die zugleich weitgehend niedergerungen werden muß.[17] Diese latente Homosexualität ist, in Gestalt von Reaktionsbildungen, an jenen antifeministischen Einstellungen beteiligt, die gebieten, «weibliche» Eigenschaften wie Schwäche, Gefühlsbetontheit, Weichheit nicht überhandnehmen zu lassen; sie erlaubt es damit, jene Härte aufzubringen, die die Arbeit verlangt. Das Männlichkeitsideal muß, um den Anforderungen des Arbeitsprozesses zu genügen, eine bestimmte Art von Härte und Robustheit überbetonen, die, um erträglich zu sein, auf eine masochistische Komponente bzw. die ihr zugeordnete latente Homosexualität angewiesen ist.[18]

Nicht nur die körperliche Arbeit, auch die geistige Arbeit hat die Deformation des Leibes wie der Beziehung zu ihm zur Konsequenz. Auch sie zerstört die Sinnlichkeit und beeinträchtigt die Liebesfähigkeit. Komplementär zur weitgehenden Entfremdung des Handarbeiters von der Kopfarbeit ist der Kopfarbeiter der körperlichen Arbeit entfremdet und damit weitgehend der Möglichkeit zur Entfaltung seiner Körperlichkeit beraubt. Die Arbeit am Schreibtisch beinhaltet eine Negation der Körperlichkeit und der an sie gebundenen Bewegungslust. Der Intellekt, den die Arbeit verlangt, darf nicht sinnlich werden, er muß als von den Bedürfnissen des Körpers wie von der Affektivität des Subjekts abgespalten erscheinen.

Gegenüber einer von Gleichgültigkeit und Verdinglichung geprägten,

16 Der Sport, der eine Kompensation zur industriellen Arbeit liefert, die sie zugleich auf spezifische Weise verdoppelt, zeigt wie lustvoll diese Bewegungsrituale in gewandelter Form in Verbindung mit bestimmten Gratifikationen erfahren werden können.

17 Die ausgeprägte latente Homosexualität von Arbeitern zeigt sich z. B. in der Bedeutung, die Zoten in gleichgeschlechtlichen Gruppen zukommt. Zur latenten Homosexualität in der Arbeiterklasse siehe G. Schmidt, V. Sigusch: Arbeitersexualität, Berlin 1971, S. 8ff.

18 Siehe hierzu S. 96ff. dieses Buches.

entfremdeten Ökonomie treten Liebesverhältnisse mit dem Anspruch auf, das prinzipiell Andere zu verkörpern.[19] Sie versprechen eine Gegenwelt zu einer Existenz als isolierte, verhärtete, entleerte ökonomische Charaktermaske. Die erotische Bindung soll als Gegenpol zur ökonomisch bedingten Entfremdung Nähe, Wärme, Beachtung des Besonderen und Versöhnung mit der eigenen Naturhaftigkeit erlauben. In diesem ihrem Anderssein erscheint sie freilich zugleich als Ausgeschlossene, als von produktiver Tätigkeit Entfremdete; sie erscheint als problematische privatistische Utopie, die dem zuzurechnen ist, was man nach Adornos Worten «mit dem abscheulichen Ausdruck Freizeit bedacht hat, der ebenso die Abhängigkeit jener Sphäre von der Arbeitssphäre ausdrückt wie ihre Ohnmacht»[20]. Die Vernunft, der die Liebe gehorcht, trägt als abstrakte Negation der ökonomischen Vernunft wie diese Züge der Unvernunft; als vom Bereich des kollektiven ökonomischen Handelns abgespaltene ist die Liebe zugleich niemals frei von Asozialität. Marcuse stellt fest: «Unterm Leistungsprinzip hängt die Befriedung des Sexualtriebs weitgehend von der ‹Abschaltung› der Vernunft und selbst des Bewußtseins ab: vom kurzen (legitimen oder heimlichen) Vergessen des privaten und allgemeinen Elends, von der Unterbrechung der vernunftgemäßen Lebensroutine, der standesgemäßen Pflicht und Würde. Nichtunterdrücktes, unkontrolliertes Glück ist fast definitionsgemäß unvernünftig.»[21]

In ihrer Abgespaltenheit und Unvernunft kann die Liebe ihre Versprechen kaum einlösen, sie wird allzu leicht vom stummen Zwang der Ökonomie eingeholt. Die Realabstraktionen, die die Ökonomie an den Menschen vornimmt, fangen deren Liebesbeziehungen ein und verwandeln sie, der Tendenz nach, zum unpersönlichen, entleerten Ritual. Als in die Sphäre der privaten Reproduktion abgedrängte, als den Zwängen von Ehe und Kleinfamilie verfallene kann die Liebe kaum mehr sein als menschlicher Kitt für eine unmenschliche Ökonomie; sie kann kaum mehr als der «menschliche Faktor» sein, der die Reproduktion der Arbeitskraft erlaubt, die sich vom Kapital verwerten lassen muß. Wo die Menschen in der Freizeit der Logik des Kapitalverhältnisses entfliehen wollen, machen sie ständig, ohne dies wirklich begreifen zu können, die schmerzliche Erfahrung, daß dieses auch in ihnen ist, daß ihre Abstraktionen sich in Verdrängungsprozessen, in psychischen Versteinerungen niederschlagen, die zur Liebesunfähigkeit, zu unpersönlicher Kälte verdammen.

19 Siehe hierzu A. Krovoza: Zur Genese der Normen abstrakter Arbeit, Dissertation, Hannover 1975, S. 77ff.

20 Th. W. Adorno: Zum Verhältnis von Individuum und Gesellschaft heute, Bad Homburg, Berlin, Zürich 1957, S. 17.

21 H. Marcuse: Triebstruktur und Gesellschaft, Frankfurt 1965, S. 220.

Die Liebe, die die am intensivsten erlebte Bindung an andere Menschen hervorbringt, ist in der kapitalistischen Gesellschaft auch deshalb mit schmerzlichen Erfahrungen verbunden, weil ihr dort notwendig immer ein Moment der Unzuverlässigkeit und Willkürlichkeit anhaften muß.[22] In der vom Kapital organisierten kollektiven Produktion regiert die Lieblosigkeit; die Menschen stehen sich dort vorwiegend gleichgültig oder feindselig gegenüber. Der Liebe, der Sinnlichkeit wird in der kapitalistischen Gesellschaft der Bereich der privaten Konsumtion zugewiesen; intensive erotische Bindungen zwischen Menschen müssen vom Bereich der kollektiven Produktion abgespalten werden. Damit mangelt es Liebesverhältnissen weitgehend an der Verankerung in der gemeinsamen Arbeit an einer gemeinsamen Sache. Die produktiven Elemente in Liebesbeziehungen können sich in ihrer Abgeschiedenheit von kollektiver Produktion kaum entfalten. «Die private Gemeinsamkeit enthält zwar in der Tendenz nach Aufhebung der Isolation zwischen Menschen gewisse Elemente der gesellschaftlichen Kooperation, sie kann diese Kooperation aber durch die Abgetrenntheit des außerberuflichen Bereichs von der gesellschaftlichen Produktion nicht verwirklichen. Demgemäß ist auch die Isolation hier nicht tatsächlich überwindbar. Die ‹privaten› Beziehungen sind gekennzeichnet durch ein kurzschlüssiges In-sich-Zurücklaufen, durch den vergeblichen Anspruch, im unvermittelten aufeinander Bezogensein von vereinzelten Subjekten Daseinserfüllung zu finden. Kurzschlüssigkeit und Perspektivlosigkeit der ‹privaten› Gemeinsamkeit sind die Voraussetzungen für die Gebrechlichkeit der ‹rein menschlichen› Beziehungen, Abkapselungen von einzelnen oder Gruppen und für jene, ‹privaten› Konflikte, die aus dem immer erneuten Versuch und dem immer erneuten Scheitern des Versuchs der Gestaltung eines sinnvollen gemeinsamen Lebens auf ‹privater› Basis entstehen.»[23] Die erotische Bindung findet kaum eine Basis in der gemeinsamen Produktion einer gegenständlichen Realität oder im Kampf gegen irrationale Herrschaftsverhältnisse; ihre Intensität ist vorwiegend von Qualitäten abhängig, die als «rein menschliche» erscheinen, die man kaum durch besondere Bemühungen erwerben kann. Erotische Attraktivität beruht auf einem bestimmten Aussehen, einer bestimmten Art sich zu bewegen oder einer bestimmten Sprechweise; sie ist zumeist nicht das Resultat von besonderen Leistungen, sie beruht vielmehr weitgehend darauf, daß auf undurchschaubare Weise, die Imagines von Personen eingefangen werden, zu denen in der Kindheit oft recht fragwürdige Beziehungen bestanden. Der Liebe haftet etwas Unberechenbares, Irrationales an, das lebensgeschichtlich in einer undurchsichtigen Kindheit wurzelt; die Liebe über-

22 Vgl. zum folgenden Abschnitt K. Holzkamp: Sinnliche Erkenntnis, Frankfurt 1973, S. 247ff.

23 Ebd., S. 250.

fällt die Menschen wie eine blinde Naturkraft, sie wissen meist kaum, warum. Es gibt keinen Anspruch auf die Liebe eines Menschen, der sich essentiell ausweisen kann – wer erotisch nicht mehr attraktiv ist, kann sich kaum dagegen wehren. Das besonders Menschliche, auf das sich die Liebe zu gründen scheint, ist in gewisser Weise tierisch, weil es von der spezifisch menschlichen Aktivität, der Arbeit, abgetrennt ist und damit auf Triebregungen basiert, die kaum der bewußten Strukturierung zugänglich sind. Die vom Kapitalismus verdorbene Produktion verleiht – wie Marx aufgezeigt hat – den Aktivitäten im Konsumbereich tierische Züge. «Es kommt daher zu dem Resultat, daß der Mensch (der Arbeiter) nur mehr in seinen tierischen Funktionen, Essen, Trinken, Zeugen, höchstens noch Wohnen, Schmuck etc., sich als freitätig fühlt und in seinen spezifisch menschlichen Funktionen (d. h. in der menschlichen Gattungstätigkeit: Arbeit) nur mehr als Tier, das Tierische wird das Menschliche und das Menschliche wird das Tierische. Essen, Trinken, Zeugen usw. sind zwar auch echt menschliche Funktionen. In der Abstraktion aber, die sie von dem Umkreis der menschlichen Tätigkeiten trennt und zu letzten und alleinigen Endzwecken macht, sind sie tierisch.»[24] Die Liebe trägt nicht etwa tierische Züge, weil in sie der natürliche Anteil des Menschen besonders auffällig eingeht, sondern weil sie mit Bedürfnissen verquickt ist, die nicht mit freien, bewußten Tätigkeiten und der menschlichen Realität, die diese hervorzubringen vermögen, unmittelbar verknüpft ist. Die Liebe in der kapitalistischen Gesellschaft trägt in ihrer Blindheit nicht humanisierte Züge, sie muß deshalb als fremd und bedrohlich erfahren werden.

Kindliche Prägung und Erwachsenensexualität[1]

Die Möglichkeit der Erfahrung von Glück und Lust beinhaltet, ebenso wie die gegenteilige Disposition zu Genuß- und Liebesunfähigkeit, einen spezifischen Bezug auf die Vergangenheit, auf die Kindheit. Dies bedeutet nicht, wie die Psychoanalyse glauben macht, daß der Umgang des Erwachsenen mit seiner Triebhaftigkeit zureichend im Horizont der Analyse seiner infantilen Prägungen begriffen werden kann. Das psycho-

24 K. Marx: Ökonomisch-philosophische Manuskripte, MEW Ergänzungsband, S. 514f.

1 Die folgenden Ausführungen wollen das besondere Gewicht infantiler Prägungen nicht leugnen. Sie bestreiten lediglich die überragende Bedeutung, die ein fragwürdiger psychoanalytischer Pessimismus ihnen zumißt. Zum Problem des Verhältnisses von infantiler Prägung und erwachsener Psyche auch S. 105ff. dieses Buches.

analytische Bemühen, psycho-sexuelle Dispositionen als Ausfluß infantiler Prägungen zu begreifen, liefert eine Ideologie, die von der Einsicht in das ablenkt, was die Gesellschaft Erwachsenen Schlimmes antut und wie verheerend sich das auf ihre Persönlichkeitsstrukturen auswirken kann. Einer mißlungenen Kindheit nach psychoanalytischer Manier alle wesentlichen Defekte des Erwachsenen beim Umgang mit der Sinnlichkeit anzulasten, verschleiert z. B., wie der Körper, ebenso wie seine Beziehung zu ihm, durch Arbeitsbelastungen deformiert wird, die diesen entweder, wie zumeist bei der Handarbeit, völlig einseitig beanspruchen oder, wie bei der Kopfarbeit, fast gänzlich ausschalten. Kinder sind, trotz allem Schrecklichen, was ihnen in der bestehenden Gesellschaft angetan wird, in der Regel noch ungleich lebendiger als Erwachsene. In der Art, wie Kinder normalerweise ihrer Triebhaftigkeit Geltung verschaffen, wie sie spielen, singen, sich bewegen, sich berühren, manifestiert sich, trotz aller erfahrenen qualvollen Zurichtung, zumeist noch ein ungleich größeres Maß an Freude an der eigenen Sinnlichkeit als in den erstarrten Verhaltensritualen der Erwachsenen.

Die Psychoanalyse begreift Störungen der Liebesfähigkeit des Erwachsenen als Konsequenz infantiler Traumata; die Frage, warum die Menschen von ihren infantilen Traumata nicht loskommen, warum diese nicht verjähren, warum sie ständig auf sie zurückgeworfen werden, wird von ihr kaum gestellt. Psychische Defekte bei Erwachsenen sind nicht, wie eine verkürzte psychoanalytische Interpretation annimmt, schlicht Ausdruck infantil gesetzter Triebschicksale, sie sind vielmehr wesentlich die Konsequenz von Belastungen, denen Erwachsene ausgesetzt sind, die diese zwingen, auf bestimmte infantile Reaktionsweisen zurückzugreifen. Der beschädigte Erwachsene wiederholt vor allem deshalb zwanghaft seine infantile Geschichte, weil er hier und heute, auf Grund des Einflusses sozialer Verhältnisse, unter dem Zwang steht, mit ihr auf gegenwärtige Situationen zu antworten. Was Foucault für psychische Erkrankungen feststellt, gilt auch für anderes seelisches Elend. «Der Inhalt der Krankheit ist die Gesamtheit der Flucht- und Abwehrreaktionen, durch die der Kranke auf seine Situation antwortet; und von dieser Gegenwart, von dieser augenblicklichen Situation aus müssen die Evolutionsregressionen, die in den pathologischen Verhaltensweisen hervortreten, begriffen werden und ihren Sinn erhalten; die Regression ist nicht bloß eine Virtualität der Entwicklung, sie ist eine Konsequenz der Geschichte.[2] Am Beispiel der Zwangshomosexualität, die für alle Formen defekter Sexualität stehen kann, soll dieses erläutert werden.

Die Homosexualität des Erwachsenen ist wie jede andere Form des Sexualverhaltens, in die Verdrängtes eingelagert ist, nicht – wie die Psychoanalyse zumeist annimmt – lediglich die Konsequenz eines infan-

2 M. Foucault: Psychologie und Geisteskrankheit, Frankfurt 1968, S. 59.

til gesetzten Triebschicksals. Die Psychoanalyse kann wohl einige notwendige Bedingungen für das Entstehen einer homosexuellen Disposition benennen, sie erlaubt es aber keineswegs, das Phänomen in seiner Gesamtheit zu erfassen. Was sich als Homosexualität darstellt, ist auch – und dies nicht zuletzt – die Konsequenz von allgemeinen gesellschaftlichen Zwangsverhältnissen, die auf allen erwachsenen Männern mehr oder weniger stark lasten. Es ist darüber hinaus die Konsequenz von besonderen Zwangsverhältnissen, unter denen die Homosexuellen ihr Sexualleben organisieren müssen: In der bestehenden Gesellschaft vorfindliches offen homosexuelles Verhalten erhält entscheidende Prägungen durch die Struktur der homosexuellen Subkultur, auf die die bestehenden Herrschaftsverhältnisse einwirken. Es spricht vieles dafür, daß die Homosexuellen an ihre infantil gesetzte psychische Disposition nicht zuletzt dadurch fixiert bleiben, weil sie verfolgt und diskriminiert werden. Die Aufhebung der Unterdrückung und Diskriminierung der offenen Zwangshomosexualität[3] würde wahrscheinlich deren Überwindung nach sich ziehen (ebenso wie die Überwindung der Zwangsheterosexualität).

Die kapitalistische Verwandlung der Menschen in soziale Atome, die sich mißtrauisch und feindselig gegenüberstehen müssen, die Nötigung zu ökonomisch verursachtem permanentem Konkurrenzverhalten oder der Zwang zur Unterwerfung unter Autoritäten, die das männliche Prinzip der Herrschaft in der patriarchalischen Gesellschaft repräsentieren, fixieren die Individuen stets von neuem auf bestimmte infantil gesetzte Dispositionen, die das Sexualverhalten der Erwachsenen mitbestimmen. Die für die Erwachsenen von den Produktionsverhältnissen objektiv gesetzte soziale Isolierung und das mit ihr notwendig verbundene Mißtrauen lassen diese nicht von infantilen Trennungsproblematiken und Berührungsängsten loskommen. Wenn die Psychoanalyse in der Gegenwart immer mehr psychische Erkrankungen vorfindet, die sie einer defekten frühen Mutter–Kind-Beziehung zuschreibt, kann dies auch dahingehend interpretiert werden, daß eine zunehmende, gesellschaftlich verordnete soziale Isolierung die erwachsenen Menschen immer mehr auf fragwürdige Reaktionsweisen aus dieser Zeit zurückwirft. Die verbreiteten Störungen der narzißtischen Homöostase sind nicht nur infantil bedingt, die reduzierten Möglichkeiten zu Objektbesetzungen

3 Diese kann allein durch die Aufhebung der die Homosexualität unter Strafe stellenden Rechtsnormen nicht zustande kommen. Sie verlangt das allgemeine vorurteilsfreie Akzeptieren aller Formen des sexuellen Verhaltens der Homosexuellen, die nur unter veränderten gesellschaftlichen Verhältnissen denkbar ist. Die neueren Formen der Toleranz gegenüber Homosexuellen, die davon ausgehen, daß Homosexuelle sich nur durch die Objektwahl von Heterosexuellen unterscheiden, produzieren für die promiske homosexuelle Praxis neue diskriminierende Tabus.

und Identifikationen unter entfremdeten Verhältnissen sind an ihnen wesentlich beteiligt. Jede ökonomisch erzwungene Konkurrenzsituation sorgt dafür, daß die Individuen an erstarrte Reaktionsmuster aus der Zeit der ödipalen Konkurrenz fixiert bleiben. Der Zwang zur Unterwerfung unter übermächtige soziale Autoritäten stabilisiert infantile Fixierungen an Elternfiguren. Die Unterdrückung der kindlichen sinnlichen Regungen, die das von der Eigentumsordnung gesetzte Verbot der Aneignung sachlicher Objekte mit sich bringt, wirkt beim Erwachsenen fort, solange dieser sich ebenfalls entsprechenden Eigentumsschranken unterwerfen muß. (Begierden, die sich auf das richten, was anderen gehört, müssen von Kindern und Erwachsenen niedergerungen werden.) Die Ängste, mit denen die Erwachsenen bei der Auseinandersetzung mit der sozialen Realität konfrontiert werden, verknüpfen sich mit verwandten Ängsten aus der Vergangenheit und können Abwehrmechanismen einrasten lassen, die deren Aufarbeitung verhindern und damit die Veränderungen von Denken und Handeln sabotieren. Ihrer prekären primären Sozialisation entkommen die Erwachsenen nicht, solange sie stets von neuem auf Strukturen treffen, die sie infantilisieren, indem sie sie in Unmündigkeit halten. Die Herrschaft des toten Kapitals, der geronnenen Arbeitsleistungen früherer Generationen über die lebendige Arbeit, läßt in der bürgerlichen Gesellschaft die Vergangenheit über die Gegenwart triumphieren. Erst wenn die Menschengattung die Produktivkräfte ihrer bewußten, demokratischen Kontrolle unterwirft und sich damit ihre Vergangenheit aneignet, endet eine blinde Vorgeschichte, beginnt Geschichte in emphatischem Sinn als von einer autonomen Gattung gelenkter Prozeß. Bei Marx und Engels heißt es: «In der bürgerlichen Gesellschaft herrscht also die Vergangenheit über die Gegenwart, in der kommunistischen die Gegenwart über die Vergangenheit.»[4] Dieses Verhältnis reproduziert sich in gewisser Weise auf der psychischen Ebene. Die Herrschaft blinder Es-Anteile, der einstmals mit Hilfe der Verdrängung auf problematische Art bearbeiteten Triebregungen, läßt die Vergangenheit über die Gegenwart triumphieren. Erst wenn das Ich in eine Art therapeutischem Prozeß die Triebe wieder in seine Regie nehmen kann, öffnet sich Zukunft: «Eindrücke, die durch Verdrängungen ins Es versenkt worden sind, sind virtuell unsterblich, verhalten sich nach Dezennien so, als ob sie neu vorgefallen wären. Als Vergangenheit erkannt, entwertet und ihrer Energiebesetzung beraubt, können sie erst werden, wenn sie durch analytische Arbeit bewußt geworden sind.»[5]

Auf der psychischen Ebene verbindet die Angst Gegenwart und Vergangenheit. Foucault formuliert: «Die Angst als psychologisches Erleb-

4 K. Marx, F. Engels: Das kommunistische Manifest, MEW 4, S. 467.
5 S. Freud: Neue Folge der Vorlesungen zur Einführung in die Psychoanalyse, in: Gesammelte Werke, Bd. XV, S. 80f.

nis des inneren Widerspruchs bringt auch das psychologische Werden eines Individuums auf einen gemeinsamen Nenner und gibt ihm eine einzige Bedeutung: Angst wurde erstmals erlebt in den Widersprüchen des kindlichen Lebens und in der von ihnen bewirkten Ambivalenz; und unter ihrem latenten Druck haben sich die Abwehrmechanismen gebildet, deren Riten, Vorsichtsmaßnahmen, starre Manöver sich das ganze Leben hindurch wiederholen, sobald die Angst wieder zu erscheinen droht. Man kann also in einem bestimmten Sinn sagen, daß sich die psychologische Entwicklung durch die Angst in eine individuelle Geschichte verwandelt; denn es ist effektiv die Angst, die dadurch, daß sie die Vergangenheit und die Gegenwart vereint, beide aufeinander bezieht und beiden eine Sinngemeinschaft verleiht.»[6] Die infantil erfahrenen Ängste und deren Bewältigungsversuche stehen zu den aktuellen Ängsten und deren Bewältigungsversuchen immer in einer bestimmten Beziehung. Wenn das Individuum in seiner Kindheit seine «Urängste» nur auf problematische Art und Weise bewältigen konnte und wenn es die aktuellen Ängste, die an diese auf spezifische Weise anknüpfen, nicht durch produktive Leistungen bewältigen kann, gerät es in einen Teufelskreis, der Emanzipationsprozesse ausschließt. «Es schien uns, als habe das pathologische Verhalten paradoxerweise einen archaischen Sinn und eine signifikante Art, sich in das Gegenwärtige einzufügen. Sobald nämlich das Gegenwärtige im Begriff steht, Ambivalenz und Angst hervorzubringen, löst sie das Spiel der neurotischen Schutzmaßnahmen aus; aber diese drohende Angst und die Mechanismen, die sie wieder entfernen, sind längst schon in der Geschichte des Subjekts fixiert gewesen. Die Krankheit läuft demzufolge nach Art eines circulus vitiosus ab: Der Kranke schützt sich durch seine aktuellen Abwehrmechanismen gegen eine Vergangenheit, deren heimliche Gegenwart die Angst aufsteigen läßt; andererseits schützt sich das Subjekt gegen die Eventualität einer gegenwärtigen Angst dadurch, daß es auf die ehemals im Verlauf ähnlicher Situationen eingesetzten Schutzmaßnahmen rekurriert. Erwehrt sich der Kranke mit seiner Gegenwart seiner Vergangenheit, oder schützt er sich vor seiner Gegenwart mit Hilfe einer vergangenen Geschichte? Man wird sagen müssen, daß zweifellos gerade in diesem Zirkel das Wesen der pathologischen Verhaltensweisen liegt. Krank ist der Kranke, sofern die Verbindung zwischen Gegenwart und Vergangenheit nicht im Stil fortschreitender Integration stattfindet. Sicher, jedes Individuum hat Angst erlebt und Abwehrmechanismen errichtet; aber der Kranke erlebt seine Angst und seine Abwehrmechanismen in einem Kreislauf, der ihn veranlaßt, sich mit eben jenen Mechanismen gegen die Angst zu wehren, die historisch an sie gebunden sind, die sie dadurch nur desto mehr steigern und sie ständig wieder an den Tag zu bringen drohen. Im

6 M. Foucault, a. a. O., S. 67.

Gegensatz zur Geschichte des normalen Individuums ist diese Monotonie des Kreislaufs der Grundzug der pathologischen Geschichte.»[7] Was Foucault in bezug auf «Neurose» und «Psychose» formuliert, gilt auch für jede sexuelle Prägung, in die bedeutende Verdrängungsprozesse eingelagert sind, die das Liebesleben verstümmeln und die Objektwahl auf ein Geschlecht einschränken. Fixierungen, die das Kind erfahren hat, die eine defekte psychische Organisation einschließen, präjudizieren dessen weitere Entwicklung. Zugleich werden die mit Fixierungen verbundenen fragwürdigen Modi des Verhaltens durch das Auftauchen von Ängsten verfestigt, die an Situationen geknüpft sind, die strukturell mit jenen verwandt sind, die die infantile Fixierung einstmals besorgt haben. Fixierungen können nicht aufgebrochen werden, weil aktuelle und historische Szenen Momente einer strukturellen Identität aufweisen, die auseinanderliegende traumatische Erfahrungen mit Hilfe verwandter Ängste verknüpfen. Der Homosexuelle schützt sich mit aktuellen Abwehrmechanismen gegen seine bedrohlichen kindlichen Erfahrungen, deren unterschwellige Gegenwart unter der Vergangenheit verwandten szenischen Arrangements Angst aufsteigen läßt. Umgekehrt schützt er sich zugleich vor der Überwältigung durch aktuelle Ängste dadurch, daß er sie mit Hilfe der problematischen Abwehrmechanismen zu bewältigen sucht, die er in der Kindheit erworben hat.

Seine infantilen Fixierungen bzw. Abwehrmechanismen werden beim Homosexuellen durch die mit der allgemeinen gesellschaftlichen – freilich klassenspezifischen – Repression verbundenen Ängste zementiert. Diese Ängste potenzieren sich durch die spezifische Repression, der der Homosexuelle als Angehöriger einer verfolgten, diskriminierten Minderheit ausgesetzt ist. Die aktuelle existentielle Bedrohung, der der Homosexuelle auf Grund seiner Triebeinstellung ausgesetzt ist, verhindert, daß er von seinen frühen Traumata loskommt. Die mit infantilen Trennungsproblematiken verbundenen Ängste verbinden sich mit aktuellen Ängsten, die an die drohende oder bereits erfolgte Ausgrenzung geknüpft sind; sie stabilisieren dadurch sexuelle Reaktionsweisen, die einst der Abwehr der frühen Ängste dienten. Die infantilen Ängste vor einem bedrohlichen Vater, die zur Flucht in homosexuelle Reaktionsweisen führten, verbinden sich mit Ängsten, die an die Erfahrung der Verfolgung durch den «Vater Staat», an die Erfahrung der Bedrohung durch das männliche Prinzip der Herrschaft in der patriarchalischen Gesellschaft, geknüpft sind. Brocher vermutet, daß die Strafverfolgung der Homosexuellen deren Triebstruktur stabilisiert. «Die bedenklichste Kurzsichtigkeit des Gesetzgebers gegenüber der Homosexualität scheint in der Vermutung zu bestehen, durch Verbote und Strafandrohungen ließe sich eine größere sexuelle Reife des einzelnen erzwingen. Für den

7 Ebd., S. 67f.

gescheiterten Objekthomoerotiker zumindest gilt, daß ihm mit der Bestrafung durch die väterliche Autorität des Richters und des Staates eher eine passiv-homosexuelle Befriedigung gewährt wird; hinzu kommt, daß die völlig unterentwickelte Art des Strafvollzugs zu seinen femininen Verhaltensweisen paßt und sie begünstigt. Doch auch der Subjekthomoerotiker erfährt die Verurteilung als eine Befriedigung seines unbewußten Strafbedürfnisses; beruht nämlich seine Homosexualität auf der Angst vor dem Penisverlust und der Kastration durch den Vater, die er beim Anblick des weiblichen Genitals in seiner Phantasie voller Schrekken verwirklicht wähnt, so erfüllt die Autorität der Vaterinstanz des Gerichts ihm letztlich den infantil ambivalenten Angstwunsch, gleichsam nun doch noch von der Strafe der Kastration ereilt zu werden. Es unterliegt keinem Zweifel, daß in einer unfreien, unwissenden Gesellschaft, deren Moralismus auf Tabuisierung gegründet ist, die Bestrafung wegen Homosexualität gleichbedeutend mit der Vernichtung der gesamten männlichen Existenz ist. Diese Wiederbelebung der infantilen Ängste und die Bestrafung stellen für das Unbewußte eine Bestätigung der Richtigkeit der bisherigen Frauenvermeidung dar, denn ursprünglich erfolgt ja tatsächlich die Identifizierung mit der Mutter und Frau gegenüber dem ichähnlichen Liebesobjekt als eine Abwehrreaktion gegen den verbotenen, bedrohten heterosexuellen Wunsch. Das Gericht bescheinigt also dem psychosexuell unentwickelten Homoerotiker mit der Verurteilung die Richtigkeit seiner primären Phantasie, daß der Vater ihn eines Tages genauso kastrieren werde, wie er die Mutter kastriert hat, sobald er ihn nur seines geheimen auf die Mutter gerichteten heterosexuellen Wunsches überführt habe.»[8]

Die frühen Schwierigkeiten bei der Selbstfindung auf Grund einer überwältigenden Mutter, die das Kind seine Identität ständig als bedroht erfahren ließ, verbinden sich mit aktuellen Identitätsproblematiken der Erwachsenen. Die Ängste, die an die frühen Erfahrungen beim Umgang mit dem eigenen Selbst gebunden waren, und aktuelle Ängste, die mit der Bedrohung der Identität verbunden sind, verquicken sich auf eine Art und Weise, die Gegenwart und Vergangenheit bzw. Vergangenheit und Gegenwart so verkoppelt, daß keine Änderung der Triebstruktur möglich ist. Ständigen Identitätsproblemen ist der Homosexuelle auf vielerlei Art ausgesetzt. Der Zwang, seine «abartigen» sexuellen Neigungen verschleiern zu müssen, der Zwang, sich fast permanent verstellen zu müssen, zwingt den Homosexuellen, ständig etwas darzustellen, was er nicht

8 T. Brocher: Psychosexuelle Grundlagen der Entwicklung, Obladen 1971, S. 31 f. Brochers von Ferenczi stammende Trennung zwischen Subjekt- und Objekthomoerotikern ist, wie z. B. Dannecker und Reiche aufgezeigt haben, nicht haltbar. Wenn es sie gibt, sind die Homosexuellen in unterschiedlicher Mischung wohl beides. Auf die spezifische Diskriminierung der Homosexuellen in Brochers Text kann hier nicht eingegangen werden.

ist: Er ist sich selbst auf extreme Weise entfremdet. Diese Selbstentfremdung hat ihre Kehrseite in der Sucht nach einer fragwürdigen Unmittelbarkeit und dem Bedürfnis, eine problematische Subjektivität auszuschalten, die das Sexualleben der Homosexuellen kennzeichnen. Das Doppelleben, das der Homosexuelle in gewisser Weise führen muß, verleiht bestimmten Aspekten seines Sexualverhaltens einen fragwürdigen Kompensationscharakter in bezug auf die Misere, die eben mit diesem Sexualverhalten verbunden ist.

Die entfremdete Produktion erlaubt den Menschen kaum die Herstellung von Produkten, in denen sie sich wiederfinden können. Die Distanziertheit, die die zwischenmenschlichen Beziehungen im Kapitalismus üblicherweise kennzeichnet, erlaubt kaum intensive Beziehungen, die über die Erfahrung des anderen eine profunde Selbsterfahrung ermöglichen. (Homosexuelle, die ohne relativ intensive dauerhafte Beziehungen zu Liebesobjekten auf Grund ihrer Verfolgung oder ihres Triebschicksals leben müssen, haben deshalb leicht Schwierigkeiten bei der Selbstfindung, bei der Reflexion auf bestimmte eigene oder fremde psychische Dispositionen.) Die entfremdete Arbeit und die Entfremdung zwischen den Menschen erschweren die Aufrichtung einer stabilen Identität, eines gefestigten Selbstbewußtseins. Die Individuen sind deshalb gezwungen, eine fragwürdige Identität über den Bezug auf ihre Besitztümer oder auch mit Hilfe eines übersteigerten narzißtischen Bezugs auf den eigenen Körper, auf die eigene Geschlechtlichkeit zu erlangen. Da die ohne Aufklärung gebliebenen Menschen die zu ihrer «Natur» gewordenen sozialen Rollen, die sie verkörpern müssen, kaum als Ausfluß von sozialen Verhältnissen begreifen können, tendieren sie dazu, sie als Ausdruck biologischer Charakteristika zu erfassen. Was Männlichkeit ist – der ein spezifischer Bezug auf das soziale Gefüge zukommt und die die erotische Beziehung ausschließlich zu Frauen verlangt –, scheint Ausdruck des Besitzes eines Penis zu sein. Die biologischen Geschlechtsmerkmale dienen, solange keine Interpretationsweisen vorhanden sind, die soziale Zusammenhänge aufhellen können, dazu, eine spezifische Verfaßtheit des Selbst, der anderen und, damit verbunden, der sozialen Realität in den Griff zu bekommen; sie erlauben damit, eine problematische Identitätsfindung abzustützen. Je verängstigter und beschädigter die Individuen sind, die zugleich ohne Aufklärung bleiben müssen, desto zwanghafter klammern sie sich an biologistische Interpretationen.[9] Biologistische Interpretationen können ein prekäres psychisches Gleichgewicht stabilisieren helfen – was einem die Natur mitgegeben hat, erscheint ungleich weniger vom Verlust bedroht als sozial Hergestelltes. Konservative Interpretationen von Persönlichkeitsstrukturen, die sich auf die Vererbung

9 Siehe hierzu Th. W. Adorno u. a.: The Authoritarian Personality, New York 1950.

von Charakterstrukturen, auf von der Natur Mitgegebenes berufen, sind auf der psychischen Ebene attraktiv, weil sie die Angst vor der Zerstörung oder dem Zerfall der eigenen prekären Subjektivität reduzieren. (Auch Homosexuelle haben deshalb nicht selten eine Vorliebe für sie.) Die Entfremdung der Menschen von ihren Produkten und ihren Mitmenschen, die mit einer gesellschaftlichen Realität verbunden ist, die als unveränderliche «Natur» erfahren werden kann, führt auf der psychologischen Ebene zum falschen Rückgriff aufs Naturgegebene in Gestalt des Biologischen. Die biologistischen Erklärungsmuster sind eher Erfahrungsmuster; sie sind durch Aufklärung nur partiell aufhebbar, weil sie mit durch kindliche Traumata fixierten Realitätsbezügen verkoppelt sind. Der Erwachsene, der bestimmte Ängste, die von Bedrohungen durch die soziale Realität ausgehen, unbewußt mit infantil verursachten Kastrationsängsten assoziiert, greift mehr oder weniger zwanghaft und mehr oder weniger bewußt auf Interpretationsweisen zurück, die, wie die des kleinen Jungen, um den Besitz oder Nichtbesitz des Penis zentriert sind. Der Homosexuelle, der männliche biologische Geschlechtsmerkmale aufweist und sich trotzdem nicht so verhalten kann, wie es die Männerrolle vorschreibt, wird dadurch in eine permanente Identitätskrise gestürzt und zu einer problematischen Beziehung zu seinem Körper verurteilt. Unter der Tatsache, daß ein fragwürdiger gesellschaftlicher Fortschritt einschließt, daß die Menschen stets von neuem auf archaische Erfahrungs- und Interpretationsmuster in bezug auf sich und die soziale Realität zurückgeworfen werden, haben die Homosexuellen besonders zu leiden. Da die gängigen Muster der Selbstfindung, die trotz ihrer Fragwürdigkeit eine gewisse Sicherheit verleihen, die Homosexuellen mehr verunsichern als stützen, sind deren Anstrengungen zur Identitätsfindung solange weitgehend vergeblich, als sie nicht im solidarischen Kampf gegen Verhältnisse, die sie verstümmeln, wurzeln. Eine stabile Identität, die primär durch den Bezug auf fragwürdige sexuelle Konventionen gekennzeichnet ist, können die Homosexuellen kaum erlangen; sie benötigen eine Identität, die in der Erfahrung des solidarischen Widerstandes gegen ihnen feindliche soziale Gewalten wurzelt.

Mutter–Kind-Beziehung und Geschlechterverhältnis

Eine materialistische Psychologie muß von der psychischen Konstitution des Erwachsenen her entwickelt werden, die wesentlich als Ausfluß der Anforderungen einer spezifischen Produktionsweise zu begreifen ist. Sie muß Erziehungsprozesse von Kindern im Hinblick darauf analysieren, was der gesellschaftliche Entfremdungszusammenhang den Erwachsenen später auf der psychischen Ebene abzuverlangen tendiert. Die Analyse von primären Sozialisationsprozessen in der Familie muß danach fragen, inwieweit diese psychische Dispositionen hervorbringen, die den Anforderungen der bestehenden ökonomischen Struktur – besonders in der beruflichen Sphäre – entsprechen oder diesen Widerstand entgegensetzen. Die von der Psychoanalyse beschriebenen fragwürdigen basalen Prägungen, die beim «Abweichenden», wie Freud aufgezeigt hat, nur in quantitativer Hinsicht anders als beim «Normalen» ausfallen,[1] müssen im Hinblick darauf überprüft werden, ob sie für die bestehenden Produktionsverhältnisse funktional oder disfunktional ausfallen.

Die kritische Sozialisationsforschung hat aufgezeigt, daß die Kleinfamilie, auch wenn sie antikapitalistische Momente in sich trägt, wesentlich als Sozialisationsagentur im Dienste des Kapitalverhältnisses zu begreifen ist.[2] Die primäre Sozialisation in der Kleinfamilie, die von der Sphäre der Öffentlichkeit und der kollektiven Produktion isoliert ist, hat die Tendenz, Individuen hervorzubringen, die zu Autoritätsfixierungen, zum Rückzug aus Sozialkontakten und zu falschem Bewußtsein prädisponiert sind, so wie das kapitalistische Herrschaftssystem dies verlangt. Die Familie als Produktionsstätte von Arbeitskraft bereitet jene Unterdrückung der Sinnlichkeit vor, die der Arbeitsprozeß den Erwachsenen abverlangt.

Da der private Charakter der Erziehung in der Kleinfamilie Kinder einem übermächtigen Elternpaar ausliefert, vor dem es kaum ein Entrinnen gibt, sind die Ablösungsprozesse von diesem mit extremen psychischen Belastungen verknüpft. Sie gelingen nur mit Hilfe von massiven Verdrängungsprozessen, die die spätere Besetzung von Liebesobjekten erschweren. Die Beziehung des Kindes zu seinen Eltern als den primären Bezugspersonen liefert die ersten prägenden Erfahrungen, die die Beziehung zu anderen Menschen betreffen; wenn sie wie in der Kleinfamilie mit extremen Konfliktkonstellationen und damit einhergehenden traumatischen Belastungen verknüpft ist, hinterläßt sie Verstörungen, die spätere Beziehungen zu Liebesobjekten belasten. Der folgende Abschnitt will einige Belastungen thematisieren, die mit dem Mutter–Kind-Verhältnis in der Kleinfamilie verbunden sind und auf deren Einfluß auf spätere Beziehungen zum anderen Geschlecht hinweisen.

Die traditionelle Mütterlichkeitsideologie ebenso wie bestimmte Varianten der feministischen Theorie leben von einem Tabu in bezug auf die fragwürdigen Züge, die die Mutter für das Kind in der Kleinfamilie annehmen muß: Die Idealisierung der Mutter verlangt die Verschleierung ihrer für das Kind bedrohlichen Aspekte.[3] Der tieferen Einsicht in

1 Siehe hierzu z. B. S. Freud: Drei Abhandlungen zur Sexualtheorie, in: Gesammelte Werke, Bd. V, S. 8.

2 Siehe hierzu S. 192ff. dieses Buches. Außerdem M. Horkheimer (Hg): Autorität und Familie, Paris 1936; G. Vinnai: Sozialpsychologie der Arbeiterklasse, Reinbek 1973; P. Milhoffer: Familie und Klasse, Frankfurt 1973.

3 Ebenso gilt, daß ein Mutterbild, das nur schlimme Züge aufweist, zumeist

diese Aspekte stehen massive Abwehrmechanismen entgegen, weil die Problematisierung der Rolle der eigenen Mutter als Objekt der primären Identifikation zugleich eine grundlegende, angstweckene Infragestellung der eigenen Identität verlangt. Das Verhältnis des Mannes zur Frau ist von belastenden kindlichen Erfahrungen mit der Mutter mitbestimmt, in der Unfähigkeit des Mannes, sich der Frau liebend überlassen zu können, wirken schmerzliche frühe Erfahrungen nach.

Das für ein von Isolierung und Feindseligkeit geprägtes Leben in der kapitalistischen Gesellschaft notwendige habitualisierte Urmißtrauen, das dazu zwingt, in beinahe jedem den Verfolger und den abzulehnenden Fremden zu sehen, wird bereits in der frühen Kindheit durch die Familie vorbereitet. (Um die Isolierung ertragen zu können, zu der sie die Gesellschaft verurteilt, müssen die Menschen freilich zugleich von der Familie auch mit einer Art Urvertrauen ausgestattet werden. Die schmerzliche Trennung von den übermächtigen Eltern wird dadurch bewältigt, daß deren Imagines in die Psyche introjiziert werden, weshalb die Menschen in gewisser Weise nie alleine sind. Diese Introjektion erlaubt ein Einfühlungsvermögen in andere – weil die Psyche den anderen in sich trägt –, das es erlaubt, ein notwendiges Minimum an Kontakten herzustellen. Sie macht es möglich, Einsamkeit zu überstehen – weil die introjizierten Personen sozusagen Gesellschaft leisten, so daß Isolierung niemals völliges Alleinsein bedeutet.[4]) Eine auf spezifische Weise von der Gesellschaft in Form und Inhalt geprägte Beziehung des Kindes zu seiner Mutter ist an seiner Herstellung wesentlich beteiligt. Die ambivalente Einstellung der Erwachsenen zu ihren Mitmenschen, die daraus resultiert, daß diese als Teil des gesellschaftlichen oder betrieblichen «Gesamtarbeiters» in direkter oder indirekter Weise Kooperationspartner sind und zugleich als Kapitalagenten Unterdrücker oder Konkurrenten, wird bereits in der frühen Kindheit vorstrukturiert.[5] Die Beziehung zur Mutter, die für das Kind lebensnotwendiger Interaktionspartner und zugleich feindliche Macht sein muß, indem sie dem Kind gegenüber gesellschaftliche Herrschaftsverhältnisse repräsentiert, sozialisiert die Basis von widersprüchlichen psychischen Dispositionen, die von Widersprüchen geprägten kapitalistischen Verkehrsformen entsprechen.

In der bürgerlichen Gesellschaft herrscht ein heimliches Matriarchat. Die Dominanz von Frauen während der familiären Sozialisation ebenso wie im Kindergarten oder in der Primarstufe der Schule bedeutet, daß biographisch grundlegende Erfahrungen beim Umgang mit der sozialen Realität über Frauen vermittelt werden. Der Realitätsbezug des Kindes erhält seine erste, später fortwirkende Prägung vermittelt über die Erfah-

von der Abspaltung der positiven Seiten der Mutter lebt.

4 Siehe hierzu B. Bettelheim: Die Kinder der Zukunft, München 1973, S. 157ff.

5 Siehe hierzu G. Vinnai: Sozialpsychologie der Arbeiterklasse, Reinbek 1973.

rung der Mütterlichkeit und damit verbunden der Weiblichkeit. Lebensgeschichtlich konstituiert sich die Basis der Selbsterfahrung, die mit der Erfahrung der äußeren Realität verflochten ist, wesentlich über die Beziehung zu Müttern, zu Frauen. Die infantile Abhängigkeit von der Mutter, der basale psychische Prägungen entspringen, bleibt bei Männern, auf Grund der vorherrschenden Arbeitsteilung zwischen den Geschlechtern, in manchen Teilen in gewandelter Form während des ganzen Lebens erhalten. Hinter der männlichen Kraftentfaltung, die das Patriarchat zuläßt, steht immer die Kraft der Frau, die diese möglich macht. Der Mann, der auf eine Frau angewiesen ist, die ihm den Haushalt führt, die ihn also füttert und für seine Verwöhnung sorgt, bleibt in gewisser Weise ein Kind, das einer Pflegeperson bedarf. Der scheinbar ausgesprochen erwachsene Mann, der die Frau in der Familie auf autoritäre Art zwingt, ihm zu Diensten zu sein, will damit in gewisser Weise erreichen, daß diese ihm, in der Nachfolge der Mutter, die Fürsorglichkeit angedeihen läßt, die es ihm erlaubt, sich wie ein Riesenbaby dem Realitätsprinzip, das die Ökonomie auferlegt, zu entziehen. Daß Männer sich fast nur an Frauen wenden, wenn sie ihr persönliches Leiden zur Sprache bringen wollen, und ungleich größere Schwierigkeiten als Frauen haben, dies mit Individuen des gleichen Geschlechts zu tun, hat seine Ursache nicht zuletzt darin, daß die Frau in Gestalt der Mutter in der Kindheit als die Bezugsperson auftritt, die am ehesten Verständnis für kindliche Ängste aufbringt: Von der Frau erwartet der Mann bewußt oder unbewußt mütterliches Verständnis und mütterliche Anteilnahme.[6]

Die soziale Stellung der Frau in der kapitalistischen Gesellschaft hat diese während bestimmter Epochen, vor allem in der bürgerlichen Klasse, von der im engeren Sinne ökonomischen Sphäre ferngehalten. Die Frau, die zur Berufstätigkeit nicht zugelassen wird, bzw. der man diese nicht zumutet, wird «verhaustiert», sie wird unmündig gehalten, indem sie ökonomisch vom Mann abhängig ist. Ihr Horizont ist durch die Fesselung an das Haus und die Familie, die sie von der öffentlichen Sphäre abtrennt, beschränkt. Solange die Frau vom ökonomischen und politischen Bereich weitgehend ferngehalten wird, bleibt sie unselbständig, autoritätsfixiert und verkümmert intellektuell; zugleich kann sie aber auch Dimensionen von Menschlichkeit bewahren, die dem Mann nicht gegönnt werden: Die Kindlichkeit, die ihr verordnet wird, erlaubt ihr, Zugang zu Kindern zu finden; ihr Lebensbereich verlangt nicht ein Maß an Verdinglichung, emotionaler Kälte und instrumenteller, kalkulierender Vernunft, wie es dem Mann abverlangt wird, der im ökonomischen Konkurrenzkampf bestehen muß. Die traditionelle Mütterlichkeit zeigt Züge der Infantilität

6 Die Distanziertheit, die Männer untereinander das Reden über ihre persönlichen Leiden erschwert, wurzelt darüber hinaus auf der psychischen Ebene nicht zuletzt in der Abwehr homosexueller Strebungen.

und der Weltfremdheit, sie trägt aber auch Momente der Humanität in sich, die der abstrakten Rationalität des Kapitalverhältnisses Widerstand leisten – die dieses allerdings auch mit dem notwendigen menschlichen Kitt versorgen. Daß die Frauen mit der kapitalistischen Entwicklung gewissermaßen nicht ganz mitgekommen sind – ihre Sphäre, der Bereich der Familie, wird unter anderem vom feudalen Prinzip der Treue und vom archaischen Prinzip der Blutsbande regiert – erlaubt es ihnen auch, sich der Vernunft des Kapitals partiell zu entziehen.

Die Unterdrückung der Frau, ihr Eingesperrtsein in den Bereich der Familie, bringt es mit sich, daß in die Menschlichkeit, die ihr gegönnt wird, die Bosheit eingelagert ist, daß ihre Beziehung zu ihren Kindern, ebenso wie zu ihrem Mann, ambivalente Züge trägt. Die Unterdrückung der Frau macht diese nicht schlicht zu einem unschuldigen Opfer, sondern verleiht ihr die offenen und versteckten gewaltsamen Züge, die die Anpassung an repressive Verhältnisse verlangt. Das reine, unschuldige Opfer, das in Gestalt von Gretchen oder Eugénie Grandet die bürgerliche Literatur bevölkert, ist weitgehend der Ausdruck männlicher Schuldgefühle gegenüber Frauen. Daß die Frauen gezwungen sind, sich mit ihren männlichen Unterdrückern zu arrangieren, verleiht ihnen Züge der Falschheit und Verlogenheit. Ibsens Theaterstücke z. B. haben im ästhetischen Bereich herausgearbeitet, welche bedrohlichen Potentiale die Frau in der bürgerlichen Gesellschaft hinter einer gesitteten Fassade zu verbergen vermag. Die die Kinder erregende Hexe im Märchen, die die Erfahrungen der Kinder mit der Mutter symbolisiert – und keineswegs nur, wie manche Psychoanalytiker meinen, aggressiv getönten kindlichen Projektionen entspringt –, demonstriert, daß diese nicht unbedingt mit einer Mutter konfrontiert sind, die der traditionellen Mütterlichkeitsideologie entspricht. Die Versagungen, die die Frau auf sich zu nehmen gezwungen ist, speisen ständig ein aggressives Potential, das weitgehend verdrängt werden muß, weil es, offen ausagiert, das notwendige Arrangement mit dem Mann erschwert und den Anforderungen der Mutterrolle widerspricht. Die Lieblosigkeit und Kälte eines von seiner Arbeit aufgeriebenen Mannes zwingt die Frau, Ersatz für unerfüllte emotionale Bedürfnisse und sexuelle Strebungen bei ihren Kindern zu suchen; sie fesselt sie dadurch auf fragwürdige Art und Weise an sich, indem sie z. B. die Generationsschranke zu negieren tendiert, die in der Kleinfamilie notwendig ist, um die Ablösung der Kinder von den Eltern zu ermöglichen. Ihre Ohnmacht und Abhängigkeit zwingt die Frau, ihrem Leben dadurch einen Sinn zu verleihen, daß sie eine fragwürdige Mutterrolle aufbläht, mit der sie die Kinder übermäßig an sich fesselt. Das Kind soll der Mutter – wie auch dem Vater – Entschädigung für die eigene seelische Verkrüppelung verschaffen. Die Versagungen, die die Mutter im Alltag ständig auf sich nehmen muß, können für sie dadurch erträglicher werden, daß sie als Opfer für eine bessere Zukunft des Kindes erscheinen. Diese Opfer sollen die Kinder zu einer Dankbarkeit verpflichten, die dem eigenen Leben einen Sinn gibt; sie sollen durch lebenslängliche Anhänglichkeit belohnt werden, die die Einsamkeit bannt. Zur Lippe bemerkt: «Bei großen Anlässen kasteit man sich für König, Volk und Vaterland oder für Recht, Sitte und Anstand; im täglichen Privaten kasteit man sich wegen Prestige und Ansehen, vor allem aber wegen der Kinder. Sofern die heimlichen Aggressionen nicht in Kampfestüchtigkeit umgemünzt werden können, braucht man Trost und Schuldige für die eigene Unzufriedenheit. Beides findet man wieder in den Kindern. Hegel sagt, die Eltern ‹entleeren sich› in das Kind und müssen selber daran sterben. Damit sichern sie die Selbsterhaltung der Gattung. Aber sie selbst kommen nicht weiter, weil sie im gemeinsamen Erziehen und Ernähren des Nachwuchses der autoritäre Dritte sein müssen, also selber nichts Wesentliches lernen dürfen, weder vor dem Kind noch voreinander Schwächen zeigen dürfen, also sich nicht gemeinsam verändern können. Sie können allenfalls darüber reden und ‹einander zur Seite stehen›. Der Verlust an eigener Entfaltung kann nicht allein durch den Hinweis auf die Kinder ausgeglichen werden; dieser Hinweis muß gegenständlich da sein, als Foto, als ‹Dankbarkeit› und ‹Karriere› des Kindes oder auch als Mutterkreuz. Denn sie haben keinen lebendigen Anteil an dem dritten Leben.

Trotzdem fällt den Eltern das Bewußtsein von ihrer Beziehung zueinander und von dem, was sie in ihr selbst sein könnten, in das ‹Äußere›, ins Kind. Sie haben durch ihr Opfer einen Anspruch darauf, daß das Kind verwirklicht, was sie ihm geopfert haben; und sie wollen für ihr Sterben wenigstens dadurch entschädigt werden, daß das Kind das, was es aufgrund des Opfers werden kann, ihnen zu verdanken hat.»[7] Dieser Anspruch hat die Tendenz, das Kind zu erdrücken. Es kann sein Selbstbewußtsein, wie seine mit ihm verknüpften Beziehungen zur sozialen Realität, deren Teil die Eltern sind, kaum auf Grund eigener Erfahrungsprozesse und Aneignungsversuche erlangen, es bekommt sie vielmehr, wenigstens bis zu einem gewissen Alter, auf eine verhängnisvolle Art von den Eltern zugemessen. «Die Kinder werden mit der Projektion dessen, was die Eltern nicht zustande bringen können, bereits erschlagen, bevor sie sich selbst kennenlernen können. Sie sind zur Wiedergutmachung verurteilt, ehe sie überhaupt etwas machen können. Und schon deshalb sind auch ihre Versuche, es um ihrer selbst willen oder wegen des fluchartig lastenden Gelübdes der Eltern besser zu machen, zum Scheitern bestimmt. Der Gattungsfortschritt, dem alle einzeln sich voll Hingebung oder egoistisch aufopfern, wird zum Fluch der bösen Tat, den man

7 R. zur Lippe: Bürgerliche Subjektivität – Autonomie als Selbstzerstörung, Frankfurt 1975, S. 243 f.

als ‹Generationenproblem› verharmlost.»[8]

Weil die Erwachsenen in der vom Kapital verdorbenen kollektiven Produktion kaum etwas nach ihrem Willen leisten dürfen oder weil sie, wie viele Mütter, von ihr abgetrennt sind, ist die Aufzucht von Kindern eine der letzten Möglichkeiten, die eigenen subjektiven Fähigkeiten und Sehnsüchte zu verobjektivieren. Der Fluch, der den Menschen von den Produktionsverhältnissen auferlegt wird, sorgt dafür, daß auch diese Produktion das Elend mit produziert.

Sobald die Frau Zugang zur beruflichen Sphäre zu finden vermag, steht ihr die Mutterrolle dabei im Wege. Wenn die Kinder nicht mehr, wie in der klassischen bürgerlichen Familie, die Erben des elterlichen Unternehmens sind, werden sie in gewisser Weise zu «unnützen Fressern.» Für die Eltern herrscht in bezug auf ihre Kinder ökonomisch gesehen eine objektiv gesetzte Gleichgültigkeit, die die Einstellung zu ihnen färbt. Seit es Empfängnisverhütungsmittel gibt, nimmt daher die Kinderzahl bei Lohnabhängigen ständig ab.[9] Das objektiv gesetzte ökonomische Desinteresse am Kind verbindet sich mit einer zunehmenden Unfähigkeit, sich Kindern gegenüber emotional öffnen zu können. Die Belastungen eines Berufs können zwar die Sehnsucht wecken, im Umgang mit Kindern die befreienden Regressionen zu erfahren, die es erlauben, sie abzuschütteln, sie produzieren aber zugleich auch psychische Sperren, *die der Realisierung dieser Regressionen im Wege stehen.* Die Anforderungen, die an die Frauen im Beruf gestellt werden, zwingen sie zu psychischen Verhärtungen, die Barrieren gegen einen gelösten Umgang mit Kindern aufrichten, der auf gekonnten Regressionen beruht. Die kaum überbrückbare Diskrepanz zwischen den Anforderungen des Berufes und dem, was von einer liebenden Mutter erwartet wird, läßt die Frauen im Umgang mit ihren Kindern immer verstörter und unsicherer werden. Die Frauen werden wegen ihrer Liebesunfähigkeit zunehmend von Schuldgefühlen geplagt, die auch dadurch kaum abzuschaffen sind, daß man sich bescheinigt, eine gute Mutter zu sein, indem man das Kinderzimmer mit Spielsachen vollstopft. Die verbreiteten Bemühungen um eine Veränderung der Kindererziehung sind neben dem positiven Versuch, kindlichen Bedürfnissen mehr als bisher zu ihrem Recht zu verhelfen, auch Ausdruck einer zunehmenden elterlichen Unfähigkeit und Hilflosigkeit beim Umgang mit Kindern. Weil die Distanz zwischen den psychischen Dispositionen und Verhaltensweisen von Kindern und Eltern immer größer wird, werden die Kinder den Erwachsenen immer fremder. Manche Anhänger einer antiautoritären Erziehung, die auf selbstregulierte Kindergruppen hoffen, ebenso wie manche, die Kinder

8 Ebd., S. 244f.

9 Siehe hierzu G. Heinsohn, R. Knieper: Theorie des Familienrechts, Frankfurt 1974.

möglichst früh mit produktiver Arbeit in Verbindung bringen wollen, wünschen sich im stillen Kinder, die sich wie kleine Erwachsene verhalten und damit ihr Leben selbst bestimmen können, so daß man ihnen gegenüber von liebender Fürsorge weitgehend entbunden ist – die Kindlichkeit und die von dieser geforderten erzieherischen Maßnahmen bereiten den Eltern zunehmende Schwierigkeiten, denen man sich möglichst mit gutem Gewissen entziehen will. Der extreme Bruch zwischen der kindlichen Sphäre und der Sphäre der Erwachsenen, der die kapitalistische Industriegesellschaft im Gegensatz etwa zu vorkapitalistischen agrarischen Gesellschaften auszeichnet,[10] schafft Verständigungsschwierigkeiten zwischen Eltern und Kindern, die auch die Flut von Literatur über Erziehungsprobleme nicht auszuräumen vermag.

Die Unfähigkeit zur Liebe zu Kindern, die sich in rapide schrumpfenden Kinderzahlen niederschlägt, lebt auf der psychischen Ebene nicht nur von der Unfähigkeit zur gekonnten Regression auf kindliche Entwicklungsstufen, die den Zugang zum Kind öffnen, sie lebt auch vom versteckten Neid auf diese. Nicht nur weil unbewältigte kindliche Traumata der Versöhnung mit dem Kindlichen im Wege stehen oder weil aktuelle Belastungen Abwehrmechanismen gegenüber Kindern einrasten lassen, kommt es zur Kinderfeindschaft, sondern auch weil Kinder Erwachsenen gegenüber als Konkurrenten auftreten. Die extremen Belastungen, denen Erwachsene im Beruf ausgesetzt sind, zwingen diese nach Feierabend zur Flucht in infantile Dispositionen, die sich etwa in Gestalt ausgeprägter passiver Verwöhnungsbedürfnisse Geltung verschaffen. Der Wunsch, auf passive Art verwöhnt zu werden, bringt die Erwachsenen in Rivalitätskonflikte mit Kindern, denen sie durch Kinderlosigkeit ausweichen können.

Der Zerfall der traditionellen Substanz der Mütterlichkeit kann für die Heranwachsenden Vorteile aufweisen, weil er die Mütter aufgeklärter und selbständiger zu machen vermag; in erster Linie scheint er aber bei ihnen verstärkte psychische Schwierigkeiten zu produzieren, die sich in einer steigenden Zahl von psychischen Störungen manifestieren, deren Symptome auf defekte Mutter–Kind-Beziehungen und mit diesen verbundene Ablösungsproblematiken verweisen. Die gestörte Mutter hat in der psychiatrischen Literatur längst den bedrohlichen Vater überholt.

Die prekäre Mutter–Kind-Beziehung erzeugt beim Kind die Basis von schizoiden und depressiven Dispositionen, die um eine prekäre narzißtische Homöostase zentriert sind; sie bringt ausgeprägte Identitätsprobleme hervor. Die Ablösung von der Mutter gelingt am ehesten bei einem Wechsel von Versagung und liebevoller Zuwendung. Die Versagung sprengt die ursprüngliche symbiotische Mutter–Kind-Einheit auf, sie schafft Trennungen zwischen Ich und Nicht-Ich; die Liebe, die diese

10 Siehe hierzu P. Ariès: Geschichte der Kindheit, München 1975.

Trennungen auf einem anderen Niveau der seelischen Entwicklung wieder aufhebt, erleichtert es, sie zu bewältigen. Die Verschränkung von Liebe und Versagung bei einem ambivalenten mütterlichen Verhalten macht die Konstituierung von Ich-Grenzen, die Entstehung eines autonomen Selbst zum Problem.

Die Mutter, die ihre unbewußte Ablehnung des Kindes durch Überfürsorglichkeit verdeckt, verhindert eine Ablösung des Kindes durch eine hochgradige Aufdringlichkeit, durch eine permanente Einmischung in kindliche Regungen. Sie reagiert auf die Bedürfnisse des Kindes so, als ob es die eigenen Bedürfnisse wären; sie ist unzugänglich für das, was das Kind ausdrücken möchte, weil sich ihre verdrängten Triebregungen in Projektionen Luft machen, die die Einsicht in die kindlichen Bedürfnisse sabotieren. Die überfürsorgliche Mutter stößt zwar das Kind durch eine latente Feindseligkeit von sich ab, verhindert aber zugleich einen Rückzug des Kindes durch ein fragwürdiges liebevolles Gehabe.

Die kalte und abweisende Mutter, die ihre Ablehnung des Kindes offen agiert und ihm ein Minimum an Zuwendung nur in Verbindung mit der Verabreichung von Nahrung oder der Erziehung zu Ordnung und Sauberkeit zukommen läßt, erschwert die Ablösung des Kindes, weil ihre Liebe nicht ausreicht, dem Kind das notwendige «Urvertrauen» zu geben, das ihm die Trennung zu bewältigen erlaubt. Die Zurückweisung des Kindes durch die Mutter verstärkt seine Abhängigkeit von ihr. Schon daß in unserer Kultur im Vergleich zu anderen Kulturen die Kinder relativ kurz gestillt werden und kaum außer Haus von der Mutter herumgetragen werden, setzt das Kind massiven Trennungsproblematiken aus. Die im Vergleich mit anderen Kulturen abrupteren körperlichen Trennungsprozesse zwingen das Kind schon sehr früh, sich als von der Mutter verlassen zu erfahren.[11] Die traumatisierende Abstoßung durch die Mutter hinterläßt ein schwer aufhebbares Gefühl der Verlassenheit, eine tiefsitzende Unsicherheit, die es erschwert, anderen als autonomes Selbst gegenüberzutreten. Die Neigung zum ständigen Rückzug aus zwischenmenschlichen Beziehungen, die dieses Interaktionsmuster zwischen Mutter und Kind hinterläßt, stellt eine zwanghafte Reaktionsbildung auf unbewußte, aus einer unbewältigten Kindheit stammende Anklammerungsbedürfnisses dar, die die Ich-Grenzen aufzuheben drohen, wenn sie zum Durchbruch kommen.

Sowohl die unterschwellig als auch die offen ablehnende Mutter erzeugt bei ihren Kindern ein «Urmißtrauen», das eine Neigung einschließt, Sozialkontakte permanent zu verweigern, die später unter dem Zwang der Verhältnisse verfestigt wird. Aus der Beziehung zur Mutter resultierende ambivalente Gefühlseinstellungen, in denen sich die mütterliche Misere reproduziert, beschneiden die Möglichkeit eines lieben-

11 Siehe hierzu A. Montagu: Körperkontakt, Stuttgart 1974, S. 188 ff.

den Umgangs mit Menschen. Die Ambivalenz der mütterlichen Einstellungen weckt kindliche Triebregungen und verhindert zugleich ihre Befriedigung; Triebregungen müssen unter Angsteinfluß verdrängt werden, Triebabläufe bleiben – unter der Einwirkung späterer Ängste, die für Nachverdrängungen sorgen – an infantile Dispositionen fixiert: In die Reaktionsweisen wird der Wiederholungszwang, die Nötigung zu endlosen Reproduktionen des Immergleichen installiert.

Je weniger die Ablösung von der Mutter bewältigt werden kann, desto starrer, unelastischer fallen die Ich-Grenzen aus. Das durch seine Fixierungen an unbewältigte infantile Traumata gestörte Ich, dessen Energien davon absorbiert werden, Triebregungen abzuwehren, die mit kindlichen Erfahrungen extremer Bedrohung verbunden waren, muß sich zwanghaft von einer Realität abschirmen, die diese verdrängten Strebungen zu reaktivieren droht. Die unbewältigte Ablösung von der Mutter zwingt Distanz zu menschlichen Wesen zu halten, die Triebregungen einfangen könnten, deren Vorläufer mit der bedrohlichen Beziehung zu dieser verbunden waren. Sie zwingt, eine Kluft zwischen «Mein» und «Dein» aufzureißen, die von der ökonomischen Struktur, die die Menschen tendenziell in isolierte Agenten ihres Eigentums verwandelt, stets von neuem verfestigt wird und der erotischen Vereinigung entgegensteht. Die Barrieren, die starre «Ich-Grenzen» setzen, dulden es nicht, sich liebevoll Personen zu überlassen; sie gewinnen einen unüberwindlichen Charakter, wenn die Sehnsucht, sich Liebesobjekten anheimzugeben, die Gefahr mit sich bringt, von blinden Emotionen, von nicht humanisierten Triebregungen überwältigt zu werden, welche die eigene Subjektivität bedrohen. Das Ich, das sich von verdrängten Triebregungen bzw. den mit diesen verbundenen Ängsten bedroht fühlt, kann nur Liebesobjekte dulden, die beherrschbar, kontrollierbar sind, weil dadurch die Emotionen, die auf sie gerichtet sind, steuerbar bleiben. Frauen müssen als erotische Objekte vom Mann, der auf Grund der Verhältnisse seinen infantilen Ängsten nicht entrinnen darf, ihrer «bedrohlichen» Sinnlichkeit, ihrer Fremdheit dadurch beraubt werden, daß sie zum Geschöpf des Mannes werden. Der Mann kann ihre Reize nur in einer von ihm bestimmten Weise tolerieren; nur so kann er sie akzeptieren, ohne sich zu sehr vor ihnen ängstigen zu müssen. Die Beziehung zwischen Mann und Frau muß in starre Muster gezwängt werden, die zu vorgegebenen Verhaltensritualen nötigen, so daß die erotischen Regungen beherrschbar, kalkulierbar bleiben. Die in diese Muster eingebaute Distanz zwischen Mann und Frau erlaubt, daß sich beide nur so nahe kommen können, wie dies für das geschwächte Ich erträglich ist.

Die Bedrohung, die von der Mutter ausging, bzw. die Traumata, die mit der Beziehung zu ihr verknüpft waren, machen alle sexuellen Triebregungen, deren Vorläufer an diese angeheftet wurden, problematisch – die Liebesfähigkeit in bezug auf Frauen, die der Mutter nachfolgen, ist dadurch beschränkt. Die enttäuschende Erfahrung mit der Mutter, der Frau, vermag auch spätere Beziehungen zu anderen Frauen zu verderben. Das Gefühl, in der Kindheit vom Weiblichen betrogen worden zu sein, das sich mit der Erfahrung der gesellschaftlich verordneten Minderwertigkeit von Frauen im Vergleich zu Männern verknüpft, führt zur offenen und versteckten Ablehnung des Weiblichen, auch des weiblichen Anteils der eigenen Person. Der vorherrschende Typus Mann muß zwanghaft vieles abwehren, was er mit Weiblichkeit verbindet: die etablierte heterosexuelle Männlichkeit stellt deshalb eine bestimmte Variante der Homosexualität dar. Die Diskriminierung der Frau durch den Mann erfolgt nicht nur auf Grund von Privilegien, die dem Mann aus ihr erwachsen; sie erfolgt auch auf Grund von traumatischen Erfahrungen mit der Weiblichkeit – nicht zuletzt von solchen in der Kindheit, die später unter dem Druck der Verhältnisse nicht aufgearbeitet werden können –, die die Versöhnung mit dieser blockieren. Der «starke» Mann, der die Frau zur Beute macht, der sie zwingt, ihm zu willen zu sein, ist in Wirklichkeit ein Schwächling, der sich einer sich seinem Willen nicht fügenden Andersartigkeit des Weiblichen, der sich der entfalteten Sinnlichkeit einer autonomen Frau zwanghaft entziehen muß (ebenso wie er seine eigene Weiblichkeit nicht ertragen kann).

Die Frau trägt für den Mann auch dann bedrohliche Züge, wenn die erste Begegnung mit ihr, in der Kindheit, vorwiegend mit der Erfahrung von Glück verbunden war. Je mehr erotische Strebungen auf die Mutter gerichtet waren, desto extremer muß die ödipale Konfliktkonstellation mit dem Vater ausfallen, die das Inzesttabu aufrichtet, das sexuelle Regungen in bezug auf die Mutter tabuisiert und damit zugleich den Anforderungen der bestehenden Produktions- und Herrschaftsverhältnisse Geltung verschafft, indem sie das Über-Ich hervorbringt. Die Nachwirkungen des Ödipuskomplexes verbinden die Liebe zur Frau mit der Erfahrung der Angst. Die Erfahrung des Glücks, die mit der Erfahrung der Möglichkeit verbunden ist, weich, schwach sein zu können, ohne überwältigt zu werden, übt einen gefährlichen Sog auf diejenigen aus, die das Erwachsensein dazu zwingt, sich mit einem Panzer zu versehen. Die süße Kindersehnsucht, die die Liebe zur Mutter, zur Frau in sich aufnimmt, muß vom Mann niedergerungen oder zumindest beschnitten werden, wenn er in einer Gesellschaft überleben will, in der die Gewalttätigkeit, die Rücksichtslosigkeit gegen alles, was schwach ist, regiert. Die individuelle Geschlechtsliebe, die in der bürgerlichen Gesellschaft, als Nachklang der Beziehung des Kindes zur Mutter, das höchste Glück verspricht, will sich notwendig dem Realitätsprinzip entziehen – sie ist damit der Katastrophe verwandt, die die herrschenden Gewalten für den Abweichler organisieren. Die bürgerliche Literatur legt davon Zeugnis ab, indem sie die an den Verhältnissen scheiternde Liebe, nicht selten in Gestalt des Liebestodes, zu ihrem zentralen Thema macht. Der Kindertraum und die Personen, an die er sich binden könnte, müssen abgewehrt werden, wenn die Realitätstüchtigkeit gewährleistet werden soll. Nicht nur die Traumata der Kindheit, auch der Sog der Utopie, die das Bestehende hinter sich lassen will, zwingen Mann und Frau, sich nicht zu nahe zu kommen und mißtrauisch und vermauert zu sein. Prokop stellt fest: «Die kulturelle Definition der ‹Weiblichkeit› zielt nicht nur auf die unterdrückte Frau ab; sie enthält die Verbindung von Frau, Lust, Gewähren und Gefahr des Verfallens zugleich. Diese kulturelle Bestimmung hatte mit dem realen Leben der Frauen immer nur sehr wenig zu tun. Die Imago der Weiblichkeit war eher ein gesellschaftliches Symbol dessen, was gesellschaftlich verdrängt wurde, verdrängt werden mußte: der Sehnsucht nach Versöhnung, Einheit, Passivität, nach Freiheit von Arbeit und dem Zwang zur Selbsterhaltung; sie beruhte auf der Unterdrükkung der Frau, auf ihrem Ausschluß von gesellschaftlicher Macht. Die Schönheit der Frau repräsentierte die Lockung, in Natur zurückzufallen, zu regredieren auf den Zustand narzißtischer Vollkommenheit, in dem Ich und Welt eins sind, auf einen Zustand, in dem die Reproduktion des Lebens von der bewußten Selbsterhaltung, die Seligkeit des Satten von der Nützlichkeit planvoller Ernährung unabhängig ist. Die Erinnerung des fernsten und ältesten Glücks.»[12]

Die Beziehung des Mannes zur Frau ist immer auch von unterschwelligen Neidregungen dieser gegenüber mitbestimmt, die unter dem Einfluß infantiler Verdrängungsprozesse und späterer sozialer Erfahrungen, die diese verfestigen, dem Bewußtsein entzogen werden. Um das, was der Mann sich selbst nicht gestatten darf, um seine Realitätstüchtigkeit zu bewahren – schwach, weich, gefühlvoll zu sein –, muß er die Frau beneiden, der dies real oder scheinhaft gegönnt wird. «Nicht nur muß die idealtypische ‹Männlichkeit› von den Männern unterschieden werden, da ‹die Mehrzahl der Männer weit hinter dem männlichen Ideal zurückbleibt› (Freud). Die Männer erfahren sich nicht nur als unfertige Männer, sondern auch als unfertige Frauen. Sie sind bisexuell auch insofern, als sie zwei verschiedene Mängel in sich vereinigen, die nur in den ersten Lebenstagen zu einem Mangel, nämlich an totaler Befriedigung, verschmolzen sind. Schon die alten Freudianer stellten für ihre sexuell streng polarisierende Gesellschaft fest, daß das männliche Wesen in den ersten Phasen seiner Entwicklung im großen und ganzen als Mädchen bestimmt werden kann und daß es auch nach ‹Überwindung der Kastrationsangst› bisweilen oder ständig wünscht, auch eine Frau zu sein. Zunächst ist es hingebungsvolle Passivität, durch die das Kind Befriedigung erlangt; später bemerkt der Knabe, daß die Weiblichkeit bevorzugt ist, indem sie nicht ständig auf die Probe gestellt wird. Dies und das Scheitern des Versuchs, des primären und des reaktivierten, weiblich zu

12 U. Prokop: Weiblicher Lebenszusammenhang, Frankfurt 1976, S. 128.

bleiben oder zu werden, begründet den Neid auf die Frau und das Bedürfnis, sich an der – im männlichen Sinne – besitzenden Frau zu rächen.»[13] Die Männer beneiden die Frau unterschwellig nicht nur um ihr Anderssein, sondern auch um ein unerreichbares Mehr, das um Schwangerschaft und Gebären zentriert ist. «Männliche Analysanden artikulieren auch ihren Neid auf die weibliche Fähigkeit, zu stillen und anders und intensiver zu urinieren. Vor allem aber mißgönnen viele Männer mehr oder weniger bewußt den Frauen den privilegierten Besitz der Brüste und zweier Öffnungen im Unterleib.»[14] Männliches sexuelles Begehren lebt immer auch vom geheimen Wunsch, eine Frau zu sein – in der erotischen Vereinigung mit der Frau will der Mann die Weiblichkeit genießen, die ihm selbst nicht vergönnt ist. Wo die Verdrängung des Weiblichkeitswunsches und damit verbunden der weiblichen Anteile der Person allzu massiv ausfallen muß, weil sie dem männlichen Realitätsprinzip zuwiderläuft, wächst die Geschlechterdifferenz, die Fremdheit zwischen den Geschlechtern so an, daß die erotische Vereinigung nicht gelingen kann.

Lustvolle wie schmerzliche Kindheitserfahrungen können in den Dienst der Anpassung an Verhältnisse treten, die die Menschen zu einer Existenz als einzelne verdammen, die sich gleichgültig oder auch feindselig begegnen müssen. Die traumatischen kindlichen Erfahrungen mit der Frau – in Gestalt der Mutter – nötigen die Männer, homosexuelle Dispositionen auszubilden, die von der Abwehr des Weiblichen leben, die aber zugleich, bei sich selbst und bei anderen, bekämpft werden müssen. Das Wirksamwerden homosexueller Dispositionen, die zugleich zwanghaft niedergehalten werden müssen, führt – wie Freud aufgezeigt hat – zu paranoiden Dispositionen bei Menschen, die zu sozialer Isolierung verdammt sind.[15]

Eine tiefsitzende Unsicherheit, die die Menschen zu sozialer Isolierung prädisponiert, entspricht, solange sie ein bestimmtes Maß nicht übersteigt, nicht nur kapitalistischen Verkehrsformen, sie entspricht auch den vom Kapitalverhältnis geforderten Arbeitstugenden. Ein übertriebener Drang, sich als einzelner durch besondere Leistungen seinen Wert beweisen zu wollen oder aus besonderem Geltungsbedürfnis resultierende «Führungsqualitäten», die zu den Tugenden zählen, die in der bestehenden Gesellschaft prämiert werden, leben auf der psychischen Ebene teilweise von einem Mangel an Selbstwertgefühl, den sie kompensieren sollen. Was hier als Selbstbewußtsein erscheint, ist immer auch Ausdruck eines spezifischen Umgangs mit dem Gefühl der eigenen Schwäche

13 F. Böckelmann: Aspekte der Männlichkeit, in: Maskulin–Feminin, München 1975, S. 44. Zum Neid der Männer auf Frauen siehe auch: B. Bettelheim: Die symbolischen Wunden, München 1975.

14 Böckelmann, a. a. O., S. 45.

15 Siehe hierzu die Analyse des Falles Schreber, in: Gesammelte Werke, Bd. VIII, S. 239ff.

und Austauschbarkeit. Die hektische Betriebsamkeit, die die Menschen im Kapitalismus umtreibt, lebt im Bereich der Psyche nicht zuletzt von einer unaufhebbaren diffusen Angst, die die Fähigkeit ausschließt, mit sich selbst und seiner Sinnlichkeit versöhnt zu sein.

Verdrängte Homosexualität, Gewalt und Leistungskonkurrenz

Die Unterdrückung und Tabuisierung homosexueller Persönlichkeitsanteile erleichtert es, daß zwischen Menschen des gleichen Geschlechts eine von der kapitalistischen Ökonomie geforderte aggressive Disposition wirksam wird, die diese auf Distanz hält und in feindliche Konkurrenten verwandelt. Mitscherlich vermutet, daß eine «aggressive Neidhaltung» unter Männern, die ihm zufolge für unsere Gesellschaft typisch ist, «durch die angstvolle Abwehr libidinöser Bindungen aneinander verstärkt wird».[1] Umgekehrt gilt zugleich: daß in der kapitalistischen Gesellschaft Gewalt, Konkurrenz und Lieblosigkeit regieren können, wird durch verdrängte homosexuelle Persönlichkeitsanteile erleichtert. Das Verdrängte kehrt in veränderter, verhüllter Gestalt wieder und verschafft sich auf fragwürdige, pervertierte Art Geltung. Wo die Liebe nicht sein darf, nimmt sie die Gestalt des Hasses an, der es wie diese erlaubt, dem Objekt nahe zu sein. Solange erotisch getönte Beziehungen zwischen Männern tabuisiert sind, sind ihre aggressiv getönten Bindungen aneinander die emotional bedeutsamsten. Wo die erotische Vereinigung zwischen Individuen des gleichen Geschlechts nicht sein darf, kann sie nur über eine Verkehrung gelingen, die die Liebe als Haß erscheinen läßt. Zuneigung muß sich unter dem Mantel der Aggressivität verbergen, um wenigstens auf pervertierte Art zu ihrem Recht zu kommen. Wo sich Männer aggressiv aufeinander beziehen, wo affektiv getönte Rivalitätskonflikte zwischen ihnen ausgetragen werden, sind meist auch verhüllte erotische Strebungen wirksam. Ferenczi 1914: «Es ist in der Tat erstaunlich, wie sehr bei den heutigen Männern die Neigung und die Fähigkeit zur gegenseitigen Zärtlichkeit und Liebenswürdigkeit abhanden gekommen ist. Statt dessen herrscht unter Männern ausgesprochene Schroffheit, Widerstand und Streitsucht. Da es nicht denkbar ist, daß jene in der Kindheit noch so stark ausgesprochenen zärtlichen Affekte spurlos verschwunden sein könnten, muß man diese Zeichen des Widerstandes als Reaktionsbildungen, als Abwehrsymptome gegen die gleichgeschlechtliche Zärtlichkeit auffassen. Ich stehe nicht an, sogar die barbarischen

1 A. Mitscherlich: Auf dem Weg zur vaterlosen Gesellschaft, München 1965, S. 456.

Schlägereien der deutschen Studenten als solche entstellten Zärtlichkeitsbeweise gegen das eigene Geschlecht aufzufassen.»[2]

Die abstrakte Gegenüberstellung von Liebe und Haß, von erotischen und aggressiven Strebungen, die allenfalls als in Mischungen auftretend begriffen werden, ist fragwürdig. Eine dualistische Triebkonzeption verkennt allzu leicht, wie eng beide miteinander verwandt sind. In ihrer Nichtidentität sind Liebe und Haß in dem Bestreben identisch, sich mit dem Objekt zu vereinen. «Auch der Haß führt zur Vereinigung mit dem Objekt, in der Zerstörung.»[3] In der Liebe ist der Haß als Potenz enthalten, im Haß die Liebe, sie lassen sich – problematisch verkürzt auf der emotionalen Ebene gefaßt – beide als Aneignungsbestrebungen begleitende Affektlagen begreifen, die lediglich verschieden getönt sind.

Die körperliche Zuwendung ist in der bestehenden Gesellschaft zwischen Gleichgeschlechtlichen fast nur erlaubt, wenn sie durch Aggressivität entstellt ist. Während gewaltsamer körperlicher Auseinandersetzungen ist es erlaubt, Körper gleichgeschlechtlicher Personen anzufassen, von ihnen Besitz zu ergreifen. Sobald zärtliche Strebungen zwischen männlichen Heranwachsenden tabuisiert sind, stellt sich das Bedürfnis nach endlosen Raufereien ein. Fast jeder Wildwestfilm oder Kriminalfilm, der um die Kämpfe zwischen Männern zentriert ist, enthält in symbolischer Verkleidung eine sexuelle Orgie – die Helden holen das Phallussymbol aus dem Halfter und jagen sich die Bleispermien in den Leib. Die Lust am Töten und Quälen hat immer ihre erotische Komponente, der gewaltsame Exzeß erlaubt es, in den Leib des Opfers einzudringen. Mitscherlich sieht hinter der Lust an sadistischen Foltermethoden eine versteckte homosexuelle Komponente: «Gerade die unerschöpfliche Erfindungskraft in der Mißhandlung des Konkurrenten, seine tiefe Erniedrigung und der Genuß an diesen Prozeduren scheint uns auf die so pathologisch veränderte Wiederkehr des verdrängten libidinösen Wunsches zu verweisen.»[4] Ernst Jüngers Tagebuchaufzeichnungen, die den imperialistischen Krieg glorifizieren und dem deutschen Faschismus ideologisch den Weg bereiten halfen, demonstrieren, wie eng verdrängte Homosexualität und die Lust am Töten miteinander verbunden sind. Das Aufeinandertreffen der feindlichen Männer vor dem Massaker erfolgt bei Jünger in einer brünstigen homosexuellen Atmosphäre. «Auch das moderne Gefecht hat seine großen Augenblicke. Man hört so oft die irrige Ansicht, daß der Infanteriekampf zur uninteressanten Massenschlächterei herabgesunken ist. Im Gegenteil, heute mehr denn je entscheidet der einzelne. Das weiß jeder, der sie in ihrem Reich gesehen hat, die Fürsten

2 S. Ferenczi: Schriften zur Psychoanalyse I, Frankfurt 1970, S. 195.
3 Th. W. Adorno, M. Horkheimer: Dialektik der Aufklärung, Amsterdam 1947, S. 234.
4 A. Mitscherlich, a. a. O., S. 456.

des Grabens, mit ihren harten entschlossenen Gesichtern, tollkühn, so sehnig, geschmeidig vor- und zurückspringend, mit scharfen blutdürstigen Augen, Helden, die kein Bericht nennt . . . Unter allen nervenerregenden Momenten des Krieges ist keiner so stark wie die Begegnung zweier Stoßtruppführer zwischen den engen Lehmwänden des Grabens. Da gibt es kein Zurück und kein Erbarmen. Blut klingt aus dem schrillen Erkennungsschrei, der sich wie ein Alpdruck von der Brust ringt.»[5] Das Massaker, die Vereinigung von Körpern im totalen, blinden Haß gewinnt orgastische Züge. «Der Kämpfer, dem während des Anlaufs ein blutiger Schleier vor den Augen wallt, kann seine Gefühle nicht mehr umstellen. Er will nicht gefangen nehmen; er will töten. Er hat jedes Ziel aus den Augen verloren und steht im Banne gewaltiger Urtriebe. Erst wenn Blut geflossen ist, weichen die Nebel aus seinem Hirn; er sieht sich um wie aus einem schweren Traum erwachend. Erst dann ist er wieder ein moderner Soldat, imstande, eine neue taktische Aufgabe zu lösen.»[6]

Wenn Männer im kapitalistischen Alltag zueinander feindlich in Beziehung gesetzt sind, wenn sie einander übermäßig distanziert und mißtrauisch begegnen, wird ihr Verhalten auf der affektiven Ebene von einer gemäßigten Form der Paranoia, des Verfolgungswahns, gespeist. Freud hat aufgezeigt, daß die Paranoia mit der unbewußten zwanghaften Abwehr homosexueller Strebungen verbunden ist.[7] Beim Verfolgungswahn werden homoerotische Strebungen mit Hilfe von Mechanismen der Verleugnung und Projektion abgewehrt. «Ich liebe ihn nicht, ich hasse ihn», sagt nach Freud das abwehrende Ich. Die Projektion «er haßt mich» rationalisiert zugleich den Haß und ergibt die Formel: «Ich liebe ihn nicht, ich hasse ihn, weil er mich verfolgt.» Jede kriegerische Unternehmung macht sich diesen Mechanismus zunutze. Die militärischen Verbände vereinigen typischerweise Männer, die isoliert von Frauen zusammengefaßt werden. Da heterosexuelle Kontakte während militärischer Einsätze meist sehr erschwert sind, während homoerotische Versuchungen in den Männerkollektiven allgegenwärtig sind, werden ständig massive homosexuelle Strebungen provoziert. Da offene Homosexualität in militärischen Einheiten zugleich extrem tabuisiert ist – die manifest Homosexuellen werden fast überall vom Militärdienst ferngehalten –,

5 E. Jünger: In Stahlgewittern, 1922, S. 73 f.

6 Ebd., S. 204. E. Zetzel hat die Verbindung der Lust am militärischen Töten mit verdrängter Homosexualität am Beispiel eines Berufssoldaten aufgezeigt, in: Die Fähigkeit zu emotionalem Wachstum, Stuttgart 1974, S. 24 ff. Eisendorfer und Bergmann haben bei Tiefeninterviews mit Berufssoldaten eine auffallend reduzierte heterosexuelle Praxis festgestellt, was auf eine ausgeprägte latente Homosexualität hinweist. In: A. Eisendorfer und M. S. Bergmann: The Factor of Maturity in Officer Selection, in: Psychiatrie 9/1946, S. 76 ff.

7 Siehe hierzu S. Freud: Psychoanalytische Bemerkungen über einen autobiographischen Fall von Paranoia, in: Gesammelte Werke, Bd. VIII.

sind die Soldaten gezwungen, sie mit Hilfe von projektiven Mechanismen abzuwehren. Die verbotenen homosexuellen Regungen müssen durch aggressive Regungen kompensiert werden, die auf den Feind projiziert werden können. Je massiver die Abwehr der Homosexualität ausfällt, desto mehr kann der Haß auf den Feind ansteigen. Daß vom militärischen Gegner real oder zumindest scheinbar eine umfassende Bedrohung ausgeht, erlaubt es, die triebhaften Anteile, die die Beziehung zum Feind mitbestimmen, mit Hilfe von Rationalisierungen zu verdecken.

Die intensivste Beziehung zwischen Männern in der bürgerlichen Gesellschaft ist, deren ökonomischer Struktur entsprechend, normalerweise die Konkurrenzbeziehung; Männer können sich kaum aufeinander beziehen, ohne auf offene oder versteckte Art miteinander zu rivalisieren. Freundschaften, die diese Neigung neutralisieren, sind die Ausnahme. Die psychoanalytische Theorie hat herausgearbeitet, daß homosexuelle Beziehungen dazu dienen können, aggressiv getönte Rivalitätskonflikte zwischen Männern zu überspielen. Freud stellt fest, «daß die homosexuelle Objektwahl nicht selten aus frühzeitiger Überwindung der Rivalität mit dem Manne hervorgeht»[8]. In bezug auf die ödipale Rivalität zwischen Brüdern hat Freud den Mechanismus der homosexuellen Bewältigung von Konkurrenzsituation näher erläutert. «Die Beobachtung machte mich auf mehrere Fälle aufmerksam, bei denen in früher Kindheit besonders starke eifersüchtige Regungen aus dem Mutterkomplex gegen Rivalen, meist ältere Brüder aufgetreten waren. Diese Eifersucht führte zu intensiv feindseligen und aggressiven Einstellungen gegen die Geschwister, die sich bis zum Todeswunsch steigern konnten, aber der Entwicklung nicht standhielten. Unter den Einflüssen der Erziehung, gewiß auch infolge der anhaltenden Ohnmacht dieser Regungen, kam es zur Veränderung derselben und zu einer Gefühlsumwandlung, so daß die früheren Rivalen nun die ersten homosexuellen Liebesobjekte wurden.»[9] Nach Freuds Feststellung können homosexuelle Bindungen der Verhüllung aggressiver Regungen, die mit Konkurrenzsituationen verknüpft sind, dienen – mit demselben Recht läßt sich behaupten, daß zwanghaftes, aggressiv getöntes Rivalisieren, das einrastet, sobald Männer aufeinandertreffen, die homosexuellen Komponenten dieser Begegnung verschleiern hilft.

Daß rivalisierendes Verhalten den Menschen im Kapitalismus – den Anforderungen der Ökonomie entsprechend – zur zweiten Natur geworden ist, daß es fast automatisch einrastet, auch wo es kaum durch äußerlich auferlegten ökonomischen Druck erzwungen wird, liegt darin begründet, daß es im Über-Ich fest verankert ist. Die zwanghaft konkurrie-

8 S. Freud: Über einige Mechanismen der Eifersucht usw., in: Gesammelte Werke, Bd. XIII, S. 207.

9 Ebd., S. 205 f.

rende Einstellung hat individualgenetisch ihre Wurzel in den Rivalitätskonflikten der ödipalen Phase, die im Über-Ich, das diesen Konflikten entspringt, als Verhaltensregulative gespeichert werden. Die etablierte Psychoanalyse hat die kritische Einstellung gegenüber der psychischen Instanz Über-Ich, die in den Anfängen der Psychoanalyse, etwa bei Ferenczi noch vorhanden war, weitgehend aufgegeben; sie begnügt sich heute damit, auf eine ödipale Konstellation zu hoffen, aus der ein nicht zu terroristisches und in sich konsistentes Über-Ich resultiert, das in den gesamten psychischen Apparat gut integriert ist. Die kritische Analyse erlaubt es dagegen, das Über-Ich als gefährliches, als schmerzliches Symptom zu begreifen.[10] Das Über-Ich ist ähnlich wie ein Symptom einer psychischen Erkrankung strukturiert: Es resultiert aus traumatischen Konfliktkonstellationen, es enthält Verdrängendes und Verdrängtes, es läßt sich als Kompromißkonstellation begreifen, die verdrängten sexuellen Regungen Ersatzbefriedigungen offen läßt. In das Über-Ich sind traumatische kindliche Konfliktkonstellationen gebannt, die mit spezifischen Ängsten versehen waren; sobald soziale Konstellationen auftauchen, die mit diesen Konfliktkonstellationen strukturell verwandt sind und damit verwandte Ängste provozieren, rasten zwanghaft weitgehend automatisierte Verhaltensmuster ein, die der infantilen Traumatisierung entspringen. An der Entstehung des «Symptoms» Über-Ich waren spezielle konflikthafte Beziehungen zu primären männlichen Bezugspersonen beteiligt. «Das Über-Ich verdankt seine Entstehung der von Angst und Liebe getragenen Beziehung zum Vater.»[11] Eine erotische Bindung an den Vater – ersatzweise an Brüder oder andere männliche Bezugspersonen – verleiht dem Knaben die Kraft, auf die Mutter als erotisches Liebesobjekt zu verzichten; dieser Verzicht wird zugleich durch die aus den Rivalitätskonflikten mit dem Vater resultierenden Kastrationsängste ermöglicht.

Die ödipale Beziehung zum Vater, die das Modell für spätere Beziehungen zu Männern abgibt, ist ambivalent strukturiert, sie ist liebevoll und haßerfüllt zugleich. Die Beziehungsmuster zwischen Männern kennzeichnet typischerweise eine spezifische offene oder verdeckte Aggressivität, die liebevolle Bindungen verdeckt. Diese ambivalente Einstellung zwingt dazu, Distanz aufzurichten. Die aggressive Komponente der Beziehung drängt darauf, den Partner symbolisch zu kastrieren, ihn gewissermaßen zum Weibe zu machen: Am Partner muß zwanghaft wiederholt werden, was die Traumata der Kindheit während des Konfliktes mit dem Vater ausfüllte. Was in unserer Gesellschaft nur auf subli-

10 Siehe hierzu H. Lincke: Das Über-Ich – eine gefährliche Krankheit, in: Psyche 24/1970, S. 382.

11 E. Fromm: Autorität und Familie, Sozialpsychologischer Teil, Paris 1936, S. 91.

mierte, verdeckte Art angestrebt wird, kann unter anderen gesellschaftlichen Strukturen offen agiert werden. Vanggaard hat in seinem Buch «Phallos» aufgezeigt, daß z. B. bei den vorchristlichen Skandinaviern der Sieg im von phallischer Aggressivität gespeisten Zweikampf einschloß, den Gegner sexuell zu mißbrauchen, ihn symbolisch zum Weibe zu machen. «Es war also offensichtlich im alten Skandinavien für einen Mann eine Schande, sich einem anderen Mann zu unterwerfen und sich von ihm sexuell mißbrauchen zu lassen, als ob er eine Frau wäre. Andererseits galt es keinesfalls als schändlich, wenn man stark genug war, einen anderen Mann in diese Stellung zu zwingen; im Gegenteil, das war etwas, dessen man sich rühmte.»[12] Der Triumph über den Gegner liefert sozusagen ein symbolisches Sich-Versichern der eigenen Potenz. In den Kastrationsängsten des Knaben liegt, so Erikson, «der infantile Ursprung des Bedürfnisses (des Menschen, G. V.) nach einem Feind, gegen den er sich wappnen und den er als konkreten Gegner bekämpfen kann, um so von der fortwährenden Angst vor unbekannten Feinden freizukommen, die ihn in einem unvorbereiteten Moment waffenlos und unverteidigt finden könnten»[13]. Der aggressive Drang, in Rivalitätskonflikten den anderen Mann symbolisch zu kastrieren, ihn sozusagen zur Frau zu machen, verbindet sich freilich auch mit der Sehnsucht, in diesem auch die Frau zu finden, auf die in der Kindheit, auf Grund der Rivalitätskonflikte mit dem Vater während des Ödipuskomplexes, verzichtet werden muß. In das Symptom Über-Ich ist – neben dem Drang, andere symbolisch zu kastrieren – die unerfüllbare Sehnsucht nach der erotischen Vereinigung mit der Mutter eingelagert, die sich Ersatzbefriedigungen suchen muß.

Aus der ödipalen Beziehung des Jungen zum Vater, die die Ablösung von der Mutter bewerkstelligen hilft, resultiert die Bildung des Über-Ichs, dem die Aufgabe zukommt, die Anpassung an bestehende gesellschaftliche Verhältnisse zu gewährleisten. Mit der Bildung des Über-Ichs wird auch ein gesellschaftlich gefordertes leistungsorientiertes Verhalten, das mit konkurrierenden Einstellungen verquickt ist, erlernt. Die erotisch getönte Bindung des Jungen an den Vater impliziert das Verlangen, diesem nachzueifern; der Junge orientiert sich am Vater oder auch an älteren Jungen und anderen erwachsenen Männern, denen er es gleichtun möchte. «Jeder Junge liebt seinen Vater als ein Vorbild, dem er es gleichtun möchte; er empfindet sich als ‹Zögling›, der durch vorübergehende Passivität die Fähigkeit erlangen kann, später aktiv zu werden. Diesen Typ der Liebe könnte man die Liebe des Lernenden nennen.»[14] Das ödipale Bestreben, dem Vater nachzueifern, seine Macht zu erwer-

12 Th. Vanggaard: Phallos, München 1971, S. 74.
13 E. H. Erikson: Kindheit und Gesellschaft, Frankfurt 1971, S. 400.
14 Vanggaard, a. a. O., S. 52.

ben, um ihn bei der Mutter ersetzen zu können, verwandelt sich mit der Introjektion des Vaterbildes in das Bestreben, den Anforderungen des Über-Ichs bzw. des Ich-Ideals gerecht zu werden. Nach den Ergebnissen der lerntheoretisch orientierten Leistungsmotivationsforschung wird die Basis für leistungsorientiertes Verhalten während einer Altersstufe erzeugt, während der sich nach psychoanalytischer Interpretation der ödipale Konflikt abspielt, also das Über-Ich aufgerichtet wird.[15] Die Etablierung des Über-Ichs verankert in der Psyche Konkurrenzverhalten und Leistungsorientierung, welche mit einer versteckten homosexuellen Komponente verknüpft sind, die durch die kindliche Beziehung zum Vater vorgeformt wurde.

Rivalisierende leistungsorientierte Einstellungen, deren homosexuelle Komponenten aufgezeigt wurden, können bei Jugendlichen nirgends so lustvoll verfestigt werden wie beim Leistungssport. Der Leistungssport kennt kaum Wettkämpfe zwischen Männern und Frauen, er vereint Männer, die unter Einsatz ihres Körpers miteinander rivalisieren. Die Befriedigung homosexueller Strebungen, die der sportlichen Betriebsamkeit einen Teil ihres Reizes verleiht, tritt allerdings bei ihr kaum offen zutage. Der Sport kann zwar der vor allem dem Arbeitsprozeß entspringenden Verelendung der Körperlichkeit entgegenarbeiten, trotzdem ist er in gewisser Hinsicht das Gegenteil von emanzipierter Körperlichkeit, weil er von der Unterdrückung der Sexualität lebt. Freud stellt fest: «Die moderne Kulturerziehung bedient sich bekanntlich des Sports in großem Umfang, um die Jugend von der Sexualbetätigung abzulenken; richtiger wäre es zu sagen, sie ersetzt ihr den Sexualgenuß durch die Bewegungslust und drängt damit die Sexualbetätigung auf eine ihrer autoerotischen Komponenten zurück.»[16] Der Sport, der vorgibt, der Körperlichkeit zu ihrem Recht zu verhelfen und dies in mancher Hinsicht auch tun kann, organisiert zugleich die Abwehr sexueller Lust, in der die Körperlichkeit am deutlichsten zu ihrem Recht kommt. Der Sport verlangt den Körper zu beherrschen, ihn zu disziplinieren, ihn dem Willen gefügig zu machen. Er steht damit in Gegensatz zur sexuellen Genußfähigkeit, die gebietet, sich von seinem körperlichen Drängen leiten zu lassen, sich also dem Körper gewissermaßen willenlos zu überlassen. Sexuelle Genußfähigkeit kann nicht wie sportliche Leistungsfähigkeit andressiert werden: Sie verlangt die Versöhnung mit dem Körper, nicht dessen Beherrschung. Der Sport lebt nicht zuletzt von der Abwehr sexueller Regungen, denen er auf versteckte Art Ersatzbefriedigung verschafft. Daß sich Sporttrainer neuerdings weniger lustfeindlich ge-

15 Heckhausen setzt die kritische Phase für das Erlernen der Leistungsmotivation zwischen dem 3. und 5. Lebensjahr an. H. Heckhausen: Die Interaktion der Sozialisationsvariablen in der Genese des Leistungsmotivs, in: Sozialpsychologie, hg. von C. F. Graumann, in: Handbuch der Psychologie, Göttingen 1972.

16 S. Freud: Drei Abhandlungen, a. a. O., S. 104, Fußnote.

ben, daß sie im Gegensatz zu früher vor dem Wettkampf den Geschlechtsverkehr tolerieren oder sogar empfehlen, ist nicht unbedingt als Fortschritt in der sexuellen Emanzipation zu interpretieren, bedeutet es doch, daß die Lust ihr subversives Potential einbüßt und für die Leistungssteigerung funktionalisiert wird.

Auf dem Sportfeld, besonders bei den populären Kampfsportarten, lernen die Jugendlichen Verhaltensweisen, die nach dem vorherrschenden gesellschaftlichen Standard als spezifisch männlich gelten. Der prominente Fußballtrainer Dettmar Cramer formuliert: «Von Jack London stammt das Wort, ‹daß ein Mann niemals, nirgends und für nichts auf der Welt das Recht hat, etwas weniger als ein Mann zu sein›. Auf den Fußballjungen, den Sportsmann übertragen heißt das, daß er jederzeit, überall und gegen alle Anfechtungen der Umwelt, fair, ritterlich und beherrscht sein muß. ‹Beherrschen kommt von Herr und ist Herrensache›. ‹Befrauen› gibt es in der deutschen Sprache nicht.»[17] Vom Mann auf dem Sportfeld wird verlangt, daß er lernt, mit sich selber und anderen nicht zu zimperlich umzugehen. Cramer: «Ein guter Fußballspieler und ein im Leben erfolgreicher Mann wird, wer sich lachenden Gesichts plagen kann und um des Zieles willen Schmerz und Gefahr gern in Kauf nimmt.»[18] «Toughness» als Gestus der Männlichkeit wird auf dem Sportfeld trainiert; die Bedeutsamkeit stählerner Muskeln, die Abwesenheit von Sentimentalitäten bei harten Zweikämpfen und bei der Hinnahme von häufig schmerzhaften Verletzungen sowie die Fähigkeit, nach Ende des Wettkampfes Unmengen Bier konsumieren zu können, prägen das Klima in der Sportgruppe. Die Freuden der betont männlichen Männer des Sportbetriebs zeichnen sich durch latente Gewaltsamkeit gegen sich selber aus. Der Sport verlangt, sich schinden, sich quälen zu können; er ist auf Brutalitätsmuster angewiesen, die gebieten, mit sich selbst und anderen nicht zu zimperlich umzugehen. «Der Sporttreibende muß sich» – einem Prominenten deutschen Sportprofessor zufolge – «die Lust des Wettkämpfers zur Last» aneignen: «Er nimmt das Leid an – nicht in kraftloser Ergebenheit, sondern er sucht es in geheimer Lust, mit Inbrunst, mit Leidenschaft, in einem Rausche der Hingebung. In diesem Augenblick vollzieht sich im Menschen eine unerhörte, wunderbare psychische Wandlung: Die Lust zur Last macht die Last zur Lust. Das ist das Erlebnis des Sportes.»[19]

Die masochistischen Züge des Sports, die dieses Zitat in reinster Form zum Ausdruck bringt, sind als Reaktionsbildung auf eine latente Homosexualität zu begreifen: Das Bemühen zielt darauf, bei sich selbst jene

17 D. Cramer: Fußballtrainer, Westdeutscher Fußballverband, 1954, S. 18.
18 Ebd.
19 O. Neumann: Der Beitrag der Leibeserziehung zum Aufbau der Person, in: Sport und Leibeserziehung, hg. von H. Plessner, München 1967, S. 202f.

Züge, die dem anderen Geschlecht zugerechnet werden – Schwäche, Weichheit, Passivität – rigoros zu unterdrücken. Die Psychoanalyse hat die Verbindung von masochistischen Dispositionen und latenter Homosexualität aufgedeckt.[20] Der schmerzlichen Unterwerfung des Sohnes unter die Ansprüche des Vaters, die sich in der Unterwerfung des Ichs unter die Ansprüche des Über-Ichs fortsetzt, kann eine geheime Lust abgewonnen werden, weil der Vater, dessen bedrohliche Existenz die Unterdrückung der Sinnlichkeit gewährleistet, zugleich vom Sohn geliebt wird. «Seine (des Masochismus, G. V.) Voraussetzung ist jedenfalls immer eine Erziehung, die dem Sexualtrieb des Kindes die Strafsphäre nahegerückt hat.»[21] Die Unterwerfung unter die Gebote des Über-Ichs oder auch unter äußere männliche Autoritäten kann durch mehr oder weniger entsexualisierte homoerotische Strebungen versüßt werden.

Die homosexuellen Strebungen, die den modernen Sport unterschwellig bestimmen, traten bei seinen antiken Vorläufern, die, wie Borneman aufgezeigt hat, ebenfalls im Dienst einer aggressiven, gesellschaftlich geforderten Leistungskonkurrenz standen[22], noch offener zutage. Die größere Toleranz gegenüber homosexuellen Regungen im griechischen Altertum bringt es mit sich, daß diese beim Sport sichtbar in Erscheinung treten können. Bei Borneman heißt es: «Der wichtigste aller Treffpunkte und die eigentliche Arena der Päderastie aber war das Gymnasion mit der ihm angeschlossenen Ringschule, der Palaistra. Die oft vertretene Ansicht, daß Nacktheit bei den Griechen ein rein ästhetisches, von sexuellen Gedanken völlig freies Phänomen gewesen sei, stammt von jenen homophilen Autoren, die nicht den Mut zur homosexuellen Praktik gehabt und deshalb in die Welt der Griechen jene platonische Verehrung des nackten Körpers hineinprojiziert haben, die es dort niemals gab. In Wahrheit war die griechische Lust an der Nacktheit eine durchaus sexuelle Lust, und zwar genauso bei Heterosexuellen wie bei Homosexuellen beider Geschlechter. Wenn die Sportler von der 15. Olympiade an, also etwa seit dem Jahre 720 vor unserer Zeitrechnung, nackt auftraten, so geschah das nicht nur zu freierer Bewegung des Körpers, sondern auf ausdrücklichen Wunsch der männlichen Homosexuellen, die auch darauf bestanden, daß keine Frauen die Wettkämpfe mit ihrer Anwesenheit ‹verunzierten›, d. h. daß Frauen ihnen keine Konkurrenz beim Wettbewerb um die Sieger machen sollten. Denn die Olympiaden waren nicht nur sportliche Wettkämpfe, sondern auch Fleischmärkte für den Geschlechtsverkehr zwischen Männern.»[23]

20 Siehe hierzu S. Freud: Das ökonomische Problem des Masochismus, in: Gesammelte Werke, Bd. V. Zur Theorie der präödipalen Genese des Masochismus siehe Socarides, a. a. O., S. 151 f.

21 Fenichel, a. a. O., S. 38.

22 E. Borneman: Das Patriarchat, Frankfurt 1975, S. 275 f.

23 Ebd., S. 315 f.

Die offene Verbindung von Leibesübungen und Homosexualität bei den Griechen ist in Erziehungsstrategien eingebettet, die sich homosexuelle Bindung zunutze zu machen suchen. Daß die homosexuelle Bindung an die männlichen Erzieher in der patriarchalischen Gesellschaft die soziale Anpassung leisten hilft, indem sie die Bildung von psychischen Kontrollinstanzen entscheidend beeinflußt, tritt besonders bei den Dorern offen in Erscheinung; sie wird bei ihnen bewußt in Erziehungsstrategien eingeplant. Bethe stellt dazu fest: «Die Eigenschaften des Mannes, sein Heldentum, seine arete[24] werden durch die Liebe irgendwie in den geliebten Knaben fortgepflanzt. Deshalb hält die Gesellschaft, ja dringt der Staat darauf, daß tüchtige Männer Knaben lieben, deshalb bieten sich Knaben dem Helden an; deshalb teilen erastes und eromenos Ruhm und Schmach, deshalb wird der Erast für die Feigheit seines Geliebten verantwortlich gemacht, deshalb ist er auch der legitime Vertreter seines Knaben neben dessen Blutsverwandten; deshalb sieht der Mann vor allem auf die tüchtigen Anlagen des Knaben, den er sich erwählt, und noch schärfer wird die arete des Mannes geprüft, ob sie wert sei der Übertragung; deshalb war's Schande für den Knaben, keinen Liebhaber zu finden, und andererseits eine – in Kreta öffentlich von der Familie gefeierte – Ehre für den Knaben einen ehrenwerten Liebhaber gefunden zu haben und ihm feierlich verbunden worden zu sein. Daher der Ehrentitel Klennoi für die Knaben, die der Liebe eines Mannes teilhaftig geworden waren, daher ihr Ehrenkleid, ihre Ehrung bei jeder öffentlichen Gelegenheit, nicht einmalige, sondern dauernde: Denn diese Knaben sind durch die Liebe in den Besitz der arete gekommen, der diese Auszeichnungen zustehen. Wie tief eingewurzelt dieser Glaube an die Veredelung des Knaben durch die Mannesliebe und wie allgemein er verbreitet war, zeigt Plato. Läßt er doch im Symposium den Aristophanes aussprechen: ‹Nur diejenigen werden tüchtige Männer im Staate, die als Knaben eines Mannes Liebe erfahren haben.›»[25] Bei Borneman heißt es: «In manchen Stadtstaaten, besonders in Sparta, galt es deshalb für den Mann als Pflichtverletzung, wenn er keinen Jüngeren heranzog, und für den Knaben als Schande, wenn er nicht der liebenden Sorgfalt eines Mannes gewürdigt wurde. Als Sokrates die Regeln der Akademie niederlegte, machte er die Knabenliebe nicht nur zum Grundprinzip seiner Erziehungsmethode, sondern hielt sich auch an sie in der Wahl seiner Nachfolger. Platons Schüler und Nachfolger, Alexis und Dion, waren seine Geliebten. Diejenigen, die seinem Neffen Speusippos als Leiter der Akademie folgten, wurden nach dem Prinzip der päderastischen Adoption ausgewählt. Xenokrates war der Geliebte des Polemon, der seinerseits den Krates liebte und erzog.

24 Arete = Tüchtigkeit, Vortrefflichkeit, Gerechtigkeit, Weisheit.

25 E. Bethe: Die dorische Knabenliebe, S. 457, zit. nach Vanggaard, a. a. O., S. 41 f.

Auch die Stoiker folgten dem Beispiel ihres Gründers Zeno und legten eine Art von päderastischer Erbfolge in der Führerschaft ihrer Schule fest. Man vergesse nicht, daß das griechische Gymnasion eine Institution der Freikörperkultur (gymnos = nackt) und daß der sinnliche Reiz der nackten Knabenkörper ein bewußtes und kalkuliertes Element der griechischen Erziehung war: eben jener Kitt, der den Knaben so eng an den Lehrer binden sollte, daß Erziehung eine libidinöse Aktivität für beide Beteiligten wurde.»[26]

Die homosexuelle Bindung zwischen Erzieher und Zögling wurde für heterosexuelle Kontakte des Erziehers oder spätere des Zöglings als keineswegs störend erachtet. Sie war zeitlich begrenzt und wurde typischerweise nur in Verbindung mit pädagogischen Intentionen als legitim erachtet. Andere Formen homosexueller Praxis wurden daneben oft durchaus als anstößig interpretiert; ausschließlich Homosexuelle, die kein Interesse an Frauen zeigten, mußten nicht selten mit Diskriminierungen rechnen. Vanggaard stellt fest: «Die dorische Päderastie war etwas ganz anderes als die Homosexualität, wie wir heute gewöhnlich den Begriff verwenden, um ein invertiertes sexuelles Verhalten zu kennzeichnen. Wir haben wiederholt hervorgehoben, daß gewöhnlich Männer regelmäßig Päderastie und gleichzeitig heterosexuelle Beziehungen pflegten. Männer, die sich ausschließlich Knaben zuwandten und nicht heirateten, wurden von den Oberen in Sparta bestraft, verachtet und der Lächerlichkeit preisgegeben, und sie fanden auch bei der Jugend wenig Respekt. Plutarch berichtet uns, daß in Sparta die Männer, die nach der Erreichung des heiratsfähigen Alters Junggesellen blieben, bei den Gymnopaidien (Nacktspiel) vom Zuschauen ausgeschlossen waren. Außerdem wurde ihnen befohlen, einmal im Winter um den Markt herumzulaufen und in der Gruppe ein auf sie gedichtetes Spottlied abzusingen.»[27]

Die offen homosexuelle Bindung des Knaben an männliche Erzieher, die in unserer Gesellschaft an der Bildung des Über-Ichs und des Ich-Ideals wesentlich beteiligt ist und dann verdrängt werden muß, tritt bei den Griechen offener zutage. Auch die Tatsache, daß an der Stiftung sozialen Zusammenhangs homosexuelle Bindungen beteiligt sind, ist bei ihnen noch offensichtlich. Freud hat herausgearbeitet, daß soziale Bindungen und kulturelle Leistungen auf sublimierte homosexuelle Strebungen angewiesen sind.[28] Besonders Massenbindungen sind nach Freuds Einsicht auf unterschwellige homoerotische Strebungen angewiesen. Die homoerotisch getönte Bindung an den Führer, an den starken Mann, der an die Stelle des Ich-Ideals bzw. des Über-Ichs tritt, das die Liebe zum

26 Borneman, a. a. O., S. 273.
27 Vanggaard, a. a. O., S. 43.
28 Siehe hierzu S. Freud: Massenpsychologie und Ich-Analyse, in: Gesammelte Werke, Bd. XIII, besonders S. 112f.

Vater wie die Furcht vor ihm in sich aufgenommen hat, erlaubt es den Mitgliedern von Massen, sich untereinander zu identifizieren, so daß eine, oft recht fragwürdige, homosexuell getönte Brüderlichkeit realisiert werden kann. Der Faschismus mit seinen Männerkollektiven, die einem Führer blind anhängen, mit seiner Lust an Gewalt, an masochistischer Härte und Unterwerfung, liefert den versteckten Schwulen ihre Utopie: Der faschistische Massenwahn lebt nicht zuletzt von verdrängter Homosexualität. In Massensituationen wird die Verdrängung von Triebregungen gelockert, die verdrängte Homosexualität kann unbewußt von den Repräsentanten patriarchalischer Herrschaft, die für die infantil gehaltene Psyche ein Vaterbild repräsentieren, eingefangen werden. Je egalitärer und demokratischer die soziale Situation beschaffen ist, desto bewußter darf sublimierte Homosexualität, vermittelt über eine Identifikation, die nunmehr eher dem Ich als dem Über-Ich gehorcht, in die Bindung an das Kollektiv der Genossen einfließen.

Die Griechen machten sich teilweise die Liebesbeziehung zwischen Männern bewußt zunutze, um den sozialen Zusammenhalt von Männern bei militärischen Einsätzen zu erreichen. «Die ‹Heilige Schar› der Thebaner war das Rückgrat des thebanischen Heeres, das die Spartaner 371 vor Christus unter der Führung von Pelopidas und Epameinodas bei Leuktra und 362 unter Epameinodas bei Mantineia besiegte. Die Heilige Schar bestand aus Paaren von Liebenden, die Seite an Seite kämpften. Epameinodas selbst fiel mit seinem eromenos Kephisodoros. Die Heilige Schar blieb bis 338 v. Chr. unbesiegt; sie erlitt eine Niederlage durch Philipp von Makedonien bei Chaironeia, wo alle thebanischen Krieger erschlagen wurden und paarweise das Schlachtfeld bedeckten. Auch in Kreta muß der Brauch, paarweise zu kämpfen, bestanden haben, weil der geliebte Jüngling parastatheis genannt wurde, was soviel bedeutet wie: ‹der einem zur Seite steht›.»[29]

Die homosexuelle Liebe wird bei den Griechen aus erzieherischen Gründen als nützlich erachtet, durch sie sollen wünschenswerte soziale Eigenschaften von älteren Männern an die heranwachsenden Jünglinge weitergegeben werden. In späteren sozialen Epochen darf die homosexuelle Bindung im Rahmen des Erziehungsprozesses nur noch als sublimierte in Erscheinung treten.

Im Christentum, besonders beim Protestantismus, als der spezifisch bürgerlichen Form der Religion, findet die ödipalisierte Vater–Sohn-Beziehung ihre mystische Überhöhung. Die christliche Dreieinigkeitslehre, die Lehre von der Einheit von Vater, Sohn und Heiligem Geist, verweist auf die Vater–Sohn-Beziehung in der patriarchalischen Familie, die sich im Über-Ich niederschlägt, das das verinnerlichte Gesetz bzw. die Sittlichkeit repräsentiert. Die Unterwerfung Jesu unter seinen Vater, die

29 Vanggaard, a. a. O., S. 40f.

die höchste Stufe der Sittlichkeit repräsentiert, scheint frei von Elementen sinnlicher Liebe zu sein – aber von Jesus wird niemals berichtet, daß er eine intensive erotisch getönte Bindung zu einer Frau hatte, unter den ihm Nahestehenden tauchen außer Maria keine Frauen auf.

Bei Plato findet sich gewissermaßen eine Übergangsstufe zwischen dem etwa bei den Dorern üblichen und dem, was die kapitalistische Gesellschaft gebietet. Plato lehnt die sinnliche Knabenliebe ab, sie ist für ihn nur als zu überwindende zulässig, die homosexuellen Strebungen sollen sich – wie es nach Freud unsere Gesellschaft gebietet – ans Ich-Ideal heften. Vanggaard faßt seine Einstellung so zusammen: «Plato sagt, daß man in der Tat Jünglinge lieben muß und daß dieser Liebe starkes, sinnliches Begehren beigestellt ist. Dieses körperliche Verlangen muß jedoch überwunden und aufgegeben werden. Der Gewinn, der sich aus solchen Entsagungen ergibt, ist zweifach: Erstens, das Verlangen des Liebenden, einen sichtbaren Ausdruck für seine Liebe zu finden, kann sich dadurch ausschließlich auf das Ziel richten, das Gute in der Seele des Jünglings zu fördern, ohne jegliche Rücksicht auf selbstsüchtige Befriedigung. Zweitens: Durch den Verzicht auf sinnliche und gefühlsmäßige Befriedigung auf erotischem Gebiet kann der Liebende einen Zustand reiner Betrachtung des Guten und Schönen erreichen, so daß ihm die Erfahrung zuteil wird, das himmlische Licht zu schauen.»[30] Die manifesten homosexuellen Strebungen müssen, im Dienst der Kultur und damit auch im Dienste bestehender Herrschaftsverhältnisse, in sublimierte verwandelt werden; die Unterdrückung der manifesten homosexuellen Lust zugunsten sozialer Regungen wird bei Plato – einem Vorläufer des Christentums – zum moralischen Gebot.

Aspekte der genitalen Sexualität

Den für die kapitalistische Gesellschaft typischen Arbeits- und Verkehrsformen entspricht eine bestimmte Form genital zentrierter Sexualität.[1]

Die unter dem Kapitalverhältnis vorherrschenden Formen körperlicher Arbeit erzwingen eine Desexualisierung des Körpers, indem sie ihn

30 Vanggaard, a. a. O., S. 65.

1 Die für die kapitalistische Gesellschaft typische Form genitaler Sexualität entspricht kaum dem, was Freud unter «reifer genitaler Sexualität» versteht, die die Vorlust, die mit den Partialtrieben verbundene Lust, in sich aufhebt. Wenn es diese gibt, was fraglich erscheint, ist auch sie nicht frei von Deformationen, schließt sie doch die Entwertung der körperlichen Lust, die nicht an die Genitalien gebunden ist, ein, was einer Entsinnlichung des Körpers auf Grund deformierender Arbeitsanforderungen entspricht. Die «reife genitale Sexualität» scheint die sexuelle Ideologie des Mannes in der bürgerlichen Gesellschaft zu sein.

in ein Instrument fremdbestimmter Arbeit verwandeln. Die typischen Formen geistiger Arbeit, die unter der Regie des Kapitals erfolgen, zerstören seine Sinnlichkeit, indem sie ihn durch seine Ausschaltung verkümmern lassen. Der gesellschaftlich geforderten Entsexualisierung des Körpers entspricht ein «Genitalprimat», das die nicht an die Genitalien gebundene Lust entwertet. Marcuse stellt fest: «Die Organisierung der Sexualität weist die Grundzüge des Leistungsprinzips und seiner Organisierung der Gesellschaft auf. Freud betont den Aspekt der Zentralisierung. Sie wirkt sich besonders in der ‹Vereinigung› der verschiedenen Objekte der Partialtriebe zu dem einen libidinösen Objekt des andern Geschlechts und in der Aufrichtung des genitalen Supremats aus. In beiden Fällen ist der Vereinigungsprozeß ein verdrängender – das heißt, die Partialtriebe entwickeln sich nicht frei zu einer ‹höheren› Stufe der Befriedigung, die ihre Ziele beibehielte, sondern werden abgeschnitten und zu Hilfsfunktionen reduziert. Dieser Prozeß erreicht die sozial notwendige Desexualisierung des Körpers: die Libido wird in einem Teil des Körpers konzentriert, wodurch fast der ganze übrige Körper zum Gebrauch als Arbeitsinstrument frei wird.»[2]

Die Übergenitalisierung der Sexualität entwertet die nicht an den Genitalbereich gebundenen sexuellen Partialtriebe. Diese können sich, sofern sie sich dem Genitalprimat nicht unterordnen, zumeist nur als «pervers» etikettiert Geltung verschaffen, wobei ihnen die Humanisierung typischerweise versagt ist. Bestimmte «Perversionen» drücken, wenn auch zumeist in fragwürdiger Form, die Auflehnung der Sinnlichkeit gegen das Diktat der primär auf die Fortpflanzung gerichteten Sexualität aus. Nur in ihnen kann sich z. B. ein Streben nach analer Lust Geltung verschaffen, das ansonsten dem Zwang zu Disziplin, Ordnung und Sauberkeit zum Opfer fällt.

Die übermäßig genital zentrierte Sexualität ist Ausdruck bestimmter Arbeitsformen, sie ist zugleich Ausdruck von Verkehrsformen zwischen Menschen, welche das Kapitalverhältnis auferlegt.

An anderer Stelle wurde ausgeführt, daß der Besitz des Penis, des Phallus, für das Kind in gewisser Weise die individuelle Autonomie im Kampf gegen bedrohliche Mutter- und Vaterfiguren symbolisiert.[3] Der Besitz des Penis symbolisiert für den Knaben die Fähigkeit, sich als einzelner im Kampf gegen eine feindliche Umwelt behaupten zu können. Die scheinbare Bedrohung des Besitzes des Penis geht darüber hinaus – wie oben aufgezeigt wurde – in die Fähigkeit ein, sich in Konkurrenzsituationen behaupten zu können und eine bestimmte Leistungsmotivation aufzubringen.[4] Die übergenitalisierte Sexualität des Erwachsenen,

2 H. Marcuse: Triebstruktur und Gesellschaft, Frankfurt 1965, S. 52.
3 Siehe hierzu S. 56ff. dieses Buches.
4 Siehe hierzu S. 56ff. dieses Buches.

die bestimmte infantile phallische Prägungen in sich aufnimmt, ist Ausdruck einer Form der Subjektivität, die sich gegen andere abkapseln muß, die sich gegen eine feindliche Realität panzern muß – sie ist zugleich Ausdruck des Drangs, diese Subjektivität in einem privaten Schonraum abzuwerfen.

Weil die Flucht vor den Zwängen, die von der Ökonomie auferlegt werden, in einen Bereich privater Erotik kaum gelingen kann, wirken in diesem die realen Abstraktionen nach, welche die Ökonomie an den Menschen vornimmt. Daß die Beziehungen zu Menschen und Dingen im Bereich von Produktion und Distribution entleert sind, verleiht noch der Lust, die vor diesen flieht, einen tendenziell unpersönlichen Charakter. Die abstrakte Rationalität der Ökonomie, die die Menschen zur Gleichgültigkeit gegenüber Mitmenschen und Dingen verdammt, sorgt auch noch in der privaten Sphäre der sexuellen Lust dafür, daß die Individualität des Partners und die an sie gebundenen Bedürfnisse tendenziell negiert werden.

Ein narzißtischer Charakter, der auf der sexuellen Ebene seine von unterschwelligen Ängsten bedrohte Genitalität überbetonen muß, ist für die etablierte Männlichkeit typisch.[5] Seine verhärteten psychischen Strukturen mit ihrem unelastisch umgrenzten Selbst, verlangen eine spezifische sexuelle Konstitution, die auf besondere Weise dosierte Entlastungen vom Realitätsprinzip verspricht. Eine bestimmte Ausprägung der genitalen Sexualität, die sich durch eine relative Gleichgültigkeit gegenüber dem Liebesobjekt auszeichnet und den Orgasmus überbetont, ist hierzu besonders geeignet. Im Vergleich mit dem, was die Psychoanalyse als Vorlust bezeichnet, was mit Küssen, mit Streicheln, mit Spielen verbunden ist, trägt die Lust, die an die Vereinigung der Genitalien geknüpft ist, einen eher unpersönlichen Charakter. Je näher der genital erreichte Orgasmus ist, desto automatisierter werden die Bewegungen, desto bewußtloser wird die sexuelle Praxis. Subjekte mit einer erstarrten Psyche, der Vertrautheit, Spontaneität und Phantasie fremd geworden sind, sehnen sich nach dem genital erreichten Orgasmus, der das Bewußtsein ausschaltet, der Regressionsleistungen duldet, mit deren Hilfe das lustfeindliche Ich, das der versagenden Realität entspricht, überwunden werden kann. Das erstarrte Ich verlangt die konzentrierte sexuelle Reizung, um sich wenigstens ansatzweise aufgeben zu können.

Die übermäßig hervorgekehrte Genitalität entspricht einer Psyche, die die Nähe will, ohne sie ertragen zu können, die verzweifelt die orgiastische Lust sucht, ohne die Fähigkeit zu haben, sich ihr wirklich auszuliefern. Das Individuum, das seiner Bedürfnisse nicht froh werden kann, dessen Ich sich dabei aufreibt, Triebregungen niederzuhalten, sehnt sich

5 Zum Begriff des «phallisch-narzißtischen Charakters», siehe W. Reich: Charakteranalyse, Selbstverlag des Verfassers 1933, S. 226ff.

nach einer Bewußtlosigkeit, die wenigstens für Augenblicke erlaubt, sich einer Subjektivität zu entledigen, die an Gewalt und Einsamkeit gebunden ist. Die vorherrschende Form genitaler Sexualität verspricht Lust, ohne daß allzuviel Subjektivität in eine Beziehung eingebracht werden muß: Die genitale Lust kann auch im Bordell zu Hause sein. Nach Jahren der Ehe ist das verschwunden oder zum entleerten Ritual geworden, was der Psychoanalyse als Vorlust gilt: Die Sexualität reduziert sich darauf, daß der Mann vor dem Einschlafen seinen Schwanz lieblos in die Frau steckt, um mit Hilfe eines Orgasmus der Realität emotionale Besetzungen entziehen zu können, die dieses erleichtern. Er wünscht sich, daß das bereits bei gelöschtem Licht geschieht, weil er dann leichter überspielen kann, daß die Frau für ihn den erotischen Reiz verloren hat, weil er dann nicht wahrnehmen muß, daß sie gealtert ist. Wer sich, wie viele unter den Belastungen des Alltags, auf Grund einer gestörten psychischen Grundstruktur der Realität nicht mehr gewachsen fühlt und deshalb an Schlafstörungen leidet, dem kann freilich auch der Drang nach dem Orgasmus zumeist keine Linderung verschaffen. Wem es nicht gelingt, sich dem Realitätsprinzip durch den Rückzug in den Schlaf zu entziehen, dessen Fähigkeit sich dem Orgasmus zu überlassen, ist zumeist auch gestört.[6] Beide sind nämlich auf eine verwandte Fähigkeit zu Regressionen angewiesen. Denjenigen, die besonders zwanghaft der Realität mit Hilfe der sexuellen Lust entfliehen wollen, versagt sie zuerst ihre Tröstungen: Ihr Sexualverhalten nimmt Züge der Sucht an, der die Erfüllung versagt ist. Je versteinerter die Psyche ausfällt, je mehr Ängste an sie gebunden sind, desto leichter gerät die sexuelle Praxis zu einer zwanghaften Übung, die die Orgasmusfrequenzen hochschrauben will. Die Frau wird dadurch zum Objekt, das der Bestätigung der genitalen Leistungsfähigkeit dient – wo ihre sexuellen Bedürfnisse neuerdings stärker zur Kenntnis genommen werden, geschieht das nicht zuletzt unter der Maxime, ihr dadurch möglichst viele Orgasmen «verpassen» zu können.

Die Diskriminierung und Verdinglichung des Sexualpartners, in der sich eine bestimmte Form psychischer Impotenz ausdrückt, ist zumeist mit einer Spaltung des Liebeslebens verbunden. In dieser Spaltung schlägt sich die gesellschaftlich verordnete Trennung von Lust und Arbeit, von sinnlichen und sozialen Regungen nieder. Die psychische Impotenz hat – wie die Psychoanalyse aufzeigt – ihre individualgenetische Wurzel in unüberwundenen Fixierungen an die Mutter. Sie wurzelt in besonders ausgeprägten inzestuösen Bindungen an die Mutter, die die Objekte, die ihr nachfolgen, entwerten. Wenn die Verdrängungen, die auf Grund früher Erfahrungen, von denen die Subjekte nicht loskommen dürfen, in das Sexualverhalten eingelagert sind, überhaupt sexuelle Beziehungen zu Frauen zulassen, sind diese einer unpersönlichen Abstrakt-

6 Siehe hierzu K. Kohut: Narzißmus, Frankfurt 1973, S. 201.

heit verfallen. Hierzu Freud: «Für das Zustandekommen der eigentlich sogenannten psychischen Impotenz werden mildere Bedingungen erforderlich. Die sinnliche Strömung darf nicht in ihrem ganzen Betrag dem Schicksal verfallen, sich hinter der zärtlichen verbergen zu müssen, sie muß stark oder ungehemmt geblieben sein, um sich zum Teil den Ausweg in die Realität zu erzwingen. Die Sexualbetätigung solcher Personen läßt aber an den deutlichsten Anzeichen erkennen, daß nicht die volle psychische Triebkraft hinter ihr steht. Sie ist launenhaft, leicht zu stören, oft in der Ausführung inkorrekt, wenig genußreich. Vor allem aber muß sie der zärtlichen Strömung ausweichen. Es ist also eine Beschränkung der Objektwahl hergestellt worden. Die aktiv gebliebene sinnliche Strömung sucht nur nach Objekten, die nicht an die ihr verpönten inzestuösen Personen mahnen; wenn von einer Person ein Eindruck ausgeht, der zu hoher psychischer Wertschätzung führen könnte, so läuft er nicht in Erregung der Sinnlichkeit, sondern in erotisch unwirksame Zärtlichkeit aus. Das Liebesleben solcher Menschen bleibt in die zwei Richtungen gespalten, die von der Kunst als himmlische und irdische (oder tierische) Liebe personifiziert werden. Wo sie lieben, begehren sie nicht und wo sie begehren, können sie nicht lieben. Sie suchen nach Objekten, die sie nicht zu lieben brauchen, um ihre Sinnlichkeit von ihren geliebten Objekten fernzuhalten, und das sonderbare Versagen der psychischen Impotenz tritt nach den Gesetzen der ‹Komplexempfindlichkeit› und der ‹Rückkehr des Verdrängten› dann auf, wenn an dem zur Vermeidung des Inzest gewählten Objekts ein oft unscheinbarer Zug an das zu vermeidende Objekt erinnert.»[7]

Die Liebesspaltung führt dazu, daß Objekte nicht begehrt werden können, die an die Mutter erinnern; für diese sind lediglich zärtliche Strebungen reserviert. Ein Weg, dieser Form psychischer Impotenz zu entkommen, besteht in der psychischen Erniedrigung des Sexualobjekts, während die bei anderen Individuen übliche Überschätzung des Sexualobjekts den inzestuösen Objekten bzw. deren Vertretungen reserviert wird. Nur wo die Bedingung der Erniedrigung erfüllt ist, kann sich die Sexualität relativ frei äußern, kann sexuelle Lust sich entwickeln. Personen, deren zärtliche und sinnliche Regungen nicht zusammenfließen, zeigen meist ein wenig kultiviertes Liebesleben, perverse Sexualziele sind für sie besonders attraktiv. Liebesobjekte, die Lust spenden, müssen irgendwie sexuell anrüchig sein, ihre Verläßlichkeit muß in Zweifel gezogen sein. Unter Konstellationen, die an die Mutter–Kind- oder Bruder–Schwester-Beziehung erinnern, also sobald die Sexualität irgendwie an Ehe und Familie gebunden ist, pflegt beim Typus Mann mit gespaltenem Sexualleben die Lust zu verdorren. «Die Tatsache, daß die kulturelle

7 S. Freud: Über die allgemeinste Erniedrigung des Liebeslebens, in: Gesammelte Werke, Bd. VIII, S. 82f.

Zügelung des Liebeslebens eine allgemeinste Erniedrigung der Sexualobjekte mit sich bringt, mag uns veranlassen, unseren Blick von den Objekten weg auf die Triebe selbst zu lenken. Der Schaden der anfänglichen Versagung des Sexualgenusses äußert sich darin, daß dessen spätere Freigebung in der Ehe nicht mehr voll befriedigend wirkt. Aber auch die uneingeschränkte Sexualfreiheit von Anfang an führt zu keinem besseren Ergebnis. Es ist leicht festzustellen, daß der psychische Wert des Liebesbedürfnisses sofort sinkt, sobald ihm die Befriedigung bequem gemacht wird. Es bedarf eines Hindernisses, um die Libido in die Höhe zu treiben, und wo die natürlichen Widerstände gegen die Befriedigung nicht ausreichen, haben die Menschen zu allen Zeiten konventionelle eingeschaltet, um die Liebe genießen zu können.»[8] Die nicht bewältigte Loslösung von der Mutter verleiht den ihr nachfolgenden Objekten leicht Surrogatcharakter, die keine wirkliche Befriedigung zu stiften vermögen: die endlose Suche nach Liebesobjekten darf niemals wirklich ans Ziel kommen. «Ich glaube, man müßte sich, so befremdend es auch klingt, mit der Möglichkeit beschäftigen, daß etwas in der Natur des Sexualtriebes selbst dem Zustandekommen der vollen Befriedigung nicht günstig ist. Aus der langen und schwierigen Entwicklungsgeschichte des Triebes heben sich sofort zwei Momente hervor, die man für solche Schwierigkeit verantwortlich machen könnte. Erstens ist infolge des zweimaligen Ansatzes zur Objektwahl mit Dazwischenkunft der Inzestschranke das endgültige Objekt des Sexualtriebes nie mehr das ursprüngliche, sondern nur ein Surrogat dafür. Die Psychoanalyse aber hat uns gelehrt: wenn das ursprüngliche Objekt einer Wunschregung infolge von Verdrängung verlorengegangen ist, so wird es häufig durch eine unendliche Reihe von Ersatzobjekten vertreten, von denen doch keines voll genügt. Dies mag uns die Unbeständigkeit in der Objektwahl, den ‹Reizhunger› erklären, der dem Liebesleben der Erwachsenen so häufig eignet.»[9] Freud vertritt die Ansicht, daß die Spaltung des Liebeslebens, also die partielle psychische Impotenz, bei Männern in unserer Kultur keineswegs die Ausnahme, sondern eher die Regel ist. «Wenn wir aber nicht nach einer Erweiterung des Begriffs der psychischen Impotenz, sondern nach den Abschattungen ihrer Symptomatologie ausschauen, dann können wir uns der Einsicht nicht verschließen, daß das Liebesleben des Mannes in unserer Kulturwelt überhaupt den Typus der psychischen Impotenz an sich trägt. Die zärtliche und die sinnliche Strömung sind bei den wenigsten unter den Gebildeten gehörig miteinander verschmolzen; fast immer fühlt sich der Mann in seiner sexuellen Betätigung durch den Respekt vor dem Weibe beengt und entwickelt seine volle Potenz erst, wenn er ein erniedrigtes Sexualobjekt vor sich hat.»[10] Die Lust des Mannes ist in der

8 Ebd., S. 88.
9 Ebd., S. 89f.
10 Ebd., S. 85.

bürgerlichen Gesellschaft an die Erniedrigung der Frau gebunden, der Mann findet seine Lust meist nur, wo er die Frau mehr oder weniger offen verachten kann und wo sie ihm nicht zu nahe kommt.

Die Spaltung des männlichen Sexuallebens, die die offene oder versteckte Diffamierung der sexuell begehrten Frau einschließt, kann durch dessen fetischistische Züge verdeckt werden. «Man könnte vermuten, daß das fetischistische Objekt eine unerwartete Lösung des ödipalen Konflikts bringt und die Zweiteilung der Frau unnötig machen würde: indem man von seiner Sexualpartnerin die Lust ablöst, die nun in den Fetisch gesetzt wird, vermeidet man die Erniedrigung der geliebten Frau. Die inzestuöse Lust, die nun in den Fetisch gebannt ist, erlaubt die Erfüllung einer scheinbar normalen Sexualität: Der zärtliche Affekt findet sein Objekt bei der geliebten Frau, und der sinnliche Affekt wird auf ein Objekt verschoben, das einen erniedrigten und vom inzestuösen Liebesobjekt verkannten Aspekt darstellt.»[11] Den fetischistischen Zügen der normalen Heterosexualität ist die Subjektivität der Frau tendenziell gleichgültig; die fetischistische Beziehung zu Objekten, die der Frau bestimmte sexuelle Attribute auf symbolische Art zuweist, negiert deren Persönlichkeit. Die Fixierung an den Fetisch, als den Ersatz für den nicht vorhandenen Phallus der Frau, beinhaltet die Funktionalisierung der Frau in einer patriarchalischen Gesellschaft, die von Phallusträgern beherrscht wird. Die Frau muß Züge tragen, die sie zum Geschöpf des Mannes machen, die die Andersartigkeit ihrer Sexualität negieren. Es spricht einiges dafür, daß die Potenzstörungen bei Männern zunehmen, seit die Pille Verbreitung gefunden hat – die mit ihr verbundene größere Angstfreiheit von Frauen, die es ihnen erlaubt, ihren sexuellen Ansprüchen eher Geltung zu verschaffen, macht den Männern angst. Daß der Mann an der Frau männliche Anteile zu finden vermag, die ihm vertraut sind, ist notwendig, um die Fremdheit der Frau zu überwinden; dies braucht aber nicht notwendig vermittelt über einen Fetischismus zu gelingen, der die Besonderheit der Frau negiert.

Der Fetischismus, der die Frau verdinglicht, ist besonders ausgeprägt, wo eine von unterschwelligen Ängsten bedrohte problematische genitale Sexualität sich mit einer spezifischen Form männlichen Dominanzstrebens verbindet. Je mehr versteckte Ängste den Mann plagen, die er durch autoritäres Gehabe überspielen muß, desto mehr wird die Frau für ihn, solange sie erotisch interessant ist, zu einer Art Beutestück, das die eigene Potenz symbolisch zu bestätigen hat. Die sexuell begehrte Frau wird zum «Fetischweib», das es dem Mann erlaubt, anderen Männern gegenüber zu demonstrieren, daß er erfolgreich ist und, damit verbunden, zugleich seine versteckten Kastrationsängste niedergerungen hat. Der Genuß des

11 V. M. Smirnoff: Die fetischistische Transaktion, in: Objekte des Fetischismus, a. a. O., S. 80f.

Mannes, den ihm die Frau verschafft, ist auf den homosexuell getönten Neid der Konkurrenten, auf die Bewunderung, die diese zollen, angewiesen. Weil die infantile Sexualität durch die Konkurrenz mit dem Vater hindurch muß, ist die spätere Lust auf den Triumph über Konkurrenten festgelegt.

Die Konstitution der männlichen Sexualität bringt es mit sich, daß die Frau nicht darauf vertrauen kann, als Subjekt die Liebe des Mannes zu gewinnen, sondern eher als Agentin der Modebranche, mit deren Hilfe sie die fetischistischen Anteile der männlichen Sexualität einfangen kann. Der permanente Wandel der Mode, der zugleich in gewisser Weise immer dasselbe hervorbringt, liefert einen hektischen Wandel der Fetischformen, in denen die gleichförmige Funktion des Fetisches erkennbar wird.[12] Auch in ein terroristisches Jugend- und Schönheitsideal, das den festen, glatten, makellosen Körper vergötzt, geht – neben der Angst vor dem, was alten Menschen üblicherweise in der Gesellschaft blüht – die Furcht vor der Kastration und der sie abwehrende Fetischismus ein. Edith Jacobson vermutet, daß das übertriebene Interesse der Männer am Aussehen der Frau – wie der Fetischismus – die Verleugnung der weiblichen Penislosigkeit zum Inhalt hat: Sie konstatiert auf einer bestimmten Altersstufe «in der Einstellung von Jungen gegenüber Mädchen eine Verlagerung des Interesses vom ‹kastrierten› Genitale auf das hübsche Aussehen von Gesicht und Körper, wobei dieses Interesse übertriebene Form annehmen kann»[13]. Die Überbewertung des «makellosen» Körpers der Frau beinhaltet, «daß das sexuelle Interesse von dem ‹häßlichen› Genitale auf den ‹schönen› Körper verschoben wird.»[14] Daß Falten, Narben oder Gebrechen der Frau sexuell übermäßig abstoßend auf Männer wirken können, liegt darin begründet, daß diese eine «unverstümmelte» Frau anstreben, um ihre unterschwellig wirksamen Kastrations- bzw. Verstümmelungsängste zu beschwichtigen. Wenn auch Männer, die auf der intellektuellen Ebene begreifen, welche terroristischen Züge das Jugend- und Schönheitsideal, von dem die Mode- wie die Kosmetikindustrie leben, für viele Frauen aufweist, trotz oft schlechtem Gewissen zu dessen Agenten werden, verweist das auf ihre sexuelle Konditionierung, die von der Kastrationsangst bzw. ihrer Abwehr bestimmt ist.

Auch in die übermäßige Wertschätzung von unbelebten Objekten, von Dingen, die das eigene bedrohte Selbstwertgefühl heben sollen, kann der Fetischismus einfließen.[15] Die Beziehung zu toten Gegenständen, die als Fetisch verwandt werden, kann an Stelle der wirklichen Beziehungen zu lebendigen Objekten, zu Menschen treten. Je weniger die Menschen zur

12 Siehe hierzu Dannecker und Reiche, a. a. O., S. 268
13 E. Jacobson: Das Selbst und die Welt der Objekte, a. a. O., S. 83.
14 Ebd.
15 Siehe hierzu Dannecker und Reiche, a. a. O., S. 144.

Punkt Ficken!
nicht vergessen!

Besetzung menschlicher Objekte fähig sind oder sein dürfen, desto mehr gilt ihr Interesse Gegenständen, die diese in gewisser Weise ersetzen. Die Werbung verdankt ihren Einfluß auf die Massen unter anderem der Tatsache, daß die Beziehung zu den Gegenständen, die sie anpreist, der Abwehr von Triebregungen dient, die sich auf Grund sozialer Zwänge nicht an menschliche Objekte heften dürfen, ebenso wie sie diesen Triebregungen Ersatz verspricht.[16]

Die Beziehung des Knaben zu seiner Mutter in der Kleinfamilie hinterläßt eine widersprüchliche Einstellung in Bezug auf sexuelle Objektwahlen. Sie setzt einerseits die Neigung zu Zweierbeziehungen, welche ihr Modell an der bipolaren Mutter–Kind-Beziehung haben, und andererseits die Neigung zur Promiskuität, welche von der Verdrängung von Triebregungen lebt, die mit dieser verknüpft sind. Der Mann entgeht normalerweise der mit dem Fetischismus bzw. der Spaltung des Liebeslebens verbundenen Neigung zum «Don-Juanismus», der eine Vielzahl von Frauen zu austauschbaren Objekten macht, die keine wirkliche Befriedigung verschaffen, auf Grund der Institution Ehe oder eines ihr entsprechenden stabilen Dauerverhältnisses. Die Ehe als starre lebenslange Dauerbeziehung weist als eine ihrer Kehrseiten die Promiskuität auf – eine emanzipierte Sexualität kann sich der Alternative entziehen, nur flüchtige, oberflächliche Beziehungen zu kennen oder in die «bilaterale Beschwörung lebenslanger Treue»[17] eingespannt zu sein, die die Lust tötet. Die Ehe erlaubt, den Drang abzuwehren, sich Sexualobjekten nur flüchtig und wahllos hinzugeben; sie setzt eine Verbotsstruktur, die diese Art der Triebhaftigkeit niederhält, die den Anforderungen der bestehenden Produktions- und Reproduktionsverhältnisse widerspricht. Ein psychisch attraktives Moment der Institution Ehe besteht darin, daß sie es den Subjekten erlaubt, sich bestimmten Ambivalenzen zu entziehen, denen sie sich nicht gewachsen fühlen. Jede dauerhafte Zweierbeziehung organisiert das Bedürfnis nach «seelischer Winterhilfe», nach Geborgenheit und stabiler Zuwendung; zugleich lebt in ihr der Wunsch, aus ihr auszubrechen und endlich die «Traumfrau» bzw. den «Traummann»

16 Die eigenartige Affinität des Fetischismus, der sich an Waren heftet, zu dem von Marx dargestellten Fetischcharakter der Waren, demzufolge deren Gebrauchswerte sie mit Leben auszustatten scheinen, das den Menschen ihre Bewegungsgesetze aufzwingt, bedarf der Reflexion. Eine Andeutung soll hier genügen: Die Mode macht die Frau zur Agentin des Kapitalverhältnisses, dessen Elementarkategorie die Waren bilden, von denen sie einen Teil ihrer Identität zudiktiert bekommt. Fetische im psychoanalytischen Verstand sind Repräsentanten des Phallus, der für das Kind die väterliche Macht repräsentiert, die dem Kind als Vertretung gesellschaftlicher Macht – in der bürgerlichen Gesellschaft als Vertretung der Macht des Kapitals – entgegentritt, die es – in der Erfahrung des Kindes – erlaubt, die Realität sozusagen zu besitzen.

zu finden, der bisher noch nicht aufgetaucht ist. Die institutionelle Abstützung der Zweierbeziehung durch die «Ehefalle» verspricht den Subjekten, sich dem beunruhigenden Widerspruch entziehen zu können, einen festen Partner haben und zugleich vor diesem fliehen zu wollen, indem sie die Fluchtwege wesentlich verengt – Ehen werden oft nach einem vergeblichen Versuch der Trennung eingegangen.

Schon die ältere Psychoanalyse sah hinter einem übertriebenen Drang zur Promiskuität beim heterosexuellen Mann eine Abwehr von dessen unerledigten, unbewußten homosexuellen Triebregungen.[18] Der Mann kann in der Beziehung zu einer endlosen Reihe von Frauen keine wirkliche Befriedigung finden, weil diese wesentlich als Ersatz für männliche Objekte dienen. Die Ehe dient, indem sie den Drang zur Promiskuität niederhält, zugleich der Abwehr von hinter dieser verborgenen homosexuellen Regungen. Die Überbetonung der Treue dient, neben der Abwehr der Angst vor der Isolierung, auch der unbewußten Abwehr homosexueller Versuchungen.

Die vorherrschende übergenitalisierte männliche Sexualität ist Ausdruck von Produktionsverhältnissen, die die Menschen in ihrer Vereinigung voneinander isolieren, die ihre Körperlichkeit zerstören und die sie zwingen, sich anderen zu unterwerfen. Die Verdinglichung der Menschen, die den Realabstraktionen entspringt, die die Ökonomie an ihnen vornimmt, schlägt sich in einer Form der Sexualität nieder, die die Tendenz hat, die Subjektivität des Partners zu negieren, und damit der Versöhnung mit ihm im Wege steht. Indem die Sexualität die Genitalität überbetont, rückt sie die Ungleichheit der Geschlechter, die in der patriarchalischen Gesellschaft mit der Diskriminierung der Frau verknüpft ist, in den Mittelpunkt des sexuellen Interesses. Die oralen oder analen Partialtriebe, die durch das Genitalprimat entwertet werden, knüpfen ungleich weniger als die Genitalen an die physiologischen Differenzen zwischen den Geschlechtern an – von hinten z. B. sind Männer und Frauen wesentlich ähnlicher als von vorne. Die Entwertung der nichtgenitalen Partialtriebe durch das Genitalprimat vergrößert die Differenz zwischen den Geschlechtern und verstärkt damit die Fremdheit zwischen ihnen. Der Genitalverkehr ist, indem er der Sexualität die Aufgabe zuweist, die Fremdheit zwischen Menschen ebenso wie den Bruch zwischen Kopf und Sinnlichkeit zu überspielen, allzuleicht mit der Tendenz zum Mißlingen verknüpft. Seit einiger Zeit haben deshalb Teile der Frauenbewegung, in der Bundesrepublik unter der publizistischen Führung von Alice Schwarzer, dem «Schwanzfick» den Krieg erklärt.[19] Unter

17 F. Böckelmann, a. a. O., S. 22.

18 Siehe hierzu z. B.: S. Ferenczi: Zur Nosologie der männlichen Homosexualität, in: Schriften zur Psychoanalyse I, a. a. O., S. 196f.

19 A. Schwarzer: Der kleine Unterschied und seine großen Folgen, Frankfurt 1975.

Hinweis auf sein herrschaftliches Moment, das sich in der Neigung ausdrückt, die Bedürfnisse der Frau ebenso wie ihre Subjektivität zu negieren, wird den Frauen seine Verweigerung als eine Perspektive empfohlen. Diese Position, der das Verdienst zukommt, das sexuelle Elend von unzähligen Frauen einem herrschaftskonformen Tabubereich zu entziehen, hat auf Grund der dargestellten Misere zweifellos ihr Wahrheitsmoment – zugleich ist sie jedoch dieser Misere in weiten Teilen noch bewußtlos verfallen.

Nach wissenschaftlichen Schätzungen leidet die Mehrheit der Frauen unter massiven sexuellen Schwierigkeiten.[20] Dies ist keineswegs nur schlicht ihrer Genußunfähigkeit zuzuschreiben, sondern es ist – zumindest partiell – als ein wenn auch im großen Teil unbewußter und wenig emanzipierter Protest gegen das vorherrschende männliche Sexualverhalten zu begreifen. Die Wahrheit, die die von Schwarzer repräsentierte Position auf Grund dieser Tatsache in sich trägt, schlägt in Falschheit um, solange die sozialen Ursachen der männlichen sexuellen Konditionierung nicht benannt werden. Die theoretische wie die praktische Kritik der männlichen genitalen Sexualität tut den Männern unrecht, solange sie deren Fragwürdigkeiten wesentlich als Ausdruck von Willkür bzw. patriarchalischen Machenschaften und nicht als Symptom von Produktions- und Herrschaftsverhältnissen begreift, die diese in Unfreiheit halten. Eine grundlegende Änderung des männlichen – ebenso wie des weiblichen – Sexualverhaltens kann letztlich nicht der Kampf der Frauen gegen «die Männer», sondern der gemeinsame Kampf von Frauen und Männern um eine alternative Form der Produktion mit sich bringen.

Der von Alice Schwarzer repräsentierte Kampf gegen den «Schwanzfick» ist nicht nur wegen seiner mangelnden gesellschaftstheoretischen Fundierung problematisch, sondern auch weil er eine weibliche Sexualität tendenziell der Kritik entzieht, die so fragwürdig ist wie ihr männlicher Widerpart. Die Schwarzersche Kritik des männlichen Sexualverhaltens sorgt dafür, daß mit der kapitalistischen Organisation von Arbeits- und Familienleben verknüpfte Abwehrmechanismen, die die weibliche Sexualität verderben, mit Rationalisierungen ausgestattet werden. Der wütende Kampf gegen die Psychoanalyse, die schlicht als Vehikel der Männerherrschaft denunziert wird, versperrt die Reflexion darüber, wie sich gesellschaftliche Gewaltverhältnisse in der Psyche der Frau – ihr unbewußt – niederschlagen und sie zur Lustfeindschaft prädestinieren.[21] Sowenig eine gängige, von Schwarzer angegriffene psychoanalytische

20 Siehe hierzu A. Schwarzer, a. a. O., S. 179. Es besteht kein Anlaß, diese Feststellung Schwarzers zu bezweifeln.

21 Daß die Psychoanalyse patriarchalische Züge trägt, die sich in Freuds mangelndem Verständnis der weiblichen Sexualität, z. B. in der unhaltbaren Konstruktion des «vaginalen Orgasmus» niederschlagen, rechtfertigt es keinesfalls, ihre Frauen betreffenden Aussagen pauschal abzulehnen.

Interpretation der Frigidität der Frau richtig ist, die diese nur ihrer ansozialisierten psychischen Verfaßtheit und nicht auch aktuellen männlichen Einwirkungen unter bestimmten sozialen Verhältnissen zuschreibt, so wenig ist eine von Schwarzer vertretene umgekehrte Interpretation richtig, die alles sexuelle Elend der Frau dem Manne anrechnet. Die Frigidität der Frau beinhaltet sicherlich immer auch einen berechtigten Protest gegen eine fragwürdige männliche Sexualpraxis – aber dieser Protest wird zumeist zwanghaft mit falschen Mitteln und an falscher Stelle angemeldet.

Bei Schwarzer, wie bei mit ihr verwandten Autorinnen, die sich über sexuelle Praxis äußern, ist die Einstellung der Frauen zu Männern einer Abstraktheit verfallen, die dem entspricht, was Frauen an Männern beklagen. Die Einstellung zur sexuellen Lust der Männer ist in einem Maße durch Fremdheit und Gleichgültigkeit geprägt, die auf in der Kleinfamilie infantil gesetzte und später verfestigte Verdrängungsprozesse verweist. «In feministischen Grundsatzerklärungen und Erfahrungsberichten, die sich auf die sexuelle Praxis beziehen, bleiben Begierde und Lust der Männer in einem tieferen Sinn abwesend. Sie werden ignoriert, jedenfalls tabuisiert. Die panikartigen Züge dieses Ignorierens gemahnen an die in der Kleinfamilie gehegten Sexualängste, die dann fast stets nachträglich auf die durch die Sozialisation vorstrukturierten Erlebnisse zurückgeführt werden. Zugleich verbietet es die feministische Moral, einen wesentlichen Teil der sexuellen Phantasien und Erfahrungen zu akzeptieren, aufzuarbeiten und zu artikulieren. Die Stätten des Beischlafs erscheinen nur noch als Tatort der Männer. So wird Vergewaltigung zum Inbegriff männlicher Sexualität, und die Theorie des Sexismus erlaubt eine voranalytische, normative Trennung von bloßen Opfern und bloßen Tätern.»[22]

Daß die Frigidität ihrer Frauen Männer psychisch extrem belasten kann und daß ihre Rücksichtslosigkeit diesen gegenüber teilweise Ausdruck dieser Belastungen ist, kommt Schwarzer niemals in den Sinn. Solange die Identität des Mannes bewußt und unbewußt mit der phallischen Potenz verknüpft ist, muß eine sich ständig verweigernde Frau Angst und Aggressivität produzieren, die den zärtlichen Umgang mit ihr sabotieren. Da der genitalen sexuellen Lust des Mannes ihre während des Ödipuskomplexes erfahrene Versagung in Bezug auf die Mutter eingelagert ist, kann die versagende Frau, die dieser nachfolgt, die unpersönliche genitale Süchtigkeit, die Schwarzer anklagt, wesentlich forcieren. Das sexuelle Elend der Frau ist so sehr an das des Mannes gebunden, wie seines an das ihre. Daß Männer die Neigung aufweisen, den Geschlechtsverkehr tendenziell in Form einer Vergewaltigung zu vollziehen, ist fast immer auch Ausdruck der Frauen ansozialisierten Lustfeindschaft, die

22 Nachwort zu «Maskulin – Feminin», 2. Aufl., a. a. O., S. 287f.

Männer zu solchen Dispositionen treibt.

Ebenso wie die übergenitalisierte männliche Sexualität Ausdruck von sozialen Verhältnissen ist, die die Menschen zu isolierten, vermauerten Atomen machen, trifft dies für eine weibliche Sexualität zu, die an ein so starr umgrenztes Selbst gekettet ist, daß es das Ich nicht ertragen kann, daß ein Körperteil eines anderen Menschen in den eigenen Leib eindringt. Die Überbetonung der Zärtlichkeit, die viele Texte der Frauenbewegung kennzeichnet, lebt auch von der Angst vor der mit dem Genital verknüpften orgiastischen Lust. Die Überbewertung der nichtgenitalen Sexualität stellt eine abstrakte Negation der genitalen Sexualität dar, die dadurch an diese fixiert bleibt, daß sie auf der Flucht vor ihr ist, indem sie sie tabuisiert. Die Gestörtheit der Beziehung zur eigenen Körperlichkeit, auf Grund der Einwirkungen von kapitalistisch bestimmten Arbeits- und Verkehrsformen, für deren Übernahme eine lustfeindliche familiäre Sozialisation Voraussetzung ist, manifestiert sich in der Unfähigkeit, sich der eigenen Körperlichkeit relativ angstfrei so zu überlassen, daß eine momentane Auflösung vor Orientierungsschemata möglich wird, die den Orgasmus erlaubt.[23]

Bei Schwarzer erscheinen «die Männer», überspitzt formuliert, als Tyrannen, deren Weltherrschaft sie nirgendwo ernsthaft erschüttert sieht und die zum Zwecke ihrer Herrschaftsausübung mit dem Phallus wie mit einem Messer in weibliche Sexualobjekte stechen. Dieses Bild benennt zwar das Moment der Herrschaftsausübung, das die männliche Sexualität enthält, es lebt aber auch – ähnlich wie die unbewußte Angst des Mannes vor der «vagina dentale», dem kastrierenden weiblichen Geschlecht[24] – von unaufgearbeiteten infantilen Verstümmelungsängsten, die ursprünglich von übermächtigen Elternfiguren ausgingen. Die häufige Feststellung von Frauen, daß sie sich ständig als «sexuelle Objekte» fühlen, die von Männern «benutzt» werden, trifft die fragwürdigen Aspekte des männlichen Sexualverhaltens, sie ist aber, wie die therapeutische Erfahrung zeigt, zugleich meist auch Ausdruck von sexueller Verklemmtheit. Es gibt keine Liebes- und Genußfähigkeit ohne die

23 «Während des Koitus tritt Desorientierung auf, solange die sexuelle Spannung steigt, während gleichzeitig die Besetzung des Körperschemas nachläßt. Wenn die Libido ausschließlich sich bei den Genital-Sensationen zentriert, verringert sich mehr und mehr das Bewußtsein vom Körper als einem Ganzen. Dies wird bestätigt durch Fälle, in denen körperliche Schmerzen oder Unbehagen erst nach dem Orgasmus wieder gespürt werden.» S. Keiser: Body Ego During Orgasm, in: Psychoanalytic Quarterly 21/1952, S. 164.

24 «Träume, Mythen und Kulte bestätigen die Tatsache, daß die Vagina ... Nebenbedeutungen eines verschlingenden Mundes und eines eliminierenden Sphinkters hat; zusätzlich zu der Vorstellung, daß sie eine blutende Wunde ist.» E. H. Erikson: Jugend in der Krise, Stuttgart 1970, S. 287, zit. nach: Maskulin – Feminin, a. a. O., S. 143.

Fähigkeit und Bereitschaft, den eigenen Körper dem Partner als Objekt der Begierde zur Verfügung zu stellen bzw. ohne den Drang, den seinen zur Befriedigung der eigenen Bedürfnisse zu «benutzen». Daß ein Mensch Objekt von sexuellen Begierden ist, beinhaltet – ebensowenig wie der psychoanalytische Ausdruck «Liebesobjekt» – keinesfalls automatisch dessen Diskriminierung; die Diskriminierung tritt erst ein, wenn dem Objekt nicht zugleich auch zugestanden wird, Subjekt zu sein. Die Fähigkeit der Frau zur «Hingabe» und «Passivität» ist in weiten Teilen Ausdruck ihrer Unterwerfung unter das Patriarchat; aber ohne die Fähigkeit zu ihnen gibt es keine sexuelle Lust. Manche Frauen, die diese Dispositionen heftiger zu diskriminieren scheinen, als dies jemals von Männern in der Leistung fetischisierenden Gesellschaft geschah, werden zu ihrem Feind. Vor der simplen gedanklichen Verkoppelung männlich = aktiv und weiblich = passiv hat selbst der «Sexist» Freud immer wieder gewarnt. «Selbst auf dem Gebiet des menschlichen Sexuallebens merken Sie bald, wie unzureichend es ist, das männliche Benehmen durch Aktivität, das weibliche durch Passivität zu decken. Die Mutter ist in jedem Sinn aktiv gegen das Kind, selbst vom Saugakt können Sie ebensowohl sagen, sie säugt das Kind als sie läßt sich vom Kinde säugen. Je weiter Sie sich dann vom engeren sexuellen Gebiet entfernen, desto deutlicher wird jener ‹Überdeckungsfehler›. Frauen können große Aktivität nach verschiedenen Richtungen entfalten, Männer können nicht mit ihresgleichen zusammenleben, wenn sie nicht ein hohes Maß von passiver Gefügigkeit entwickeln ... Man könnte daran denken, die Weiblichkeit psychologisch durch die Bevorzugung passiver Ziele zu charakterisieren. Das ist natürlich nicht dasselbe wie die Passivität; es mag ein großes Stück Aktivität notwendig sein, um ein passives Ziel durchzusetzen. Vielleicht geht es so zu, daß sich beim Weib von ihrem Anteil an der Sexualfunktion her eine Bevorzugung passiven Verhaltens und passiver Zielstrebungen ein Stück weit ins Leben hinein erstreckt, mehr oder weniger weit, je nachdem sich diese Vorbildlichkeit des Sexuallebens begrenzt oder ausbreitet. Dabei müssen wir aber achthaben, den Einfluß der sozialen Ordnungen nicht zu unterschätzen, die das Weib gleichfalls in passive Situationen drängen.»[25] Die Vereinigung der Genitalien läßt sich, einer von Feministinnen geteilten männlichen Bewußtseinslage entsprechend, als Eindringen des männlichen Gliedes in die Frau interpretieren; sie läßt sich aber auch, wie die unterschwelligen Ängste von Männern zeigen, als Aufsaugen oder Verschlingen des männlichen Gliedes durch eine Frau erfassen.

Manche feministischen Texte, die sich mit der Sexualität auseinandersetzen, demonstrieren auf eigentümliche Art und Weise gerade das, was

25 Neue Folge der Vorlesungen zur Einführung in die Psychoanalyse, in: Gesammelte Werke, Bd. XV, S. 122f.

sie zumeist massiv bestreiten – daß es in der patriarchalischen Gesellschaft so etwas wie einen Penisneid und an ihn gebundene Kastrationswünsche bei der Frau gibt. Komplementär zu der oben dargestellten Tatsache, daß der Junge während der ödipalen Phase, vermittelt über das physiologische Merkmal des Penisbesitzes, eine Identität erwerben muß,[26] wird das Mädchen in der patriarchalischen Gesellschaft gezwungen, während dieser Phase ein Selbstbewußtsein zu erlangen, das zumindest partiell vom Bewußtsein des Penismangels bestimmt ist. Das Mädchen muß sich wie der Junge in diesem Alter auf einen gewissermaßen mit magischen Qualitäten ausgestatteten Penis beziehen, um soziale Zusammenhänge zu erfassen und sich in diese einzugliedern. Prokop stellt dazu fest: «Alle Richtungen der Psychoanalyse stimmen darin überein, daß der Objektwechsel des Mädchens über eine Idealisierung des Vaters erfolgt, die ihren symbolischen Ausdruck in der unbewußten Überhöhung des Penis findet. Der Penisneid hat zwei klinisch konstante und signifikante Gegebenheiten: Er ist immer Neid auf einen idealisierten Penis, und er ist immer assoziiert mit einem bewußten oder unbewußten Haß auf die Mutter. Das Problem, das die Freudsche Konstruktion nicht lösen konnte, daß der Anblick des männlichen Geschlechts dem kleinen Mädchen einen so gewaltigen Eindruck macht, daß es vor Zorn und Kränkung über die weibliche Unvollkommenheit sein wichtigstes (und lebenswichtiges) Liebesobjekt – die Mutter – aufgibt, um sich dem Vater zuzuwenden, findet seine Lösung, wenn der Penis als Zeichen für einen schon vorher bestehenden, nicht gelösten Konflikt im Leben des Mädchens begriffen wird – seinen Kampf um Autonomie: Der Anblick des Penis kann eine derartige Selbstentwertung, wie sie im Bild der Kastration enthalten ist, nicht begründen. Die schockierende Wirkung des männlichen Genitales wird nur verständlich, wenn man eine vorausgegangene, konfliktreiche Einstellung des Mädchens zu seinem eigenen Geschlecht annimmt, die in der Tatsache des anatomischen Geschlechtsunterschieds eine äußere (‹biologische›) Bestätigung findet. Das Geheimnis des Penisneids ist die schon vorausgegangene Verdrängung des eigenen Geschlechts der Frau.»[27] Beide Geschlechter müssen sich in der patriarchalischen Gesellschaft in der Kindheit auf das fragwürdige Symbol des Phallus beziehen, um mit seiner Hilfe eine problematische Identität zu erlangen. Später wirkt dieses unbewußt noch als Symbol von Autonomie, Macht und Größe weiter. Daß Frauen zunehmend in die ökonomische Konkurrenz mit Männern geworfen werden, verlangt, daß bei ihnen eine psychische Disposition wirksam wird, die auf den infantilen Wunsch aufbaut, den Mann um den Besitz seines Penis zu bringen. Die Frau, die sich in der Härte der kapitalistischen Konkurrenz behaupten

26 Siehe hierzu a. O.
27 U. Prokop: Weiblicher Lebenszusammenhang, Frankfurt 1976, S. 138.

muß, braucht eine psychische Disposition, die etwas Entsprechendes einsetzen kann wie die phallische Aggressivität des Mannes, die den Konkurrenten symbolisch zu kastrieren trachtet. Alice Schwarzer, der der Penisneid und der an ihn gebundene Kastrationswunsch als Erfindung einer sexistischen Psychoanalyse erscheinen, läßt eigentümlicherweise Männerherrschaft bzw. Frauenunterdrückung nicht in erster Linie um bestimmte Produktionsverhältnisse, sondern um den Besitz des Phallus kreisen, dessen – ihr zufolge – bisher unangetastete Macht es nun zu brechen gilt. Die Einsicht in die Tatsache, daß sie Frauen eine sexuelle Praxis empfiehlt, die von Männern bewußt oder unbewußt als kastrierend empfunden werden muß, fällt bei ihr offensichtlich Verdrängungsprozessen zum Opfer, sonst würde sie sich kaum auf recht wehleidige Art über die von irrationalen Ängsten bestimmte boshafte Kritik von diesen an ihr beklagen.[28] Komplementär zum männlichen Besitz des Phallus ist den Frauen der Besitz von Brüsten bewußt oder unbewußt bei der Identitätsfindung behilflich. Die Psychoanalyse hat einiges über die unbewußte Penis–Brust-Gleichsetzung ausgemacht. Die Besorgnisse, die Verena Stefan in ihrem vielgelesenen Buch «Häutungen»[29] über die Form ihrer Brüste äußert, entsprechen auf eigentümliche Art denen von unsicheren Männern, die glauben, ihr Penis sei mißgebildet, weil sie von besonders ausgeprägten unterschwelligen Kastrationsängsten gepeinigt werden.

Den Frauen, die ihre traditionellen Rollenmuster auf Grund der gesellschaftlichen Entwicklung aufgeben müssen oder wollen, bleibt im Bestehenden kaum mehr als Aspekte einer Männerrolle zu übernehmen, die ihnen – wie den Männern – Gewalt antut und keine Form der Weiblichkeit duldet, die es der Frau erlaubt, sich mit ihrer Geschlechtlichkeit zu versöhnen – eine befreite Form der Weiblichkeit muß noch mit Hilfe der Umwälzung von Produktionsverhältnissen erkämpft werden. Die gegenwärtige gesellschaftliche Entwicklung stürzt die Frauen – besonders die aus den privilegierten Schichten – in eine Identitätskrise, die produktive Potenzen freisetzen kann, aber auch fragwürdige Abwehrmechanismen zu produzieren vermag. Der Feminismus erscheint bisher als von beidem geprägt. Die Abwehrmechanismen, die die Ängste bannen sollen, die die Integration in die ökonomische Sphäre stören, haben die Verschleierung innerpsychischer Widersprüche zur Konsequenz und bringen übermäßig starre Orientierungsmuster in Bezug auf die soziale Realität hervor. Die Frauen, die nun wie die Männer unter dem Zwang stehen, sich auf fragwürdige Weise als identisches Selbst zu behaupten, haben, wie der Feminismus zeigt, die Tendenz, sich wie diese an starre Orientierungsmuster zu klammern, die das Geschlechterverhältnis allzu säuberlich mit bipolaren Mustern zu erfassen suchen. Im Bereich des Geschlechtlichen

28 Siehe hierzu A. Schwarzer: Die Hexenjagd, in: Konkret 5/1976, S. 30ff.
29 Verena Stefan: Häutungen, München 1975.

werden Männliches und Weibliches, oben und unten, drinnen und draußen schroff geschieden, um die Angst vor einer chaotisch einstürmenden äußeren Realität wie vor einer dieser entsprechenden Innerlichkeit zu bannen. Sobald innere Widersprüche – die äußeren entspringen – nicht mehr bewußt ausgehalten werden können, besteht bei Frauen die Tendenz, daß am männlichen Sexualverhalten nur das Moment der Gewaltsamkeit wahrgenommen wird und nicht auch der in ihm, wenn auch auf verzerrte Art enthaltene Drang, sich mit dem Weiblichen zu versöhnen.[30] Wo hinter der psychischen Erstarrung nicht auch der abgewehrte Kindertraum geahnt werden kann, ist die Liebe zum Scheitern verurteilt. Wo an der genitalen Sexualität nur das Moment der Herrschaft erfahren wird, geht die Ahnung verloren, daß der Mann mit dem Eindringen in die Frau sich auch mit seiner Weiblichkeit, ebenso wie mit der Weiblichkeit der Frau, versöhnen will und daß die Frau in dem Augenblick, indem sie den Phallus umschließt, den Penisneid überwinden kann und es ihr damit erlaubt ist, sich mit Aspekten ihrer Männlichkeit, ebenso wie mit solchen ihres Partners, zu versöhnen. Die von Alice Schwarzer repräsentierte feministische Kritik der Männlichkeit trifft die Wahrheit, aber indem sie eine ihrer Momente überzieht, verbreitet sie zugleich die Unwahrheit.

Ihre Ablehnung des genitalen sexuellen Verkehrs stützt Schwarzer mit anatomischen Begründungen, die nur zu einem geringen Teil der Realität der weiblichen Sexualorgane gerecht werden. Aus der Unhaltbarkeit der psychoanalytischen Konstruktion des «vaginalen Orgasmus» zieht sie den Schluß, daß der Genitalverkehr der Frau aus anatomischen Gründen kaum Lust zu verschaffen vermag. Schwarzer beruft sich dabei auf die Untersuchungen von Kinsey[31] und Masters und Johnson,[32] die sie, wie die folgenden Gegenüberstellungen zeigen, offensichtlich nicht gelesen hat.

Bei Schwarzer heißt es: «Die Klitoris ist das weibliche Pendant zum männlichen Penis.» Bei Masters und Johnson heißt es: «Die Klitoris ist als Organ einzigartig in der menschlichen Anatomie. Ein derartiges Organ kommt beim Mann nicht vor.»[33]

Nach Schwarzer ist die genitale Lust der Frau nur an die Klitoris gebunden. Nach Kinsey sprechen neben der Klitoris auch die kleinen Schamlippen (Labia minora) und der Vorhof der Vagina auf taktile Reize sexuell an. «Sowohl die äußere wie die innere Oberfläche der Labia minora scheinen etwas stärker mit Nerven versorgt zu sein als die meisten hautbedeckten Teile des übrigen Körpers und sind äußerst sensitiv gegenüber taktilen Reizen. Die gynäkologischen Untersuchungen, die

30 Die komplementäre Disposition liegt vor, wenn der Mann so idealisiert wird, daß seine Schattenseiten übersehen werden.

31 A. Kinsey: Das sexuelle Verhalten der Frau, Frankfurt 1962.

32 W. H. Masters und V. E. Johnson: Die sexuelle Reaktion, Reinbek 1970.

33 Masters und Johnson, a. a. O., S. 52.

für unsere Forschungen durchgeführt wurden, haben erwiesen, daß 98 Prozent der untersuchten Frauen die taktile Reizung empfanden, wenn sie auf die äußere oder innere Fläche der Labien ausgeübt wurde und daß sie auf eine Reizung der rechten und linken kleinen Schamlippen gleichartig reagierten. Als Quellen der erotischen Erregung scheinen die Labia minora ebenso wichtig zu sein wie die Klitoris. Aus diesem Grund wird bei der weiblichen Onanie gewöhnlich ein Reiz auf die Innenfläche der Labia ausgeübt.»[34] «Fast alle Frauen – nach den gynäkologischen Tests ungefäht 97 Prozent – empfinden an allen Stellen des Vorhofs ausgesprochen taktile Reize, und nur ein verschwindend geringer Teil der 879 untersuchten Frauen erwies sich also völlig unempfindlich. Für fast alle Frauen ist der Vorhof eine ebenso wichtige Quelle erotischer Reizung wie die Klitoris und die Labia minora. Daß der Vorhof beim Koitus vom männlichen Penis passiert wird, ist von großer Bedeutung für die erotische Erregung der Frau.»[35] Bei Masters und Johnson heißt es zum selben Thema: «Beweise für die äußerst große taktile Empfindlichkeit des ganzen Perineums, der Klitoris und des Vestibulum vaginae wurden durch das Institute for Sex Research erbracht. Im Verlauf der gynäkologischen Forschungen des Instituts wurde festgestellt, daß die Labia minora praktisch die gleiche Berührungsempfindlichkeit wie die Klitoris besitzen. Nach der Auffassung des Instituts sind die Labia minora für das Auslösen der sexuellen Erregung offensichtlich genauso wichtig wie die Klitoris oder das Vestibulum vaginae.»[36]

Bei Schwarzer heißt es: «Masturbierende Frauen wissen das sehr gut. Sie berühren sich fast immer nur außen, also an der Klitoris.» Masters und Johnson äußern sich hingegen folgendermaßen: «Aus Berichten und Beobachtungen ergab sich, daß Frauen selten eine direkte Manipulation der Glans clitoridis vornehmen. In den seltenen Fällen, wo diese Praktik verwendet wird, ist sie ganz auf die Erregungsphase beschränkt ... Frauen stimulieren gewöhnlich die ganze Gegend des Mons Pubis lieber als den Klitoriskörper allein. Unabhängig von der Art der Klitoris-Stimulierung, ob direkt oder indirekt, reagiert die Klitoris physiologisch in gleicher Weise auf eine erhöhte Sexualspannung. Die meisten Frauen vermeiden nachdrücklich die übermäßig starken Empfindungen, die sich aus der direkten Klitorisberührung ergeben können. Im Gegensatz zur direkten Klitorisberührung ruft die Manipulation des Vestibulum vaginae eine Empfindung hervor, die, obwohl etwas langsamer auftretend, beim Erreichen des Orgasmus ebenso befriedigt wie die Empfindung, die durch direktes Berühren des Klitoriskörpers bewirkt wird. Eine Manipulation des Vestibulum vaginae vermeidet auch die schmerzhaften Emp-

34 Kinsey, a. a. O., S. 432.
35 Ebd., S. 434 f.
36 Masters und Johnson, a. a. O., S. 68.

findungen, die viele Frauen angeben, wenn die Klitorismanipulation entweder mit zu großem Druck oder zu lange erfolgt.»[37]

Schwarzer formuliert: «Zur sexuellen Stimulierung muß der klitorale Bereich direkt oder indirekt gereizt werden. Bei der Penetration, beim Eindringen eines Penis in die Scheide geschieht das in den meisten Fällen nicht: die Klitoris liegt zu sehr vorne, um automatisch berührt zu werden.» Masters und Johnson sind anderer Ansicht: «Obwohl anatomische Lage und physiologische Reaktion eine direkte und regelmäßige Stimulierung der Glans clitoridis während des Koitus ausschließen, darf die Bedeutung der sekundären Stimulierung nicht übersehen werden. Die Tatsache, daß die Glans selten direkt bei den Penisstößen berührt wird, schließt die indirekte Stimulation der Klitoris beim Koitus nicht aus. Eine Klitoris-Stimulierung erfolgt beim Koitus mit Rückenlage der Frau direkt durch das Auseinanderdrängen der Labia minora durch den Penis. Ein Zug entwickelt sich beiderseits des Präputiums als Folge der Erweiterung des Eingangs durch den Penis. Bei den Penisstößen wird der Klitoriskörper durch den Zug zu beiden Seiten des Präputiums nach unten gezogen. Dieses Herabziehen des Klitoriskörpers genügt jedoch nicht, um eine direkte Berührung von Penis und Klitoris zu ermöglichen.

Beim Zurückziehen des Penis während des Koitus ist der Zug etwas vermindert, und die Klitoris kehrt zur normalen Lage zurück. Die rhythmische Bewegung des Klitoriskörpers durch die Stöße des Penis bewirkt jedoch eine bedeutende indirekte oder sekundäre Klitoris-Stimulierung.

Es muß betont werden, daß die gleiche sekundäre Klitoris-Stimulierung in jeder Koituslage vorkommt, bei der ein volles Eindringen des Penis in die Vagina erfolgt.

Nur beim Obenliegen der Frau und bei Seitenlage ist beim Koitus leicht eine direkte oder primäre Klitoris-Stimulierung möglich. Bei diesen Stellungen kann die Klitoris direkt stimuliert werden, wenn die Berührung zwischen der männlichen und weiblichen Symphysengegend aufrechterhalten wird. In diesen Stellungen erfolgt aber auch immer die sekundäre Klitoris-Stimulierung durch Zug an der Klitoris. Der spezifische Einfluß der direkten und der indirekten Stimulierung ist bei diesen Stellungen nicht auseinanderzuhalten. Wenn die Frau beim Koitus oben liegt, kann die Klitoris schneller und mit größerer Intensität reagieren als bei jeder anderen Stellung.

Im wesentlichen ist beim Koitus die Klitoris-Stimulierung also durch die sekundäre oder indirekte Wirkung des Zuges an der Klitoris gegeben. Dieser Zug erfolgt unabhängig von der Koituslage der Frau, von der Klitorisgröße oder vom Ursprung der Crura an den Rami ossis pubis.»[38] Wie intensiv die taktile Stimulierung während des Koitus von der Frau

37 Ebd., S. 67.
38 Ebd., S. 63 f.

erfahren wird, hängt wesentlich vom Grad ihrer sexuellen Erregung ab. Die sexuelle Erregung fördert die Durchblutung des Genitalbereichs der Frau und kann dadurch den Umfang bestimmter Partien vervielfachen.

Der Vergleich der Behauptungen Schwarzers mit den Befunden von Kinsey und Masters und Johnson läßt den Schluß zu, daß sie die Anatomie und Physiologie der Frau nur so sehen kann, wie es ihren Abwehrmechanismen gegenüber Männern entspricht.

Das Geschlechterverhältnis läßt sich nicht zureichend im Stil Schwarzers mit Hilfe eines simplifizierenden Herr–Knecht- bzw. Kapitalist–Proletarier-Musters begreifen; – Herren bzw. Kapitalisten sind in einer vernünftig organisierten Gesellschaft überflüssig, Männer nicht ohne weiteres. Trotz aller Unterdrückung und Ausbeutung der Frau zeigt das Geschlechterverhältnis typischerweise Momente der Komplementarität, der wechselseitigen Bedürfnisbefriedigung, die das Herr–Knecht-Verhältnis nicht aufweist. Der Emanzipationskampf der Frauen muß sich notwendig auch gegen Männer richten, Frauen haben ein Recht, die etablierte Männlichkeit zu bekämpfen, die ihre Bedürfnisse negiert – Männer werden dadurch nicht zu Klassengegnern (es sei denn als Mitglied einer herrschenden Klasse).

Die simple Übertragung des Herr–Knecht-Verhältnisses auf das Geschlechterverhältnis, wie sie Schwarzer u. a. vornehmen, hat für die Frauen problematische Konsequenzen: Sie entzieht den weiblichen Masochismus, der der Unterdrückung der Frau entspringt, allzuleicht der Kritik. Dem weiblichen Masochismus, der die sexuelle Beziehung der Frau zum Mann, wie ihre Beziehung zum Mann im allgemeinen, wesentlich mitbestimmt, kommt eine ideale psychologische Rationalisierung zu, wenn «die Männer» nur als Unterdrücker und Ausbeuter erscheinen. Wo die Frauenbewegung den Masochismus der Frau tabuisiert, entzieht sie sich der Aufarbeitung der Tatsache, daß die gesellschaftliche Unterdrückung der Frau sich in ihrer Psyche reproduziert.

Das Gegenstück zum männlichen Autoritarismus, der die Liebe verdirbt, ist der weibliche Masochismus mit seiner unterschwelligen Aggressivität und seinen infantilen Autoritätsfixierungen. Die sicherlich teilweise berechtigte Wut auf «die Männer», die manche um ihre Emanzipation bemühten Frauen kennzeichnet, ist auch von der Enttäuschung darüber mitgefärbt, daß der, der als Tyrann erscheint, nicht wirklich stark ist, daß man sich an ihn nicht kindlich anlehnen kann. Die Frauenbewegung bekämpft in Gestalt «der Männer» einen Gegner, der auf Grund der kapitalistischen Entwicklung meist längst dabei ist zu fallen; ihr Zorn scheint nicht selten auch von der Enttäuschung darüber zu leben, daß das Patriarchat hohl und machtlos geworden ist und kaum noch als Gegner, geschweige denn als Beschützer taugt. Die neuere Frauenbewegung ist erst möglich geworden, nachdem das Patriarchat seine Substanz weitgehend eingebüßt hat und hohl geworden ist, wodurch seine Schattenseiten besonders deutlich zutage treten. Manchmal werden Männer allzuleicht von Frauen für die eigene Unfähigkeit haftbar gemacht, sich emanzipiert verhalten zu können; an ihnen werden die eigenen Defekte bekämpft, anstatt durch das Ringen um gesellschaftliche Verhältnisse, die Männer und Frauen nicht mehr zur Unmündigkeit verurteilen. Frauen gerät es neuerdings häufig zur psychologischen Rationalisierung, ihr Versagen gegenüber den eigenen emanzipatorischen Ansprüchen «den Männern» anzulasten. Frauen kommt neuerdings ein Privileg zu, das den Männern nicht zur Verfügung steht: der universell verwendbare Sündenbock Mann. Der Kampf von Frauen gegen männliche Privilegien und parasitäre männliche Verhaltensweisen hat sicherlich seine Berechtigung; die falsche Personalisierung gesellschaftlicher Gewaltverhältnisse, von der die feministische «Geschlechterkampftheorie» lebt, schiebt aber dem Mann eine Sündenbockrolle zu, die falsche Fronten aufrichtet und die Emanzipation von Frauen und Männern behindert. Diese Feststellung wird dadurch nicht falsch, daß sie in verwandter Form ständig von Männern benutzt wird, um ihre unberechtigten Privilegien zu verteidigen.

Die erfüllte genitale Beziehung umfaßt immer mehr als bloße Genitalität. Sie verlangt die Verbindung der nicht genitalen Partialtriebe mit der Genitalität, sie schließt in gewisser Weise das Rückgängigmachen der Entsexualisierung des Körpers ein. «Die Funktion des Kopulationsaktes für die Individuen ist es – nachdem Vorlusthandlungen aufgelassene erogene Zonen (Partialtriebe) spielerisch ‹wiederbelebt› haben –, die durch realitätsgerechte Funktion der Organe aufgestaute Körperlibido am Genitale zu konzentrieren (wobei der Prozeß der Desexualisierung des Körpers nochmals symbolisch durchlaufen wird) und dort explosionsartig (im Orgasmus-Reflex) abzuführen, wobei Lust vom Genitale aus den ganzen Körper überspült und ihn für Augenblicke in eine einzige erogene Zone zurückverwandelt.»[39] Die «reife» genitale Sexualität hat Kontakte zur Voraussetzung, die, indem sie früheste Formen des «Urvertrauens» reaktivieren, eine wechselseitige Zuwendung ermöglichen, die das Gefühl stiftet, sich auf das Liebesobjekt verlassen zu können, wenn die Lust den bedrohlichen Rückzug vom Realitätsprinzip verlangt. Die gelingende körperliche Vereinigung verlangt die Verbindung der leiblichen Aneignung des anderen als Objekt der eigenen Begierden mit seiner Anerkennung als eigenständiges Subjekt, das besondere Bedürfnisse und Beschädigungen aufweist. Der Psychoanalytiker Balint stellt fest: «Hier sind die Interessen, Wünsche, Gefühle, Empfindlichkeiten und Schwächen des Partners beinahe ebenso wichtig wie die eigenen – oder sollten es jedenfalls sein. In einer harmonischen Beziehung müssen alle diese miteinander konkurrierenden Tendenzen sorgfältig gegeneinander abge-

39 H. Dahmer: Libido und Gesellschaft, Frankfurt 1972, S. 180.

wogen sein – keine einfache Aufgabe. Um ein liebendes und liebenswertes genitales Objekt zu gewinnen und für immer zu besitzen, kann man nichts als selbstverständlich voraussetzen, wie es bei der oralen Liebe geschieht. Die Realitätsprüfung muß stets und ständig, ununterbrochen und unermüdlich wach bleiben. Dies könnte man Eroberungsarbeit (conquest work) nennen. (Umgekehrt bedeutet es für den Betreffenden zugleich ein anstrengendes Stück Anpassungsarbeit an sein Objekt.) In den Anfangsstadien einer Beziehung kostet diese Arbeit unerhört viel Kraft, und in gemilderter Form muß sie, solange die Beziehung fortdauert, immer weiter geleistet werden. Mit anderen Worten, die beiden Partner müssen immer trachten, sich in Harmonie zu befinden.»[40]

Die Harmonie im Geschlechterverhältnis, die die genitale Vereinigung gelingen läßt, wird durch soziale Zwänge, die auf den Partnern lasten, allzuleicht gestört. Eine besondere Belastung des sexuellen Verkehrs kommt dadurch zustande, daß männliche und weibliche Sexualität in unserer Gesellschaft asymmetrisch strukturiert sind. Die weibliche Sexualität ist, aus Gründen, die hier nicht diskutiert werden können, weniger stark genital zentriert als die männliche, orale und anale Strebungen ebenso wie narzißtische Elemente sind an ihr stärker und auf andere Art beteiligt.[41] Die frühen und aktuellen Versagungen, die die sexuelle Lust kompensieren soll, fallen bei Männern und Frauen nicht gleichförmig aus, die Komplementarität der sexuellen Bedürfnisse ist dadurch gestört. Wo die Spaltung der männlichen Sexualität die Lust von der Zärtlichkeit trennt und wo der Mann als Liebesobjekt auf Grund seiner gesellschaftlichen Unterdrückung so entwertet ist, daß der fragwürdige weibliche Narzißmus wenig Befriedigung aus der Bindung an ihn zu ziehen vermag, ist der Frau die lustvolle Hingabe an die genitale Sexualität verwehrt.

Die gesellschaftliche Entwicklung bringt es mit sich, daß sich die Geschlechter stärker psychologisch angleichen. Die Reduktion schwerer körperlicher Arbeit macht bestimmte Formen der mit traditioneller Männlichkeit verbundenen Härte und Robustheit überflüssig. Die Integration der Frauen in die berufliche Sphäre verleiht ihnen Züge, die früher eher den Männern zugerechnet wurden. Schon die frühe Sozialisation des Jungen erzeugt psychische Dispositionen, die denen des Mädchens näher verwandt sind als früher.[42] Die oben dargestellten zuneh-

40 M. Balint: Urformen der Liebe, Frankfurt 1969, S. 126.

41 Siehe hierzu z. B. S. Freud: Die Weiblichkeit, in: Gesammelte Werke, Bd. XV, S. 119ff.; U. Prokop: Weiblicher Lebenszusammenhang, Frankfurt 1976; J. Chasseguet-Smirgel (Hg.): Psychoanalyse der weiblichen Sexualität, Frankfurt 1974; J. Mitchel: Psychoanalyse und Feminismus, Frankfurt 1976.

42 Die psychoanalytischen Befunde, die im folgenden nur kurz angedeutet werden können, hat Thomas Ziehe ausführlich dargestellt, in: Pubertät und

menden Schwierigkeiten bei der Ablösung von der Mutter bringen narzißtische Störungen mit sich, die zu einer unbewußten Fixierung an archaische Mutterrepräsentanzen führen. Diese Störungen bedingen, daß Befriedigungen weniger über «reife» Objektbesetzungen angestrebt werden als über das Erlebnis narzißtischer Gleichgewichtszustände. Die Fixierung an die präödipale Mutter schwächt die Besetzung des Vaters wie der Mutter als erotisches Objekt während des ödipalen Konflikts und entschärft diesen dadurch. Die gesellschaftlich bedingte Entmachtung der Eltern auf Grund des «Funktionsverlustes» der Familie schwächt die Identifikation mit den postödipalen Elternrepräsentanzen. Die angedeuteten Veränderungen der frühkindlichen Sozialisation haben ein «Offenhalten» des entschärften ödipalen Konflikts zur Konsequenz. Die infantil gesetzten narzißtischen Dispositionen werden auf Grund des objektiven Mangels an Identifikationsmöglichkeiten und Chancen zu Objektbesetzungen unter entfremdeten Verhältnissen stets von neuem verfestigt. Die frühkindliche Sozialisation und spätere Belastungen, die bestimmte ihrer Ergebnisse verfestigen, bringen einen Typus Mann hervor, den das auszeichnet, was nach psychoanalytischer Interpretation traditionell die Frau aufweist: einen ausgeprägten, mit präödipalen Strebungen verknüpften Narzißmus, ein dauerhaftes Einrichten in der ödipalen Situation.[43]

Der Trend zum Narzißmus, der Verhältnissen entspricht, die die Menschen um die Entfaltung ihrer Möglichkeiten betrügen, bringt den Mann der Frau näher, die tiefer als er darin verharrt, zugleich wird sie ihm gleichgültiger, weil er sich dem Homosexuellen nähert; Adorno sieht im zunehmenden Narzißmus eine «unbewußte Homosexualisierung der Gesellschaft»[44]. Die Tendenz zur Angleichung der Geschlechter erlaubt es Mann und Frau, die Bedürfnisse des Partners besser zu verstehen; zugleich verstärkt sie passive Verwöhnungsbedürfnisse, die Liebesverhältnisse in Beziehungen verwandeln, die vom Kampf um die wechselseitige narzißtische Ausbeutung geprägt sind. Die Frauen werden an den «weichen» und «sensiblen» Männern, deren Kurse bei ihnen immer mehr steigen, keine dauerhafte Freude finden.[45]

Narzißmus, Frankfurt 1975, besonders S. 106ff.

43 Siehe hierzu S. Freud: Die Weiblichkeit, a. a. O., oder B. Grunberger: Beitrag zur Untersuchung des Narzißmus in der weiblichen Sexualität, in: Psychoanalyse der weiblichen Sexualität, a. a. O.

44 Th. W. Adorno: Sexualtabus und Recht heute, in: Eingriffe – Neun kritische Modelle, Frankfurt 1964, S. 113.

45 Die ständigen Belastungen für das Geschlechterverhältnis, die der weibliche Narzißmus hervorbringt, der zu diesem Männlichkeitsideal drängt, weil es einem idealisierten Selbstbild der Frau nahekommt, hätte eine Kritik der Weiblichkeit aufzuarbeiten.

Der Homosexuelle als der Gleiche und der Andere

Der Homosexuelle ist nicht, wie es das Vorurteil glauben machen will, «kein richter Mann», er zeigt bestimmte Züge der Männlichkeit sogar in besonders deutlicher Ausprägung. Die ökonomische Struktur der Gesellschaft verlangt psychische Dispositionen, die individualgenetisch auf einer unbewältigten primären Beziehung zur Mutter, zur Frau basieren; sie verlangt Reaktionsweisen, die auf ödipale Konkurrenzbeziehungen fixiert sind. Was die Ökonomie erzwingt, kennzeichnet das Sexualverhalten der Homosexuellen wie der Heterosexuellen; ihr Liebesleben ist in vieler Hinsicht kaum mehr als quantitativ verschieden. Was über die Heterosexualität unter der Kapitalherrschaft ausgeführt wurde, zeigt auch die ihr verfallene Homosexualität, und dies in besonders deutlicher Ausprägung.

Das Sexualverhalten der Homosexuellen kennzeichnet wie das der Heterosexuellen eine überwiegend narzißtische Einstellung zu Sexualobjekten. Es ist an relativ starre, unelastische Selbstumgrenzungen gefesselt, die der Anspruch der unterdrückten Triebregungen bedroht. Die Lust ist an Beziehungen gebunden, die das Liebesobjekt möglichst nicht zu nahe kommen lassen. Die Objektwahl ist so eingeschränkt, daß Objekte für die Psyche dem eigenen Selbst gleichen müssen, um die Angst vor dem Auftauchen von Triebregungen zu reduzieren, die an die primäre Beziehung zur Frau in Gestalt der Mutter gebunden sind. Die Spaltung des Liebeslebens und die mit ihm verknüpfte Erniedrigung von Liebesobjekten beim Heterosexuellen erreicht beim Homosexuellen eine extreme Ausprägung; ihr entspricht die von Dannecker beschriebene Spaltung der homosexuellen Subkultur. In deren verborgenem Teil, z. B. in der Klappe, hat die Sexualität, die Lust verspricht, etwas Anstößiges; der Partner ist nicht als Person, sondern lediglich als Sexualobjekt interessant, er wird abgewertet.[1] Die ständige Sehnsucht der Homosexuellen

1 Der Don-Juanismus und die homosexuelle Promiskuität sind eng verwandt, sie weisen aber auch Differenzen auf. Siehe hierzu Dannecker und Reiche, a. a. O., S. 257ff. Für den Don-Jüanismus ist eine latente Homosexualität wichtig, für die es beim offenen Homosexuellen nicht ohne weiteres eine Analogie gibt. «Der Widerspruch von heterosexueller Norm und homosexueller Anomie ist in jeder homosexuellen Beziehung lebendig. Er kann von keinem Homosexuellen und von keinem homosexuellen Paar individuell aufgelöst werden. Die äußere Erscheinungsform dieses Widerspruchs schlägt sich in den empirischen Ergebnissen nieder: Tendenziell alle fest befreundeten Homosexuellen verhalten sich promisk, und tendenziell alle Promisken sind fest befreundet. Aber die Promisken sind nicht nur auf der Suche nach dem großen Penis, bei dem sie endlich glücklich und ruhig werden könnten und den sie doch nie finden. Promiskuität bei Homosexuellen bezeichnet auch die Suche nach einer Organisationsform zur Befriedigung affektiver Bedürfnisse außerhalb der Institution Ehe. Diesem Widerspruch

nach einer Beziehung, die Lust und menschliches Verstehen vereint, findet nur ausnahmsweise Erfüllung. Auch der Homosexuelle vermag Frauen zu lieben, begehren kann er sie kaum. Seine Sexualität fetischisiert den Phallus und den glatten Körper des Partners; hinter ihnen verschwindet dessen Subjektivität allzuleicht. Dem Interesse des Heterosexuellen an «Fetischfrauen» entspricht die Überbetonung des Interesses am Aussehen in der Subkultur: die Homosexuellen können als Pioniere der Herrenmode gelten.[2] Eine glatte, verdinglichte Körperlichkeit kennzeichnet die Pornographie, die die Heterosexuellen wie die Homosexuellen reizt. Dannecker und Reiche vermuten: «Das terroristische Jugend- und Schönheitsideal dürfte die Phantasie vieler Homosexueller bereits soweit modifiziert haben, daß sie sich Sexualität nur als kosmetischen Akt zweier glatter Körper vorstellen können.»[3] (Die Autoren vernachlässigen bei ihrer Feststellung, daß sich dieses Ideal nur deshalb massenhaft durchsetzen kann, weil es an vom Fetischismus geprägte Triebstrukturen anknüpft.) Wo der Partner, um sexuelles Begehren zu entfachen, nicht offensichtlich an die Mutter erinnern darf, an die das Individuum durch unbewußte Regungen besonders stark gebunden ist, ist die Wahl eines Mannes als Liebesobjekt naheliegend. Die Beziehung zu ihm muß damit zugleich abgewertet werden, sie muß einen unsteten, flüchtigen Charakter behalten. Die Homosexualität kann in unserer Gesellschaft kaum auf emanzipierte Art freigesetzt werden, sie ist in ihr weitgehend ein Ersatz für eine fragwürdige Heterosexualität, die auf Grund traumatischer infantiler Erfahrungen umgebogen werden mußte.

Die versteckten homosexuellen Strebungen des Heterosexuellen, die

verdankt sich auch die Differenz zwischen der Promiskuität bei Homosexuellen und bei Heterosexuellen. Bei letzteren ist die Promiskuität, besonders in der Organisationsform des Partnertauschs und des Gruppensex, weitgehend bloße Affirmation der monogamen Ehe. Promiskuität dient zur Rettung der Ehe. Betrog in der bürgerlichen Ehe der Mann die Gattin, so anerkannte er darin zugleich die Institution: er kehrte noch immer in den Schoß der Ehe und Familie zurück ... Promiskuität bei Homosexuellen mag individualpsychologisch auf dieselben Störungen in den Objektbeziehungen und auf analoge Störungen in der Libidoentwicklung verweisen wie bei Heterosexuellen. Soziologisch geht sie in der Affirmation des gesellschaftlich Wünschenswerten nicht auf. Eine empirische Erscheinungsform dieser Differenz ist – innerhalb der homosexuellen Subkultur – die größere Offenheit und Selbstverständlichkeit im Umgang mit Promiskuität und Perversion.» Dannecker und Reiche, a. a. O., S. 259f. Die Beziehung zwischen fester Bindung und sexuellem Kontakt ist bei Homosexuellen anders als bei Heterosexuellen organisiert. Die Suche nach dem Partner geht beim Homosexuellen, anders als beim typischen Heterosexuellen, über das Bett: «Zuerst kommt es zu sexuellem Kontakt und erst dann vielleicht zum Kennenlernen oder unter Umständen zu einer festen Freundschaft.» Ebd., S. 81.

2 Siehe hierzu Dannecker und Reiche, S. 78ff.

3 Ebd., S. 88.

sich mit Konkurrenzbeziehungen und Eifersuchtsdramen[4] verbinden, treten beim manifest Homosexuellen offen zutage. Die homosexuelle Subkultur ähnelt einem System vollkommener Konkurrenz; die Lust schließt hier automatisch die Rivalität mit anderen Männern ein, die einer an ödipale Rivalitäten fixierten Sexualität entspricht.[5] Dörner konstatiert: «In ganz anderer Weise als bei der heterosexuellen Partnerwahl gleicht die Suche nach einem homosexuellen Partner der Situation des freien Marktes – mit teils unbekannten und zufälligen, teils einkalkulierbaren Chancen und Risiken.»[6]

Die Verbannung der Sexualität in die von der Arbeitssphäre abgespaltene Konsumsphäre fällt bei der Homosexualität besonders drastisch aus. Die verbotene Homosexualität muß auf besonders ausgeprägte Art und Weise den Charakter einer «Freizeitsexualität» annehmen, die von produktiven Tätigkeiten abgelöst ist und schon deshalb eine unsichere Basis für stabile Beziehungen vorfindet. Der homosexuellen Beziehung ist die wichtigste Produktionstätigkeit entrissen, die der heterosexuellen Beziehung geblieben ist: Die Produktion von Nachwuchs in Gestalt der Kinderaufzucht. Die weitgehende Abtrennung der sexuellen Aktivitäten von der Sphäre der kollektiven Produktion, die ihnen einen tendenziell asozialen Charakter verleihen, spaltet die Sexualität in gewisser Weise von der übrigen Person ab. Sie wird dahingehend funktionalisiert, in der Freizeit einen fragwürdigen menschlichen Kitt zur Verfügung zu stellen, der das Funktionieren der Subjekte als ökonomische Charaktermasken erlaubt. Wenn auch in quantitativ verschiedenem Ausmaß ist auch die Heterosexualität durch das geprägt, was die Psychoanalyse an der Homosexualität ausgemacht hat: Funktion, Stütze, Pfropf für eine prekäre

4 Die Eifersucht beinhaltet unbewußt zumeist auch die Wut auf die Frau, die sich den anderen Mann als Liebesobjekt gönnt, was dem Mann selbst verwehrt ist. Vgl. hierzu S. Freud: Über einige neurotische Mechanismen bei Eifersucht, Paranoia und Homosexualität, in: Gesammelte Werke, Bd. XIII, S. 193 ff.

5 Daß der potentielle Geliebte im System der Konkurrenz zugleich Gegner ist, ist freilich für den Homosexuellen auch besonders schmerzlich. «Der Homosexuelle, der nach Socarides seine ‹aggressiven und fordernden Impulse im Wettbewerb mit männlichen Figuren› verdrängt, hat längst gelernt, daß er in der Sphäre der Arbeit ‹in erster Linie mit Männern im Wettbewerb steht›. Zwischen dem Mann als Liebesobjekt und dem Mann als Konkurrenten versucht er eine scharfe Trennungslinie zu ziehen. Jedenfalls wird er alle seine Energie darauf verwenden, in allen nicht unmittelbar der Sexualität zugehörigen Bereichen der Männlichkeitsrolle gerecht zu werden. Freilich wird ihm das sowohl aufgrund seiner individuellen psychosexuellen Struktur als auch aufgrund der gesellschaftlichen Organisation nur mangelhaft gelingen. Am schmerzlichsten kommt ihm das in seinen Liebesbeziehungen zum Bewußtsein, denn der Freund ist Geliebter und Konkurrent in einem.» Dannecker und Reiche, a. a. O., S. 75.

6 K. Dörner: Homosexualität und Mittelstandsgesellschaft, in: H. Giese (Hg.): Homosexualität oder Politik mit dem § 175, Hamburg 1967, S. 142.

psychische Struktur von Menschen zu sein, die zu einer Existenz als isolierte einzelne verurteilt sind.

Dörner oder auch Dannecker und Reiche haben auf die Affinität von Homosexualität und Angestelltenkultur hingewiesen. Was als Männlichkeit in der Verteilungssphäre erscheint, ist dem verwandt, was in der Subkultur Ansehen genießt. Der junge Angestellte, der mit seinem überschlanken Wuchs, seinen gepflegten Händen und seiner eleganten Kleidung demonstriert, daß er von körperlicher Arbeit freigestellt ist und dessen Aufmachung ihn zum Werbeträger für die Warenwelt macht, deren Bewegung er sichern muß, entspricht dem Schönheitsideal der Subkultur. Seine modische Aufmachung, die fetischistische Regungen einfängt, seine Überbetonung des Jugendlichen, sein überzogenes Interesse am eigenen Körper, am eigenen Selbst, das die Charaktermaske verlangt, die er verkörpern muß, findet sich in der Subkultur wieder. Auch die Verkehrsformen im Verteilungssektor scheinen jenen der Subkultur verwandt. Dörner vermutet: «Der versachlichte, ‹verdinglichte› und zugleich administrativ-formalisierte Arbeitsmodus des Angestelltenmilieus korrespondiert dem Ausmaß, in dem der homosexuelle Partner äußerlich, instrumental, anonym und Objekt von Herrschaft und Unterwerfung bleibt. Giese erwägt die strukturell offenbarende Bedeutung der ‹Verrichtung des Geschäftes› in der öffentlichen Bedürfnisanstalt. In solchen Zusammenhängen ist Sexualität ein Geschäft.»[7]

Die bestehenden Formen der Homosexualität entsprechen in vieler Hinsicht der Heterosexualität; sie weichen freilich auch in mancher Hinsicht von ihr ab. In diesen Abweichungen steckt immer auch eine Sehnsucht des Heterosexuellen; dieser muß sich zwanghaft vom Homosexuellen distanzieren, weil er real oder auch nur Projektionen zufolge Bedürfnisse befriedigen darf, die bei ihm nicht zum Zuge kommen können. Umgekehrt repräsentiert die Heterosexualität für den Homosexuellen Möglichkeiten, von denen er abgesperrt ist. In der homosexuellen Subkultur steckt ein utopisches Potential, das verdorben ist, solange es von der Heterosexualität und von gesellschaftlichen Emanzipationsprozessen abgetrennt ist. Die homosexuelle Subkultur liefert zur Befriedigung sinnlicher Bedürfnisse kaum, wie manche ihrer Repräsentanten meinen, eine bessere Realität, als sie den Heterosexuellen zur Verfügung steht. Die Subkultur organisiert ein Potential, das gegen die Norm gerichtet ist, aber sie ist zugleich dem Bestehenden auf extreme Weise verfallen: eine unterdrückte, diskriminierte Minderheit ist kaum fähig, eine alternative Form der Vergesellschaftung durchzusetzen, vor allem nicht, solange sie nicht dazu fähig bzw. in der Lage ist, offen dafür zu kämpfen.

Die für die bestehende Gesellschaft typische Homosexualität enthält die Misere der Heterosexualität in besonders ausgeprägter Weise; zu-

7 Ebd., S. 142f.

gleich enthält sie aber auch Potentiale, die dieser Misere entgegenstehen. Der Homosexuelle ist ein Zwangshomosexueller, solange er die erotische Beziehung zur Frau nicht verwirklichen kann; er darf dafür aber Beziehungen zu Männern realisieren, die dem Zwangsheterosexuellen verbaut sind. Die homosexuelle Sexualpraxis ist weniger als die heterosexuelle in standardisierte Rollenmuster gepreßt, sie kennt mehr Verhaltensvarianten.[8] Daß den Homosexuellen die festen Rollenmuster der Heterosexuellen fehlen, an denen diese sich abarbeiten können, führt zwar zu Angst und Unsicherheit, erlaubt aber auch eine größere Flexibilität des sexuellen Verhaltens. Diese Flexibilität verlangt z. B. zur Kontaktaufnahme die Kultivierung einer ausgeprägten nicht verbalen Kommunikation, der die Heterosexualität kaum etwas Entsprechendes entgegenzusetzen hat. Die an die anale Sexualität gebundene Lust, die der Erziehung zur Ordnung und Sauberkeit zum Opfer fällt, kommt durch die Homosexualität partiell zu ihrem Recht. Die homosexuellen Kontakte erscheinen häufig dadurch als defizitär, daß sie einen unpersönlichen, flüchtigen Charakter zeigen; dem Homosexuellen, der unbewußt überstark an seine Mutter gefesselt ist, geraten seine Beziehungen zu Männern oft zum fragwürdigen Ersatz für stabile Beziehungen zu Frauen, die ihm versagt sind. Die meisten Homosexuellen leiden an der Unfähigkeit zu dauerhaften, individuierten Beziehungen, um die sie die Heterosexuellen beneiden. Umgekehrt muß unvoreingenommenen Heterosexuellen, die ihre Sexualität normalerweise in mit Treuepflichten versehene Dauerbeziehungen pressen müssen und denen die Lust ohne menschliches Getue meist verbaut ist, die Subkultur mit ihrer Promiskuität wie ein permanenter Karneval erscheinen. Die Homosexualität ist wegen ihrer Diskriminierung zur Flucht ins Verborgene gezwungen; sie fällt aber zugleich «öffentlicher», weniger privatistisch aus als die Heterosexualität. Guy Hocquenghem, ein führender Theoretiker der Homosexuellen-Emanzipationsbewegung, meint: «Es heißt im allgemeinen, daß die sogenannte homosexuelle ‹Dispersion› oder Streuung, der Umstand, daß die Homosexuellen ihre Liebesverhältnisse schnell wechseln und daß das einzelne Verhältnis nur für kürzere Zeit besteht, eine fundamentale Instabilität der homosexuellen Lage ausdrückt, eine ständige Suche in all diesen kurzen, als unbefriedigend betrachteten Liebeleien nach der einen erträumten Person. Auf der Ebene dessen, was die Schwulen selbst meinen oder in sich selbst zu entdecken glauben, wird die homosexuelle Kontaktsuche wahrscheinlich wirklich so erlebt. Doch anstatt diese Streuung der Liebesenergie als Unfähigkeit zur Orientierung auf ein Zentrum zu interpretieren, kann man in ihr das System des nicht-exklusiven Schweifens und Sichverbindens, des polymorphen Verlangens erblicken.»[9] Die homosexuelle Praxis

8 Vgl. hierzu Dannecker und Reiche.
9 Guy Hocquenghem: Das homosexuelle Verlangen, München 1974, S. 127.

läßt sich in ihrer unpersönlichen Gestalt kaum mit bürgerlichen Persönlichkeitsidealen und der Menschlichkeit, die diese trotz ihrer Fragwürdigkeit in sich tragen, vereinen; aber man kann sie auch als Ausdruck des Protestes der menschlichen Triebhaftigkeit gegen das Eingesperrtsein in bürgerliche Formen der Individuierung und die an diese gebundenen Verkehrsformen begreifen. Die Homosexualität ist immer auch ein Protest gegen die vorherrschende Form der Männlichkeit und eine Weigerung, sich so fragwürdigen Geschöpfen auszuliefern, wie es Frauen auf Grund ihrer Unterdrückung in der bestehenden Gesellschaft notwendig sind.

Das Mißlingen einer relativ glatten Identifizierung mit der etablierten Männerrolle beim Homosexuellen hat seine positiven Seiten. Dannecker und Reiche stellen fest: «Mögen die sexuellen Aspekte dieses Minus an männlicher Identifizierung auf Störungen in der sexuellen Identität verweisen und ihre Wurzeln bis weit hinter den Ödipuskomplex zurückreichen, so wird, was die sozialen und beruflichen Aspekte dieser Identifizierung betrifft, dieses Minus für viele Homosexuelle doch zum Plus. Die bewußt erlebte Kindheit und Adoleszenz vieler späterer Homosexueller dürfte am klarsten in dem Satz auszudrücken sein: Ich will nicht werden wie mein Vater ist und was mein Vater ist. Wir brauchen hier nicht alle sozialen und beruflichen Symbole herauszuschälen, an denen diese Ablehnung sich festmacht. Vielleicht ist dem Jungen der Beruf des Vaters so zuwider, weil dieser Beruf Ausdruck seines Geruchs, seiner Kleidung, seiner Art zu sprechen, zu gehen und zu essen ist – und dieser Ekel weist vielleicht zurück auf die Kastrationsangst des Jungen, vielleicht auch auf viel tiefer liegende Ängste vor der Mutter, die nur sekundär von der ödipalen Kastrationsangst überdeckt sind. Jedenfalls ist nicht daran zu zweifeln, daß solche Ablehnung des Vaters, intrapsychisch höchst unterschiedlich verankert, ein bedeutsamer Motor für die Energien Homosexueller ist, etwas anderes oder etwas Besonderes zu werden. Die ästhetischen Individualismen und Idiosynkrasien vieler Homosexueller dürften von diesem Motor ebenso gespeist werden wie ihr kollektiver Aufstiegswille.»[10] Daß die Homosexuellen eine besonders intensive Mutterbindung auszeichnet, bringt es mit sich, daß sie nicht selten Formen einer «weiblichen» Sensibilität aufweisen, über die Männer ansonsten kaum verfügen. Adorno bemerkt: «Unter den Homosexuellen dürften recht viel geistig Begabte sich finden; psychogenetisch wohl darum, weil die Kraft der extremen Identifikation mit der Mutter auch jene Züge verinnerlichten, welche die Mutter dem Vater, dem Vertreter praktischen Realitätsziels, entgegensetzte.»[11]

10 Dannecker und Reiche, a. a. O., S. 329.

11 Th. W. Adorno: Sexualtabus und Recht heute, in: Eingriffe – Neun kritische Modelle, Frankfurt 1964, S. 112.

Die Misere der Homosexualität ist zugleich die Misere der Heterosexualität, deren «Extremvariante» sie weitgehend darstellt. Daß beide voneinander getrennt sind, daß die Homosexualität von der Heterosexualität und die Heterosexualität von der Homosexualität auf Distanz gehalten werden muß, läßt beide verkennen, wie sehr sie sich in mancher Hinsicht gleichen, wie sehr sie damit auf die gegenseitige Solidarität im Kampf gegen die Unterdrückung der Sinnlichkeit angewiesen sind. Das Auseinanderreißen von Homosexualität und Heterosexualität verhindert, daß die gleichgeschlechtlichen bzw. die gegengeschlechtlichen Neigungen auf emanzipierte Art genossen werden, es verdirbt beide in mancherlei Weise. Die Zwangsheterosexualität tendiert zum bornierten Besonderen, die Zwangshomosexualität hat eine Tendenz zum schlechten Allgemeinen.[12] Die Diskriminierung der Homosexuellen sorgt dafür, daß die homosexuellen Strebungen der Heterosexualität unterdrückt werden. Sie blokkiert damit zugleich die Humanisierung der homosexuellen Regungen aller Männer, weil deren Bearbeitung bei Homosexuellen wie Heterosexuellen dadurch sabotiert wird, daß sie sich kaum offen äußern dürfen. Die Verfolgung der offen Homosexuellen, die deren Liebesleben verdirbt, bringt es mit sich, daß diejenigen, die als Heterosexuelle gelten, ihre homosexuellen Persönlichkeitsanteile unter Angsteinfluß abwehren. Nicht zuletzt diese verdrängten Dispositionen, die der bewußten Bearbeitung durch das Ich nicht zugänglich sind, sorgen dafür, daß der Gewalt zwischen Menschen, ihren Konkurrenzritualen wie ihrer sozialen Isolierung eine triebökonomische Basis zukommt. Auch die offene Homosexualität fügt sich einem Repressionszusammenhang, solange sie durch die Fixierung an infantile Trennungsproblematiken unpersönlich zu sein verdammt ist, solange sie durch ihr Verhaftetsein an einen unbewältigten Ödipuskomplex übergenitalisiert ist und damit den Partner verdinglicht.

Die Unterdrückung der Homosexualität dient der Stabilisierung der traditionellen Geschlechterrollenaufteilung und der an sie gebundenen Unterdrückung der Frau. Die Homosexualität trennt die Lust von der Zeugung, von der Produktion des menschlichen Nachwuchses ab, sie negiert die bestehende Ehe- und Familienform – ihre Diskriminierung tritt damit in den Dienst der Abwehr von sexuellen Beziehungsmustern,

12 Sigmund Freud stellt fest: «Die katholische Kirche hatte die besten Motive, ihren Gläubigen die Ehelosigkeit zu empfehlen und ihren Priestern das Zölibat aufzuerlegen, aber die Verliebtheit hat oft auch Geistliche zum Austritt aus der Kirche getrieben. In gleicher Weise durchbricht die Liebe zum Weibe die Massenbindungen, der Rasse, der nationalen Absonderung und der sozialen Klassenordnung und verbringt damit kulturell wichtige Leistungen. Es scheint gesichert, daß sich die homosexuelle Liebe mit den Massenbindungen weit besser verträgt, auch wo sie als ungehemmte Sexualstrebung auftritt.» Massenpsychologie und Ich-Analyse, in: Gesammelte Werke, Bd. XII, S. 159.

die sich den etablierten Institutionen verweigern.

Die Befreiung der Homosexualität, die zugleich eine der Heterosexualität wäre, ist nur in einer Gesellschaft möglich, die die Versöhnung von Allgemeinem und Besonderem zuläßt, die Gewalt und Einsamkeit überwunden hat und die so reich ist, daß sie den Einsatz des Körpers als Arbeitsinstrument im Kampf gegen die Natur so weit reduzieren kann, daß seine Resexualisierung möglich ist, die die genitale Borniertheit aufhebt. Eine Form der Vergesellschaftung, die es erlaubt, die Sexualität in Formen freier kollektiver Produktion von sozialen Verhältnissen einzubringen, die sie aus der bestehenden Familienform entläßt und damit die traumatischen Ablösungsproblematiken von den Eltern, wo nicht gänzlich aufhebt, so doch wenigstens verändert und entschärft, würde erst ihre Befreiung dulden. Bis zu welchem Maß der auch unter anderen gesellschaftlichen Verhältnissen fortdauernde Kampf mit der Natur dies zulassen würde, bleibt freilich eine offene Frage.

Die gegenwärtige Toleranzströmung in Bezug auf die Homosexualität darf nicht mit deren wirklicher Befreiung verwechselt werden, obwohl sie für die Betroffenen Vorzüge mit sich bringt, die nicht unterschätzt werden sollten. Die Veränderung des Charakters der zunehmend vergesellschafteten Arbeit, der wachsende gesellschaftliche Reichtum, der bestimmte Versagungen überflüssig macht, die kommerzielle Verwertung unbefriedigter sexueller Strebungen, die Ausbreitung der Angestelltenkultur, die mit der wachsenden Zahl der Angestellten verbunden ist, oder auch veränderte Erziehungspraktiken haben eine größere Toleranz gegenüber bestimmten Äußerungsformen der Sexualität mit sich gebracht, die auch bestimmte Varianten der Homosexualität einschließt. Die Liebes- und Genußfähigkeit der Menschen ist dadurch aber kaum gewachsen, die Verdinglichung der Sexualität ist eher fortgeschritten. Auch die zunehmende soziale Isolierung, die die Gleichgültigkeit gegenüber dem Schicksal des Mitmenschen mit sich bringt und mit einer affektiven Verarmung einhergeht, erzeugt eine größere Toleranz gegenüber «abweichendem» Verhalten, weil dieses unter ihrer Einwirkung immer weniger betroffen macht. Wenn die ökonomische Krise den Lebensstandard der Massen sinken läßt, wenn sie die Konkurrenz und die Feindseligkeit zwischen den Menschen, ebenso wie die Arbeitsanforderungen, die an sie gestellt werden, verschärft, ohne daß eine Arbeiterbewegung Alternativen zum Bestehenden aufzeigen und durch ihre Praxis ansatzweise antizipieren kann, ist die Rücknahme dieser Toleranz durchaus denkbar. Unter einem neuen Faschismus, der sich in seinen Formen durchaus vom traditionellen unterscheiden kann, würde den Homosexuellen wahrscheinlich wieder ein schlimmes Los zufallen. Der Fortschritt der kapitalistischen Entwicklung kann durchaus archaischen Dispositionen, die historisch überwunden zu sein scheinen, neue Geltung verschaffen.

Die Befreiung der Homosexualität, die zugleich die der Heterosexuali-

Stunden. Zuschriften unter 659
schlossenen Herrn, Alter Nebensache. Zuschriften unter 634
Kerniger Sonnyboy, Figur wie Burt Reynolds, der am liebsten durchs Wasser gleitet, Jazz u. Rock hört, dabei literarisch interessiert u. politisch engagiert ist, sucht smartes, temperamentvolles weibl. Pendant zwischen 18 u. 35 für einen Briefwechsel, der Hand und Fuß hat. Bildzuschriften unter 669
Kater zärtlicher Kat 20–30. Zuschriften un
Berlin: 2 maskuline ser suchen feminine genstücke z. Aus Diskutieren, Segeln, chen, Kuscheln u. B Wir sind 30/185 u. Bartträger, nicht nicht häßlich, warte Euren Brief m. Bild Einzelmädchen sollte melden unter 697
Berlin: 30/169, schlanke Sie sucht selligkeit einen g ten, netten, großz Herrn gesetzten Alte mich verwöhnt. Kein
SUPER 8 COLOR oder MIT TON
scharf u. heiß
Ehemann, 39/181, Typ, investiert Poten tal in Sexbetrieb. Damen (u. Paare) möchten sich am Lustgewinn beteiligen? Zuschriften unt. 666
wortet unter 693
Kostenlose Unterkunft u. Verpflegung in München f. hübsche, interessante Schülerin oder Studentin bietet junges Paar, 21/25, Künstlerin und Philosoph, beide gutaussehend und abenteuerlich. Schreibe m. Bild unter 707
Zürich: Attraktives Paar 29/180, 28/165, sucht tole rantes, schlankes (Ehe)pa zur repressionsfreien staltung von Freizeit Ferien. (Bild)Zusch unter 616
Raum Basel: Aufgeschl. Ehemann, 28, ideenreich, sucht zur erotischen Frei-
Masculinum, 40/18 zustand, unabhängig vielseitig, sucht intell. Sie zw. 20–30 J. für

bst sehr gerne
Passiv, bin sehr
ir herrliche Akt-
M611-101.

hte gerne sehr
mir streng um-
uschriften.
M611-102.

ssau, 32 Jahre,
versauten Brief-
ex, Tausch von
Wer hat Interes-
abe. M611-103.

27/180/74 r
s, männlich
am, zum blas
de Bildzuschi
es garantiert zu
ndlich.
M611-104.

persau, 43/1.78
der-Stiefel-Tv
bis Gleichal
nischen
en S/M)
nz ist ni
Phantas
Wohng
vorher
du die t
worauf du ge
ebenso mit Bil-
M611-105.

VEIZ. Kerl Anf
nterbau«, st
möglich d
Leder
nseh
rt.

RAL
Du m
liefert
wilder
ck uns rei
hepunkt unbe
3/177/61/20/5)
auch wenn Du
sein möchtest.
M611-107.

behaart, 66/180
laub und Frei-
Whng, Auto,
r. mit Bild und

Suche Kontakt mit gutgebauten Boys bis 40 für alle geilen und perversen Spiele. Bin ein gut gebauter Doppeltwen, 170/68, dunkel, stark behaart, mache alle Spiele mit (auch Gruppensex), bin besonders Leck- und Blasfreudig. Auch für Durchreisende interessant, keine finanziellen Interessen. Suche ferner Fotograf für Aktaufnahmen in meiner Wohnung, sowie Poppersfreunde. Wer kann »P« gegen Zahlung liefern. Zuschriften mit Bild (gar. zurück). Diskretion Ehrensache. M611-110.

RAUM 8. 36 Jahre, 184. Bartträger. Suche einen gleichaltrigen Freund für nette Stunden und der gleiche Hobbys hat: Bergwan- Skilaufen, Theater, Konzerte, Reisen Aber auch sexfreudig sein und chst, küsst, leckt, Rosette schön massiert. Me n. Soldaten
M61

und passiv - aber auch ander
Antworte in deutsch oder dä
schriften werden alle beantw
tion.

ZÜRICH. Bin 32/182/67, bär
und gut gebaut und suche
auch ein junger gutgebauter
möchte ich Dich gerne so
Auch alle anderen Sexspiele
mit Dir ausprobieren. Bin aktiv
Dich mit steifem Schwanz.

RAUM OLDENBURG. Ich 52
mit steifen Schwanz und pralle
geile Boys, die eben so geil
und stramme Schwänze in
haben. Z ailen Schwanzlu
ke ger
rift

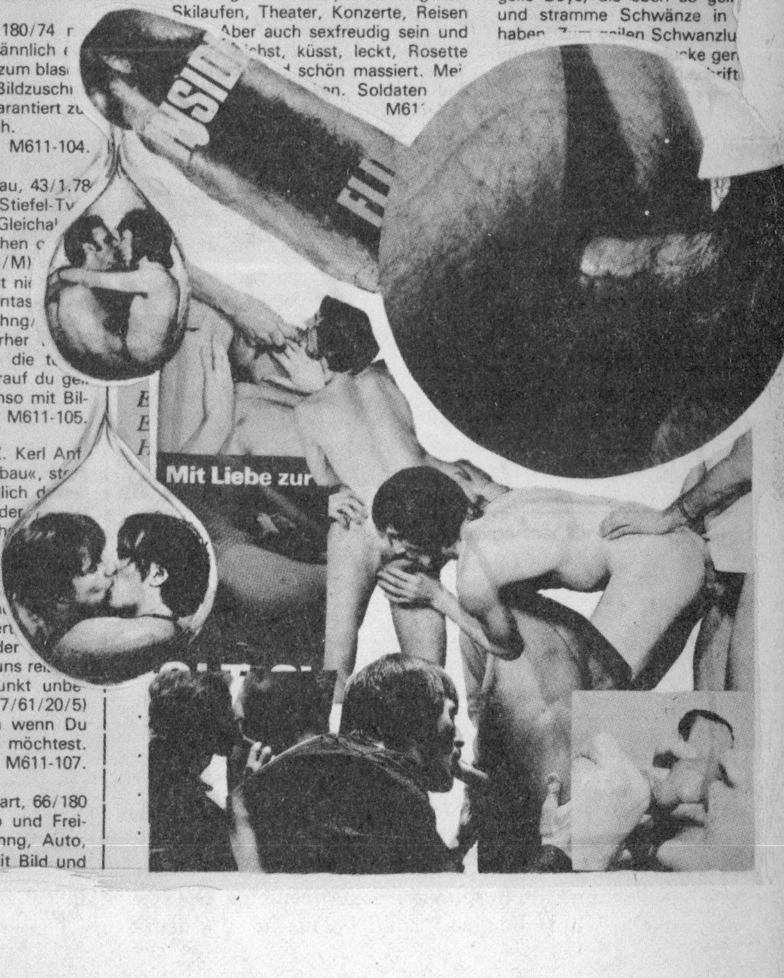

tät wäre, würde ihre Versöhnung mit dieser einschließen. Diese ist nicht mit dem zu verwechseln, was heute als Bisexualität auftritt. Die wirkliche Emanzipation von traditionellen Geschlechtermustern, die mit der Diskriminierung homosexueller Strebungen verbunden sind, ist nicht mit der von der kapitalistischen Entwicklung durchgesetzten Nivellierungstendenz zwischen den Geschlechtern gleichzusetzen. Diejenigen, die in progressiver Absicht die Geschlechterdifferenz soweit wie möglich abschaffen wollen, verlängern mitunter kapitalistische Trends allzu geradlinig. Der Verzweiflung am Geschlechtlichen, das sich in seiner vorhandenen heterosexuellen, an die Differenz gebundenen Ausformung nicht entfalten darf, mündet bei manchen kurzschlüssig in die generelle Absage an eine Geschlechtlichkeit, die an die Differenz gebunden ist. Wo die Geschlechterdifferenz nur noch als Ärgernis erscheint, liegt eine abstrakte Negation des Bestehenden vor, die diesem verhaftet bleibt und sich in fragwürdige kapitalistische Formen der «Gleichmacherei» einfügt. Eine höhere Form der Vergesellschaftung braucht die Geschlechterdifferenz nicht unbedingt zu nivellieren, sie könnte sie sogar vielleicht vergrößern, wenn sie ihr eine gelungenere Verarbeitung in einer anderen Organisation ermöglicht. Die Befreiung von Mann und Frau aus Rollen, die sie zwingen, Strebungen abzuwehren, die dem anderen Geschlecht zugerechnet werden, braucht die Differenz zwischen den Geschlechtern nicht der Tendenz nach aufzuheben; sie könnte vielmehr erlauben, sie in bestimmter Hinsicht weiterzuentfalten, wenn sie dann mit weniger Angst verknüpft wäre. Die Befreiung der Sexualität kann die Geschlechterdifferenz zugleich größer und kleiner machen. Die Befreiung der Sinnlichkeit kann – in Verbindung mit der Befreiung der nichtgenitalen «Partialtriebe» – den Geschlechterunterschied abbauen; zugleich kann er sich damit leichter als Möglichkeit zu seinem ekstatischen Verschwinden während der körperlichen Vereinigung zu erkennen geben und damit eine größere Bedeutung erlangen. Jede psychisch bedingte Störung des Sexuallebens enthält, wie die therapeutische Erfahrung zeigt, die unbewußte übergroße Angst vor der Geschlechterdifferenz; auch ihre sich fortschrittlich gebende theoretische Ablehnung ist ihr allzuleicht verfallen. Die Angst vor der Differenz, vor dem anderen, entspricht einer Gesellschaft, in der die abstrakte, quantifizierende Rationalität des Kapitalverhältnisses dem Besonderen, der Differenz, entgegensteht. Das mit Erotik verbundene Glück, die sexuelle Lust, war bisher stets ans Besondere, an die Differenz gebunden. Auch die homosexuelle Liebe lebt, entgegen der Vorstellung mancher ihrer Ideologen, von der Differenz. Der homosexuelle Mann liebt nicht einfach einen anderen Mann, er liebt an diesem – neben dessen Männlichkeit – vor allem auch dessen weibliche Züge. Wo die homosexuelle Liebe gelingt, findet sie immer im Trennenden das Bekannte, im Besonderen das Allgemeine. Die völlige Gleichheit der Subjekte würde die Lust absolut leer machen und damit aufheben, sie würde jede neue Erfahrung unmöglich machen – Ungleichheit ist nicht notwendig mit Unterdrückung verbunden. Die Geschlechterdifferenz ist bei der homosexuellen Praxis nicht aufgehoben, sondern lediglich reduziert. Eine befreite Heterosexualität, die es dem Mann erlaubt, in der Beziehung zur Frau seine weiblichen Züge neben seinen männlichen zu genießen, die er beide bei der Frau in gewisser Weise wiederzufinden vermag, kann als höchste Form der Homosexualität interpretiert werden. Die befreite Heterosexualität würde die Homosexualität einschließen, die es dem Mann erlaubt, im anderen Mann das Weibliche zu finden, das Teil seiner Person ist. Die Freisetzung und Kultivierung homosexueller Regungen bildet zugleich die Voraussetzung für die Freisetzung von heterosexueller Liebe. Relativ angstfreie Liebesbindungen an das andere Geschlecht sind nur möglich, wenn im Fremden das Bekannte entdeckt werden kann, wodurch die Kluft zwischen Mann und Frau überwunden zu werden vermag, ohne daß die Differenz negiert zu werden braucht, an die die Lust gebunden ist. Die Homosexualität taugt als nicht humanisierte zum Kitt für irrationale soziale Verhältnisse; sie vermag aber auch die emotionale Basis von Gleichheit und Brüderlichkeit zu liefern, die freilich die Schwestern nicht ausschließen darf. «In der Homosexualität ist immer ein Zug des Gleichseinwollens»[13], dieses Gleichseinwollen kann den Drang aufladen, sich der bestehenden Herrschaft anzugleichen und sich den starken Männern zu unterwerfen, die diese repräsentieren – es kann aber auch den Zusammenhalt der demokratischen Kollektive stiften helfen, die ihre Überwindung anstreben. Freud bemerkt in Bezug auf eine analytische Kur: «Es war sehr merkwürdig mitzuerleben, wie jedes befreite Stück der homosexuellen Libido eine Anwendung im Leben und eine Anheftung an die großen gemeinsamen Geschäfte der Menschheit suchte.»[14] Die ambivalenten Gefühlseinstellungen, die unter kapitalistischen Verhältnissen nicht nur homosexuelle Liebesbeziehungen verderben und soziale Kontakte erschweren, erfahren ihre rationale Aufhebung, wenn die Aggressivität den Agenten der Repression gilt und die Liebe jenen, mit denen man zusammen um eine bessere Gesellschaft kämpft.

Da die heute vorhandenen Formen des sexuellen Verhaltens von den bestehenden Produktionsverhältnissen geprägt sind, ist die emanzipierende Wandlung des Umgangs mit der Sinnlichkeit, die die Befreiung der Homosexualität einschließt, an die Veränderung der Formen der Arbeit und des sozialen Verkehrs unter veränderten Eigentumsverhältnissen gebunden. Das Ausbrechen aus bestehenden Geschlechterrollen, die Ausdruck der allgemeinen, mit den bestehenden Produktions- und Herr-

---

13 Fromm, a. a. O., S. 178.

14 S. Freud: Aus der Geschichte einer infantilen Neurose, in: Gesammelte Werke, Bd. XII, S. 102.

schaftsverhältnissen verbundenen sexuellen Repression sind, braucht deshalb nicht gänzlich bis zur Abschaffung des Kapitalismus vertagt zu werden. Eine soziale Bewegung, die auf eine höhere Form der Vergesellschaftung zielt, die einen versöhnteren Umgang der Menschen mit ihrer Triebhaftigkeit zuläßt, kann das Ziel ihres Kampfes wenigstens rudimentär dadurch antizipieren, daß sie die Freiräume nutzt, die ihr zumindest der kulturelle Überbau des Kapitalismus offen läßt. Der Versuch modellhafter Produktion alternativer Arbeits- und Verkehrsformen sollte hier in Angriff genommen werden – eine soziale Bewegung verdankt ihre Attraktivität nicht zuletzt ihrer Fähigkeit, das Bessere sichtbar ansatzweise vorwegnehmen zu können. Eine gesteigerte Liebes- und Genußfähigkeit entspringt kaum veränderten moralischen Ansprüche. Emanzipatorische Ansprüche im Bereich der Sexualität, denen sich die Subjekte nicht gewachsen fühlen, produzieren Ängste, die Abwehrmechanismen verstärken und damit das Gegenteil dessen bewirken, was angestrebt wird. Die Propagierung einer libertären Sexualmoral durch die Studentenbewegung hat die mit der Sexualität verknüpfte Angst, wie z. B. Berichte aus der Frauenbewegung zeigen, bei vielen gesteigert. Sowenig es sinnvoll ist, Homosexuelle zu heterosexuellen Kontakten verpflichten zu wollen, sowenig können den Heterosexuellen homosexuelle Kontakte zum Beweis ihrer Emanzipation abverlangt werden. Mehr Liebesfähigkeit und Toleranz, die nicht identisch mit teilnahmsloser Gelassenheit ist, entspringt kaum veränderten moralischen Maximen, sondern dem Abbau von Angst, der auf erfahrener Solidarität im Kampf um eine bessere Gesellschaft beruht. Der Mangel an intensiven Beziehungen zu Menschen, Tieren und Gegenständen unter entfremdeten Verhältnissen bringt eine Entleerung der Subjektivität mit sich, die die Fähigkeit zur Liebe wie die, gegen das Unrecht zu kämpfen, zerstört. Der Reichtum der Subjektivität ist von der Vielfalt der Beziehungen abhängig, die die Gesellschaft zu produzieren erlaubt. Der politische Kampf um menschliche Verhältnisse muß auch eine Schule sein, in der die Produktion von Beziehungen gelehrt wird. «Daß der wirkliche geistige Reichtum des Individuums ganz von dem Reichtum seiner wirklichen Beziehungen abhängt, ist nach dem Obigen klar.»[15]

Homosexualität, Heterosexualität und bürgerliche Vernunft

Die sozialen Strukturen, unter denen die Menschen ihr Leben verbringen müssen, schlagen sich in ihrer Psyche nieder. In der Psyche der Menschen sedimentieren sich, vermittelt über ihre soziale Praxis, die sozial-

15 K. Marx, F. Engels: Deutsche Ideologie, MEW, Bd. 3, S. 37.

strukturellen Gegebenheiten, die ihr Leben bestimmen. Das Denken «spiegelt» die soziale Realität auf eine Art und Weise wider, die davon abhängig ist, wie sich diese in der psychischen Gesamtstruktur niederschlägt. Jedes Denken trägt also projektive Züge; sein Wahrheitsgehalt kann steigen, wenn es um die psychischen Dispositionen weiß, die es auf die Objektwelt überträgt. Die richtige Einsicht in die Dialektik der sozialen Objektivität ist mit der Erfassung der Dialektik psychischer Prozesse verknüpft, die ihr entspricht. Je weniger die Dialektik des Psychischen auf Grund von Abwehrmechanismen transparent werden kann, desto weniger ist ein Denken möglich, das die soziale Objektivität adäquat erfassen kann.

Dem Warenwert bzw. der kapitalistischen Produktionsweise entspricht eine bestimmte Form abstrahierenden Denkens, eine bestimmte Form instrumenteller Vernunft, die die Herrschaft über die Natur wie die Herrschaft von Menschen über Menschen erlaubt. Das mit der kapitalistischen Gesellschaftsordnung bzw. ihren Vorläufern in Gestalt von städtischen Marktwirtschaften aufkommende Denken hat die Tendenz, das Besondere zu überwältigen und einem Identitätsprinzip zu gehorchen, das kein Anderes dulden will und Widersprüche zu negieren neigt. Ein abstrahierendes Denken, das dazu tendiert, die qualitative Differenz verschwinden zu lassen, ist Ausdruck von gesellschaftlichen Realabstraktionen, die das Kapitalverhältnis durchsetzt.[1] Die gedanklichen Abstraktionsprozesse sind – wie besonders Lukács, Sohn-Rethel und Adorno herausgearbeitet haben[2] – Ausdruck der Konstitution der sozialen Ob-

1 Die Untersuchungen von Maccoby u. a. belegen, daß die kognitiven Erfahrungsstrukturen in der kapitalistischen Industriegesellschaft sich von denen in agrarischen Gesellschaftsordnungen schon bei Kindern unterscheiden. Die kognitiven Strukturen amerikanischer Stadtkinder fallen ungleich abstrakter aus als die mexikanischer Kinder aus ländlichen Regionen. «Im besten Falle entwickelt das *nordamerikanische Kind* ein Interesse für Theorien, für abstrakte Ähnlichkeiten und Unterschiede zwischen Objekten. Im ungünstigsten Falle behandelt es die Dinge in einer formalen und zunehmend reduktionistischen Art und Weise. Einige ältere Kinder verlieren in der Tat jegliche Fähigkeit der Analyse, denn die konkreten Attribute der Gegenstände sind unter formalen und abstrakten Begriffen verschüttet. Im besten Falle zeigt es (= das *mexikanische Kind,* G.V.) ein intensives Interesse und eine echte Beziehung zum Objekt als einem individuellen Ding. Es drückt die Erfahrung aus und beschreibt sie, hat andererseits kein Interesse für Theorien und Abstraktionen. Im ungünstigsten Falle nimmt es die Dinge bloß bezüglich ihrer konkreten und eng begrenzten Attribute wahr, und wenn es auf Schwierigkeiten stößt, so erklärt es in willkürlicher Weise, daß die Gegenstände ähnlich oder verschieden sind.» Maccoby und Modiand in: J. S. Bruner, R. R. Ower und P. M. Grienfield (Hg.): Studien zur kognitiven Entwicklung, Stuttgart 1971, S. 311.

2 G. Lukács: Geschichte und Klassenbewußtsein; A. Sohn-Rethel: Geistige und körperliche Arbeit; Th. W. Adorno: Negative Dialektik.

jektivität; sie sind aber auch – was bisher nicht zureichend begriffen wurde – die Konsequenz der psychischen Verfaßtheit der Subjekte, die von ihr geprägt werden. Die Abstraktionen, die an den Menschen vorgenommen werden, prägen auch deren psychische Verfaßtheit und erlauben damit ein Denken, das nicht ans Besondere gebunden ist. Die Entfremdung des Menschen von der Natur, seine mit der privaten Aneignung von kollektiv Produziertem verbundene Abtrennung von Gebrauchswerten bzw. Enteignung von Produktionsmitteln, über die andere auf Grund von Eigentumstiteln verfügen, und die Isolierung der Menschen voneinander zerstören unmittelbare Beziehungen zu Menschen, Tieren und Sachen oder lassen sie nur in begrenztem Umfang und in oft fragwürdiger Form zu. Dem objektiv gesetzten Zwang zur Gleichgültigkeit gegenüber der entfremdeten Umwelt entspricht eine sozialisierte Unfähigkeit zu einem liebevollen Umgang mit dem Lebendigen, der seine jeweilige Besonderheit zu ihrem Recht kommen läßt.

Die Bewußtseinsformen, die der kapitalistischen Produktionsweise entsprechen, haben auf der subjektiven Ebene eine psychologische Basis in einer spezifischen Zurichtung der Triebstruktur, der eine bestimmte Verfaßtheit des Ich entspricht. Diese Triebstruktur, die das Denken wesentlich beeinflußt, erfährt ontogenetisch eine erste basale Prägung – die später aufgenommen und verfestigt wird – während der primären Beziehung zur Mutter im Prozeß der familialen Sozialisation. Eine unbewältigte Beziehung zur Mutter, die eine unbewältigte Beziehung zu der Realität einschließt, die das Kind zuerst über die Vermittlung der Mutter erfährt, duldet es kaum, sich liebevoll Personen und Sachen zu überlassen, weil die Sehnsucht, sich Liebesobjekten anheimzugeben, die Gefahr mit sich bringt, von blinden Emotionen überwältigt zu werden. Das Ich, dessen Autonomie ständig von verdrängten Triebregungen, die kein Objekt finden dürfen oder durften, bedroht wird, das große Energien dabei vergeuden muß, Abwehrprozesse zu bewerkstelligen, kann nur Liebesobjekte annehmen, wenn das Subjekt die Angst vor libidinösen Bindungen zu reduzieren vermag, indem es diese seiner Kontrolle unterwerfen kann. Der Realitätsbezug, den die Gesellschaft verlangt, ist dadurch gekennzeichnet, daß die Angst vor Objektbesetzungen eine mit Verdrängungen verbundene tendenzielle Gleichgültigkeit gegenüber den Objekten ermöglicht oder daß starke emotionale Zuwendung die Kontrolle des Objekts erfordert, die die Sinnlichkeit an den «Sinn des Habens» fesselt.

Die von der Gesellschaft bereits den Kindern verordnete rigide Abwehr der analen Lust – ebenso wie der mit anderen Partialtrieben verbundenen Lust – im Dienst von Disziplin, Leistung und Sauberkeit verankert in der Psyche einen Ordnungszwang, der das Denken so beherrscht, daß ihm die «Unordnung» von Lebendigem zuwider ist. Auch die Abstraktion von der Mutter als erotischem Objekt, die im Verlaufe des ödipalen Konflikts vorgenommen werden muß, geht entscheidend in spätere Abstraktionsleistungen ein. Die Verdrängungen, die in die genitale Sexualität eingelagert sind, bestimmen den Bezug zur Realität mit, weil dieser, wie aufgezeigt wurde, unterschwellig mit der Selbsterfahrung als Penisträger verbunden ist.[3] Infantil gesetzte psychische Strukturen, die später unter dem Zwang der Verhältnisse ausgebaut und stets von neuem verfestigt werden, erlauben nur Beziehungen zur Realität, die mehr oder weniger stark von Gleichgültigkeit und subjektiver Willkür gekennzeichnet sind. Den Objekten gegenüber herrscht eine spezifische Kälte, oder sie werden überwältigt und damit ihrer Besonderheit beraubt. Die bürgerlich instrumentelle Vernunft, ein abstraktes schematisches Denken, wurzelt in der Struktur der objektiven Realität, die vom Kapitalverhältnis geformt wird, sie wurzelt aber auch in einer Psyche, die durch diese Realität determiniert ist und damit einer abstrakten Rationalität zu gehorchen tendiert. Das Denken wird um so kälter und gleichgültiger, je weniger menschlich die Realität strukturiert ist und je weniger Liebe das Subjekt empfangen hat und empfängt. Das heute vorherrschende positivistische Denken ist das Denken von Lieblosen und Gleichgültigen.

Dem erwachsenen Individuum, dessen Kinderträume nicht in gewandelter Form zum Zuge kommen dürfen, weil es auf Grund des Zwangs der Verhältnisse an bedrohliche Imagines aus der Kindheit fixiert bleiben muß, gerät das, was Lust, Erfüllung gewähren soll, tendenziell zum leeren Ersatz. Die Beziehung zum begehrten Objekt schafft keine wirkliche Befriedigung; das Objekt repräsentiert das Allgemeine, das nicht in seiner Besonderheit erfahren werden darf und damit Glück ermöglichen könnte. Die Fixierung an verdrängtes Vergangenes duldet keine neuartigen Erfahrungen, sie zwingt zur Erfahrung der Reproduktion des Immergleichen, für die es keine Wandlung, keine erfüllte Zeit gibt. Die psychische Struktur, die kaum mehr als die leere, abstrakte Beziehung zur Realität duldet und aus der die Dimension der Zeit, der Zukunft, weitgehend getilgt ist, bringt ein Denken hervor, das sich mit der Struktur einer entfremdeten Realität auf fragwürdige Art verträgt.

Die Sabotage von Objektbesetzungen und Identifikationsmöglichkeiten auf Grund der Entfremdung von Mitmenschen und Dingen läßt das Ich auf spezifische Weise verkümmern und verhindert damit eine bewußtseinsmäßige Aneignung der Realität, die dieser angemessen ist: die Erkenntnisfähigkeit verfällt den Gesetzen falscher Projektion. Projektives Vorgehen ist keineswegs an sich falsch; da sich in der psychischen Struktur der Individuen, in ihrem Denken und Fühlen, die Struktur der sozialen Realität niederschlägt, enthält jede Projektion Momente der Wahrheit; falsch wird sie nur durch den Ausfall einer Reflexion, die überprüft, inwieweit sie die Realität trifft. «Indem das Subjekt nicht

3 Siehe hierzu Seite 174 ff. dieses Buches.

mehr vermag, dem Objekt zurückzugeben, was es von ihm empfangen hat, wird es nicht reicher, sondern ärmer. Es verliert die Reflexion nach beiden Richtungen: Da es nicht mehr den Gegenstand reflektiert, reflektiert es nicht mehr auf sich und verliert die Fähigkeit zur Differenz.»[4] Die Außenwelt wird reflexionslos mit projizierten Aspekten der eigenen Subjektivität versehen, sie wird so rezipiert, wie es der eigenen blinden Triebhaftigkeit entspricht. Ein Übermaß an Narzißmus, das dem Mangel an Objektbesetzungen entspringt, zeitigt ein starres Schema der Allmacht, das die Realität überwältigt und jede Eigenart und Differenz zu negieren tendiert. Übergeneralisierte Interpretationsmuster überrollen die Realität. «Die Geschlossenheit des Immergleichen wird zum Surrogat von Allmacht.»[5] Das zwanghaft projizierende Individuum, das an der Realität verzweifelt, kann nichts projizieren als seine eigene Misere: Die eigene Leere läßt nur eine Erfassung der Realität zu, die auf leeren Abstraktionen fußt und der die lebendige Erfahrung des Besonderen fehlt.

Die Neigung zur Übergeneralisierung bei der Realitätserfassung verbindet sich mit konkretistischen Einstellungen. Um den völligen Bruch mit der sozialen Objektivität zu vermeiden, um den intellektuellen Kontakt mit der Realität nicht gänzlich einzubüßen, klammert sich das Bewußtsein ans unmittelbar Gegebene, an das scheinbar konkret Faßbare, dessen Vermitteltheit vernachlässigt wird. Den übersteigerten leeren Abstraktionen entspricht eine Faktengläubigkeit, die an den Erscheinungen klebt und unfähig ist, zum Wesen einer Sache vorzustoßen.

Jedem analytischen Denken, das immer in gewisser Weise auf die Beherrschung seines Gegenstandes aus ist, ist das Moment der Kälte eigen. Die Fähigkeit zur intellektuellen Aneignung von Objekten beruht genetisch auf der Versagung ihrer realen Aneignung. Da sie auf der Brechung der unmittelbaren Beziehung zum Objekt beruht, ist ihr immer das Moment der Gewaltsamkeit beigegeben. Nur wo die Vernunft in starkem Maß die Sehnsucht in sich aufnimmt, Objekte zu finden oder herzustellen, mit denen sich das Subjekt versöhnen kann, vermag sie ihrem Gegenstand gerecht zu werden. Auch die Fähigkeit zu einem der Sache angemessenen dialektischen Denken beruht auf erfahrenen Realabstraktionen bzw. deren Niederschlag in der Psyche. Was das dialektische Denken vom positivistischen Denken unterscheidet, ist seine Fähigkeit, sich noch so auf seinen Gegenstand beziehen zu können, daß es noch in sich aufnimmt, woran Abstraktionen gewaltsam vorgenommen werden, daß es sich trotz aller abstrahierenden Distanz noch seinem Gegenstand zu überlassen vermag. Eine subjektive Konstitution, die zu

4 Th. W. Adorno, M. Horkheimer: Dialektik der Aufklärung, Amsterdam 1947, S. 224.

5 Ebd., S. 224.

dialektischem materialistischem Denken prädisponiert, ist aus diesem Grund besonders während des Übergangs von der feudalen zur kapitalistischen Gesellschaftsordnung anzutreffen. Die schmerzlichen Umstrukturierungen und Deformationen der Sinnlichkeit, die der Einbruch des industriellen Kapitalismus in bäuerlich und handwerklich geprägte Strukturen erzwingt,[6] machen die Gewaltsamkeit der Abstraktionen, die er an den Menschen vornimmt, besonders drastisch erfahrbar. Je mehr die mit der Durchkapitalisierung der Gesellschaft verbundene Erstarrung und Verdinglichung des Lebendigen voranschreitet, je weniger vorkapitalistische Reste das Kapitalverhältnis übrigläßt, und je weniger kapitalalternative Strukturen erkämpft werden, desto mehr schrumpft die Möglichkeit der Erfahrung eines Anderen, das der Rationalität des Kapitals nicht gehorcht und damit ein Bewußtsein für die Erfassung dessen ermöglicht, was dieses den Menschen antut. Der Zerfall bürgerlicher Subjektivität, die ihre Erfahrungsfähigkeit weitgehend vorbürgerlichen Relikten verdankt, ebnet – wenn keine sozialistischen Alternativen sich anbahnen – einem entleerten positiven Denken die Bahn.

Die Fähigkeit zu dialektischem Denken, das Sensorium für das Erfassen der Differenz, für das Erkennen von Widersprüchen, die es auszuhalten gilt, um die Versöhnung zu ermöglichen, für die Einsicht in das Wesen sozialer Phänomene, nicht als das abstrakte Wiederholte, sondern als das Allgemeine im Unterschiedenen, bildet sich – ebenso wie die Unfähigkeit dazu – individualgenetisch nicht zuletzt im Kontext mit der Erfahrung des Geschlechtlichen.[7] Wo die Geschlechterdifferenz nicht bewältigt werden kann, kann sich die Fähigkeit nicht ausbilden, sich Widersprüchen intellektuell zu stellen und Vermittlungen zu begreifen. Die Basis des Ich konstituiert sich nach psychoanalytischer Einsicht während der Ablösungsphase von der Mutter, dem Urbild des Weiblichen, das durch frühe Introjektionen zum Teil der Subjektivität des Mannes wird. Während der ödipalen Phase bildet die Auseinandersetzung mit der Geschlechtlichkeit einen entscheidenden Antrieb für die Ausbildung intellektueller Leistungsfähigkeit. «Um dieselbe Zeit, da das Sexualleben des Kindes seine erste Blüte erreicht, vom dritten bis zum fünften Jahr, stellen sich bei ihm auch die Anfänge jener Tätigkeit ein, die man dem Wiß- oder Forschertrieb zuschreibt. Der Wißtrieb kann weder zu den elementaren Triebkomponenten gerechnet werden noch ausschließlich der Sexualität untergeordnet werden. Sein Tun entspricht einerseits einer sublimierten Weise der Bemächtigung, andererseits arbeitet er mit der Energie der Schaulust. Seine Beziehungen zum Sexualleben sind aber besonders bedeutsam, denn wir haben aus der Psychoana-

6 Siehe hierzu A. Krovoza: Sozialisation und Produktion, Frankfurt 1976.

7 Siehe hierzu Th. W. Adorno: Zum Verhältnis von Soziologie und Psychologie, in: Soziologica I, Frankfurt 1955.

lyse erfahren, daß der Wißtrieb der Kinder unvermutet früh und in unerwartet intensiver Weise von den sexuellen Problemen angezogen, ja vielleicht erst durch sie geweckt wird.»[8] Die Verarbeitung des Geschlechtlichen während der Kindheit, die den späteren Umgang mit ihm vorbestimmt, prägt entscheidend die Struktur der Wahrnehmung und des Bewußtseins. Die mangelnde Fähigkeit zur Bewältigung der Geschlechterdifferenz, die die Homosexualität wie die vom Fetischismus geprägte Heterosexualität auszeichnet, sorgt für eine Art «Farbenblindheit der Erfahrung» (Adorno), sie führt zur Störung des Interesses am Besonderen, am Individuierten in bezug auf Frauen. Die Abwehr homosexueller Strebungen zerstört beim Heterosexuellen die Sensibilität für die Ästhetik des Männlichen und reduziert damit die Fähigkeit, zur empfindsamen Wahrnehmung, zur ästhetischen Erfahrung im weitesten Sinne.[9] Die Unfähigkeit, das Allgemeine im Besonderen, das Vertraute im Fremden zu finden, das die Liebe beinhaltet, bringt einen erkalteten Verstand hervor, der sich seinen Objekten nicht überlassen kann.

Die etablierte Heterosexualität lebt von der Verachtung des Effiminierten, der Intoleranz gegenüber dem, was am eigenen Selbst ans Weibliche erinnert; auch die Homosexuellen diskriminieren mit ihrer Verachtung der «Tunte» ihre weiblichen Persönlichkeitsanteile.[10] Der Homosexuelle verdrängt zwanghaft seine heterosexuellen Strebungen, der Heterosexuelle seine homosexuellen. Die Liebe zum anderen Mann tritt beim Homosexuellen in den Dienst der Verdrängung von Aggressivität, die Aggressivität gegenüber anderen Männern hilft dem Heterosexuellen, seine homosexuellen Strebungen zu verdrängen. Da jedes Denken notwendig projektive Züge trägt, entspricht der Unfähigkeit, auf der psychischen Ebene Ambivalenzen bewußt ertragen zu können, die Unfähigkeit, sich den Widersprüchlichkeiten, die allen sozialen Konstellationen im Kapitalismus eigentümlich sind, intellektuell zu stellen. In der kapitalistischen Gesellschaft ist «angepaßt», wem es gelingt, die Widersprüchlichkeiten seiner Person, wie die der sozialen Realität, deren Produkte sie sind, bis zu einem gewissen Maße zwanghaft dem Bewußtsein zu entziehen. Die Fähigkeit zu einem Denken, das der Widersprüchlichkeit sozialer Sachverhalte angemessen ist, scheint am ehesten Subjekten eigentümlich zu sein, die nach üblichen Standards eher als Defekt etikettiert werden, weil sie Leidensbereitschaft aufbringen, sich den Widersprüchen einer brüchigen psychischen Verfaßtheit zu stellen. Bestimmte Gruppen von «Neurotikern» oder «Psychotikern» sind auf Grund ihrer psychischen Konstitution unfähig zu dialektischem Denken, weil sie sich ihren psychischen Ambivalenzen auf Grund starrer Abwehrmechanis-

8 S. Freud: Drei Abhandlungen, a. a. O., S. 94.
9 Siehe hierzu Dannecker und Reiche, a. a. O., S. 294.
10 Siehe hierzu Dannecker und Reiche, a. a. O., S. 345 ff.

men nicht zu stellen vermögen; nur wer die Ichstärke aufbringen kann, sich seine Beschädigung, seine Zerrissenheit transparent zu machen, ist fähig, eine falsche Realität richtig zu erkennen.

Die Untersuchungen von Adorno und anderen haben empirisch belegt, daß das erstarrte Denken des «autoritätsgebundenen Charakters», der diesen Theoretikern als repräsentativ für eine bestimmte Entwicklungsphase des Kapitalismus gilt, mit einem spezifischen Umfang mit der Sexualität in Verbindung steht. Über die Bewußtseinsformen des «autoritätsgebundenen Charakters» stellen die Autoren z. B. fest:[11] «Er hängt dem Schwarz-Weiß-Denken an.» Das Denken ist an starre Antinomien fixiert. «Alles andersartige wird heftig verworfen.» «Er denkt in Stereotypen», das Denken krankt an Übergeneralisierungen: «Das Individuum erscheint als bloßes Exemplar der Gattung.» «Er betont unveränderlich Merkmale.» «Er betont ständig das Positive», die Schattenseiten der Realität werden negiert oder dem Fremden zugerechnet. Er weigert sich, Widersprüche, in die er verstrickt ist, zur Kenntnis zu nehmen. «Trotz seiner allgemeinen Verachtung für seine Zeitgenossen verleugnet er nicht nur seine inneren Konflikte, sondern auch Zwistigkeiten in der Familie und in der Gruppe, der er sich zugehörig fühlt.» Dialektisches Denken, das die Kategorie der Vermittlung über das bloße Konstatieren von Antinomien hinausführt, das fähig ist, das Allgemeine im Besonderen zu finden, das die Verschränkung von Gutem und Schlechtem begreift und sich der geschichtlichen Gewordenheit seines Gegenstandes bewußt ist, ist dem Autoritätsgebundenen fremd.

Das Denken des Autoritätsgebundenen, der bestimmte Züge des Sozialcharakters in der faschistischen Ära des Kapitalismus besonders deutlich repräsentieren soll, ist nach Adorno das Denken eines Individuums unter «versteinerten» Verhältnissen, denen gegenüber es wehrlos ist.[12] Es ist das Denken eines Menschen, der der blinden gesellschaftlichen Herrschaft von Menschen über Menschen wie über die Natur verfallen ist und dem die Zukunft, die Möglichkeit der Veränderung, auf Grund seiner Ohnmacht genommen scheint.

Das irrationalen sozialen Verhältnissen blind verfallene Denken des «Autoritätsgebundenen» nimmt einen spezifischen Umgang mit dem Geschlechtlichen in sich auf, den es in gewisser Weise widerspiegelt.[13]

11 Die folgenden Zitate stammen aus einer zusammenfassenden Darstellung von M. Horkheimer, in: Autorität und Familie heute, in: Kritik der institutionellen Vernunft, Frankfurt 1967, S. 283 ff. Inwiefern die gesellschaftliche Entwicklung die dargestellten Befunde überholt hat, soll hier nicht diskutiert werden.

12 Siehe hierzu z. B. Th. W. Adorno, M. Horkheimer: Dialektik der Aufklärung, a. a. O., besonders S. 199 ff. Die nicht unproblematische Faschismuskonzeption der Frankfurter Schule kann hier nicht diskutiert werden.

13 Partiell läßt sich sicher auch umgekehrt argumentieren: Die gesellschaftlich produzierten Denkstrukturen prägen die Erfassung des Geschlechtlichen.

Der Autoritätsgebundene zeichnet sich durch eine ausgeprägte latente Homosexualität aus, die zwanghaft verdrängt werden muß.[14] Er verachtet damit verbunden mehr oder weniger alles, was ans Weibliche erinnert. Sein Liebesleben ist im wesentlichen kalt und oberflächlich. «Er kennt keine starken Gefühlsbindungen.» Er verdrängt zwanghaft seine weiblichen Persönlichkeitsanteile und ist deshalb an rigide Geschlechterrollentrennung fixiert, die keine unreglementierte Lust zulassen. «In geschlechtlicher Hinsicht überbewertet er das Ideal des normalen. Der Mann schätzt Männlichkeit über alles; die Frau möchte den Inbegriff der Weiblichkeit verkörpern.» Da er sich insgeheim vor seinen sexuellen Regungen, und damit verbunden vor der Frau, die diese anzieht, fürchtet, muß der Umgang mit ihr in bestimmte starre Bahnen gepreßt werden. «Er besteht auf sexueller Reinheit, Moralität oder zumindest Normalität. Er widersetzt sich allem, was nicht reglementiert ist.» «Er mißt dem Ideal der Reinheit, Ordnung, Sauberkeit u. ä. Merkmalen eine übertriebene Bedeutung zu.» Die Beziehungen zu anderen Menschen sind erstarrt: «Dinge sind ihm wichtiger als Menschen und in den Menschen sieht er hauptsächlich Werkzeuge oder Hindernisse – also Dinge.»

Ein mit offener oder latenter Lustfeindschaft, mit der angstvollen Abwehr von Geschlechtlichem verwandtes undialektisches Denken ist keineswegs auf reaktionäre Gruppierungen beschränkt; es läßt sich auch bei Gruppen ausmachen, die sich dem gesellschaftlichen Fortschritt verpflichtet fühlen. Für bestimmte Teile der Frauenbewegung reduzieren sich aus dem Kapitalverhältnis resultierende Widersprüchlichkeiten, die alle Lebensäußerungen in der bestehenden Gesellschaft durchdringen, auf den Kampf der Geschlechter. Manche Individuen aus den «Zwischenschichten» entziehen sich der Aufgabe, sich den Widersprüchlichkeiten ihrer eigenen Existenz theoretisch wie praktisch zu stellen durch die abstrakte Verbrüderung mit der Arbeiterklasse, die sich kaum auf sie einläßt.

Die mitunter geradezu magische Beschwörung des «Grundwiderspruchs» dient ihnen dazu, die Widersprüchlichkeiten der eigenen Existenz zu verschleiern. Ein reduktionistisches Denken, das sich an einem mehr oder weniger zentralen gesellschaftlichen Widerspruch festmacht, kann, wie diese Beispiele zeigen sollen, alle anderen Widersprüche und damit zugleich jedes Besondere verhüllen.

Das Aufkommen der antiken griechischen Philosophie, die als Wurzel des «abendländischen» wissenschaftlichen Denkens gilt, ist, wie Sohn-Rethel oder Thompson herausgearbeitet haben[15], mit der Entstehung

14 Siehe hierzu E. Fromm: Autorität und Familie. Sozialpsychologischer Teil, hg. von M. Horkheimer, Paris 1936.

15 A. Sohn-Rethel: Geistige und körperliche Arbeit, Frankfurt 1970; G. Thompson: Die ersten Philosophen, Berlin 1968.

einer Gesellschaft verbunden, in der der Warenverkehr bzw. die Geldwirtschaft eine zentrale Rolle spielen, die eine bestimmte Form kalkulierenden Denkens erzwingen. Sie basiert darüber hinaus auf der Trennung von körperlicher und geistiger Arbeit, die letztere von der unmittelbaren Auseinandersetzung mit der Natur fernhält und damit die Überwindung einer unmittelbaren Beziehung zur Realität aber auch ideologische Verzerrungen ermöglicht. «Von Ideologie läßt sich sinnvoll nur soweit reden, wie ein Geistiges selbständig, substanziell und mit eigenem Anspruch aus dem gesellschaftlichen Prozeß hervortritt. Ihre Unwahrheit ist stets der Preis eben dieser Ablösung, der Verleugnung des gesellschaftlichen Grundes. Aber auch ihr Wahrheitsmoment haftet an solcher Selbständigkeit, an einem Bewußtsein, das mehr ist als der bloße Ausdruck des Seienden, und das danach trachtet, das Seiende zu durchdringen.»[16]

Die antike Philosophie ist zugleich das Produkt einer patriarchalischen Gesellschaft. Für ihre führenden Theoretiker ist, wie z. B. Borneman belegt, eine Verachtung der Frau typisch. Die homosexuelle Liebe zu Knaben gilt für viele von ihnen als höchste Form der Erotik. Die Frau, die der seelenlosen, bedrohlichen Natur zugerechnet wird, bedarf der Beherrschung durch den Mann. Hans Jürgen Krahl formuliert in einer «lemmatischen Skizze»: «Metaphysische Ontologie hat die eleatische Lehre der Identität vom Denken und Sein zum Zentrum, die idealistisch in eine Identität des Denkens mit sich selbst mündet. Mit der Entstehung der europäischen Philosophie als des sich aufklärenden Mythos verleiht sie dem Versuch, angesichts der noch ungesicherten Aneignung feindlicher Natur und der zaghaften Emanzipation der Menschen von deren Zwang, die prekäre Identität nach innen wie nach außen abzusichern, einen ersten rationalen Ausdruck. Das dergestalt Konsistente – ebenso dinglich wie autonom – bezeichnet die Philosophie Platons als Idee.»[17] «Der platonische chorismos von Form und Materie drückt den reproduktiven Stand der Naturbeherrschung an der patriarchalischen Organisation der Arbeitsteilung der Geschlechter aus. Form, reinste Einheit, ist das bestimmende männliche Moment; diese Herrschaftsgewalt ist das autonome Gute. Materie ist das unbestimmte und darum zu bestimmende Moment, das schlechthin Nichtseiende also und weiblich Abhängige. Sie ist von Übel. Denn ihre chaotische Mannigfaltigkeit verführte die präexistierende Seele einst, sich ins Sumpfgelände des me on herabziehen zu lassen. Dieser Sündenfall bannte sie ins Gefängnis des Leibes und zersplitterte ihre Einheit in Vernunft-, Mut- und Begierdeseele. Die erste sitzt im Kopf, die zweite in der Brust und die dritte im Unterleib. Dem

16 «Ideologie», in: Soziologische Exkurse, Frankfurt 1956.

17 H.-J. Krahl: Ontologie und Eros – zur spekulativen Deduktion der Homosexualität, in: Konstitution und Klassenkampf, Frankfurt 1971, S. 115.

entspricht die platonische Gesellschaftslehre. Die Handwerker werden getrieben von der niederen Begierdenseele, die ihre Freiheit aufgegeben hat; die Wächter bewahren ihre Mutseele im Kampf; erst die Philosophen sind zum Herrschen prädestiniert, da sie allein über den wahren Eros, den geistigen Trieb, verfügen, sich anamnetisch der Ideen zu vergewissern. Dieser anamnetische Eros entzündet – einem vorwärtsstrebenden Roß gleich unter der Führung des nous – den enthusiasmos, die Liebe zu Ideen. Seelenlos aber sind die Frauen; sie sind ebenso üble wie nichtseiende Materie. Sie zu lieben ist eine Schande. Der Geschlechtsakt ist bloßer Zwang zur Fortpflanzung. Die wahre Liebe ist die der Gleichen zu Gleichen, die homosexuelle Päderastenliebe, die, vom Eros begeistert in der Sphäre reiner Identität, sich beseelt. Durch den unüberbrückbaren chorismos – dem, mit Nietzsche zu sprechen, eine moralische Wertung verbunden ist – wurden Lustprinzip und Zeugungsakt auseinandergerissen. Dieser wird zum bloßen Zwang der Realität, die deshalb kein wahres Sein hat.

Der Heterosexualität freundlich gesinnt sind alle dialektischen Denker der Vermittlung. Aristoteles, der die morphe als eide den Dingen immanent setzt, will wahrhaft zwischen Form und Materie vermitteln, denn die reine Form ist bloß eine abgeleitete Abstraktion, deutera ousia. Doch auch diese Vermittlung mündet in die reine Identität, denn die Herrschaft übers Weib und die damit verbundenen moralischen Werte behält Aristoteles – viermal verheiratet – bei.»[18]

Das antike Denken läßt sich, wo es in identitätsphilosophische Konstruktionen mündet, die reale Widersprüchlichkeiten in der Sphäre des Begriffs aufheben, als ein Denken begreifen, das das Andere akzeptiert und es zugleich nicht wahrhaben will. Es ist wohl kein Zufall, daß dies der Struktur der homosexuellen Päderastenliebe entspricht, die das Andere, das Weibliche im Sexualpartner anzieht, das zugleich aber nicht ertragen werden kann. Die Differenz, die die Liebe zur Frau bestimmt, ist ihr zu ängstigend; sie kann nur in der Gestalt der homosexuellen Liebe zu Knaben in reduzierter Form genossen werden, wo sie zugleich verschleiert ist. Freud konstatiert beim Fetischisten, was, wie oben aufgezeigt wurde, ähnlich auch für den Homosexuellen gilt, eine Ich-Spaltung, die es dem Ich erlaubt, die Andersartigkeit des Weibes wahrzunehmen, diese Wahrnehmung aber zugleich auch wieder aufzuheben. Wo das Individuum, um im Kampf gegen die Natur wie gegen seine Mitmenschen bestehen zu können, sich vermauern, verdinglichen muß, scheint es gezwungen, sich seine eigene Widersprüchlichkeit zu verschleiern, um seine Panzerung nicht zu gefährden. Der gesellschaftliche Kampf gegen die äußere Natur reproduziert sich in den Menschen als Kampf gegen die eigene Natur, in Gestalt des Ringens um die Beherrschung der Begierden.

18 Ebd., S. 116.

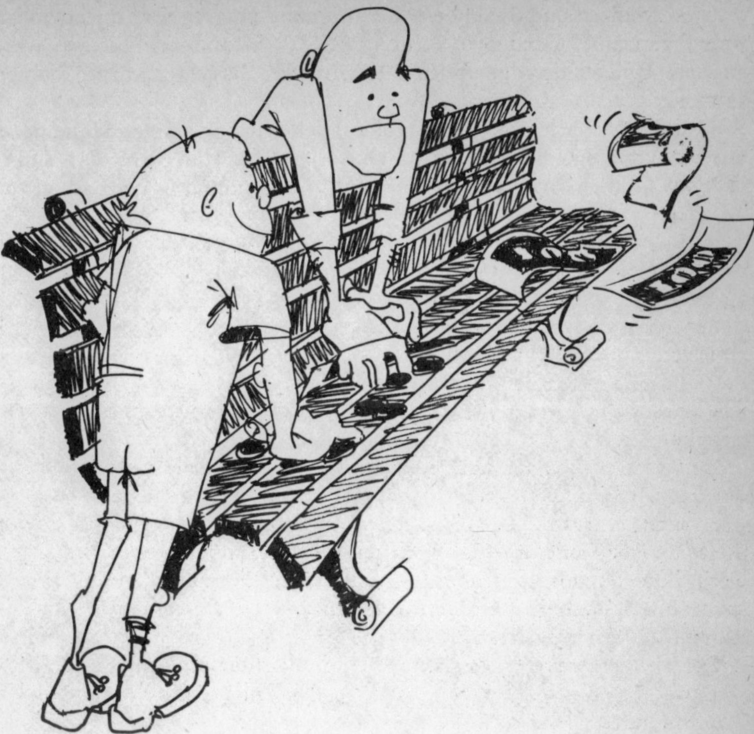

Bargeld . . .

... sind Münzen und Banknoten, die sich auf dem Weg von irgendwoher zum Finanzamt befinden und für kurze Zeit in unseren Taschen Rast machen. Und in der dauernden Eile wird das Bargeld natürlich immer dünner.

Spargeld ist jener Teil des Bargeldes, den wir mit einiger Mühe dazu bringen konnten, die Rast etwas zu verlängern. Und siehe da: Kaum liegt das Geld ein Weilchen auf der Bank, schon nimmt es ganz schön zu.

Wo die schwach machende sexuelle Begierde niedergerungen werden muß, um die Härte zu erlangen, die der Kampf ums Dasein erfordert, muß die Frau, die sie herausfordert, als bedrohlich, als feindlich erfahren werden, muß die Differenz zur Bedrohung geraten.

Daß die mittelalterliche Scholastik an die griechische Tradition anknüpfen kann, wird unter anderem dadurch erleichtert, daß auch in sie die Abwehr und Diskriminierung der Frau und, damit verbunden, notwendig starke, wenn auch im Gegensatz zur Antike meist latente homosexuelle Strebungen eingehen, die in den klerikalen Männerkollektiven wirksam werden.[19] Der im Zölibat lebende Klerus ist auf Grund seiner Ablehnung des Weiblichen, die sich zumeist mit einer generellen Ablehnung sinnlicher Genüsse paart, zu einem Denken prädisponiert, das zu abstrakten idealistischen Konstruktionen tendiert.

Die materialistische Dialektik, der der Widerspruch zum praktischen Problem wird, die ihn nicht wie die idealistische in der Sphäre des Begriffs aufhebt, sondern auf seine vorwärtstreibende Kraft setzt, entsteht auf einer Entwicklungsstufe der Beherrschung der Natur, die real oder scheinhaft die objektive Möglichkeit bietet, diese ihrer Schrecken zu berauben und, mit Hilfe eines sozialistischen Systems der gesellschaftlichen Produktion, ein versöhnteres Verhältnis zu ihr und damit zur eigenen Natur zu finden. Die objektive Möglichkeit der drastischen Reduktion von Arbeitsleid eröffnet der Entfaltung der Sinnlichkeit neue Perspektiven, nach der sich die Individuen in einer Gesellschaft besonders sehnen, die ihre die Lebendigkeit tötende Verdinglichung auf die Spitze treibt. Die Möglichkeit der Entstehung des dialektischen Materialismus ist an eine spezifische Konstitution der sozialen Objektivität gebunden. Dialektisches Denken wird den Köpfen, wie Marx im Nachwort zum ersten Band des «Kapital» schreibt, durch die Entwicklungsgesetze des Kapitalismus «eingepaukt».[20] Die soziale Realität muß auf spezifische Weise verfaßt sein, damit das Denken, das ihr gerecht wird, die Gestalt des historischen Materialismus annehmen kann.

Auf der Subjektseite schließt die Fähigkeit zum materialistischen dialektischen Denken nicht zuletzt eine gesellschaftlich bestimmte spezifische Beziehung zur Geschlechtlichkeit ein. Die theoretischen und privaten Äußerungen von Marx und Engels zeigen eine der antiken Einstellung zur Frau entgegenstehende Position. Zumindest in der Theorie waren Marx und Engels Anhänger der Emanzipation der Frau und einer befreiten heterosexuellen Sinnlichkeit. Die Stammväter des wissenschaftlichen Sozialismus können der Homosexualität, im Gegensatz zu

19 Die entscheidende Gemeinsamkeit von griechischen und scholastischen Theoretikern besteht in ihrer Ferne zur unmittelbaren Auseinandersetzung mit der Natur auf Grund der Freistellung von körperlicher Arbeit.

20 Marx irrt allerdings darin, daß er glaubt, es würde die für den Kapitalismus typische Denkform sein.

den antiken Theoretikern, nichts Positives abgewinnen; Engels äußert sich in «Der Ursprung der Familie, des Privateigentums und des Staats» sogar ausgesprochen diskriminierend über diese.[21] Während die griechischen Philosophen dem andersartigen Weiblichen zumeist ablehnend gegenüberstehen, glorifizieren Marx und Engels die Andersartigkeit des Weiblichen, das ihnen zugleich als dem Männlichen gleichwertig erscheint: Die emanzipierte sexuelle Lust ist ihnen an die Differenz gebunden, die die Beziehung zwischen Gleichen prägt. Der frühe Marx der «Pariser Manuskripte» hofft, daß die Abschaffung entfremdeter Arbeit die Versöhnung des Menschen mit der äußeren Natur und damit zugleich die Versöhnung mit seiner eigenen Natur möglich macht, die ihm zufolge in der Liebe des Mannes zur Frau ihre höchste Form erreicht – das Denken träumt von der Versöhnung des ausgehaltenen Widerspruchs. Die Theorie von Marx und Engels nimmt in ihren Anfängen die «Feuerbachsche Sinnlichkeit» in sich auf. Sie verarbeitet nicht nur die klassische bürgerliche Nationalökonomie und die idealistische Philosophie, in sie geht auch eine Strömung des älteren Materialismus ein, die den Menschen als ein körperliches, fleischliches, begehrendes Wesen begreift, das nicht zuletzt seiner Geschlechtlichkeit froh werden will, die als an die Polarität zwischen Mann und Frau gebunden begriffen wird.[22] Besonders der junge Marx war ein begeisterter Anhänger der sinnlichen Lyrik Heines. Auch dem nüchterner gewordenen älteren Marx, bei dem philosophische Spekulationen der materialen Analyse des Kapitalverhältnisses weichen, ist Glück wesentlich an die Erfahrung des Besonderen in der Beziehung des Mannes zur Frau gebunden. Im Jahre 1856 schreibt er an seine Frau: «Aber die Liebe nicht zum Feuerbachschen Menschen, nicht zum Moleschottschen Stoffwechsel, nicht zum Proletariat, sondern die Liebe zum Liebchen und namentlich zu Dir, macht den Mann wieder zum Mann.»[23]

Zum Schicksal der Männlichkeit

Die Männer werden ihre Befreiung nicht dadurch bewerkstelligen helfen, daß sie sich zwanghaft von der Vergangenheit ihres Geschlechts abzusetzen versuchen, ohne die ihrer Momente, die das Bessere möglich machen könnten, ihrer Misere zu entreißen. Ihre Probleme als geschlechtliche Wesen werden die Männer kaum dadurch lösen können, daß sie sich durch anpäßlerische Bravheit gegenüber Frauen auszeichnen, die mit der

21 Er spricht über «arge widernatürliche Laster» und die «Widerwärtigkeit der Knabenliebe», MEW 21, S. 71 bzw. 67.

22 Siehe hierzu A. Schmidt: Der Begriff der Natur in der Lehre von Karl Marx, Frankfurt 1962, S. 108ff.

23 Zitat nach A. Schmidt, ebd., S. 113.

Vergangenheit brechen wollen – diese werden sie deshalb kaum, wie einst die Mutter, an die Hand nehmen und aus dem Unglück führen. Frauen, die darum kämpfen, das Alte hinter sich zu lassen, werden dabei einige Schritte ihres Wegs ohne oder gegen die Männer gehen müssen und diese mit ihren Problemen weitgehend alleine lassen. Die Lösung ihrer Probleme verlangt von den Männern, sich als geschichtlich gewordene Wesen zu begreifen und sich einer widersprüchlichen Vergangenheit und Gegenwart zu stellen, die keine simplen Lösungswege offen läßt.

Das Schicksal der traditionellen Männlichkeit ist mit dem Schicksal der bürgerlichen Subjektivität verknüpft. In dem Maß, in dem der Kapitalismus tendenziell alle ihm Unterworfenen zu Lohnabhängigen macht, zerfällt auch das, was letztlich die Basis der traditionellen Männlichkeit ausmacht, das Privateigentum an Produktionsmitteln. Die Männlichkeit in der «Lohnabhängigengesellschaft» ist, solange keine kulturellen Alternativen wirksam werden, die sie transformieren helfen, kaum mehr als eine brüchige Zerfallsform, die historisch Überholtes konserviert und damit zur Abstützung von Herrschaftsverhältnissen dient, die objektiven gesellschaftlichen Möglichkeiten im Wege stehen. Die bürgerliche Subjektivität nahm, als sie noch Substanz besaß, in Männern Gestalt an, denen ihre Privilegien Spielraum zur Entfaltung individuierter Neigungen und Bedürfnisse garantierten, die aber zugleich, als Agenten ihres Eigentums, zur Härte gegenüber Konkurrenten und Abhängigen ebenso wie gegenüber sich selbst fähig sein mußten. Die Freiheit des Bürgers ist zugleich seine Einsamkeit. Die traditionelle Männlichkeit war Trägerin eines widersprüchlichen zivilisatorischen Fortschritts, der von inhumanen, asozialen Zügen geprägt ist, der aber auch einen ungeheuren Fortschritt in der Naturbeherrschung einschließt. Ihre Kälte, die unmittelbaren Beziehungen zu Menschen und Dingen entgegensteht, hat eine praktische und theoretische Vernunft möglich gemacht, die die Entfaltung der Produktivkräfte, aber auch die Rationalisierung und Perfektionierung der Unterdrückung erlaubt hat. Wo die Männlichkeit von erfahrener Mutterliebe und der Liebe und Fürsorglichkeit der Frau – ebenso wie der Liebe zu ihr – in ihrer Schroffheit gemildert wurde, hat sie in ihren besten Exemplaren die Freude an Selbsttätigkeit, an autonomem Handeln, eine kritische Intellektualität und eine mit verinnerlichten Kontrollinstanzen verbundene Fähigkeit zur Selbstreflexion möglich gemacht, die zusammen eine spezifische Form der Moralität hervorbrachten. Die traditionelle Männlichkeit ist mit Unterdrückung verschwistert, sie hat aber auch den «aufrechten Gang» und den «Männerstolz vor Königsthronen» hervorgebracht. Der Kampf gegen Ungerechtigkeit und Unfreiheit enthielt bisher immer auch die Formel: «Wer ein Mann sein will, kann sich so etwas nicht gefallen lassen.» Die Männlichkeit ist, wie alles Subjektive, so widersprüchlich wie die sozialen Verhältnisse, die sich in ihr niederschlagen. Sowenig Bürgerliches nur als schlecht bezeichnet werden kann – hat es doch neben der Revolutionierung der Produktivkräfte auch die individuelle Geschlechtsliebe und die damit verknüpfte Innerlichkeit hervorgebracht –, so wenig zeigt die traditionelle Männlichkeit, wo sie noch nicht völlig zum Klischee erstarrt ist, nur Schattenseiten.

Sowenig die von der kapitalistischen Entwicklung bewerkstelligte Zerstörung bürgerlicher Kultur schlicht einen historischen Fortschritt bedeutet – gilt es doch manche ihrer Elemente in einer höheren, sozialistischen Form aufzuheben –, so wenig mündet die Krise der traditionellen Männlichkeit, vor allem solange sie nicht politisch von der Linken aufgegriffen wird, automatisch in eine höhere Form der Subjektivität. Wenn Männer sich neuerdings offener zu Charakterzügen und Verhaltensweisen bekennen, die traditionell dem Weiblichen zugerechnet werden, kann ihnen das die Möglichkeit eröffnen, neue Verkehrsformen zu entwickeln und freier mit ihrer Emotionalität umzugehen; zugleich bedeutet dies aber auch, daß der Kapitalismus zunehmend einen Sozialcharakter erzwingt, der fragwürdige Züge aufweist, die traditionell Frauen zugerechnet werden. Daß die kapitalistische Entwicklung in mancher Hinsicht immer mehr passive Anpassung und Unterwerfung, außengeleitete Formen der Subjektivität, Verständnis für Unterdrücker und privatistischen Rückzug erzwingt, hat eine «Feminisierung» des Sozialcharakters zur Konsequenz, die keineswegs besonders positiv bewertet werden kann. Die traditionelle Weiblichkeit zeigt Züge, die der abstrakten, unpersönlichen Rationalität des Kapitalverhältnisses entgegenstehen, sie ist aber auch die Konsequenz der Unterdrückung, die den Frauen auferlegt wurde und wird – die Glorifizierung des Weiblichen ist keineswegs fortschrittlich, sie war schon immer die Kehrseite eines die Frau diskriminierenden männlichen Sexismus. Männer, die Potenzen von Weiblichkeit an sich in emanzipatorischer Absicht freisetzen wollen, verfallen kapitalistischen Trends, wenn sie sich nicht deren Widersprüchlichkeiten und die widersprüchlichen Auswirkungen dieser Widersprüchlichkeiten unter widersprüchlichen Verhältnissen vor Augen führen. Das «weiche Weibliche» taugt trefflich zum menschlichen Kitt für unmenschliche Verhältnisse, solange es sich nicht mit der «männlichen Härte» verbindet, die der Kampf gegen die Unterdrückung verlangt – die Mitglieder der Frauenbewegung haben dies zumeist gelernt. Der Widerstand gegen das Bestehende verlangt es, eine widersprüchliche Psyche aushalten zu können; er verlangt ein hohes Maß an Sensibilität und Weichheit, die ein besseres Leben zu antizipieren erlauben, und zugleich die Härte, die notwendig ist, um unterdrückende Mächte zu überwinden.

Die Möglichkeit des Besseren liegt wohl eher in der Transformation der traditionellen Männlichkeit, in der Aufhebung mancher ihrer Elemente in einer höheren Form, die ein anderes Verhältnis zum Weiblichen einschließt, als in ihrer Zerstörung. Manche Männer, denen die traditionelle Männlichkeit nur noch als Ärgernis erscheint und die sich deshalb fast masochistisch den oft fragwürdigen Anklagen von um ihre Emanzipation bemühten Frauen unterwerfen, hoffen vielleicht im stillen, daß die Zerstörung der traditionellen Männlichkeit es ihnen erspart, im Kampf um eine bessere Gesellschaft ihren Mann zu stehen. Die Männer werden ihrer Misere nicht durch Versuche der Flucht in eine neue Innerlichkeit entrinnen – deren Überwindung kann nur der gemeinsame Kampf der Geschlechter um eine Gesellschaft bringen, die mehr Zärtlichkeit, Nähe und Wärme zuläßt.

2. Vorüberlegungen zu einer materialistischen Psychologie

Die folgenden Überlegungen zu einer Psychologie im Rahmen der materialistischen Gesellschaftstheorie wollen Problemzonen umreißen, mit denen sich diese nach Ansicht des Autors vorrangig beschäftigen muß. Sie liefern teilweise eher Thesen oder Arbeitsperspektiven als entfaltete Analysen; manches wird eher als Postulat zur Diskussion gestellt, als daß es mit der notwendigen Differenziertheit abgeleitet und belegt wird.

Der Abschnitt beschäftigte sich u. a. mit dem, was im akademischen Bereich der Wissenschaftstheorie zugerechnet wird. Wissenschaftstheoretische Fragen kann die materialistische Theorie nur im Rahmen einer Analyse des gesellschaftlichen Ganzen behandeln, weil der Wissenschaftsbetrieb Teil der gesamtgesellschaftlichen Praxis ist, die sowohl die Objekte der Analyse als auch die erkennenden Subjekte hervorbringt. Wo die umfassende Untersuchung bestehender gesellschaftlicher Strukturen, die das Objekt wie das Subjekt der Analyse produzieren, nicht möglich ist, müssen theoretische Analysen notwendig fragwürdig abstrakte oder essayistische Züge bekommen.

Der folgende Abschnitt skizziert den Interpretationshorizont des ersten wie des letzten Abschnittes des Buches. Die Analyse der Männlichkeit wie die der proletarischen Subjektivität kann damit auch als Erläuterung zu ihm verstanden werden. Beide entfalten manches, was in diesem Abschnitt eher Behauptung bleibt.

Zur Kritik der positivistischen Psychologie

Die vorherrschende positivistische Psychologie, die sich am Modell der Naturwissenschaften orientiert, wird ihrem Gegenstand nicht gerecht, weil sie zuwenig Subjektives und zuwenig Objektives in sich aufnimmt. Indem sie die Erfahrungen unterbewertet, die die Subjekte im Laufe ihres Lebens in ihrer Alltagspraxis machen, und indem sie die soziale Objektivität, unter der die Menschen leben, nicht bewußt in ihre Analysen aufnimmt, zerrinnt ihr notwendig ihr Forschungsgegenstand.

a) Subjektive Erfahrung und Theoriebildung

Der mit psychologischen Fragestellungen befaßte etablierte Wissenschaftsbetrieb kann in seiner positivistischen Ausrichtung als Veranstaltung zur Verhinderung psychologischer Reflexion wie zur Zerstörung der Fähigkeit zu ihr interpretiert werden.[1] Seine differenzierten Forschungsmethoden garantieren keineswegs ein psychologisches Wissen, das seinem Gegenstand angemessen ist; die Aura, mit der seine Forschungstechniken behaftet sind, vermag den Blick für die Phänomene zu trüben. Was der positivistischen Psychologie als oberste methodische Regel gilt, die fragwürdige Subjektivität des Forschers auszuschalten, bringt sie um die Erkenntnis ihres Gegenstandes. Da ihr die individuelle Psyche des Erkennenden im wesentlichen als auszuschaltender Störfaktor erscheint, ist ihr die Einsicht in die entscheidenden psychologischen Sachverhalte versperrt: Die Psychologie als wissenschaftliche Menschenkenntnis ist nämlich auf verstehende Prozeduren angewiesen; was in der Psyche anderer Menschen vorgeht, erschließt sich nur vermittelt über die Reflexion auf die eigene psychische Verfaßtheit. Um zu verstehen, was in anderen Menschen vorgeht, um den Sinn ihres Verhaltens zu begreifen, muß der Psychologe überprüfen, ob er Erfahrungen gemacht hat, die sich mit denen seines Gegenüber decken könnten; eigene psychische Verfaßtheiten müssen auf andere projiziert werden, die Reflexion muß daraufhin überprüfen, ob die Projektion deren psychische Befindlichkeit trifft. Die Einsicht in die psychische Verfaßtheit anderer setzt immer die Selbstkenntnis voraus. (Der Versuch, andere zu verstehen, bringt allerdings auch die Fähigkeit zur Selbsterkenntnis hervor).

Auch der Positivismus ist auf ein verschwiegenes hermeneutisches Vorverständnis angewiesen; zur Interpretation seiner Befunde muß er – ob er will oder nicht – auf Erfahrungen zurückgreifen, die die Subjekte in ihrer zwischenmenschlichen Alltagspraxis machen. Die fragwürdige Abstraktheit seiner Aussagen macht es, wie Habermas aufgezeigt hat, notwendig, diese zu ihrem Verständnis und bei ihrer praktischen Verwendung – entgegen den vorgegebenen wissenschaftlichen Postulaten – stillschweigend mit hermeneutischen Anstrengungen zu verbinden.[2] Die Regeln zur Steuerung von Alltagspraxis, die die positivistische Psychologie letztlich anstrebt, können nur in Verbindung mit «verstehenden» Prozeduren wirksam werden. Erst wenn das Individuum sich in Interaktionsprozessen nicht nur aus seiner eigenen Perspektive, sondern auch aus der Perspektive des anderen sehen kann, ist sinnvolles gemeinsames Handeln möglich, das die vom Positivismus angestrebten Theoreme zu lenken helfen sollen. Die von ihm ermittelten Regeln können nur dann sinnvoll auf die Lebenspraxis bezogen werden, wenn diejenigen, die sie anwenden wollen, sich mit den Augen des anderen zu sehen fähig sind,

1 Die Wahrheit liegt manchmal in der Übertreibung.

2 Siehe hierzu J. Habermas: Analytische Wissenschaftstheorie und Dialektik, in: Logik der Sozialwissenschaften, hg. von E. Topitsch, Köln–Berlin 1965, S. 291 ff., oder derselbe: Erkenntnis und Interesse, Frankfurt 1968. Zum Verhältnis von Psychologie und alltagspraktischem Verstehen siehe auch: G. Politzer: Kritik der klassischen Psychologie, Frankfurt 1974.

mit dem Interaktions- oder Kooperationsprozesse erfolgen sollen. Sich mit den Augen des anderen zu sehen aber beinhaltet das, was der Positivismus vernachlässigt: Selbstreflexion.[3]

Der Psychologiestudent, der zu Beginn seines Studiums mit der positivistischen Psychologie konfrontiert wird, macht die schmerzliche Erfahrung, daß die Fragestellungen, denen sein subjektives Interesse an der Psychologie entspringt, diese kaum zu interessieren scheinen. Warum man z. B. von tausend Ängsten geplagt wird, warum man nicht aus seiner Haut kann, auch wenn äußere Zwänge fehlen, oder warum Menschen zwanghaft gegen ihre offensichtlichen Interessen handeln, scheint die akademische Psychologie nicht theoretisch bewältigen zu können. Ihre Forschungsmethoden verschütten entweder die mögliche richtige Antwort, oder derartige Fragen entfallen, weil sie sich dem vorgegebenen, verselbständigten wissenschaftlichen Instrumentarium sperren. In ihren abstrakten Modellen, in ihrer Kunstsprache, in ihren statistischen Verfahren findet sich kaum etwas, was dem eigenen Leiden zur Sprache verhilft, das letztlich das Interesse an psychologischen Fragestellungen setzt: Subjektives Leiden ist – ebensowenig wie die Erfahrung von Glück – mit Hilfe eines an den Naturwissenschaften orientierten Vorgehens aus methodischen Gründen nicht faßbar. Den Qualitäten, die psychische Phänomene für die Subjekte haben, steht eine Wissenschaft, die sich streng am Ideal der Quantifizierung orientiert, gleichgültig gegenüber. Die eigenen Erfahrungen im Umgang mit den praktischen Schwierigkeiten des alltäglichen menschlichen Verkehrs, die das Interesse an der Psychologie hervorbringen, werden vom Wissenschaftsbetrieb denunziert und mit ihnen eine bestimmte Verbindung von Wissenschaft und Lebenspraxis. Wenn der Student seine Enttäuschung über den Wissenschaftsbetrieb als zu vernachlässigendes persönliches Befinden zu interpretieren gelernt hat, klammert er sich verzweifelt an die glorifizierten

3 Hegel hat dies bereits in seiner «Phänomenologie des Geistes» aufgezeigt; in neuerer Zeit hat George Herbert Mead dasselbe Problem im Rahmen des «Symbolischen Interaktionismus» dargestellt. Bei Marx heißt es in den «Ökonomisch-philosophischen Manuskripten»: «Man bedenke, daß das Verhältnis des Menschen zu sich selbst nur ihm erst gegenständlich, wirklich ist durch sein Verhältnis zu anderen Menschen.» (MEW Ergänzungsband, S. 519). Im «Kapital» heißt es: «In gewisser Weise geht's dem Menschen wie der Ware. Da er weder mit einem Spiegel auf die Welt kommt, noch als Fichtescher Philosoph: Ich bin ich, bespiegelt sich der Mensch zuerst in einem andern Menschen. Erst durch die Beziehung auf den Menschen Paul als seinesgleichen bezieht sich der Mensch Peter auf sich selbst als Mensch. Damit gilt ihm aber auch der Paul mit Haut und Haaren, in seiner paulinischen Leiblichkeit, als Erscheinungsform des genus Mensch.» (Kapital I, MEW 23, S. 67, Anmerkung 18). Bei Marx ist – anders als beim symbolischen Interaktionismus – die Teilhabe an der Perspektive des anderen immer durch gegenstandsvermittelte Praxis gestiftet, sie ist ein Moment der kollektiven gesellschaftlichen Auseinandersetzung mit der Natur.

Methoden, die irgendwann einmal wesentliche Erkenntnisse hervorbringen sollen – aber er lernt dabei eher Rechnen als Psychologie. Bis der Student die ehrfurchtgebietenden methodischen Kniffe und die tausend abstrakten Modelle, die der Willkür von prominenten Forschern zu entspringen scheinen, sich mühevoll eingepaukt hat, ist er meist so verbildet, daß er das manchmal auftauchende Gefühl, um wesentliche Lernprozesse betrogen worden zu sein, als «vorwissenschaftliche» Regung abzuwehren gelernt hat. Er hat gelernt, der offiziellen Interpretation zu glauben, die als redliche wissenschaftliche Bescheidenheit ausgibt, was in Wahrheit das Versagen gegenüber den wirklichen Problemen der Menschen ist.[4]

Eine kritische, materialistische Psychologie muß eine der positivistischen Psychologie entgegengesetzte Einstellung zur Subjektivität des Forschenden einnehmen. Sie muß sich einer nicht nur von der Universität, sondern von nahezu allen Bildungsinstituten propagierten Position entgegenstellen, die behauptet, daß die Wissenschaft erst anfängt, wo subjektive Interessen und Bedürfnisse ausgeschaltet werden. Sie darf die Erfahrungsfähigkeit der Subjekte nicht denunzieren, sondern sie muß zu ihrer Entfaltung beitragen; sie muß sie, vermittelt über Theoriebildungsprozesse, auf ein wissenschaftliches Niveau heben. Die Psychologie wird um so realitätshaltiger, je subjektiver sie wird, je mehr die Subjektivität des Forschenden als Instrument der Erkenntnis eingesetzt wird. Die Aufarbeitung der eigenen lebensgeschichtlichen Erfahrungen, das Verständnis der eigenen Alltagspraxis ist eine Voraussetzung für profunde psychologische Einsichten. – Was Adorno für die dialektische Theorie insgesamt formuliert, gilt besonders für deren psychologische Komponenten. «In schroffem Gegensatz zum üblichen Wissenschaftsideal bedarf die Objektivität dialektischer Erkenntnis nicht eines Weniger, sondern eines Mehr an Subjekt . . . Sich dem Objekt überlassen ist soviel wie dessen qualitativen Momenten gerecht werden. Die szientifische Objektivierung neigt, einig mit der Quantifizierungstendenz aller Wissenschaft seit Descartes, dazu, die Qualitäten auszuschalten, in meßbare Bestimmungen zu verwandeln. Dem entspricht, auf der subjektiven Seite, die Reduktion des Erkennenden zu einem qualitätslos Allgemeinen, rein Logischen. Wohl würden die Qualitäten erst in einem Stande frei, der gesellschaftlich nicht länger unterm Diktat der Quantifizierung stünde und nicht länger dem, der sich adäquat verhalten muß, Quantifizierung als Norm geböte. Aber jene ist nicht das zeitlose Wesen, als welche Mathematik, ihr Instrument, sie erscheinen läßt. Wie sie wurde, ist sie vergänglich. In der Sache wartet das Potential ihrer Qualitäten. Es fordert das volle Subjekt, nicht sein transzendentales Residuum. Je mehr

4 Zum Glück gibt es seit der Studentenbewegung auch eine größere Anzahl von Studenten, die zur Kapitulation vor dem Positivismus nicht bereit sind.

von seinen Reaktionen als angeblich subjektiv bloß verpönt werden, um so mehr an qualitativen Bestimmungen der Sache entgeht der Erkenntnis. Das Ideal des Differenzierten und Nuancierten, das Erkenntnis trotz alles Science is measurement bis zu den jüngsten Entwicklungen nie ganz vergaß, bezieht sich nicht allein auf eine individuelle, für Objektivität entbehrliche Fähigkeit. Seinen Impuls empfängt es von der Sache. Differenziert ist, wer an dieser und in ihrem Begriff noch das Kleinste und dem Begriff Entschlüpfende zu unterscheiden vermag; einzig Differenziertheit reicht ans Kleinste heran. In ihrem Postulat, dem des Vermögens zur Erfahrung des Objekts – und Differenziertheit ist dessen zur subjektiven Reaktionsform gewordene Erfahrung – findet das mimetische Moment der Erkenntnis Zuflucht, das der Wahlverwandtschaft von Erkennendem und Erkanntem.»[5]

Die Auswirkungen gesellschaftlicher Trends, die zur Zerstörung der Erfahrungsfähigkeit der Subjekte führen, die die Entfaltung von Sensibilität und Einfühlsamkeit sabotieren, erlauben Zweifel an der Fähigkeit des Normalverstandes, psychologische Phänomene angemessen erfassen zu können. Der Zweifel an der Erfahrungsfähigkeit der Subjekte darf aber nicht zur Begründung der Ausschaltung der Subjektivität aus der Wissenschaft führen, dieser Zweifel muß vielmehr Überlegungen zu der Frage anstoßen, wie eine verstümmelte Erfahrungsfähigkeit rekonstruiert werden kann. Daß man ständig die Erfahrung macht, daß die abgedroschensten Platitüden folgen, wenn jemand seine «ganz persönliche Meinung» kundgibt oder seine «Lebenserfahrungen» verkündet, darf nicht dazu verleiten, daß das Subjektive abgelehnt wird, weil offensichtlich kein Verlaß auf es ist, dieser Zustand muß vielmehr die Frage aufwerfen, wie ihm abzuhelfen ist. Sozialwissenschaft, besonders psychologische Wissenschaft, kann heute nicht mehr erst beginnen, wenn die Sphäre der Erscheinungen überschritten wird, weil die Subjekte den präzisen Blick auf Erscheinungen verlernt haben. Die gesellschaftlich produzierte Verbildung der Subjekte ist so weit fortgeschritten, daß sie erst wieder lernen müssen, Phänomene genau anzuschauen und ihrer Erfahrungsfähigkeit zu vertrauen, bevor notwendige Abstraktionen vorgenommen werden können, die die Sphäre der Erscheinungen hinter sich lassen. Das Maß an Erfahrungsfähigkeit, an Sensibilität, an Empfindsamkeit, das eine Gesellschaft ihren Mitgliedern zubilligt, ist ein Index für die ihnen zugestandenen Freiheitsgrade. Eine Gesellschaft, die die Menschen zwingt, Brutalitätsmuster auszubilden, die andere Menschen vorwiegend als austauschbare, manipulierbare Maschinenwesen erscheinen lassen, demonstrieren damit ihre Unfreiheit. Das übermäßig abstrakte und verdinglichte Denken des Wissenschaftsbetriebs entspricht einer gesellschaftlich verordneten Unfähigkeit zur lebendigen Erfahrung. Die Er-

5 Th. W. Adorno: Negative Dialektik, Frankfurt 1966, S. 51.

starrung, die in der bestehenden Gesellschaft trotz aller sozialen Bewegung alles überzieht, zerstört die sensible Wahrnehmung: der Positivismus ist die Theorie der Liebesunfähigen und Gleichgültigen.

Die Psychologie muß Wesentliches von dem in sich aufnehmen, was früher der ästhetischen Bildung zugerechnet wurde; sie muß lehren, den Alltag mit einem veränderten Blick zu sehen. Die schroffe Abtrennung des Bereichs der ästhetischen Produktion und Konsumtion vom Bereich der Wissenschaft, die die kapitalistische Gesellschaft verordnet, ist besonders für die Psychologie verhängnisvoll.[6] Bürgerliche Romanciers wie Stendhal, Flaubert, Dostojewski oder Proust wußten unendlich viel mehr über die menschliche Psyche als der durchschnittliche zeitgenössische akademisch gebildete Psychologe, der sich an seine Testbatterien klammert, hinter denen ihm die Realität verschwindet. Was Goethe in «Wilhelm Meisters Lehrjahre» über die Therapie des irre gewordenen Harfner formuliert, ist den Einsichten der etablierten zeitgenössischen Psychiatrie noch immer weit voraus.

Die psychologische Theorie wird um so realitätshaltiger, je subjektiver sie wird, je gekonnter sie die subjektive Erfahrungsfähigkeit des Forschenden als Instrument einsetzt. Der Subjektivität des Forschenden in der Psychologie zu ihrem Recht zu verhelfen bedeutet zugleich, seine Fähigkeit zu spekulativem Denken zu legitimieren. Manche Methoden der empirischen Forschung, die den Wissenschaftsbetrieb bestimmt, haben ihr Recht, wenn es gilt, eine wildgewordene Spekulation zu zähmen; ihre Übermacht im positivistischen Betrieb aber hat die Tendenz, das Denken zu erschlagen. Sie reduziert es mehr oder weniger auf das begriffslose Registrieren von Signalen, die die Forschungsapparate produzieren; dem Denken wird die Fähigkeit ausgetrieben, sich einer Sache zu überlassen. Da spekulatives Denken sich zu sehr von der Realität zu entfernen vermag, ist die empirische Forschung zu seiner Kontrolle notwendig; wo aber nur noch Gedanken zählen, die von den Daten gestützt werden, die die quantifizierenden empirischen Verfahren hervorbringen, muß sich das Denken so entleeren, daß es der Realität nicht mehr gewachsen ist. Die Rettung des denkenden Subjekts im Wissenschaftsbetrieb beinhaltet die Entfaltung seiner Fähigkeit zu sozialer Phantasie, die verhindert, daß das Denken an isolierten Fakten kleben muß, die willkürlich mit Hilfe verselbständigter Methoden aus dem sozialen Zusammenhang herausgelöst werden.

Die subjektiven Erfahrungsprozesse, die in die psychologische For-

6 Die Abtrennung der Wissenschaft von der ästhetischen Produktion geht zunehmend auch der letzteren an den Kragen. Ohne die kritische Reflexion auf die gesellschaftlich verordneten Strukturen der Realitätserfahrung und die kapitalistischen Verwertungsbedingungen von ästhetischen Produkten verfällt die ästhetische Produktion heute blind dem Bestehenden. Die Freiräume, in denen sie sich früher entfalten konnte, sind heute weitgehend zerstört.

schung eingehen müssen, gehorchen keineswegs den Gesetzen subjektiver Willkür. Wenn die Subjekte innerhalb einer bestimmten Gesellschaft Sozialisationsprozesse hinter sich haben, die strukturell im wesentlichen identisch sind, und wenn sie in ähnliche Lebensprozesse verstrickt sind, ist das, was ein Subjekt zu erfahren fähig ist, notwendig mit dem verwandt, was andere erfahren. Subjektives hat eine objektive gesellschaftliche Basis, die es der Willkür des einzelnen entzieht. Die Kommunikation über Erfahrungen, die sie zu differenzieren zwingt und aus ihrer Besonderheit reißt, erlaubt es, das Allgemeine an ihnen einzufangen. Die besondere Erfahrung hat eine Prägung durch ein Allgemeines erhalten, das zumindest prinzipiell die Möglichkeit einer theoretischen Vereinheitlichung zuläßt. «Weil sie in sich allgemein ist, und soweit sie es ist, reicht individuelle Erfahrung auch ans Allgemeine heran. Auch in der erkenntnistheoretischen Reflexion bedingen logische Allgemeinheit und die Einheit individuellen Bewußtseins sich wechselfältig. Das betrifft aber nicht nur die subjektiv-formale Seite von Individualität. Jeder Inhalt des individuellen Bewußtseins wird ihm zugebracht von seinem Träger, dessen Selbsterhaltung zuliebe, und reproduziert sich mit ihr. Durch Selbstbesinnung vermag das individuelle Bewußtsein davon sich zu befreien, sich zu erweitern. Dazu treibt es die Qual, daß jene Allgemeinheit die Tendenz hat, in der individuellen Erfahrung die Vorherrschaft zu erlangen. Als ‹Realitätsprüfung› verdoppelt Erfahrung nicht einfach die Regungen und Wünsche des einzelnen, sondern negiert sie auch, damit er überlebe. Anders als in der Bewegung einzelmenschlichen Bewußtseins läßt Allgemeines vom Subjekt überhaupt nicht sich ergreifen. Würde das Individuum coupiert, so spränge kein höheres, von den Schlacken der Zufälligkeit gereinigtes Subjekt heraus, sondern einzig ein bewußtlos nachvollziehendes.»[7]

Im Gegensatz zur positivistischen Psychologie bekennt sich die Psychoanalyse, sofern sie ihre Praxis wissenschaftstheoretisch reflektiert hat, zu hermeneutischen Prozeduren.[8] Die psychoanalytische Theorie weicht insofern von den an naturwissenschaftlichen Modellen orientierten Positionen ab, als für sie die Fähigkeit des Analytikers, seine eigene psychische Verfaßtheit zu begreifen, Voraussetzung einer richtigen Erkenntnis ist. Psychoanalytisches Verstehen ist auf den subjektiven Nachvollzug dessen angewiesen, was im anderen vorgeht. In der Sprache der Psychoanalyse «überträgt» der Analytiker seine psychische Verfaßtheit auf den Analysanden und überprüft daraufhin die Realitätsgerechtigkeit dieser Projektion. Freud entfaltete die psychoanalytische Theorie im Kontext mit seiner Selbstanalyse. Die Rettung der Erfahrungsfähigkeit

7 Th. W. Adorno: Negative Dialektik, a. a. O., S. 52f.

8 Siehe hierzu die Schriften von Lorenzer, speziell: Die Wahrheit der psychoanalytischen Erkenntnis, Frankfurt 1974.

des Subjekts für das psychologische Verstehen, die die Psychoanalyse, gebunden an ihr analytisches Setting, vornimmt, ist zugleich begrenzt. Die Folien, die sie zur Schilderung von Lebensgeschichten und den aus ihnen resultierenden Beziehungen des Subjekts zur Realität benutzt, sind so restringiert, daß sie nur bestimmte Aspekte des Psychischen einfangen können. Die sozialen Beziehungsmuster, denen psychische Strukturen entspringen, reduzieren sich für die Psychoanalyse weitgehend auf die des Kindes zu Vater und Mutter, wobei diese nur als sehr «abstrakte» Individuen auftauchen. (Sie erscheinen lediglich als «Menschen» anstatt als Arbeiter, Angestellte oder Kapitalisten, die im Rahmen einer bestimmten Familienform, die einer spezifischen Produktionsweise entspricht, zu ihren Kindern in Beziehung gesetzt werden.) Die Verfestigung des psychoanalytischen Lehrgebäudes zum geschlossenen System und die alltagspsychologische Verwendung bestimmter psychoanalytischer Kategorien bringen es immer mehr mit sich, daß sich psychoanalytische Interpretationen vor die lebendige Erfahrung schieben und sie ersticken. Schon in den vierziger Jahren beschrieb Adorno eine Tendenz, die heute mehr denn je Geltung hat. «Seitdem mit Hilfe des Films, der Seifenopern und der Horney die Tiefenpsychologie in die letzten Löcher dringt, wird den Menschen auch die letzte Möglichkeit der Erfahrung ihrer Selbst von der organisierten Kultur abgeschnitten. Die fertig gelieferte Aufklärung verwandelt nicht nur die spontane Reflexion, sondern auch die analytischen Einsichten, deren Kraft gleich ist der Energie und dem Leiden, womit sie errungen werden, in Massenprodukte und die schmerzlichen Geheimnisse der individuellen Geschichte, die schon die orthodoxe Methode auf Formeln zu reduzieren geneigt ist, in geläufige Konventionen. Die Auflösung der Rationalisierung wird selbst zu einer Rationalisierung. Anstatt die Arbeit der Selbstbesinnung zu leisten, erwerben die Belehrten die Fähigkeit, alle Triebkonflikte unter Begriffen wie Minderwertigkeitskomplex, Mutterbindung, extrovertiert und introvertiert zu subsumieren, von denen sie im Grunde sich gar nicht erreichen lassen.»[9]

b) Psychologie und Kritik der politischen Ökonomie

Die etablierte psychologische Wissenschaft versagt ihrem Gegenstand gegenüber nicht nur, weil sie die Subjektivität des Forschers ausschalten will, sie scheitert vor allem, weil sie die sozialen Verhältnisse nicht interessieren, denen die Menschen ihr Wesen verdanken. Die positivistische Psychologie, die der Subjektivität des Forschers mißtraut, produziert paradoxerweise massenhaft Konstruktionen, die nicht der Konstitu-

9 Th. W. Adorno: Minima Moralia, Frankfurt 1961, S. 40.

tion ihres Gegenstandes angepaßt sind, sondern der subjektiven Willkür einzelner Forscher gehorchen. Sie verfällt notwendig einem falschen Subjektivismus, solange sie die Analyse der sozialen Objektivität vernachlässigt. Besonders eine Psychologie, die auf die Erfahrungsfähigkeit der Subjekte baut, bedarf der auf die soziale Objektivität gerichteten Analyse als Korrektiv, wenn sie der Gefahr entgehen will, in fragwürdige subjektivistische Konstruktionen abzugleiten und gesellschaftlich produziertem falschem Bewußtsein aufzusitzen. Das Sich-Verlassen auf die subjektive Erfahrung muß Grenzen aufweisen, es bedarf der objektiv gerichteten Analyse als Gegengewicht. Nur die Einsicht in die soziale Objektivität, die ihnen vorgegeben ist, hilft den Menschen, die Analyse der eigenen Subjektivität wie diejenige anderer Menschen entscheidend voranzutreiben, weil sie wesentlich als deren Produkt begriffen werden müssen. Nur ein Subjekt, das die sozialen Prozesse, deren Produkt es wesentlich ist, kennt, kann sich selbst erkennen und darüber vermittelt das Denken, Handeln und Fühlen anderer Menschen verstehen.

Die Einsicht in objektive soziale Strukturen macht keineswegs – wie manche Marxisten meinen – die Einsicht in psychische Strukturen und subjektive Befindlichkeiten überflüssig. Das Wissen um die Tatsache, daß die subjektive Konstitution wesentlich das Resultat sozialer Prozesse ist, darf nicht dazu verleiten, Subjektives in Objektives aufzulösen, es soll im Rahmen der Psychologie nur dazu dienen, es besser zu begreifen. Die Analyse objektiver Strukturen kann die Analyse subjektiver Strukturen nicht ersetzen, sie schafft lediglich die Voraussetzung für deren Begreifen, indem sie aufzeigt, welche sozialen Strukturen die Individuen verarbeiten müssen, um zu einer bestimmten Form der Subjektivität zu gelangen.

«Das menschliche Wesen ist kein dem einzelnen Individuum innewohnendes Abstraktum. In seiner Wirklichkeit ist es das Ensemble der gesellschaftlichen Verhältnisse.»[10] Mit Marx' Einsicht, an der sich jede materialistische Psychologie orientieren muß, ist keineswegs festgestellt, daß keine biologischen bzw. gattungsgeschichtlichen Faktoren in die Konstitution der Subjektivität eingehen, es wird lediglich festgestellt, daß das, was die Menschen entscheidend prägt, daß das, was dem ihnen Angeborenen erst seinen Stellenwert verleiht, die sozialen Verhältnisse sind, unter denen sie leben. Was der Mensch ist, ist wesentlich das Produkt der sozialen Verhältnisse, unter denen er lebt; er ist das Produkt seiner vergangenen und gegenwärtigen Arbeitsleistungen und Beziehungen zu anderen Menschen, ebenso wie seiner lebensgeschichtlich erfahrenen materiellen Möglichkeiten. Die Entwicklung eines Subjekts wird wesentlich durch gelungene oder mißlungene Aneignungsprozesse der sozialen Realität im Laufe seines Lebens geprägt. Ohne Einsicht in ihre Lebens-

10 K. Marx: 6. Feuerbachthese, MEW 3, S. 6.

verhältnisse sind die Menschen nicht zu begreifen; die Psychologie, die das versucht, reduziert sie auf leere Hülsen, theoretische Monstren, Bündel von mehr oder weniger willkürlich ausgewählten und verkoppelten Faktoren.

Die falschen theoretischen Abstraktionen, an denen die etablierte Psychologie krankt, entspringen gesellschaftlichen Realabstraktionen, die unter den bestehenden gesellschaftlichen Verhältnissen an den Menschen vorgenommen werden. Die Reduktion der Menschen auf Arbeitskräfte oder auf Verwaltungsobjekte, die es mit sich bringt, daß sie nicht als Personen mit einer bestimmten Individualität, sondern als Träger von bestimmten Qualifikationen oder Merkmalen von den Herrschaftsagenturen verwertet und bewegt werden, wird von der etablierten Psychologie unreflektiert widergespiegelt. Indem sie nicht begreift, daß ihre Abstraktionen schmerzliche gesellschaftliche Realabstraktionen widerspiegeln, die den Menschen ihre Lebendigkeit nehmen, kann sie vielleicht manchmal das geronnene psychische Resultat sozialer Prozesse in schiefer Perspektive einfangen, die Genese psychischer Strukturen vermag sie aber nicht zu durchschauen, dem Leiden, das mit ihrer Hervorbringung verbunden ist, vermag sie nicht zur Sprache zu verhelfen. Die abstrakten Konstruktionen der positivistischen Psychologie verdanken ihren Realitätsbezug, den zu begreifen ihr verwehrt ist, der Verdinglichung der Menschen, der erzwungenen Standardisierung ihrer Reaktionen, der Zerrissenheit ihrer Person. Handeln, Denken und Fühlen von Menschen lassen sich mit Hilfe von Zahlen nur dann relativ adäquat erfassen, wenn diese, nach Adornos Einsicht, von der Ökonomie tendenziell auf die Reaktionsweise von Lurchen herabgedrückt worden sind.

Eine psychologische Wissenschaft, die, wie die etablierte, von Individuen als isolierten Monaden ausgeht, wird von der alltäglichen Erfahrung scheinbar bestätigt. Ihre theoretischen Abstraktionen verdoppeln ökonomisch bedingte Isolierungstendenzen, die als Realabstraktionen auf den Menschen lasten und sie nötigen, sich borniert individualistisch zu verhalten. In der kapitalistischen Gesellschaft werden die Menschen tendenziell zu isolierten Atomen, denen ihre Gesellschaftlichkeit als fremde, ihnen äußerliche Macht entgegentritt, die die sie umgebende Realität als von ihnen abgelöste «Umwelt» erfahren. Die bestehende Produktionsweise verhindert, daß die Menschen sich in den Verhältnissen, die von ihnen unter der Regie des Kapitals produziert wurden, wiederfinden können; sie sorgt dafür, daß sie als einzelne ständig auf sich zurückgeworfen werden, von deren Willen es scheinbar abhängt, welche Gestalt ihr Leben annimmt. Da im Kapitalismus die gesellschaftliche Arbeit als System von Privatarbeiten organisiert ist, werden den Menschen ihre Produkte und ihre Mitmenschen fremd, sie erscheinen als von ihnen abgelöst. Das «abstrakte» Individuum, von dem die bürgerliche Psychologie ausgeht, entspricht nicht der «menschlichen Natur», sondern einer fragwürdigen Erscheinung des Menschen in einer spezifischen Gesellschaft.[11]

Obwohl die positivistische Psychologie in gewisser Weise die Realität spiegelt, kann aus ihrer Kritik keine materialistische Psychologie resultieren – wie etwa die Marxsche Kritik der politischen Ökonomie aus der Kritik der klassischen bürgerlichen Ökonomie resultierte –, dazu ist die positivistische Psychologie, im Gegensatz zur klassischen bürgerlichen Ökonomie, im allgemeinen viel zu wenig realitätshaltig.[12] In den letzten Jahren haben einige Theoretiker versucht aufzuzeigen, daß die positivistische Psychologie ihrer Struktur nach auf die kapitalistische Produktionsweise bezogen ist.[13] Die Aufspaltung des Subjekts in einzelne Faktoren oder die Struktur des Experiments entsprechen demnach der Stellung der Subjekte im System der kapitalistischen Ökonomie. Derartige Einsichten dürfen nicht zu dem Glauben verleiten, daß die positivistische Psychologie die Realität so einfängt, daß sie den Herrschenden theoretische Einsichten für die Herrschaftsausübung vermittelt, die über praktische Alltagserfahrungen wesentlich hinausweisen. Ihre Konzepte sind meist so leer und realitätsfern, daß von ihr produzierte verwertbare Ergebnisse weniger theoretischen Einsichten in wesentliche Zusammenhänge als vielmehr erhobenen statistischen Korrelationen entspringen. Die Psychologie kommt der etablierten Herrschaft nicht in erster Linie deshalb zugute, weil sie den Trägern von Macht wesentliche Einsichten in die psychische Realität der ihnen Unterworfenen gewährt, sondern weil sie einen ausbeutbaren Mythos zur Verfügung stellt: Die Psychologie verdankt ihren Einfluß nicht zuletzt der Tatsache, daß die Menschen fälschlicherweise glauben, sie wären mit ihrer Hilfe zu durchschauen. Sie verdankt ihre Erfolge in weitem Maße ihrer einschüchternden Wirkung – wo der Psychologe auftaucht, kann er infantile Autoritätsfixierungen einfangen, weil man ihm die Fähigkeit zur Menschenkenntnis zuschreibt, über die er zumeist nicht oder kaum verfügt. Die vorherrschende Psychologie taugt mit ihren abstrakten Modellen vor allem zum ideologischen Kitt, der eine von sozialen Strukturen vorgegebene Praxis oder bestimmte Formen voluntaristischen Handelns absichert. Die Testpraxis etwa, der die Psychologie einen großen Teil ihrer sozialen Bedeutung verdankt, weist zumeist eine theoretische Basis auf, die kaum wissenschaftlichen Ansprüchen genügen kann, solange sie keinen Begriff

11 Bereits Marx hat dies in seiner Kritik an Feuerbach aufgezeigt. Siehe hierzu MEW 3, S. 5 ff.

12 Allenfalls die Uminterpretation der Psychoanalyse oder der Theorien Piagets vermag bisher die materialistische Psychologie voranzutreiben.

13 Siehe hierzu K. J. Bruder: Kritik der bürgerlichen Psychologie, Frankfurt 1973; K. Holzkamp: Kritische Psychologie, Frankfurt 1972; G. Rexilius: Logische Konstitution der Subjektivität, Bremer Dissertation 1975, unveröffentlicht.

von menschlichen Eigenschaften und Fähigkeiten in sich aufnimmt, der sich auf präzise analysierte soziale Verhältnisse bezieht. Tests basieren üblicherweise weit eher auf der Fähigkeit, mathematische Regeln anwenden zu können, als auf fundierten psychologischen Einsichten.[14] Viele Tests könnten kaum ihre Funktion erfüllen, wenn der Glaube an sie fehlen würde.

Die sozialen Verhältnisse, die das Wesen der Menschen bestimmen, die unter ihnen leben, werden entscheidend von ökonomischen Strukturen bestimmt. Die Art und Weise, wie sich die Sozietät unter spezifischen Produktionsverhältnissen mit der äußeren Natur auseinandersetzt, bestimmt letztlich, wie die Menschen leben und arbeiten und damit zugleich, was sie sind. Eine Psychologie, die die Kritik der politischen Ökonomie nicht in sich aufnimmt, muß ihren Gegenstand verfehlen. Die Vernachlässigung der Formierungsprozesse, die der «stumme Zwang der ökonomischen Verhältnisse» (Marx) an den Menschen vornimmt, die Vernachlässigung der grundlegenden Prägung, die ihr Leben durch den übergreifenden gesellschaftlichen Reproduktionsprozeß erhält, macht die entscheidende Schwäche aller Richtungen der bürgerlichen Psychologie aus. Indem die Psychologie mit der Vernachlässigung der politischen Ökonomie die sozialen Beziehungen und Verhältnisse nicht erfassen kann, in die die Menschen verstrickt sind, zerfließt ihr auch das, was ihr Gegenstand sein müßte: das konkrete Individuum. Die etablierte Psychologie nimmt auf Grund des Versuchs der Ausschaltung der Subjektivität des Forschers zuwenig Subjektives und auf Grund der Ausschaltung der Kritik der politischen Ökonomie zuwenig Objektives zur Kenntnis – was ihr bleibt, sind kaum mehr als leere Abstraktionen.

Die Einsicht in die Notwendigkeit, die Kritik der politischen Ökonomie in die Psychologie einzubringen, verleitet manche Theoretiker, im Anschluß an Sevès Arbeit «Marxismus und die Theorie der Persönlichkeit»[15], zu dem falschen Schluß, daß die Marxsche Kritik der politischen Ökonomie bereits eine Psychologie enthält, die nur herauszudestillieren und zu erweitern wäre.[16] Die Begrenztheit des Erkenntnisinteresses der Marxschen Kapitalanalyse wird hier übersehen. Sie versucht primär zu ermitteln, welche krisenhaften Potentiale in der kapitalistischen Produktionsweise verankert sind, an die eine sozialistische Politik anknüpfen kann; über die psychischen Dispositionen, die bei den Individuen als Voraussetzung für politisches Handeln gegeben sein müssen, vermag sie

14 Siehe hierzu z. B. G. Rexilius: Zur Problematik der Intelligenz und ihrer Messung, in: Kritik der pädagogischen Psychologie, Reinbek 1976, S. 181 ff.

15 L. Sevè: Marxismus und Theorie der Persönlichkeit, Frankfurt 1973.

16 Die folgenden Ausführungen beziehen sich nicht auf das Marxsche Werk in seiner Gesamtheit, sondern auf die Kritik der politischen Ökonomie des «reifen» Marx, speziell auf «Das Kapital» und den «Rohentwurf» zum «Kapital».

keine zureichenden Aussagen zu machen.

Da für die Rationalität der Kapitalverwertung die sachlichen Gebrauchswerte, die der Reproduktion der Menschen dienen, nur als Träger von Tauschwerten von Bedeutung sind, kann und muß die Kritik der politischen Ökonomie die Qualität von Gebrauchswerten vernachlässigen. Da für das Kapital eine abstrakte quantifizierende Rationalität gilt, die der Besonderheit der Gebrauchswerte gleichgültig gegenübersteht, fällt aus der Kapitalanalyse heraus, was die Bedürfnisse der Menschen anzieht und damit zugleich strukturiert. In die Qualität der Gebrauchswerte gehen die Verfaßtheit der äußeren Natur, der Entwicklungsstand der Produktivkräfte und historisch entstandene Bedürfnisse ein, die biologische Potentiale in sie aufnehmen; wer Bedürfnisse und die Objekte, auf die sie sich richten, analysieren will, kommt mit der Kritik der politischen Ökonomie nicht aus, die diese Momente vernachlässigt. Die menschlichen Bedürfnisse richten sich nicht auf abstrakte ökonomische Gesetzmäßigkeiten, sondern auf unmittelbar oder mittelbar auf konkrete Gebrauchswerte, über die die Kritik der politischen Ökonomie kaum Aussagen zu machen vermag. Die menschlichen Triebe richten sich notwendig auf die an Gebrauchswerte gebundene Erscheinungsform sozialer Verhältnisse, auch wenn diese, wie die Kritik der politischen Ökonomie aufzeigt, das Wesen sozialer Verhältnisse falsch zum Ausdruck bringen kann. Aus der Marxschen Kapitalanalyse kann teilweise abgeleitet werden, auf welche Art Gebrauchswerte durch die kapitalistische Produktionsweise formbestimmt werden, was formbestimmt wird, vernachlässigt sie legitimerweise.[17]

Die Kapitalanalyse kann aufzeigen, welche formbestimmenden Tendenzen Arbeitsverhältnissen und Verkehrsformen zwischen Menschen auf Grund des Kapitalverhältnisses auflasten – sie kann nicht aufzeigen, welches gattungsgeschichtlich entstandene biologische Potential, welche Naturkräfte und welches vor der Epoche des Kapitalismus entstandene historische Material[18] diesen Tendenzen ausgesetzt ist. Der Kapitalismus hat weder der Gattung Mensch eigentümliche biologische Potentiale, noch die äußere Natur, noch vorbürgerliche gesellschaftliche Strukturmomente, die unter ihm fortbestehen, hervorgebracht, er vermag ihnen lediglich eine spezifische Form zu verleihen (das kann freilich unter Umständen eine Veränderung ihrer Substanz einschließen). Ohne die

17 Daß die «äußere» wie die «innere» Natur des Menschen vom Kapital immer fungibler gemacht werden, daß ihre Qualität verzehrt wird, ist auf der systematischen Ebene ihrer Formbestimmtheit zuzurechnen. Daß Qualitäten vernichtet werden, erlaubt es nicht, sie zu vernachlässigen; es muß analysiert werden, was wie zerstört wird.

18 Marx' Analyse der «Ursprünglichen Akkumulation» liefert hier eine Ausnahme.

Analyse des historischen und natürlichen Materials, das das Kapitalverhältnis auf der Subjekt- und Objektseite verarbeitet, landet die Psychologie bei quasi idealistischen Konstruktionen und abstrakten Bestimmungen, die denen des Positivismus verwandt sind. Ohne die Berücksichtigung der äußeren und inneren Natur des Menschen und ihrer historisch produzierten Wandlungen verfällt die Psychologie einer Gleichgültigkeit gegenüber den lebendigen Menschen und ihren Bedürfnissen, die der kapitalistischen Vernunft entspricht.

Die Kritik der politischen Ökonomie kann angeben, welchen gewaltsamen Abstraktionsprozessen die Individuen von der Ökonomie unterworfen werden, sie kann nicht angeben, wie sie diese psychisch verarbeiten. Die richtige Analyse der sozialen Objektivität gibt keineswegs darüber Auskunft, wie diese von den Subjekten erfahren und verarbeitet wird. Gesellschaftlich produziertes falsches Bewußtsein z. B. hat seine Wurzel nicht nur – wie es der Marxsche Ideologiebegriff aufzeigt – in der Konstitution der sozialen Objektivität, die falsche Erscheinungsformen ihres Wesens produziert, es kann seine Wurzel auch in der gesellschaftlich produzierten Konstitution der Subjektivität haben. Die Psychoanalyse hat einen den objektiv gerichteten Marxschen Ideologiebegriff ergänzenden subjektiv gerichteten Ideologiebegriff entfaltet. Sie zeigt, daß die Verarbeitung von Angst, die Verinnerlichung von äußerer Herrschaft zu psychologischen Abwehrmechanismen führen kann, die die Wahrnehmung und das Denken blockieren. Nicht nur der Fetischcharakter der Ware, des Lohnes oder des Kapitals, auch die Angst kann ein Bewußtsein erzwingen, das die Realität nur falsch erfassen kann;[19] dies zeigt die Analyse von Individuen besonders deutlich, die als «neurotisch» oder «psychotisch» etikettiert werden, bei denen psychische Strukturen besonders ausgeprägt sind, die keinem in der kapitalistischen Gesellschaft fremd sind.[20]

Die Kapitalanalyse gibt auch deshalb keine zureichende Basis für eine materialistische Psychologie ab, weil sie die historischen Dimensionen der Subjektivität nicht zureichend erfassen kann. Die Kapitalanalyse kann zwar Entwicklungstendenzen der kapitalistischen Ökonomie benennen, wie in vorbürgerlichen Epochen entstandene gesellschaftliche Einrichtungen und kulturelle Traditionen, die im Kapitalismus fortwirken, die Individuen beeinflussen, ist daraus nicht erklärbar.[21] Der kulturelle und politische «Überbau», Institutionen wie Staat oder Familie enthalten immer notwendig vorkapitalistische Momente, die vom Kapi-

19 Falsches Bewußtsein kann freilich auch umgekehrt Ängste produzieren und verstärken.

20 Siehe hierzu S. 173 ff. dieses Buches.

21 Erklärbar sind allenfalls die Grenzen des Einflusses dieser historischen Potentiale, die das Kapitalverhältnis setzt.

talismus mitgeschleppt werden und für sein Funktionieren notwendig sind. Auch der Verlauf der Klassenkämpfe, die wesentliche sozialisierende Potenzen enthalten, kann aus der Kapitalanalyse nicht zureichend abgeleitet werden. Wenn – abstrakt formuliert – die sozialistische Umwälzung der Gesellschaft die Vernunft des Gebrauchswertes gegen die des Tauschwerts wenden soll, bedeutet das, daß sich die Interessen der Unterdrückten, die den Klassenkampf erzwingen, vor allem an dem Ziel festmachen, sich von ihnen produzierte Gebrauchswerte anzueignen, über deren Qualität die Kritik der politischen Ökonomie kaum Aussagen zu machen vermag.

Die biologischen Anteile des Menschen, die Qualität der äußeren Natur, vorkapitalistische Traditionsbestände, die Geschichte der Klassenkämpfe und den Entwicklungsstand der Produktivkräfte kann die Marxsche Krisentheorie weitgehend vernachlässigen – einer Psychologie, die in ihr die ganze Wahrheit finden will, tauchen die Menschen mit ihren Bedürfnissen, Hoffnungen, Ängsten deshalb nur als die abstrakten Schemen auf, die sie für das Kapital sind. Die Verhaltensweisen und Bedürfnisse der Menschen sind in der bestehenden Gesellschaft, auf Grund der Einwirkung des Kapitalverhältnisses, auf eine spezifische Art leer und versteinert, sie sind spezifischen Abstraktionen verfallen – eine kritische Psychologie darf niemals vergessen, daß diese Abstraktionen an lebendigen Menschen vorgenommen werden. Eine Psychologie, in deren Zentrum nicht das menschliche Leiden steht, das mit diesen Abstraktionen verbunden ist, hat sich der etablierten Herrschaft ausgeliefert, auch wenn sie sich noch so marxistisch gibt. Eine kritische Psychologie hat vor allem die aus versagenden gesellschaftlichen Verhältnissen resultierenden Ängste zu thematisieren, deren Verarbeitung die Menschen starr, dumm und einsam macht. Sie hat politischen Aufklärungsprozessen dienlich zu sein, die mit Versagungen verbundene diffuse Ängste in reale Ängste verwandeln können und damit den Kampf um ihre Überwindung durch eine Veränderung gesellschaftlicher Verhältnisse ermöglichen.

Zum Verhältnis von Pathologie und Normalität

Eine kritische Psychologie muß das Leiden der Menschen in das Zentrum ihres Interesses rücken. Wissenschaftler, die sich für psychologische Sachverhalte interessieren, ohne das mit ihnen verbundene Leiden zu thematisieren, beteiligen sich bewußt oder unbewußt an der Verdinglichung von Menschen, an ihrer Anpassung an Verhältnisse, die von der kalten Rationalität des Kapitalverhältnisses beherrscht werden.

Eine Psychologie, die dem Leiden der Menschen zur Sprache verhelfen will, um seiner Abschaffung dienlich sein zu können, kann von der

Analyse dessen ausgehen, was dem Alltagsbewußtsein, dem auch der etablierte Wissenschaftsbetrieb verfallen ist, als «abweichend» gilt. Was als zumeist mit besonderem Elend verbundenes «abweichendes» Verhalten gilt, dessen Ursache der sozialen Analyse zugänglich ist, entpuppt sich bei genauer Betrachtung weniger als «Anderes», sondern als etwas, was bestimmte Züge einer fragwürdigen Normalität unter irrationalen sozialen Verhältnissen in extremer Ausprägung zeigt. Das diskriminierte «Abweichende» kann weitgehend als Extremvariante des Normalen begriffen werden, die dessen Misere besonders drastisch zu offenbaren vermag. «Es ist eine Eigentümlichkeit aller verfolgten Minderheiten, solange sie sich in das Schicksal ihrer Verfolgung schicken, daß sie gerade die Eigenschaften ihrer Verfolger, die diese an sich selbst nicht wahrhaben dürfen, bis zur Kenntlichkeit verzerrt ausbilden müssen.»[1] Diskriminierte Minderheiten wie psychisch Kranke, Homosexuelle, Kriminelle, repräsentieren eine Misere der Mehrheit, eine Misere, die sich diese verschleiern muß, um ihr problematisches Arrangement mit dem Bestehenden zu erreichen. Die Ausgrenzung der Verrückten dient der Verhüllung der Verrücktheit des Normalen, die Ausgrenzung der Homosexuellen dient der Verschleierung der Misere der Heterosexualität, die Ausgrenzung des Gewaltverbrechers dient der Verhüllung der Gewaltsamkeit, zu der Menschen fähig sein müssen, die sich im Alltag einer friedlosen Gesellschaft behaupten müssen. Das Problem des Antisemitismus sind nicht die Juden, sondern die Antisemiten; daß «Schizophrene» in Anstalten gesperrt werden, liegt weniger in ihrer psychischen Verfaßtheit begründet als in der Verfaßtheit derer, die es unerträglich finden, mit ihnen zusammen zu leben, weil dabei vielleicht offenbar würde, wie sehr sie ihnen gleichen. Die Ausgrenzung wehrloser Minderheiten dient der Mehrheit dazu, ihre Beschädigung projektiv abzuwehren. Um nicht zugeben zu müssen, wie verwandt sie ihnen sind, richten die «Normalen» als Agenten bestehender Sozialstrukturen die «Abweichenden» so zu, daß sie sich den Klischees annähern, die man für sie vorgesehen hat.

Die abweichenden Minderheiten repräsentieren nicht nur das Elend der Mehrheit, sie repräsentieren auch deren geheime Sehnsüchte. An den Abweichlern wird demonstriert, was denjenigen blüht, die dem Drang nachgeben, sich der herrschenden Ordnung zu entziehen. Die diskriminierten Minderheiten repräsentieren, real oder auch nur den Projektionen der Mehrheit zufolge, Wünsche, die sich diese zwanghaft versagen muß, um ihr Arrangement mit dem Bestehenden nicht zu gefährden. Der Irre repräsentiert den Wunsch, das herrschende Realitätsprinzip nicht mehr akzeptieren zu müssen, der Verbrecher repräsentiert den, die bestehende Eigentumsordnung zu negieren, der Homosexuelle die Sehnsucht,

1 Dannecker und Reiche: Der gewöhnliche Homosexuelle, Frankfurt 1974, Klappentext.

die Fesselung an bestehende Geschlechtsrollen abstreifen zu können. Da die diskriminierten Minderheiten real oder scheinhaft bedrohliche Versuchungen verkörpern, muß die Beziehung zu ihnen durch Abwehrmechanismen verzerrt werden, die sie auf Distanz halten.

Die gängigen theoretischen Analysen von psychisch Kranken, Homosexuellen, Kriminellen, Süchtigen verdoppeln unkritisch reale gesellschaftliche Ausgrenzungsprozesse, indem sie sich vor allem an der Differenz dieser Gruppen zum Normalen festmachen. Die kritische Analyse hat zu entlarven, daß die sicherlich auch real vorhandenen Differenzen zugleich gesellschaftlich produzierter Schein sind, der dazu dient, das Normale und damit zugleich die soziale Struktur, die es repräsentiert, der Kritik zu entziehen. Die theoretische Ausgrenzung derjenigen, die Züge offen repräsentieren, die andere verzweifelt an sich bekämpfen, verdoppelt blind eine reale Ausgrenzung, die der Absicherung von psychischen Dispositionen dient, die sich bestehenden Herrschaftsverhältnissen fügen.

Am Beispiel des Verhältnisses von Pathologie und Normalität im Bereich psychischer Erkrankungen soll präziser auf das Verhältnis von als «abweichend» und als «angepaßt» geltenden psychischen Dispositionen und Verhaltensweisen eingegangen werden.

Freud stellt fest, daß «Gesundheit und Krankheit nicht prinzipiell geschieden sind, sondern nur durch eine praktisch bestimmbare Summationsgrenze gesondert sind.»[2] Er bezeichnet es als eine wesentliche Einsicht der Psychoanalyse, daß zwischen Pathologie und Normalität im Bereich sozial bedingter psychischer Erkrankungen nur quantitative Differenzen bestehen. Im Rahmen einer Vorlesung über Psychoanalyse führt er aus: «Lassen Sie mich an dieser Stelle das Hauptergebnis einfügen, zu welchem wir durch die psychoanalytische Untersuchung der Nervösen gelangt sind, daß die Neurosen keinen ihnen eigentümlichen psychischen Inhalt haben, der nicht auch beim Gesunden zu finden wäre, oder wie C. G. Jung es ausgedrückt hat, daß sie an denselben Komplexen erkranken, mit denen auch wir Gesunde kämpfen. Es hängt von quantitativen Verhältnissen, von den Relationen der miteinander ringenden Kräfte ab, ob der Kampf zur Gesundheit, zur Neurose oder zur kompensierenden Überleistung führt.»[3] Das Verständnis des Pathologischen ist nach Freud vom Verständnis des Normalen abhängig, wie umgekehrt die Einsicht in das Wesen des Pathologischen Licht auf das Wesen des Normalen wirft. In Bezug auf krankhafte sexuelle Störungen formuliert Freud: «Wenn wir diese krankhaften Gestaltungen der Sexualität nicht verstehen und sie nicht mit dem normalen Sexualleben zusammenbrin-

2 S. Freud: Die Freudsche psychoanalytische Methode, in: Gesammelte Werke, Bd. V, S. 8.

3 S. Freud: Über Psychoanalyse, in: Gesammelte Werke, Bd. VIII, S. 54.

gen können, so verstehen wir eben auch die normale Sexualität nicht. Kurz, es bleibt eine unabweisbare Aufgabe, von der Möglichkeit der genannten Perversionen und von ihrem Zusammenhang mit der sogenannten normalen Sexualität volle theoretische Rechenschaft zu geben.»[4]

Auch die Praxis der Psychoanalyse, wie die jeder anderen reflektierten Psychiatrie, muß implizit oder explizit davon ausgehen, daß zwischen Pathologie und Normalität nur quantitative Differenzen bestehen. (Auch wenn sie sicherlich wissen muß, daß diese quantitativen Differenzen in qualitative umschlagen können und es damit erschweren, das Verwandte im anderen zu erkennen.) Um zu verstehen, was im Patienten vorgeht, muß der Therapeut versuchen, dies subjektiv nachzuvollziehen; er muß mit Hilfe von hermeneutischen Anstrengungen versuchen herauszufinden, welchen Sinn seine Symptome haben. Das bedeutet, daß eigene psychische Defekte bzw. Konfliktkonstellationen auf den Patienten projiziert werden und diese Projektionen dann daraufhin überprüft werden, ob sie der Tendenz nach die Realität der psychischen Erkrankung treffen. Im Horizont der Psychoanalyse werden infantile Persönlichkeitsanteile des Analytikers auf den Patienten «übertragen» und diese Übertragungen dann vom Analytiker einer kritischen Prüfung unterzogen. Derartige Prozeduren setzen voraus, daß das Verhältnis Psychiater–Patient nicht simpel als Beziehung eines Gesunden zu einem Kranken begriffen wird, sondern daß davon ausgegangen wird, daß sich ein seelisch Beschädigter, der die Normalität vertritt, mit einem stärker Beschädigten auseinandersetzt: Eine aufgeklärte Psychiatrie setzt die Psychiatrie des Psychiaters voraus.

Wenn Pathologie und Normalität im psychologischen Bereich nur quantitativ unterschieden sind, beinhaltet das für eine kritische Gesellschaftstheorie, daß die Analyse dessen, was als pathologisch etikettiert wird, Licht auf die seelischen Verstümmelungen werfen kann, die das kennzeichnen, was als normal gilt. Umgekehrt gilt damit zugleich, daß von der Psychiatrie als krankhaft gekennzeichnete psychische Dispositionen erst wirklich zu begreifen sind, wenn ein Bewußtsein von den seelischen Verstümmelungen vorhanden ist, mit denen eine gelungenere Anpassung ans Bestehende bezahlt wird.

Die Geschichte der Psychiatrie zeigt, daß die Einstellung zu dem, was als psychische Erkrankung gilt, immer von der Einstellung zu dem abhängig ist, was als normal gilt. In jede fortschrittliche Psychiaitrie geht die Kritik dessen, was unter bestehenden gesellschaftlichen Konstellationen als normal gilt, mehr oder weniger bewußt ein. Jeder Fortschritt im Rahmen der Psychiatrie ist mehr oder weniger offen mit einer theoreti-

4 S. Freud: Vorlesungen zur Einführung in die Psychoanalyse, in: Gesammelte Werke, Bd. XI, S. 317.

schen und praktischen Kritik bestehender Verhältnisse verknüpft, die kollektive soziale Emanzipationsbewegungen üben.

Fortschrittliche Ansätze in den Anfängen der bürgerlichen Psychiatrie zeigen, wie Dörner nachgewiesen hat, immer Verbindungen zu bürgerlichen Revolutionsbewegungen gegen den Feudalismus.[5] Die Psychoanalyse war in ihren Anfängen, als sie noch weniger dem Trend zur Anpassungstherapie verfallen war, eine «jüdische» Wissenschaft; ihre Träger waren damals um ihre Emanzipation bemühte Angehörige einer diskriminierten Minderheit, die in der Tradition der bürgerlichen Aufklärung standen. Freud war sich des Leidens bewußt, das die Gesellschaft, in der er lebte, den Menschen auferlegte, auch wenn er kaum Wege aufzeigen konnte, wie ihm abzuhelfen sei.[6] In den zwanziger Jahren formulierte er: «Bei den Einschränkungen, die sich nur auf bestimmte Klassen der Gesellschaft beziehen, trifft man auf grobe und auch niemals verkannte Verhältnisse. Es steht zu erwarten, daß diese zurückgesetzten Klassen den Bevorzugten ihre Vorrechte beneiden und alles tun werden, um ihr eigenes Mehr von Entbehrung los zu werden. Wo dies nicht möglich ist, wird sich ein dauerndes Maß von Unzufriedenheit innerhalb dieser Kultur behaupten, das zu gefährlichen Auflehnungen führen mag. Wenn aber eine Kultur es nicht darüber hinaus gebracht hat, daß die Befriedigung einer Anzahl von Teilnehmern die Unterdrückung einer anderen, vielleicht der Mehrzahl, zur Voraussetzung hat, und dies ist bei allen gegenwärtigen Kulturen der Fall, so ist es begreiflich, daß diese Unterdrückten eine intensive Feindseligkeit gegen die Kultur entwickeln, die sie durch ihre Arbeit ermöglichen, an deren Gütern sie aber einen zu geringen Anteil haben . . . Es braucht nicht gesagt zu werden, daß eine Kultur, welche eine so große Zahl von Teilnehmern unbefriedigt läßt und zur Auflehnung treibt, weder Aussicht hat, sich dauernd zu erhalten, noch es verdient.»[7] Analytiker wie Reich, Erikson, Fenichel, Fromm oder Bernfeld, die während einer bestimmten Epoche den Fortschritt der Psychiatrie bzw. einer kritischen Sozialpsychologie repräsentierten, hatten während der Weimarer Republik alle mehr oder weniger ausgeprägte Beziehungen zur Arbeiterbewegung. Alle wesentlichen Wandlungen der neueren französischen Psychiatrie wurden durch die Mai-Revolte des Jahres 1968 beeinflußt. Die jüngeren Psychiater in der BRD, die an der Reform der Psychiatrie interessiert sind, haben wesentliche Impulse durch die Studentenbewegung bzw. ihre radikale Kritik kapitalistischer Verkehrsformen und Bedürfnisse erhalten. Die von Laing oder Cooper

5 K. Dörner: Bürger und Irre, Frankfurt 1975.

6 Siehe hierzu z. B. S. Freud: Das Unbehagen an der Kultur, in: Gesammelte Werke, Bd. XIV, S. 419ff.

7 S. Freud: Die Zukunft einer Illusion, in: Gesammelte Werke, Bd. XIV, S. 333.

repräsentierte «Antipsychiatrie» lebt von der Subkulturbewegung der sechziger Jahre, die Lebensformen erproben wollte, die eine praktische Kritik des Bestehenden darstellen sollten. Die Umwälzungen in der italienischen Psychiatrie, die auf die Zerstörung der traditionellen psychiatrischen Institutionen zielen, sind mit den Emanzipationskämpfen der italienischen Arbeiterbewegung eng verbunden. Wem das Normale und die soziale Struktur, die es repräsentiert, nicht als der grundlegenden Kritik bedürftig erscheint, hat bisher zum theoretischen und praktischen Fortschritt der Psychiatrie kaum etwas beigetragen.

Das Verständnis von psychischen Erkrankungen ist auf die Kritik bestehender Verhältnisse und die von ihnen erzeugten Formen normaler psychischer Verfaßtheit angewiesen. Je weniger grundlegende Kritik ihrer Strukturen die Gesellschaft erlaubt und je weniger sie der Selbstreflexion ihrer Mitglieder dienlich ist, desto weniger kann sie dem Phänomen der psychischen Erkrankung gerecht werden. Eine Psychiatrie, die sich nicht um kritische Distanz zum Bestehenden bemüht, dient eher der Ausgrenzung dessen, was die Gesellschaft verleugnen will, als daß sie zum Verständnis und der Heilung von seelischem Leiden beiträgt. Das «Irrenhaus» hat bisher weit weniger der Genesung von Elenden gedient, als daß ihm, trotz des oft guten Willens der in ihm Tätigen, die Funktion zukam, zu demonstrieren, was denen Schreckliches blüht, die sich dem Realitätsprinzip verweigern. Der deutsche Faschismus, der jede theoretische und praktische Kapitalismuskritik der Linken zu liquidieren sich bemüht hat und von den kollektivierten Wahngewißheiten der ihm anhängenden Massen lebt, die er der Kritik entzogen hat, hat die Euthanasie hervorgebracht, die Liquidierung psychisch Kranker als «lebensunwertes Leben». Daß die deutsche Psychiatrie sich diesem Aspekt ihrer Geschichte bisher kaum gestellt hat – es liegt bisher keine zureichende theoretische Analyse des Problems der Euthanasie vor –, demonstriert, von welchen Verdrängungsmechanismen sie lebt, die ihrer notwendigen grundlegenden Veränderung im Wege stehen. Schon Kraepelin, der Ahnherr der deutschen Universitätspsychiatrie, repräsentierte eine Misere, die der Schriftsteller Ernst Toller in seiner Autobiographie zu erfassen versucht hat. Über seine Begegnung mit Kraepelin, die zustande kam, weil er als politischer Abweichler eine psychiatrische Untersuchung über sich ergehen lassen mußte, schreibt er: «Der Direktor der psychiatrischen Klinik ist jener berühmte Professor Kräpelin, der in einem Münchener Bierkeller einen Bund zur Niederkämpfung Englands gegründet hat.

‹Herr›, fährt er mich an, als ich ihm vorgeführt werde, ‹wie können Sie es wagen, die berechtigten Machtansprüche Deutschlands zu leugnen, dieser Krieg wird gewonnen, Deutschland braucht neuen Lebensraum, Belgien und die baltischen Provinzen, Sie sind schuld, daß Paris noch nicht erobert ist, Sie verhindern den Siegfrieden, der Feind heißt England.›

Das Gesicht des Herrn Professor rötet sich, mit dem Pathos des manischen Versammlungsredners sucht er mich von der Notwendigkeit alldeutscher Politik zu überzeugen, ich lerne, daß es zwei Arten Kranke gibt, die harmlosen liegen in vergitterten klinkenlosen Stuben und heißen Irre, die gefährlichen weisen nach, daß Hunger ein Volk erzieht, und gründen Bünde zur Niederwerfung Englands, sie dürfen die harmlosen einsperren.»[8]

Der Versuch, ausgehend von dem, was als pathologisch gilt, das Normale zu analysieren, indem es als seine Extremvariante begriffen wird, die seine Misere besonders drastisch zu offenbaren vermag, ist mit verschiedenen theoretischen wie praktischen Problemen verknüpft, auf die im folgenden eingegangen werden soll.

In dem, was als normal gilt, ist das Pathologische immer als wesentliches Moment enthalten, ebenso wie das, was als pathologisch gilt, das Normale in sich trägt. Der psychisch Kranke ist ein Normaler, der an besonders ausgeprägten psychischen Verstörungen leidet; der psychisch Gesunde ist ein psychisch Kranker mit gemäßigten Symptomen. Alle Menschen unterm Kapitalismus sind z. B. Formen des Wahns verfallen; Gesunde und «Wahnkranke» unterscheiden sich lediglich dadurch, daß die Wahnformen der Gesunden einen eher kollektiven und sozial akzeptierten Charakter haben (z. B. in Gestalt von religiösen Systemen, des Antisemitismus, von bei Linken gängigen Verschwörertheorien oder des Bestehens auf vegetarischer Kost), während die Wahnformen der Paranoiden einen eher privatistischen Charakter zeigen. Jede Kleinfamilie ist in der bestehenden Gesellschaft der Tendenz nach eine «schizophrenogene» Familie,[8a] die ihre Mitglieder mit Zügen der Verrücktheit ausstattet, wie umgekehrt die «schizophrenogene» Familie keinesfalls gänzlich einer andersartigen Verrücktheit verfallen ist, sonst wäre es wohl kaum zu erklären, wie es ihr gelingt, sich zu reproduzieren, was ihren Mitgliedern offensichtlich einiges an Realitätstüchtigkeit abverlangt. Wenn der Autor dieses Textes empörte Kritiker auf den Plan rief, weil er den proletarischen Sozialcharakter mit bestimmten Varianten der «Schizophrenie» in Verbindung brachte, so haben sich der Arbeiterklasse verbunden Fühlende diese vielleicht vor der Diskriminierung geschützt; auf jeden Fall haben jene Kritiker aber damit die als «Psychotiker» geltenden diskriminiert, weil sie sich weigern, deren Ausgrenzung in Frage zu stellen. Wer beim Konstatieren der offensichtlichen Differenzen zwischen Gesundem und Krankem im Bereich des Psychischen verharrt, die daraus resultieren, daß quantitative Unterschiede in qualitative umschlagen können, bleibt an der Oberfläche kleben, die durchstoßen werden muß, wenn wesentliche Zusammenhänge sichtbar werden sollen.

8 E. Toller: Eine Jugend in Deutschland, Leipzig 1970, S. 102.
8a Siehe hierzu: G. Vinnai: Sozialpsychologie der Arbeiterklasse.

Das Kleben an der Oberfläche, das dazu führt, daß die Analyse des psychisch Kranken primär an seiner Differenz zum Normalen festgemacht wird, zieht seine Attraktivität nicht nur daraus, daß es einem gesellschaftlich produzierten Schein entspricht, es zieht sie vor allem daraus, daß es Ängste zu bannen vermag. Das Denken in Antinomien erspart dem normalen Subjekt die angsterzeugende Erfahrung, den Verrückten oder den Homosexuellen in sich selbst entdecken zu müssen, die allein deren Verständnis zuläßt. Wenn der «Schizophrene» der «Andere» ist, bleibt einem die schreckenerregende Einsicht erspart, daß in seinem Schicksal das eigene potentiell enthalten ist. Die Realität der Abweichung des psychisch Kranken ist zugleich bloßer Schein, der von denen produziert wird, die, wenn sie nicht noch mehr unter die Räder der herrschenden Vernunft geraten wollen, gezwungen sind, sich selbst und anderen zu verschleiern, wie sehr sie selbst die Zeichen schwerer seelischer Beschädigung tragen. Die Ausgrenzung der offen Irren erlaubt den übrigen Mitgliedern der Gesellschaft, auf angepaßte Art mit ihrem Irresein fertig zu werden.

Die psychiatrische Familienforschung hat aufgezeigt, daß ein psychisch krankes Familienmitglied von den übrigen Mitgliedern der Familie in sein Elend hineingetrieben wird, daß es dazu gezwungen wird, offen zu repräsentieren, was diese an sich nicht wahrhaben wollen. Ein Teil der Familie wird von den anderen Teilen verrückt gemacht, indem er dazu gezwungen wird, die latente Verrücktheit offen zu agieren, die diese sich an sich nicht gestatten dürfen. Ihr schwächstes Mitglied wird von der Familie als abweichender Sündenbock benutzt, an dem bekämpft wird, was man nicht wahrhaben darf, wenn ein prekärer familiärer Zusammenhang aufrechterhalten werden soll.[9] Die Einsicht der psychiatrischen Familienforschung läßt sich generalisieren: Jeder psychisch Kranke reagiert bezogen auf die sozialen Zusammenhänge, in die er verstrickt ist; an den psychischen Störungen eines Individuums sind immer diejenigen seiner Interaktionspartner beteiligt. Der psychisch Auffällige demonstriert auch die psychische Verelendung der Menschen, mit denen er verkehren muß. Er wird ausgegrenzt, weil er offen verkörpert, was diese an sich nicht wahrhaben dürfen, wenn sie unter bestehenden gesellschaftlichen Verhältnissen angepaßt funktionieren wollen. Bestimmte gesellschaftliche Verhältnisse produzieren nicht nur den psychisch Kranken, sie produzieren auch die kollektivierten Abwehrmechanismen, die seine Ausgrenzung besorgen. Es gibt keinen psychisch Gesunden, der psychisch Kranke nicht offen oder versteckt diskriminiert.[10] Das Elend

9 Siehe hierzu Bateson, Jackson u. a.: Schizophrenie und Familie, Frankfurt 1969, besonders S. 245 ff.

10 Wer anderer Ansicht ist, soll sich überlegen, ob er mit einem «Schizophrenen» oder einem «Idioten» in einer Wohnung leben möchte. Diejenigen, die

des psychisch Kranken ist weitgehend das Elend seiner Mitmenschen, die ihre Realitätstüchtigkeit dadurch erlangen, daß sie die Brutalitätsmuster aufrichten, die es ihnen erlauben, ihre eigene Misere an anderen zu bekämpfen. Der Psychiater Kisker formuliert: «Es kann sein, daß einer von uns, um es ganz pointiert zu sagen, sich nur deswegen halten kann und freikämpfen kann für ein sogenanntes normales Leben in der Sozietät, weil ein lieber Nächster dafür stellvertretend krank wird und in die psychiatrische Institution gerät.»[11] Der ansteckenden Angst, die im Zentrum jeder psychischen Erkrankung steht, können sich diejenigen nicht stellen, die ständig dagegen kämpfen müssen, daß die Ängste, die eine feindliche Realität ihnen aufzwingt, sie übermannen. Der Blick auf die psychische Katastrophe, die der Tendenz nach jedem droht, wird erst erträglich, wenn die sozialen Kräfte organisiert sind, die die sozialen Umwälzungen bewerkstelligen können, die sie hinfällig werden lassen.[12]

Das Verstehen des psychisch Kranken setzt beim «Gesunden» die Einsicht in die eigenen Defekte voraus, die Verdrängungsprozesse dem Bewußtsein entziehen wollen. Das Verstehen des «Anderen» verlangt die radikale Infragestellung der eigenen Subjektivität, die kaum jemand ständig zu leisten vermag. Die Kritik der eigenen Subjektivität kann dadurch erleichtert werden, daß sie im Rahmen einer kritischen Gesellschaftstheorie und einer ihr entsprechenden Praxis erfolgt. Wer die Irrationalität sozialer Strukturen kennt, braucht die Irrationalität der eigenen Psyche, die ihr entsprungen ist, nicht bloß als individuell zu verantwortenden Defekt zu interpretieren, er kann sich ihr deshalb leichter intellektuell stellen. Psychoanalytiker betonen ständig, daß der Hinweis auf die gesellschaftliche Bedingtheit des eigenen Fehlverhaltens dazu dienen kann, sich davor zu drücken, es zu bekämpfen. Daß dieselben Psychoanalytiker auch nach jahrelanger Analyse oft noch erschreckende, ihr Bewußtsein trübende Abwehrmechanismen aufweisen, weil sie verbissen glauben, bürgerliche Persönlichkeitsideale repräsentieren zu müs-

psychisch Kranke besonders «menschlich» behandeln wollen, lassen ihnen eine Sonderbehandlung zukommen, deren Kehrseite die Diskriminierung ist.

11 G. Hofer und K. Wichert (Hg.): Imaginäre Welten – Gestalteter Wahn, Hannover 1970, S. 75.

12 Daß hirnorganisch gestörte oder verkrüppelte Personen ebenso wie diejenigen ausgegrenzt werden, deren psychische Störungen primär sozialen Ursprungs sind, steht nicht – wie manche Psychiater meinen – zu einer Interpretation im Widerspruch, die die Diskriminierung als Problem des Elends der Diskriminierenden betrachtet. Diejenigen, die diese Personengruppen ausgrenzen, tun dies auf Grund von diffusen Ängsten, die um den Verlust der eigenen geistigen Fähigkeiten und der eigenen körperlichen Integrität zentriert sind. Diese Zerstörungs- und Verstümmelungsängste infantilen Charakters sind sozial produzierte Ängste, die unter veränderten gesellschaftlichen Verhältnissen, die z. B. eine veränderte Einstellung zur Körperlichkeit zulassen würden, wahrscheinlich weitgehend vermeidbar wären.

sen, denen sie in der bestehenden Gesellschaft nicht gewachsen sein können, zeigt, daß auch die gesellschaftstheoretische Blindheit die Irrationalisierung der Psyche stützen kann. Der Hinweis auf übermächtige objektive Strukturen dient vielen dazu, sich vor dem Kampf gegen die innere Unfreiheit zu drücken, aber ebenso gilt, daß man seiner subjektiven Misere intellektuell und praktisch nicht gewachsen sein kann, wenn man dazu verurteilt ist, das, was gesellschaftlich produziert ist, als eigenes Versagen zu interpretieren. Was Psychoanalytiker allzu leicht als Rationalisierung denunzieren, zeigt zumeist mehr Vernunft, als es diesen scheint.[13]

Die psychische Erkrankung trägt einen Doppelcharakter; sie kann als Kapitulation vor bestehenden sozialen Verhältnissen begriffen werden, die zugleich bestimmte Formen des Widerstandes einschließt, welche sich allerdings in falscher Form Geltung verschaffen müssen. «Gestörte» Verhaltensweisen müssen als fragwürdige Versuche der Anpassung wie des Widerstands begriffen werden.[14] In psychischen Erkrankungen schlagen sich die realen Abstraktionsprozesse nieder, die die Gesellschaft an den Menschen vornimmt. Das Starre, Automatisierte, Leere, Blinde, das psychische Erkrankungen kennzeichnet, läßt sich als Kapitulation vor der abstrakten unpersönlichen Rationalität der Ökonomie begreifen, die die Gesellschaft regiert. Die «Irrationalität» gestörten Verhaltens, seine verzweifelte, blinde Weigerung, das Realitätsprinzip in der geforderten Weise zu akzeptieren, enthält zugleich Elemente des Protests gegen diese Rationalität. Der Ausbruch einer psychischen Erkrankung signalisiert die – wenn auch auf selbstzerstörerische Art – vorgetragene Weigerung, die Realität in der bisherigen Weise zu akzeptieren. Die psychische Erkrankung stellt eine abstrakte Negation des Bestehenden dar, die dem, was sie negiert, zugleich in extremer Weise verfallen ist. Aber selbst diese fragwürdige Form der Negation kann mehr positive Züge aufweisen, als sie den «unheilbar Gesunden» eigen sind, die sich noch in die extremsten Unmenschlichkeiten einspannen lassen, ohne sichtbaren Schaden daran zu nehmen.

Der Doppelcharakter der psychischen Erkrankung läßt sich auch im Normalen wiederfinden. Die Symptome psychischer Erkrankungen lassen sich beim Gesunden in abgeschwächter, sozialkonformer Weise aufspüren. Psychisch gesund sein heißt nicht, schlicht an die Gesellschaft angepaßt sein, es bedeutet auch, sich auf richtige und falsche Art gegen diese zu wehren. Jede psychische Anpassungsleistung kann zugleich als

13 Zur Widersprüchlichkeit des psychoanalytischen Begriffs der Rationalisierung siehe Th. W. Adorno: Zum Verhältnis von Soziologie und Psychologie, Raubdruck, o. O., o. J., ohne Seitenangaben.

14 Siehe hierzu G. Vinnai: Sozialpsychologie der Arbeiterklasse, Reinbek 1973, S. 128ff.

Widerstandsleistung interpretiert werden; bei Freud dient die Übernahme des Realitätsprinzips als Anpassung an die Gesellschaft dazu, einem asozialen Lustprinzip in gewandelter Form Geltung zu verschaffen. Psychisch gesund sein als Angepaßt-Sein an die bestehende Gesellschaft schließt zugleich fragwürdige Widerstandsformen gegen diese ein, es heißt z. B.: sich gegen unerträgliche Widersprüchlichkeiten seiner Existenz dadurch zu wehren, daß man sich weigert, sie zur Kenntnis zu nehmen, sich Hoffnungen machen, auch wenn es nichts mehr zu hoffen gibt, die eigene Nichtigkeit dadurch bewältigen, daß man am kollektivierten nationalen Größenwahn teilnimmt, sich einer unerträglichen Realität dadurch zu entziehen, daß man sich vom Fernsehen eine Ersatzrealität liefern läßt, sich gegen Ängste zu wehren, indem man diese verschiebt und mit Hilfe der Ablehnung von Juden, Kommunisten und Homosexuellen kanalisiert, seinen Triebregungen Geltung verschaffen, indem man sich auf regressive Art auch auf Kosten anderer gehenläßt, wo immer es sozial noch legitim ist, sich den Zumutungen des Bestehenden verweigern, in dem man sich aus Sozialkontakten zurückzieht und sich stumpf und gleichgültig macht. Die problematischen Widerstandsformen, die der Anpassung ans Bestehende dienen, zeigen prinzipiell keine andere Rationalität als die Symptombildungsprozesse bei psychischen Erkrankungen; die Widerstandsformen des psychisch Schwergestörten sind strukturell mit einer infantilen Rationalität gehorchenden sozialkonformen Widerstandsform identisch, sie fallen lediglich extremer, weniger sozialkonform aus.

Eine, vielleicht die entscheidende Aufgabe einer kritischen Psychologie ist es, Analysen des Unbewußten zu liefern; sie muß sich besonders für das interessieren, was die Menschen unter Angsteinfluß dem Bewußtsein zu entziehen gezwungen sind, um die Anpassungsleistungen vollbringen zu können, die die Gesellschaft ihnen abverlangt. Bei der Erfüllung dieser Aufgabe stößt der Psychologe auf massive Schwierigkeiten, weil sie ihn zur Konfrontation mit seinen eigenen Abwehrmechanismen zwingt und weil Unbewußtes, seinem Wesen nach, kaum den direkten theoretischen Zugriff erlaubt. Was die «Abweichenden» an verzerrtem Normalem offenbaren, kann der Analyse den Zugang zu dem öffnen, was die «Angepaßten» durch Verdrängungsprozesse dem Bewußtsein entziehen müssen. Der Kranke wird ausgegrenzt, weil er zutage treten läßt, was die Normalen an sich nicht wahrhaben wollen – der Versuch der theoretischen Umkehrung der Ausgrenzung kann der Kritik des Normalen folglich den Weg ebnen.

Die kapitalistisch organisierte Entfremdung der Menschen von ihren Tätigkeiten, den Produkten ihrer Tätigkeiten oder ihren Mitmenschen bringt zugleich eine Entfremdung von ihren Bedürfnissen mit sich. Solange die Lebenszusammenhänge der Menschen nicht ihren demokratischen Entscheidungsprozessen entspringen und sie damit nicht über sich selbst verfügen können, sind ihre Bedürfnisse nicht wirklich ihre Bedürfnisse. Nur wo die vorfindliche Realität, auf die sich die Triebe der Menschen notwendig richten, humanisiert ist, können auch diese humanisiert werden. Die kapitalistische Produktionsweise, die auf Grund ihrer Eigentumsverhältnisse den Menschen weitgehend die Verfügungsgewalt über die von ihnen produzierte Realität entzieht, enteignet sie damit zugleich auf der psychologischen Ebene. In einer Gesellschaft, die nicht von einer aufgeklärten demokratischen Vernunft, sondern von blinden ökonomischen Zwangsgesetzen regiert wird, die durch die Menschen hindurchgehen, muß eine kritische Psychologie weitgehend eine Psychologie des Unbewußten sein. Diese hat zu den tiefersitzenden Dimensionen des Psychischen vorzustoßen, mittels derer die entfremdete Ökonomie die Menschen bewußtlos gefangenhält. Keineswegs lediglich durch falsches Bewußtsein, sondern durch eine psychische Gesamtstruktur, also auch durch verzerrte Bedürfnisse, durch eine ihrer Kontrolle entrissene Triebökonomie sind die Individuen subjektiv ans Bestehende gefesselt. «Daß die Menschen ökonomische Verhältnisse, über die ihre Kräfte und Bedürfnisse hinausgewachsen sind, aufrecht erhalten, anstatt sie durch eine höhere und rationalere Form zu ersetzen, ist nur möglich, weil das Handeln numerisch bedeutender sozialer Schichten nicht durch die Erkenntnis, sondern durch eine das Bewußtsein verfälschende Triebmotorik bestimmt ist.»[15] Eine kritische Analyse des Unbewußten der Menschen wäre erst hinfällig, wenn diese ihr Schicksal auf Grund eigener Einsichten bestimmen könnten. Solange das Handeln der Menschen einer Ökonomie verfällt, die ihrer Kontrolle entglitten ist, ist es notwendig aufzuhellen, wie diese sich mit dem notwendigen menschlichen Kitt versorgt, den eine nicht humanisierte, dem Bewußtsein entzogene innere Natur zur Verfügung stellt.

Der Theoretiker, der sich für das Unbewußte der Menschen interessiert, kann, was auch für den Psychoanalytiker gilt, in gewisser Weise zu dessen Bündnispartner werden. Das Unbewußte ist auch die Stätte der unterdrückten Kinderwünsche und der an sie anknüpfenden Regungen, die sich dem Realitätsprinzip verweigern. Adorno bemerkt: «Im Unbewußten sedimentiert sich, was immer im Subjekt nicht mitkommt, was die Zeche von Fortschritt und Aufklärung zu bezahlen hat. Der Rückstand wird zum ‹Zeitlosen›. In ihn ist auch die Forderung von Glück geraten, die in der Tat ‹archaisch› sich ausnimmt, sobald sie einzig auf die verzerrte, von der ganzen Erfüllung abgespaltene Gestalt einer somatisch-lokalisierten Befriedigung zielt, die sich um so gründlicher in ‹some fun› verwandelt, je beflissener das Bewußtseinsleben der Erwachsenheit

15 M. Horkheimer: Psychologie und Geschichte, in: Zeitschrift für Sozialforschung, Leipzig 1932, S. 137.

zustrebt.»[16] Psychische Erstarrungen haben als Kehrseite immer unterdrückte Glücksansprüche; sie sind Ausdruck zwanghafter Panzerungen gegen gesellschaftlich verfemte Triebregungen.

Das Psychische, von dem das Bewußtsein abgespalten ist und das damit der bewußten Bearbeitung entzogen ist, fällt allzuleicht dem Bestehenden anheim. «Wie die Gesellschaft von der Psychologie, so kapselt sich auch die Psychologie von der Gesellschaft ab und wird läppisch. Unterm gesellschaftlichen Druck spricht die psychologische Schicht nur noch aufs Immergleiche an und versagt vor der Erfahrung des Spezifischen. Das Traumatische ist das Abstrakte. Darin ähnelt das Unbewußte der Gesellschaft, von der es nichts weiß, und die selber dem abstrakten Gesetz gehorcht, und taugt zu ihrem Kitt.»[17] Die Theorie, die mit dem Unbewußten ein Bündnis eingehen will, muß darauf zielen, zu ermitteln, unter welchen Umständen dem Bewußtsein entzogene, unterdrückte Wünsche zur bewußten vorwärtstreibenden Kraft werden können, anstatt dem Bestehenden den psychologischen Kitt zur Verfügung zu stellen.

Die Erfahrung des deutschen Faschismus, die im Zentrum jeder ernstzunehmenden Massenpsychologie des Kapitalismus stehen muß, demonstriert die Fragwürdigkeit eines unreflektierten Normalitätsbegriffs. Die psychische Struktur der autoritätsgebundenen Anhänger des Dritten Reichs zeigt, wie Adorno und andere aufgedeckt haben, eine enge Verwandtschaft mit psychopathologischen Dispositionen.[18] Der kollektive Wahn, an dem die fanatischen Anhänger des Faschismus, als Opfer des Kapitalismus, teilhaben, scheint sie vor der individuellen psychischen Katastrophe zu bewahren. Abgekapselte, sozial legitime, institutionalisierte Wahnsysteme erlauben es sogar, sich im Umgang mit dem Bestehenden besonders «realistisch» zu verhalten. Das Pathologische der Anhänger des Faschismus steckt sowohl in ihren Wahnsystemen wie in einem «Realismus», der mit einer weitgehenden affektiven Verarmung und Beziehungslosigkeit einhergeht, die die Anpassung an entfremdete Verhältnisse erleichtern. Ein wahnhafter Antikommunismus und eine hochentwickelte instrumentelle Vernunft können sich sehr gut vertragen. Die Kollektivierung eines pathologischen Potentials kann als individuelle Entlastung erfahren werden: Wenn fragwürdige Charakterzüge nicht mehr als abweichend erfahren werden, sind ihre Träger nicht mehr von der Stigmatisierung bedroht; die Angst, die mit ihnen verbunden ist, kann damit herabgesetzt werden, was auf der psychischen Ebene Hand-

16 Th. W. Adorno: Zum Verhältnis von Soziologie und Psychologie, a. a. O.
17 Ebd.
18 Th. W. Adorno u. a.: The Authoritarian Personality, New York 1950. Siehe hierzu auch G. Vinnai: Sozialpsychologie der Arbeiterklasse, a. a. O., S. 70ff. und S. 133ff.

lungsspielräume eröffnet, die im Bestehenden Erfolge eintragen können. Adorno bemerkt: «Wäre etwas wie eine Psychoanalyse der heute prototypischen Kultur möglich, spottete nicht die absolute Vorherrschaft der Ökonomie jeden Versuchs, die Zustände aus dem Seelenleben ihrer Opfer zu erklären, und hätten nicht die Psychoanalytiker selber jenen Zuständen längst den Treueid geleistet – so müßte eine solche Untersuchung dartun, daß die zeitgemäße Krankheit gerade im Normalen besteht. Die libidinösen Leistungen, die vom Individuum verlangt werden, das sich gesund an Leib und Seele benimmt, sind derart, daß sie nur vermöge der tiefsten Verstümmelung vollbracht werden können.»[19] «Diagnostizieren läßt die Krankheit der Gesunden sich einzig objektiv, am Mißverhältnis ihrer rationalen Lebensführung zur möglichen vernünftigen Bestimmung ihres Lebens. Aber die Spur der Krankheit verrät sich doch: sie sehen aus, als wäre ihre Haut mit einem regelmäßig gemusterten Ausschlag bedruckt, als trieben sie Mimikry mit dem Anorganischen. Wenig fehlt, und man könnte die, welche im Beweis ihrer quicken Lebendigkeit und strotzenden Kraft aufgehen, für präparierte Leichen halten, denen man die Nachricht von ihrem nicht ganz gelungenen Ableben aus bevölkerungspolitischen Rücksichten vorenthielt. Auf dem Grunde der herrschenden Gesundheit liegt der Tod. All ihre Bewegung gleicht den Reflexbewegungen von Wesen, denen das Herz stillstand. Kaum daß gelegentlich einmal die unseligen Stirnfalten, Zeugnis furchtbarster und längst vergessener Anstrengung, daß ein Moment pathischer Dummheit inmitten der fixen Logik, daß ein hilfloser Gestus störend die Spur des entwichenen Lebens bewahrt. Denn das gesellschaftlich zugemutete Opfer ist so universal, daß es in der Tat erst an der Gesellschaft als ganzer und nicht am Einzelnen offenbar wird. Sie hat die Krankheit aller Einzelnen gleichsam übernommen, und in ihr, in dem gestauten Wahnsinn der faschistischen Aktionen und all ihren zahllosen Vorformen und Vermittlungen wird das im Individuum vergrabene subjektive Unheil mit dem sichtbaren objektiven integriert. Trostlos aber der Gedanke, daß der Krankheit des Normalen nicht etwa die Gesundheit des Kranken ohne weiteres gegenübersteht, sondern daß diese meist nur das Schema des gleichen Unheils auf andere Weise vorstellt.»[20]

Trotz der Notwendigkeit der Herausarbeitung der Pathologie des Normalen unterm Kapitalismus, die der Faschismus, der die Schattenseiten des Kapitalismus besonders drastisch offenbart, für jeden klar Denkenden auf die Tagesordnung gesetzt hat, ist es problematisch, den Kapitalismus mit dem Begriff einer «pathologischen Gesellschaft» erfassen zu wollen. Das Bemühen, alle Mitglieder einer Gesellschaft zu Kranken zu erklären, neigt dazu, das Anderssein etwa des «Schizophrenen», das der Umschlag

19 Th. W. Adorno: Minima Moralia, Frankfurt 1962, S. 68f.
20 Ebd., S. 70f.

von quantitativen in qualitative Differenzen mit sich bringen kann, zu sehr herunterzuspielen. Eine Argumentation, die psychisch Kranken mit dem Hinweis darauf, daß ihr Elend das Elend aller sei, die Therapie verweigern würde, wäre zynisch, weil sie das besondere Elend, das auch quantitative Differenzen mit sich bringen, negieren würde.

Der Begriff einer «kranken Gesellschaft» ist zu sehr auf der psychologischen Ebene angesiedelt; was auf der psychologischen Ebene nur einen graduellen Unterschied ausmacht, kann auf der soziologischen Ebene grundlegend verschiedene Konsequenzen zeitigen: Quantitative Differenzen auf der psychologischen Ebene können mit qualitativen Differenzen auf der soziologischen Ebene verknüpft sein. Ob einer in die Irrenanstalt eingewiesen wird oder ob es ihm eben noch erspart bleibt, kann eine ungeheure Bedeutung für sein Lebensschicksal haben. Der Begriff der Gesundheit, im Rahmen der Psychiatrie wie der Medizin im allgemeinen, orientiert sich weitgehend an der Fähigkeit, gesellschaftlich geforderte Arbeitsleistungen vollbringen zu können. Ob einer seine Arbeitskraft zu verkaufen vermag oder nicht, setzt grundlegend verschiedene Verhaltenszumutungen, auch wenn auf der psychologischen oder physiologischen Ebene keine qualitativen Differenzen zu konstatieren sind. Das Vollbringen von gesellschaftlich geforderten Arbeitsleistungen kann eine seelische Verelendung eintragen, die pathologische Züge trägt, aber es erlaubt zugleich, sich so auf die Realität beziehen zu können, daß kollektive Widerstandshandlungen gegen bedrückende Verhältnisse potentiell möglich bleiben, die dem in die Isolierung getriebenen Kranken nicht möglich sind. Der Begriff der psychischen Krankheit ist nicht nur psychologisch bestimmt; diejenigen, die von der Gesellschaft als Kranke etikettiert werden, weil sie bestimmten sozialen Anforderungen nicht mehr genügen können, erfahren eine institutionell festgelegte Sonderbehandlung, die das, was als Krankheit erscheint, wesentlich mitbestimmt bzw. erst produziert.[21] Die Psychiatrie erzeugt mit, was zu heilen als ihre Aufgabe erscheint.[22]

Die psychiatrische Wissenschaft, deren Befunde, wie dargelegt wurde, der Analyse des Normalen dienstbar gemacht werden können, kann ihren Gegenstand nicht angemessen erfassen, solange sie keinen Begriff von den sozialen Verhältnissen hat, als deren Produkt seelische Erkrankungen wesentlich begriffen werden müssen. Die vorliegenden psychiatrischen Befunde müssen, vermittelt über die Analyse der Verhältnisse, die das Normale repräsentiert, uminterpretiert werden. Die Analyse

21 Siehe hierzu z. B. Th. S. Szasz: Die Fabrikation des Wahnsinns, Freiburg 1974, oder E. Goffman: Asyle, Frankfurt 1973.

22 Da die Organisationsprinzipien der psychiatrischen Institutionen von der Logik des Kapitalverhältnisses entscheidend geprägt werden, die auf allen Mitgliedern der Gesellschaft lastet, ist das, was sie «anderes» produzieren, nicht so anders, als es scheinen mag.

gerät damit in einen hermeneutischen Zirkel: Sie muß psychopathologische Befunde mit Hilfe des Wissens über das Normale und das Normale mit Hilfe psychopathologischer Befunde interpretieren. Es bleibt ihr kein anderer Weg, als das, was sie über das Normale weiß, auf das Pathologische zu beziehen und das, was sie über das Pathologische weiß, auf das Normale, um so einen dialektisch strukturierten Erkenntnisprozeß voranzutreiben.

Solange psychiatrische Befunde nicht als bezogen auf spezifische, präzise zu analysierende soziale Verhältnisse begriffen werden, enthalten sie die Wahrheit höchstens verkürzt und in schiefer Perspektive; wenn die materialistische Theorie sie verarbeiten will, ist sie zu ihrer Uminterpretation gezwungen. Die Klassifikationssysteme, mit deren Hilfe psychiatrische Befunde transportiert werden, verzerren diese, solange sie nicht auf soziale Konfliktkonstellationen bezogen werden, als deren fragwürdige Bewältigungsformen psychische Störungen begriffen werden müssen. Ihrem Gegenstand angemessene psychiatrische Klassifikationssysteme müssen sich an der Frage orientieren, welche für eine bestimmte Gesellschaft typischen Versagungen und Widersprüchlichkeiten, die sich in mit Ängsten verbundenen psychischen Ambivalenzen niederschlagen, von Mitgliedern sozialer Klassen auf fragwürdige Art verarbeitet werden. Sie müssen die fragwürdigen Bewältigungsformen seelischer Belastungen, die psychische Erkrankungen darstellen, zu bestimmten gesellschaftlichen Zumutungen in Beziehung setzen. Die Konflikte zwischen psychischen Instanzen und deren Bewältigungsformen, an denen sich die psychoanalytische Neurosen- und Psychosenlehre orientiert, müssen auf die sozialen Widersprüche bezogen werden, die sich in ihnen niederschlagen. Der Versuch, psychiatrische Befunde allein entlang einer irgendwie gearteten psychologischen Logik zu klassifizieren, lastet den Subjekten etwas an, was sie nur als Opfer sozialer Verhältnisse zu verkörpern haben. Daß das menschliche Wesen, nach Marx' Einsicht, «kein dem einzelnen Individuum innewohnendes Abstraktum» ist, sondern das «Ensemble der gesellschaftlichen Verhältnisse», gilt auch für das Wesen des psychisch Kranken. Seine Krankheit existiert nicht schlicht in seiner Person, sondern in seiner Reaktion auf gesellschaftliche Zwänge.

Wesen und Bedeutung einer psychischen Störung können nur im Kontext mit der Analyse der sozialen Realität erfaßt werden, auf die sie sich bezieht: Psychische Erkrankungen sind deshalb Ausdruck klassenspezifischer Lebenszusammenhänge. Ein «Neurotiker» oder ein «Psychotiker» aus dem Bürgertum ist folglich etwas grundlegend anderes als Mitglieder der Arbeiterklasse, die als solche etikettiert werden, weil beide in sehr verschiedene soziale Zusammenhänge verstrickt sind, die sich in ihren Symptomen niederschlagen. Klassenunspezifische psychiatrische Krankheitslehren, die die Krankheit nur im Subjekt und nicht wesentlich in seiner Beziehung zu einer klassenspezifisch strukturierten sozialen

Realität dingfest machen, verfehlen notwendig ihren Gegenstand. Wenn die kritische Analyse bestimmte Formen dessen, was als «Schizophrenie» gilt, als Extremvariante des proletarischen Sozialcharakters begreift, kann sich das sinnvoll nur auf solche beziehen, die der proletarische Lebenszusammenhang hervorgebracht hat. Die Versuche, die klassenspezifischen Verteilungen von «Neurotikern» oder «Psychotikern» zahlenmäßig zu erfassen, verkennen, daß sie Ungleiches willkürlich als Gleiches behandeln und damit falsches Bewußtsein produzieren. Die klassenunspezifischen Interpretationsmuster und Klassifikationssysteme, wie sie von der bürgerlichen Psychiatrie produziert werden, können vor allem proletarischen Individuen nicht gerecht werden; sie rationalisieren eher deren besondere Diskriminierung im System der etablierten Psychiatrie. Je weiter ein Lebensschicksal von dem des Psychiaters entfernt ist, desto weniger ist dieser in der Lage, es zu verstehen und damit den Sinn der Symptome zu erfassen, die es hervorbringt, solange ihn die Klassenanalyse nicht interessiert.[23]

Sozial verursachte Formen psychischer Verelendung können nicht zureichend – dem Interpretationsrahmen der Psychoanalyse entsprechend – als Ausdruck spezifischer Formen der Verarbeitung von in der frühen Kindheit zu durchlaufenen sozialen Konfliktkonstellationen begriffen werden. Die defekte Psyche ist Ausdruck eines Konfliktlösungspotentials, dessen Basis zwar in der Kindheit gelegt wurde, das aber durch spätere soziale Einflüsse entscheidend mitgeprägt wird. Bestimmte infantil gesetzte psychische Potentiale erhalten nicht zuletzt erst dadurch ihr besonderes Gewicht, daß die Menschen, unter dem Einfluß späterer Belastungen, stets von Neuem auf sie zurückgeworfen werden: Nur unter dem Druck aktueller Belastungen, die der genauen Analyse bedürfen, zeigt ein Erwachsener zwanghaft problematische infantile Reaktionsweisen. Es sind gesamtgesellschaftliche, ökonomisch bedingte Widersprüche, die für pathogene Familienstrukturen sorgen, denen ein Kind ausgesetzt ist, ebenso wie sie dafür verantwortlich sind, daß das, was diese produzieren, auf Grund der späteren Einwirkung von verwandten sozial-strukturellen Arrangements, nicht verjähren kann.[24] Psychisch Kranke sind nicht schlicht als infantil geblieben zu begreifen, das kranke Subjekt antwortet vielmehr mit bestimmten Formen der Regression auf aktuelle Anforderungen, die der Analyse bedürfen. Der Psychiater muß fragen, welche aktuellen Belastungen den Rückgriff auf welche im Lauf

23 Wenn klassenunspezifische psychiatrische Interpretationen trotz ihrer Falschheit eine bestimmte Realitätshaltigkeit aufweisen, so liegt dies darin begründet, daß alle Subjekte, die unterm Kapitalismus leben, trotz ihrer klassenspezifischen Differenzen auch verwandte Züge tragen, die etwa aus der für alle verbindlichen Eigentumsordnung oder Ehe- und Familienform resultieren.

24 Siehe hierzu G. Vinnai: Sozialpsychologie der Arbeiterklasse, a. a. O., und Seite 239ff. dieses Buches.

verschiedener Stufen der individuellen Entwicklung erworbene und sich überlagernde psychische Potentiale hervorbringen. Auf spezifische Weise miteinander verkoppelte, lebensgeschichtlich erworbene Konfliktbewältigungsstrategien bringen das hervor, was als pathologisch gilt, ebenso wie das, was als normal gilt.

Die Psychiatrie darf sich nicht nur für die ersten Lebensjahre eines Menschen interessieren, sie muß sich vor allem um eine Psychoanalyse der Arbeit bzw. des Berufs kümmern. In psychische Erkrankungen von Erwachsenen gehen immer berufliche Belastungen entscheidend mit ein. Daß Lehrer eine Tendenz zum «Hysterischen» aufweisen,[25] Techniker eine zum «Zwangsneurotischen» oder Bandarbeiter eine zum «Schizoiden», ist keineswegs nur ihrer frühkindlichen Sozialisation zuzuschreiben, dies ist vor allem Ausdruck von spezifischen beruflichen Anforderungen. In die Formen psychischer Verelendung, die für verschiedene Berufe typisch sind, gehen infantil erworbene Potentiale ein, aber diese Potentiale gewinnen ihr besonderes Gewicht erst dadurch, daß sie durch beruflich geforderte psychische Anspannung verfestigt bzw. stets von neuem reaktiviert werden. Eine Psychiatrie des Erwachsenen muß eine Pathologie der verschiedenen gesellschaftlich geforderten Arbeitsleistungen liefern und dabei zu klären versuchen, welche während der primären und sekundären Sozialisation erworbenen Bewältigungsformen von sozialen Belastungen unter dem Druck aktueller Arbeitsbelastungen so akkumuliert werden, daß der Verkauf der Arbeitskraft nicht mehr gelingen kann.

Wenn davon ausgegangen werden muß, daß nur ein sozialwissenschaftlicher Zugang dem Phänom psychische Erkrankung gerecht werden kann, bedeutet das keineswegs, daß nicht auch Anlagepotentiale oder erworbene organische Störungen in diese eingehen können. Genetische Faktoren, die in psychopathologische Dispositionen eingehen, erlangen ihre Bedeutung nur durch ihr Wirksamwerden in einem bestimmten sozialen Rahmen. Ein bestimmtes Anlagepotential tritt nicht, wie die neuere bürgerliche Psychiatrie meint, zu sozialen Faktoren hinzu, es bestimmt allenfalls mit – und dies mitunter auf entscheidende Weise –, wie diese verarbeitet werden. Gleiche biogenetische Potentiale können unter verschiedenen sozialen Verhältnissen sehr verschiedene Konsequenzen zeitigen: Z. B. können Individuen mit einer besonderen, anlagebedingten Triebstärke (falls es so etwas gibt) an repressiven Verhältnissen zerbrechen, während ihnen Verhältnisse mit großem Entfaltungsspielraum keinerlei Schaden zufügen. Ein «Kurzsichtiger» ist als Mitglied eines kriegerischen, von der modernen Zivilisation nicht berührten Stammes ein Todgeweihter, der extremen psychischen Belastungen aus-

25 Siehe hierzu G. Vinnai: Psychoanalyse der Schule, in: K. J. Bruder u. a.: Kritik der pädagogischen Psychologie, Reinbek 1976.

gesetzt ist, während er in industriellen Gesellschaften als Brillenträger sehr gute Überlebenschancen hat und nicht übermäßig psychisch belastet zu sein braucht.

Das Bemühen um die Herausarbeitung der Pathologie des Normalen braucht nicht, wie manche Kritiker dieser Anstrengung meinen, von notwendigen Überlegungen über die Reform der Psychiatrie abzulenken, sie kann diese vielmehr theoretisch fundieren helfen.

Wenn das Elend des psychisch Kranken zugleich das Elend des Normalen ist, muß sich der Interpretationsrahmen der Psychiatrie grundlegend wandeln. Die größten Sorgen machen einer aufgeklärten Psychiatrie auf der personalen Ebene nicht die «Schizophrenen», sondern diejenigen, die sie ausgrenzen; das entscheidende Problem ist ihr das Verhalten des Therapeuten, der das Normale repräsentiert, nicht das des Patienten. Weil es zwischen Therapeut und Patient keine unmittelbare Identität manifester Interessen gibt, ist jedes Verhalten eines Therapeuten fragwürdig. Der traditionelle Psychiater entmündigt den Patienten, indem er ihn zum «Anderen» macht und ihn zum Fall verdinglicht. Die Anhänger der «therapeutischen Gemeinschaft» unter den Psychiatern, die egalitäre Beziehungen im Bereich der Psychiatrie postulieren, verschleiern sich selbst und den Kranken gegenüber, daß die materielle Basis für solche Beziehungen fehlt – die therapeutische Gemeinschaft wird allzuleicht zur «Pseudogemeinschaft»[26], die von der Verschleierung von Widersprüchen lebt. Diejenigen, die das Mitleid mit dem Kranken bewegt, bewegt meist auf fragwürdige Weise primär das Mitleid mit dem eigenen Leiden. Das Interesse an psychischen Störungen anderer gilt allzuleicht eher den eigenen Störungen. Die Möglichkeiten der offenen und versteckten psychischen Ausbeutung des Patienten durch den Therapeuten, der sich auf Kosten des Patienten psychisch sanieren kann, sind zahlreich. Auch der Versuch, das Problem dadurch zu lösen, daß man sich vornimmt, therapeutische Prozesse prinzipiell ohne Individuen mit besonderen Kenntnissen und analytischer Distanz zu lösen, ist fragwürdig, weil er typischerweise wildes Agieren und Sozialdarwinismus hervorbringt. Aufgeklärtes Verhalten therapeutisch Tätiger kann wohl nur darin bestehen, sich gegen eine Rolle zu wehren, die man zugleich partiell akzeptieren muß. Der Therapeut kann sich mit dem Kranken solidarisieren, wenn er in seinem Leiden das eigene erkennt; er kann ihm therapeutisch helfen, weil sein Leiden quantitativ weniger ausgeprägt ist als das seine.

Eine Therapie, die psychische Erkrankungen im Kontext mit den sozialen Zusammenhängen sieht, denen sie entspringen, kann ihre Möglich-

26 Zum Begriff der Pseudogemeinschaft siehe Wynne u. a.: Pseudogemeinschaft in den Familienbeziehungen von Schizophrenen, in: Schizophrenie und Familie, Frankfurt 1969.

keiten und Grenzen präziser bestimmen. Die Therapie stößt z. B. auf besondere Widerstände, wenn sie Symptome aufheben will, die in gemäßigter Form funktional für die Berufstätigkeit sind und deshalb ständig von dieser verfestigt werden. Es dürfte z. B. schwer sein, Schauspielern die hysterischen, oder fähigen Psychiatern und Psychologen die zwangsneurotischen und depressiven Züge auszutreiben; ein Intellektueller, der sich die Wortmagie, den infantilen Glauben an die Allmacht der Gedanken gänzlich hat zerstören lassen, hat seine produktivste Phase hinter sich. Jede Therapie psychischer Erkrankungen muß beachten, daß sie durch übermächtige soziale Zwänge eingeengt ist, die bestimmte seelische Verkrüppelungen stets von neuem erzwingen. Therapieversuche unter Verhältnissen, die keine Freiheitsgrade dulden, die ein verändertes Leben erlauben, sind zum Scheitern verurteilt.

Wenn der psychisch Kranke als Variante des Normalen unter veränderungsbedürftigen sozialen Verhältnissen begriffen werden kann, läßt die Uminterpretation von Einsichten in individuelle Emanzipationsprozesse mit Hilfe der Psychotherapie Schlüsse in Bezug auf kollektive Emanzipationsprozesse zu. Das kann nicht bedeuten, daß die Frage nach der Organisation von politischen Kämpfen von der Analyse der psychischen Konstitution ihrer potentiellen Träger her beantwortet werden kann. Die Organisationsformen des politischen Kampfes werden selbstverständlich primär von machtpolitischen Erfordernissen, vom Verhalten des politischen Gegners bestimmt. Die politische Psychologie kann nur die subjektiven Faktoren benennen, die die sozialistische Bewegung nicht übersehen darf, wenn sie die Menschen nicht mit abstrakt richtigen politischen Ansprüchen überfordern will. Die sozialistische Bewegung kann das seelische Elend der Massen nicht der Integrationskultur des Kapitals überlassen und zugleich besondere psychische Energien für den Widerstand gegen dessen System erwarten.

Die politökonomischen Determinanten der Familie und die Psychoanalyse als Theorie der familialen Sozialisation[1]

I.

Der Mensch ist im Vergleich mit den ihm nächstverwandten Tieren nur relativ spärlich mit angeborenen Verhaltensregulativen ausgestattet. Es gibt kein präsoziales menschliches Wesen, die «menschliche Natur» ist das Produkt der sozialen Verhältnisse, die während langfristiger Soziali-

1 Die im folgenden Text enthaltene Kritik der Psychoanalyse bezieht sich auf

sationsprozesse prägend auf ein relativ plastisches biologisches Anlagepotential einwirken. Bereits die ersten Kontakte des Menschenjungen mit seiner Mutter nach der Geburt sind durch die jeweilige Gesellschaftsstruktur in ihrer Form bestimmt, sie machen das Neugeborene schon zum sozialen Wesen. In allen bisher bekannten Gesellschaftsordnungen bedient sich die Sozietät typischerweise der Familie als Agentur zur Formung der Basis der Persönlichkeit. Das hilflose und abhängige Kind erfährt im Prozeß der familialen Sozialisation, in der Auseinandersetzung mit seinen Bezugspersonen und der gegenständlichen Realität, eine basale psychische Formung, die nur durch komplizierte therapeutische Unternehmungen oder eine weitreichende Veränderung von Lebensverhältnissen, die sie disfunktional werden läßt, aufgebrochen werden kann.

Der Erziehungsprozeß in der Familie erhält seine Gestalt im wesentlichen durch die Struktur, die eine bestimmte Produktionsweise der Familie aufzwingt. Auf historisch besondere Weise strukturierte ökonomische Prozesse verleihen der Familie eine sich verändernde Gestalt. Die kapitalistische Produktionsweise bringt keine völlig neue Familienform hervor, sondern sie verarbeitet vorkapitalistische Potentiale, denen sie eine spezifische Prägung verleiht. Die vorkapitalistischen Momente der bestehenden Familie, die sich gewissermaßen nicht auf der Höhe der Rationalität des Kapitalverhältnisses befinden, liefern diesem den notwendigen menschlichen Kitt, sie verkörpern aber zugleich auch in mancher Hinsicht – in verzerrter Form – eine höhere Form der Vergesellschaftung. Die Familie verbindet das archaische Prinzip der Blutsbande, das feudale Prinzip der Treue und die kaum von der Rationalität des bürgerlichen Äquivalententauschs berührte absolutistische Herrschaft des Mannes über Frau und Kinder mit spezifisch kapitalistischen Strukturelementen. Die Familie zeigt eine Gebrauchswertorientierung, die dem Bereich der Produktion fremd ist, indem die Tauschwertlogik dominiert. Sie kennt solidarische Bindungen, die über das Tauschprinzip hinausweisen; sie organisiert die Bedürfnisse nach Selbstbestimmung, nach Unmittelbarkeit und nach Geborgenheit, die sie freilich zugleich einschränkt und pervertiert. Daß die Familie mit der ökonomischen Vernunft nicht ganz mitgekommen ist, erlaubt ihr zugleich auch antikapitalistische Potenzen, die freilich auch die notwendige Menschlichkeit für das Funktionieren eines unmenschlichen sozialen Getriebes liefern. Die mit der kapitalistischen Entwicklung verbundenen Wandlungen der Familie, die diese zunehmend ihrer Substanz berauben, tendieren dazu, die historischen Ungleichzeitigkeiten, die das Familienleben kennzeichnen, einzuebnen: Die moderne «partnerschaftliche» Ehe beruft sich auf das Prinzip des

den Beitrag der Psychoanalyse zur Sozialisationstheorie. Ob die mit dem analytischen Setting verknüpften theoretischen Restriktionen in Bezug auf therapeutische Praxis notwendig und sinnvoll sind, wird nicht diskutiert.

Äquivalententausches;[2] das Familienleben wird immer leerer, es verfällt einer «Abstraktheit», die der Rationalität der Kapitalverwertung entspringt; die Liebe von Eltern zu Kindern, die, obwohl sie auf gemeinsame Interessen angewiesen ist, eine bloß kalkulierende Einstellung überschreitet, scheint auszusterben – das Desinteresse am Kind gewinnt zunehmend an Boden.[3] Die mit der Gebrauchswertorientierung der Familie verbundenen Arbeiten mit vorindustriellem handwerklichem Charakter verlieren mit der Durchkapitalisierung aller Sektoren der Gesellschaft an Bedeutung; technisierte Wohnungseinrichtungen, das Fernsehen, gebrauchsfertige Konserven, ebenso wie das Essen in der Kantine, lassen immer weniger gebrauchswertorientierte Arbeiten für die Familie übrig.

Das historische und natürliche Material, das die bestehende Familie in sich aufnimmt, erfährt eine Verkoppelung mit spezifisch kapitalistischen Strukturelementen. Wie das kollektive Leben im Bereich der Produktion wird das individuelle Leben in der Familie durch Organisationsprinzipien verstümmelt, in denen sich die Herrschaft des Kapitalverhältnisses manifestiert. Die Familie, die im Bewußtsein ihrer Mitglieder als eine Einrichtung gilt, die primär dazu dient, grundlegende Bedürfnisse zu befriedigen, hat wesentlich die Aufgabe, die Produktion und Reproduktion der Arbeitskraft zu besorgen, die sich vom Kapital verwerten lassen muß. Der Zusammenhang der Kleinfamilie, den vor allem die Prinzipien der Liebe, des Alters oder des Geschlechts zu gewährleisten scheinen, wird weitgehend von verschleierten ökonomischen Zwangsgesetzen gestiftet. Diese Zwangsgesetze sorgen dafür, daß die Familie ihre Funktion für das bestehende System der gesellschaftlichen Produktion erfüllt: Die Herstellung und Wiederherstellung unmündiger Produzenten. Vor allem die Lohnabhängigen vermag die Familie in ihrer bestehenden Form kaum mit einer Identität zu versorgen, in der ihre wirklichen Interessen aufgehoben sind; die sogenannte «Arbeiterfamilie» hat die Form einer bürgerlichen Familie, in der sich die Mitglieder der Arbeiterklasse noch weniger selbst gehören können als bürgerliche Individuen.[4]

Seine kapitalistische Formbestimmtheit verleiht dem Familienleben eine spezifische Leere und «Abstraktheit».[5] Die für den Kapitalismus typische scharfe Trennung zwischen Konsumsphäre und Produktionssphäre bringt es mit sich, daß die familiären Beziehungsmuster weitge-

2 Es ergeben sich jedoch auch wieder neue Ungleichzeitigkeiten: Nachdem der «Monopolkapitalismus» zunehmend den Äquivalententausch hinter sich läßt, gewinnt er in ehelichen Beziehungen fortschreitend an Boden.

3 Es äußert sich zum Beispiel in rapide fallenden Geburtenzahlen.

4 Siehe hierzu G. Vinnai: Sozialpsychologie der Arbeiterklasse, Reinbek 1973, oder: P. Milhoffer: Familie und Klasse, Frankfurt 1973.

5 Siehe hierzu K. Ottomeyer: Soziales Verhalten und Ökonomie im Kapitalismus, Bremen 1973.

hend von der produktiven kollektiven Auseinandersetzung mit der gegenständlichen Welt abgelöst sind und ihnen damit die in gemeinsamer Arbeit enthaltenen menschlichen Entwicklungspotenzen versagt sind. Wo die materielle Basis für eine Übereinstimmung der Perspektiven der Familienmitglieder in Bezug auf weiterreichende produktive Tätigkeiten fehlt, sind Versuche, dem Familienleben einen für alle Familienmitglieder gemeinsamen transparenten Sinn zu verleihen, allzuleicht vergeblich. Besonders Familien von Lohnabhängigen verfügen – zumindest solange sie nicht in politische Zusammenhänge integriert sind – nur rudimentär über ein soziales Feld, in dem gemeinsame Leistungen den Beziehungen eine sinnvolle und für alle Mitglieder akzeptable längerfristige Perspektive verleihen können.

Seine Abtrennung von der Sphäre der kollektiven Produktion, von der Öffentlichkeit, läßt das Familienleben, dem kaum mehr als der Schein von Autonomie bleibt, privatistisch verkümmern. Der mit dem Kapitalverhältnis gesetzte Zwang zur individuellen Reproduktion, der dem kollektiven Charakter der Produktion entgegensteht, erzeugt den familiären Drang zu privatem Glück und Vorwärtskommen, der für die Masse der Bevölkerung nur allzu spärliche Früchte trägt, weil er kollektivem solidarischem Handeln entgegensteht, das allein ihr Schicksal wesentlich verbessern könnte.

Seine aus der Abtrennung der Konsumsphäre von der Produktionssphäre resultierende Leere und Abstraktheit, der Zwang, in seinem Rahmen die Arbeitskraft individuell reproduzieren zu müssen, sowie nicht zuletzt die Auswirkungen der Belastungen entfremdeter Arbeit verleihen dem Familienleben der Erwachsenen einen fragwürdigen Kompensationscharakter in bezug auf außerfamiliäre Anforderungen. Um den Belastungen von fremdbestimmter Arbeit und Konkurrenz gewachsen sein zu können, müssen sich die Erwachsenen nach Feierabend in gewisser Weise um jeden Preis psychisch stabilisieren können. In der Familie angelegte Konfliktpotentiale, die beispielsweise im ehelichen Zwang zu sexuellen Dauerbeziehungen wurzeln, dürfen nicht allzusehr zum Tragen kommen, weil sie sonst die Regeneration der Arbeitsfähigkeit unmöglich machen. Der Zwang zur kurzfristigen Reproduktion der Arbeitskraft zwingt die Familienmitglieder, Konflikte zu verschleiern oder sie ständig in verzerrter Art und ohne veränderte Konsequenzen auszutragen.[6] Die Entfremdung und Distanziertheit im Beruf setzt den Drang nach einer fragwürdigen Unmittelbarkeit im Bereich der Familie. Die familiären Beziehungen müssen gewissermaßen realitätsflüchtig und

6 Die übermäßige Verschleierung von Konflikten kann die Reproduktion der Arbeitskraft gefährden. Die offene Austragung von Konflikten, die die Lebenshilfen von «progressiven» Magazinen empfehlen, kann die ausbeutbare Arbeitskraft in bestimmten Fällen auch stärken.

distanzlos konsumiert werden; die Familie lebt deshalb von Mechanismen der Verheimlichung und Verlogenheit.

Auf Grund ihrer Struktur und Funktion im System der von der kapitalistischen Ökonomie geprägten Gesellschaft, die im Rahmen dieser Arbeit nur angedeutet werden konnten, muß die Kleinfamilie notwendig Individuen hervorbringen, die zur Unterdrückung ihrer Sinnlichkeit, zum privatistischen Rückzug, zur Unfähigkeit, Konflikte produktiv zu bewältigen, prädisponiert sind. Sie erfüllt eine Sozialisationsfunktion im Dienste des Kapitals, indem sie an der Produktion von Arbeitskräften beteiligt ist, die große Schwierigkeiten haben, die Konflikte kollektiv und solidarisch anzugehen, von deren Bewältigung ihre Emanzipation abhängt.

II.

Die Frage, wie sich die angedeuteten politökonomischen Determinanten der Familie in der Psyche der von ihr Sozialisierten niederschlagen, hat die Sozialisationstheorie bisher nicht zureichend bewältigt. Die psychoanalytische Theorie, die die differenziertesten Aussagen über die innersubjektiven Konsequenzen der frühkindlichen familiären Sozialisation macht, will von politökonomischen Strukturzusammenhängen nichts wissen, sie leidet an einem Psychologismus, dem die soziale Bestimmtheit der Subjektivität höchstens verkürzt und in schiefer Perspektive faßbar ist. Weil er von seinem Fach her von sozialen Verhältnissen kaum etwas weiß, scheinen manchem Psychoanalytiker alle sozialen Übel in einer massenhaften, bloß privaten Familienpathologie bzw. verbreitetem elterlichem Versagen zu wurzeln. Nachdem die traditionellen Vererbungstheorien im Bereich der Psychiatrie immer mehr ins Wanken geraten, weil sich die sozialen Ursachen seelischer Erkrankungen kaum noch übersehen lassen, rekonstruiert sich die etablierte Psychiatrie als Familienpathologie. Nicht in der Unvernunft der kapitalistischen Produktionsweise, die alle Lebensäußerungen in der bestehenden Gesellschaft entscheidend prägt, wird das zentrale Übel ausgemacht, sondern in den Erscheinungsweisen dieser Unvernunft in der kaum mehr als vermittelnden Instanz der Familie.

Der Familialismus, dessen klügste Variante die Psychoanalyse liefert, stellt die letzte Bastion einer Psychiatrie dar, die die Kritik der bestehenden Produktions- und Herrschaftsverhältnisse verweigert, um den Schein der politischen Neutralität zu wahren, und sich in Wahrheit an die Seite der Herrschenden zu schlagen. Das Interesse der neueren Psychiatrie konzentriert sich auf die Familie, weil diese den Menschen scheinhaft oder real mehr Freiheitsspielräume zugesteht als die Arbeitssphäre, die von einer repressiven Vernunft regiert wird, die als naturgegeben, also unveränderlich dargestellt wird, obwohl sie in Wahrheit eine historisch spezifische Form der Herrschaft von Menschen über Menschen repräsentiert. Der Schein der Autonomie, welcher der Familie anhaftet – er kann auch reale Züge haben –, läßt den Psychiater glauben, daß in ihr das Leben seine Heimstatt hat, auf die es sich zu konzentrieren gilt. Daß er auf Grund seiner Herkunft und Ausbildung von den Arbeits- und Lebensverhältnissen, denen die Masse der Bevölkerung eine fragwürdige psychische Verfaßtheit verdankt, zumeist kaum etwas weiß, erleichtert es ihm, an diesem Schein festzuhalten, der der Verschleierung dessen dient, was das Kapitalverhältnis den Menschen antut.

Der Familialismus der Psychoanalyse, der nicht zuletzt deshalb Anklang findet, weil er mit differenzierten psychologischen Einsichten verknüpft ist, macht diese zu einer führenden bürgerlichen Ideologie, die sozialstrukturell verankerte Mißstände verschleiert, indem sie sie verbreiteten individuellen Defekten zuschreibt. Wenn in den USA die Kriminalitätsraten steigen, verfeinern führende Kriminalitätstheoretiker ihr psychoanalytischen Modelle, die das Verbrechen schon in der frühesten Kindheit dingfest machen – daß die zunehmende Arbeitslosigkeit, die immer mehr Menschen zu einem Leben ohne Zukunftsperspektive verdammt, eine handfestere Erklärung nahelegt, vermag sie kaum zu interessieren: Schon für Freud war der Kapitalismus bekanntlich die Folge eines verbreiteten Analcharakters.

Wer sich auf die Psychoanalyse einläßt, gerät leicht auf den «Psychotrip», der das Interesse von der äußeren Realität abzieht und auf fragwürdige Art auf die eigene Subjektivität konzentriert. Wer sich das Heil von ihr verspricht, zieht sich allzuleicht von der Auseinandersetzung mit der objektiven gesellschaftlichen Realität zurück und ist damit für den Kampf um ihre Veränderung verloren. Die Psychoanalyse und die sozialistische Bewegung treten, abgesehen von kurzzeitigen Versuchen der Verbindung etwa während der Studentenbewegung, mit konkurrierenden Heilsversprechungen auf: Die Psychoanalyse verspricht hier und heute mehr Glück und Lebenschancen durch eine Therapie, die eine gewandelte Subjektivität erlauben soll; die sozialistische Bewegung verspricht ein besseres Leben durch eine zukünftige Umwälzung gesellschaftlicher Verhältnisse, die ihr zufolge erst eine grundlegende Veränderung der Subjektivität duldet. Psychoanalytiker denunzieren Interpretationen ihrer Analysanden, die die Ursachen ihres Fehlverhaltens nicht in sich selbst, sondern in sozialen Verhältnissen dingfest machen, vor allem aus behandlungstechnischen Gründen, allzuleicht als Abwehrmechanismen; dogmatische Marxisten denunzieren die tiefgreifende Selbstreflexion, die die gesellschaftlich produzierte Unfreiheit auch im Subjekt ausmachen will, als Verfallenheit an den «Psychotrip». Die Konkurrenz zwischen der Psychoanalyse als einer der fortgeschrittensten Formen bürgerlicher Aufklärung, die zugleich eine wichtige verschleiernde Funktion erfüllt, und sozialistischen Positionen führt manchen Linken zur strikten Ablehnung der Psychoanalyse. Wenn die Linke über subjektive Emanzipationsprozesse im Rahmen politischen Handelns nicht mehr diskutiert, müssen Marxismus und Psychoanalyse einander ohne die Möglichkeit der Verknüpfung gegenüberstehend erscheinen.

Die Ablehnung der Psychoanalyse erleichtern sich ihre marxistischen Gegner zumeist dadurch, daß sie sich nicht mit ihr, sondern mit ihren Vorurteilen über sie auseinandersetzen. Der Marxist Althusser hat versucht, dieses Übel zu benennen: «Sagen wir es ohne Umschweife: wer heute Freuds revolutionäre Entdeckung verstehen, nicht bloß ihre Existenz zur Kenntnis nehmen, sondern ihren Sinn erkennen will, muß unter großen theoretischen und kritischen Anstrengungen die ungeheure Kluft ideologischer Vorurteile überbrücken, die uns von Freud trennen. Denn nicht nur wurde Freuds Entdeckung, wie wir sehen werden, von Disziplinen aufgesogen, die ihr wesentlich fremd sind; nicht nur haben sich viele Psychoanalytiker zu Komplizen dieses Revisionismus gemacht; sondern, was wichtiger ist, dieser Revisionismus hat selber objektiv zu der ungeheuerlichen ideologischen Ausbeutung beigetragen, deren Objekt und Opfer die Psychoanalyse geworden ist. Nicht ohne Grund haben vor einiger Zeit französische Marxisten diese Ausbeutung als ‹reaktionäre Ideologie› denunziert, die im ideologischen Kampf gegen den Marxismus als Argument und Instrument der Einschüchterung und Mystifizierung des Bewußtseins eingesetzt werde.

Heute jedoch kann man sehr wohl sagen, daß dieselben Marxisten auf ihre Weise, direkt oder indirekt, die ersten Opfer der von ihnen gebrandmarkten Ideologie gewesen sind: denn sie verwechselten sie mit der revolutionären Entdeckung Freuds und akzeptierten so die Positionen des Gegners, unterwarfen sich seinen Bedingungen und nahmen das Bild, das er ihnen aufdrängte, für die Realität der Psychoanalyse. Die gesamte Geschichte der Beziehungen von Psychoanalyse und Marxismus beruht im wesentlichen auf dieser Verwechslung und Täuschung.

Wie ungewöhnlich schwierig es war, dieser Ideologie sich zu entziehen, läßt sich an ihrer Funktion begreiflich machen: die ‹herrschenden› Vorstellungen spielten ihre ‹Herrschaftsrolle› so perfekt, daß sie unbemerkt sogar die Gedanken derer beherrschten, die sie bekämpfen wollten.»[7]

Die Ablehnung der Psychoanalyse erhält nicht zuletzt dadurch irrationale Züge, daß sie mit angstbesetzten Widerständen gegen bestimmte Formen der Selbstreflexion einhergeht. Die verbissensten Gegner der Psychoanalyse sind ihre früheren allzu gläubigen Anhänger, die auf Grund falscher Erwartungen eine Enttäuschung an ihr erlebt haben, die sie zum roten Tuch werden ließ. Wer einmal emotional besetzte Erwar-

7 L. Althusser: Freud und Lacan, Berlin 1976, S. 5 f.

tungen an die Psychoanalyse gerichtet hat, die sie nicht erfüllte, hat Schwierigkeiten, über die richtige Einsicht in ihre Falschheit ihr Wahrheitsmoment nicht zu verdrängen. Die übermäßige Abwehr der Psychoanalyse lebt zumeist von enttäuschten fragwürdigen Heilserwartungen, deren Nachwirkungen irrationale Abwehrmechanismen aufrichten. Die gängigen Kritiken der Psychoanalyse, die einzig ihre Fehler aufzeigen, sind längst ebenso unfruchtbar geworden, wie das bloße Bemühen ihrer Anhänger, sie zu rechtfertigen. Wer die Psychoanalyse auf Grund ihrer theoretischen Fehler und ihrer fragwürdigen Verwendung pauschal ablehnt, vermag ihrem Wahrheitsmoment nicht gerecht zu werden. Eine angemessene Kritik der Psychoanalyse muß ihre Schwächen präzise benennen können und versuchen, einen Weg zu finden, ihr Wahrheitsmoment durch eine Uminterpretation zu retten. Ein derartiges Vorgehen soll im folgenden in Bezug auf bestimmte Aspekte der Theorie versucht werden.

III.

Die Psychoanalyse verfehlt ihren Gegenstand, solange sie sich nicht für den historischen Materialismus interessiert, der die gesellschaftlichen Verhältnisse zu begreifen hilft, denen das Wesen der Menschen entspringt, die sie analysiert. Andererseits nimmt sie aber ein Moment der Marxschen Theorie auf, das deren heutige Anhänger häufig übersehen. Die Psychoanalyse weiß – zumindest ansatzweise –, was Marx sah, was aber die heutigen Marxisten allzuleicht vergessen, daß der Mensch nämlich ein «leibliches, naturkräftiges, lebendiges, wirkliches, sinnliches, gegenständliches Wesen ist»[8]. Marx wußte, daß der Mensch primär ein fleischliches, ein körperliches, ein begehrendes Wesen ist, während viele politökonomisch orientierte Theoretiker noch an der rationalistischen Anthropologie der bürgerlichen Aufklärung kleben, die den Menschen primär als vernunftbegabtes Wesen sieht. Die Überbetonung der kognitiven Ebene und ihre Ablösung von Trieben und Emotionen im Bewußtsein des Theoretikers, die die Anforderungen des Wissenschaftsbetriebs an seine Träger bzw. die Sozialisation des Wissenschaftlers spiegeln, verschleiern die Bedeutung der Sinnlichkeit und ihrer Repression für das Handeln der Menschen. Indem der Wissenschaftler – auf Grund der Trennung zwischen Kopf- und Handarbeit – zwanghaft seine Sinnlichkeit massiv unterdrücken muß, schwindet ihm leicht die Einsicht, die die Psychoanalyse mühsam wieder zutage gefördert hat, daß nämlich auf der psychischen Ebene nicht in erster Linie mangelnde Aufklärung, sondern die Triebrepression und die an sie gebundenen Ängste das Handeln der

8 K. Marx: Ökonomisch-philosophische Manuskripte, MEW Ergänzungsband, S. 578.

Menschen verzerren. Daß es so etwas wie «unbewußte» Strebungen geben soll, die abgewehrten Ansprüchen von Trieben Geltung verschaffen, gilt vielen, die ihre Berufung dazu drängt, an das helle Licht der Aufklärung zu glauben, als eine Erfindung psychoanalytischer Dunkelmänner. Die Psychoanalyse weiß wenig von gesellschaftlichen Strukturen und ihrer Bedeutung für die Psyche, aber sie weiß, daß der Mensch seinen Realitätsbezug nicht, wie der akademische Kopfarbeiter zu meinen tendiert, primär über den Intellekt, sondern über elementare körperliche Bedürfnisse zustande bringt. Die Psychoanalyse ist insofern materialistisch, als sie den Menschen, im Sinne von Marx, als ein Naturwesen begreift, auch wenn dieses einen historisch spezifischen gesellschaftlichen Charakter hat. Sie hat aufgezeigt, daß «höhere» psychische Leistungen, wie die Fähigkeit zu denken oder zu arbeiten, mit so elementaren körperlichen Bedürfnissen, wie dem Bedürfnis zu essen, zu scheißen oder zu vögeln, eng verknüpft sind – die entscheidenden psychischen Prägungen resultieren nach der Einsicht der Psychoanalyse bekanntlich aus der Verarbeitung oraler, analer und genitaler Strebungen. Ihr Wissen, daß der Umgang mit elementaren körperlichen Bedürfnissen von zentraler Bedeutung für die psychische Organisation ist, macht die Psychoanalyse ungleich materialistischer als manche «marxistische» Psychologie. Die gewissermaßen körperlos arbeitenden akademischen Kopfarbeiter sind ständig in Versuchung, die Bedeutung der Tatsache zu vernachlässigen, daß der Mensch einen Körper hat und ein sinnliches Wesen ist. Körperlich arbeitende Individuen, deren Realitätsbezug ungleich stärker über ihre Körperlichkeit vermittelt ist und die deshalb z. B. auch ihre Konflikte in stärkerem Maße körperlich austragen, sind derartigen idealistischen Verzerrungen gegenüber weit weniger anfällig. Die Selbsterfahrung – und damit auch die mit ihr verbundene Erfahrung der äußeren Realität – ist wesentlich um die Erfahrung der eigenen Körperlichkeit zentriert;[9] bei Kopfarbeitern, die ihren Körper während der Arbeit in gewisser Weise zwanghaft negieren müssen, hat dies Formen des falschen Bewußtseins zur Konsequenz. Manchen Akademiker, den die von ihm geforderten Arbeitsleistungen zu einer extremen Unterdrückung seiner Sinnlichkeit zwingen, scheint die Ablehnung der Psychoanalyse dahin zu treiben, die Sexualität für eine zu vernachlässigende Erfindung der Psychoanalyse zu halten. Ein so kluger und einflußreicher Theoretiker wie Klaus Holzkamp schreibt ein Buch mit dem Titel «Sinnliche Erkenntnis», das im Schlußsatz gegen die Psychoanalyse polemisiert, in dem die sexuelle Triebhaftigkeit nicht vorkommt. Daß sie zumindest für die Gattungsreproduktion wesentlich ist oder dem Bewußtsein der Men-

9 Bei Freud heißt es: «Das Ich ist vor allem ein körperliches, es ist nicht nur Oberflächenwesen, sondern selbst Projektion der Oberfläche.» (Das Ich und das Es)

schen zufolge entscheidende Freuden oder Leiden einträgt und damit einen wesentlichen Einfluß auf die Wahrnehmungstätigkeit haben dürfte, scheint er nicht wahrhaben zu wollen. Der idealistische Dichter Schiller, dem zufolge die Menschen, ähnlich wie es die Psychoanalyse annimmt, primär von Hunger und Liebe zu Handlungen, also z. B. zum Arbeiten getrieben werden, ist immer noch ungleich materialistischer als manche «marxistischen» Theoretiker, die aus der Marxschen Einsicht, daß für die Menschen die Fähigkeit zu arbeiten wesentlich ist, den Schluß ziehen, daß den Menschen so etwas wie eine Art elementarer Arbeitstrieb zukommt, der sie dazu bewegt, gerne zu arbeiten, wenn bestimmte Arbeitsleistungen sinnvoll und notwendig sind und als solche den Produzenten erscheinen.[10]

10 Mit dieser Feststellung soll nicht bestritten werden, daß Arbeiten Spaß machen kann, aber dieser Spaß stellt sich erst ein, wenn langwierige schmerzliche Sozialisationsprozesse durchlaufen sind. Bei Marx wird zumindest die Arbeit, die in industriellen Produktionsstätten zu leisten ist, nicht nur im Kapitalismus, sondern auch im Sozialismus und Kommunismus dem Reich der Notwendigkeit zugerechnet, jenseits dessen sich das Reich der Freiheit entfaltet; sie ist das Resultat der Notwendigkeit des Kampfes mit der Natur. Dem Sozialismus kommt – zumindest beim reifen Marx – die Aufgabe zu, die Arbeit weitgehend abzuschaffen und die Menschen dadurch für andere Tätigkeiten freizusetzen; es kommt ihm die Aufgabe zu, durch ihre Umstrukturierung das mit ihr verbundene Leid zu reduzieren – seine Abschaffung wird niemals ganz möglich sein. Es spricht nichts dafür, daß es richtig ist zu glauben, daß industrielle Arbeit im Sozialismus oder Kommunismus ohne schmerzliche Disziplinierungsprozesse möglich sein wird – diese können nur, im Gegensatz zum Kapitalismus, entsprechende Entschädigungen für diese Versagungen gewähren. Im «Kapital» heißt es: «Das Reich der Freiheit beginnt in der Tat erst da, wo das Arbeiten, das durch Not und äußere Zweckmäßigkeit bestimmt ist, aufhört; es liegt also der Natur der Sache nach jenseits der Sphäre der eigentlichen materiellen Produktion. Wie der Wilde mit der Natur ringen muß, um seine Bedürfnisse zu befriedigen, um sein Leben zu erhalten und zu reproduzieren, so muß es der Zivilisierte, und er muß es in allen Gesellschaftsformen und unter allen möglichen Produktionsweisen. Mit seiner Entwicklung erweitert sich dies Reich der Naturnotwendigkeit, weil die Bedürfnisse sich erweitern; aber zugleich erweitern sich die Produktivkräfte, die diese befriedigen. Die Freiheit in diesem Gebiet kann nur darin bestehen, daß der vergesellschaftete Mensch, die assoziierten Produzenten, diesen ihren Stoffwechsel mit der Natur rationell regeln, unter ihre gemeinschaftliche Kontrolle bringen, statt von ihm als von einer blinden Macht beherrscht zu werden; ihn mit dem geringsten Kraftaufwand und unter den ihrer menschlichen Natur würdigsten und adäquatesten Bedingungen vollziehen. Aber es bleibt dies immer ein Reich der Notwendigkeit. Jenseits desselben beginnt die menschliche Kraftentwicklung, die sich als Selbstzweck gilt, das wahre Reich der Freiheit, das aber nur auf jenem Reich der Notwendigkeit als seiner Basis aufblühn kann. Die Verkürzung des Arbeitstags ist die Grundbedingung.» (Kapital III, S. 828) Nicht irgendein Arbeitstrieb bewegt nach Marx den Menschen zum Arbeiten; es gilt vielmehr bei

IV.

Der Psychoanalyse fehlt auf Grund ihrer Bindung an ein analytisches Setting, das nur sprachlich vermittelte Interaktionen zuläßt, ein zureichender Arbeitsbegriff. Die Marxsche Einsicht, daß die Menschen ihre Subjektivität im Prozeß der kollektiven Bearbeitung der gegenständlichen Realität ausbilden, daß sie im Prozeß der Veränderung der äußeren Natur ihre eigene Natur verändern, vermag sie nicht zu verarbeiten. Die Frage, wie Subjektivität sich, vermittelt über die Aneignung von Gebrauchswerten, konstituiert bzw. wie die Identitätsfindung über die Vergegenständlichung von Fähigkeiten geschieht, vermag die Psychoanalyse nicht zu beantworten. (Als Konsequenz kann sie auch die therapeutischen Effekte von bestimmten Arbeitsleistungen oder von gegenstandsvermittelten Beziehungen zwischen Menschen nicht nutzen.)

Die Psychoanalyse ist – wie besonders Lorenzer herausgearbeitet hat – als Interaktionstheorie zu begreifen; die Grundstrukturen der Subjektivität sind ihr das Produkt von Interaktionen zwischen Eltern und Kindern in der frühen Kindheit.[11] Wie sich in Interaktionsprozessen die Fähigkeit zu arbeiten, sich also mit der gegenständlichen Realität auseinanderzusetzen, konstituieren soll, deren Basis zu produzieren nach politökonomischen Interpretationen die Aufgabe der Familie ist, vermag sie kaum anzugeben. Die Psychoanalyse verkennt, daß die Entwicklung des Ich und der Triebstrukturen, auch in der Familie wesentlich durch die Auseinandersetzung mit der gegenständlichen Welt bestimmt ist. Die Triebe erhalten qualitative Prägungen nicht nur durch die menschlichen, sondern auch durch die sachlichen Objekte, auf die sie sich richten. Das Familienleben besteht keineswegs schlicht aus «zwischenmenschlichen» Beziehungen, also aus Interaktionsprozessen zwischen Menschen, die Beziehungen zwischen den Familienmitgliedern sind fast immer über die

ihm als allgemeine Bestimmung: «Die Konsumtion schafft den Trieb zur Produktion, sie schafft auch den Gegenstand, der als Zweck bestimmend in der Produktion tätig ist.» (Kritik der politischen Ökonomie, Berlin 1951, S. 246, zitiert nach A. Schmidt: Der Begriff der Natur in der Lehre von Marx, Frankfurt 1962, S. 84.)

Die Liebe zur Arbeit, die in Gestalt eines Produzentenstolzes sicherlich auch vorhanden sein kann, ist vor allem das Produkt der verselbständigten Leistungsmotivation von Intellektuellen, die ohne Arbeit von unerträglichen Schuldgefühlen geplagt werden. Sie taucht nicht zufällig bei Theoretikern aus den Ostblockstaaten auf (oder bei Mitgliedern von Parteien, die sich an diesen orientieren, z. B. bei Sève als «Liebe zum Beruf», obwohl Marx die Fesselung an einen Beruf mit Hilfe des Sozialismus abschaffen wollte), deren Formen der Industrialisierung mit der Tabuisierung von Arbeitsleid verknüpft sind, die «idealistische» moralische Konstruktionen zur Konsequenz hat.

11 Siehe hierzu A. Lorenzer: Die Wahrheit der psychoanalytischen Erkenntnis, Frankfurt 1975.

Aneignung von Gebrauchswerten vermittelt. Die Familienmitglieder erfahren sich als solche wesentlich vermittelt über das Medium des gemeinsamen Umgangs mit bestimmten Gegenständen, deren Qualität ihre Beziehung entscheidend prägt. Die familiären Interaktionen, z. B. die zwischen Mutter und Kind, sind in ihrer Qualität durch die Qualität von Einrichtungsgegenständen, von Nahrungsmitteln, von Kleidern usw. bestimmt. In die Beziehungen der Familienmitglieder gehen nicht nur, wie die Psychoanalyse zu meinen scheint, Triebregungen ein, die sich auf menschliche Objekte beziehen, es werden auch Triebregungen wirksam, die sich auf sachliche Objekte richten. Die Psychoanalyse übersieht, daß das Kind durch Vergegenständlichungsprozesse – etwa beim Spielen – lernt, sich die sachliche Realität anzueignen, und daß es dabei die Basis der Fähigkeit zu arbeiten erwirbt. Das Spiel des Kindes beinhaltet, neben dem Versuch der Bewältigung von bedrohlichen Erfahrungen, die mit seinem Umgang mit Menschen verbunden sind, auch den Versuch der Bewältigung von Bedrohungen, die an Gegenstände geknüpft sind;[12] es beinhaltet das Erlernen von Interaktionsmöglichkeiten und Gegenstandsbedeutungen und bringt damit Elemente dessen hervor, was später als Arbeitsfähigkeit erscheint. Da sie die aneignenden Aktivitäten des Kindes nicht zureichend zur Kenntnis nimmt, begreift die Psychoanalyse Sozialisationsprozesse fast nur als etwas, was dem Kind bloß angetan wird, und kaum als etwas, woran es auch aktiv beteiligt ist. Kindliche Sozialisation schließt ein – was die Psychoanalyse wenig beachtet –, daß sich das Kind aktiv darum bemüht, sich sachliche Objekte anzueignen, ihre Gebrauchswerteigenschaften zu erschließen, und daß die Beziehungen zwischen Eltern und Kind sehr oft dazu dienen, dem Kind hierbei zu helfen. Auch Beziehungen zwischen Eltern und Kind, die nicht gegenstandsvermittelt sind, sind meist nicht schlicht als Interaktionsprozesse zu begreifen. Das Kind kann sich z. B. in der Beziehung zur Mutter bestimmte Partien des Körpers der Mutter aneignen; das heißt, die Mutter als Subjekt hilft dem Kind dabei, sich ihren Körper als Objekt anzueignen, bzw. die Mutter als Subjekt stellt ihren Körper dem Kind als Objekt der Aneignung zur Verfügung.

Da die Psychoanalyse die Beziehungen der Subjekte zur gegenständli-

12 Zur psychoanalytischen Theorie des Spiels, die dieses als Mittel der Bewältigung von bedrohlichen Erfahrungen beim Umgang mit der Realität begreift, siehe R. Wälder: Die psychoanalytische Theorie des Spiels, in: Zeitschrift für psychoanalytische Pädagogik, 1932, S. 184ff.

Daß Kinder, besonders Jungen, in einem bestimmten Alter leidenschaftlich mit Autos spielen, beinhaltet, daß sie sich dabei mit den übermächtigen Eltern – besonders dem Vater – auseinandersetzen, deren Macht sich in der Fähigkeit niederschlägt, Autos steuern zu können. Es beinhaltet zugleich, daß das Kind die extreme Bedrohung zu verarbeiten sucht, die Autos im Straßenverkehr für es darstellen.

chen Welt vernachlässigt, ist ihre Begrifflichkeit, die sich nur auf Interaktionsprozesse bezieht, immer tendenziell falsch. Ein materialistisch gefaßter Begriff der Verdrängung z. B. darf sich nicht nur auf die Tabuisierung von Triebregungen beziehen, die menschlichen Objekten gelten, er muß sich auch auf jene beziehen, die mit dem unzulässigen Bestreben verbunden sind, sich Gebrauchswerte anzueignen, die die Eigentumsordnung anderen zubilligt. Die Aufrichtung des Über-Ich beinhaltet nicht nur den Verzicht auf den gegengeschlechtlichen Elternteil als Objekt sexueller Begierden, sie beinhaltet die Verinnerlichung des Verbots der Aneignung attraktiver Objekte, von denen die Mutter nur eines darstellt: Die Aufrichtung des Über-Ich bedeutet nicht zuletzt die psychische Verankerung der bestehenden Eigentumsordnung. Das vom Vater vertretene Gesetz, das sich im Über-Ich niederschlägt, ist das Gesetz der bestehenden Eigentumsordnung. Das Kind lernt im Verlauf des ödipalen Konflikts, daß die Mutter als sexuelles Objekt nicht ihm, sondern dem Vater gehört, es lernt, im Zusammenhang damit auch auf Gegenstände zu verzichten, die Eigentumstitel anderen zuschreiben. Im Über-Ich des Jungen wird nicht nur der Verzicht auf die Mutter als erotisches Objekt verankert, die Sinnlichkeitsunterdrückung, die es garantiert, betrifft auch die Beziehung zu Gegenständen, die das Kind sich auf Anordnung der Eltern nicht aneignen darf. Als bloße Interaktionstheorie und als Theorie, die die aktiven Leistungen des Kindes im Prozeß der Sozialisation nicht genügend würdigt, verfehlt die Psychoanalyse die Konstitution ihres Forschungsgegenstandes. In dieser ihrer Falschheit trifft sie dennoch, ohne zu wissen, warum, Momente der Wahrheit.

Wo die Familie von der Sphäre der materiellen Produktion abgelöst ist, wo sie kaum noch gemeinsame produktive Leistungen kennt, gewinnen «zwischenmenschliche Beziehungen», die nicht durch die gemeinsame Arbeit an einer gemeinsamen Sache in ihrer Qualität bestimmt sind, eine besondere Bedeutung. Eine Interaktionstheorie trifft am ehesten die Realität einer von produktiven Leistungen weitgehend abgelösten Familie deren zwischenmenschliche Beziehungen allenfalls durch die gemeinsame Konsumtion vermittelt sind.

Die Reduktion der Familie auf einen Bereich, der kaum gemeinsame produktive Aktivitäten kennt – insbesondere das kleine Kind, für dessen Schicksal sich die Psychoanalyse vor allem interessiert, ist auf Grund seiner Unreife von ihnen abgetrennt –, verleiht der familiären Sozialisation tendenziell einen Charakter, der das Kind zu einem eher passiven

13 Ein bloß interaktionstheoretischer Ansatz zur Beschreibung von Familienverhältnissen vernachlässigt vor allem die Arbeit der Hausfrau. Er wird eher der Realität des Mannes und der Kinder gerecht, die, im Gegensatz zur Frau, zu Hause kaum etwas für die Familie arbeiten. Freud hatte Patienten aus dem Bürgertum, deren Eltern die Hausarbeit den Dienstboten überließen, weshalb ihre Erziehungsleistungen einen relativ arbeitsfreien Charakter hatten.

Opfer macht, dem etwas angetan wird, das etwas über sich ergehen lassen muß. Wenn Eltern und Kinder nichts gemeinsam produzieren, ergibt sich keine Basis für gemeinsames Handeln, das Züge egalitärer Kooperation aufweist.[14] Nur die gemeinsame Arbeit an einer gemeinsamen Sache kann eine Interessenorientierung bewirken, die zu Gleichheit und Solidarität drängt – wo sie fehlt, liegt der Autoritarismus nahe. Wo die gegenstandsvermittelte Kooperation fehlt, die gemeinsame Perspektiven hervorbringt, treten die Eltern dem Kind, auf Grund der beengten Verhältnisse in der Kleinfamilie, vorwiegend als Verbote setzende Instanzen entgegen. Weil das Kind unter der bestehenden Familienform – im Gegensatz zu Familienverhältnissen in vorindustriellen, agrarischen Gesellschaften – kaum an gemeinsamer produktiver Arbeit beteiligt ist und weil seine Möglichkeiten, sich sachliche Objekte praktisch anzueignen, auf Grund der Eigentumsverhältnisse äußerst beschränkt sind, wird das Kind tendenziell ein passives Opfer elterlicher Beeinflussung, die es in einen vorgegebenen engen sozialen Rahmen zwingen muß. Mit dem auf Grund der Produktions- bzw. Eigentumsverhältnisse beschränkten Zugang zur gegenständlichen Welt ist in der isolierten Kleinfamilie die Übermacht des Elternpaares verbunden, vor der es, zumindest in den frühen Lebensjahren, die die Psychoanalyse zum Thema hat, kaum ein Entrinnen gibt. Indem die Psychoanalyse die frühe Sozialisation als einen mit schweren Traumata verbundenen Prozeß beschreibt, dem das Kind weitgehend passiv unterworfen ist, thematisiert sie eine Misere der bestehenden Kleinfamilie, auch wenn ihr das nur in schiefer, verzerrter Perspektive gelingt. Im eng umgrenzten Raum der Kleinfamilie, wo es ständig an Grenzen stößt, muß das kleine Kind das Familienleben in weiten Teilen als Beeinflussung durch Verbote setzende, übermächtige Elternfiguren erfahren, denen es sich unterwerfen muß, wenn es ihre Zuwendung nicht verlieren will, von der es existentiell abhängig ist. Daß das Familienleben – wie oben dargestellt – zunehmend leer und abstrakt wird, bedeutet, daß das kleine Kind die Eltern vor allem als Figuren erfahren muß, die gewaltsam verhindern, daß es sich Gegenstände aneignet, die die Eigentumsverhältnisse anderen zusprechen. Das Kind lernt in Interaktionen mit den Eltern kaum das gemeinsame Produzieren, das der Aneignung der Realität dient, es lernt vielmehr primär das Gegenteil, nämlich daß Aneignungsprozesse meist nicht stattfinden dürfen (es sei denn in gedanklicher Form).

Die Psychoanalyse als Interaktionstheorie verdankt ihren Realitätsbezug der Tatsache, daß nicht nur der Bereich der Familie, sondern auch andere gesellschaftliche Sektoren von der unmittelbaren produktiven Auseinandersetzung mit der gegenständlichen Realität weitgehend abge-

14 Auch eine gemeinsame politische Perspektive kann egalitäre Momente in die Eltern–Kind-Beziehung einbringen.

löst sind. Die Psychoanalyse ist deshalb in Theorie und Praxis besonders auf jene sozialen Schichten bezogen, die vor allem in diesen Sektoren ihr Leben zubringen. Die psychoanalytische Therapie, die Interaktionen analysiert, die Sprache als wesentliches Instrument der therapeutischen Beeinflussung einsetzt und die dem einzelnen eine bessere Selbststeuerung erlauben will (Freud: «Aus Es soll Ich werden»), ist die Therapie für Kopfarbeiter, deren Arbeit keinen produktiven Charakter hat, sondern darin besteht, mit Hilfe verbaler Äußerungen und des kontrollierten Einsatzes der eigenen Person andere zu bestimmten Handlungen zu bewegen. Die Psychoanalyse, bei der Sprache und Interaktion im Mittelpunkt der therapeutischen Praxis stehen, ist die Therapie für jene sozialen Schichten, die die Träger von Herrschaftsfunktionen im staatlichen oder ökonomischen Bereich stellen, sie ist die Therapie für Angestellte im Verteilungssektor, für Lehrer und Studenten. Für die tendenziell sprachlos körperlich Arbeitenden, die während der Arbeit primär mit Dingen umgehen, deren Persönlichkeit kaum in ihre Arbeit eingeht, und die ihre Konflikte stärker körperlich zu lösen gewöhnt bzw. gezwungen sind, ist die Psychoanalyse kaum zuständig.

V.

Für die Psychoanalyse scheint das Lebensschicksal mit dem Untergang des Ödipuskomplexes weitgehend festgelegt zu sein (auch wenn sie weiß, daß es Grade der Offenheit der individuellen Zukunft gibt, die davon abhängig sind, wie schwer infantile Traumata ausfielen bzw. ob sie mit mehr oder weniger Verdrängungsleistungen bewältigt werden konnten). Die Therapie, die die Psychoanalyse anbietet, verspricht kaum, daß einer seinem infantil gesetzten Triebschicksal wirklich entkommt, sie kann nur bestimmte infantil verursachte Verfestigungen auflockern, die zu extremen Fehlentwicklungen führten. Der Marxismus, der dem Menschen prinzipiell eine offene Zukunft zubilligt, die er durch politisches Handeln erobern kann, muß einen Pessimismus zurückweisen, der den Menschen derart an ein infantil gesetztes Schicksal gefesselt sieht. Daß die Menschen kaum von ihren einst übermächtigen Elternfiguren loskommen sollen, die ihr Ich oder Über-Ich bevölkern, daß ihre in der Kindheit erworbenen psychischen Potentiale einen naturhaft verfestigten Charakter gewinnen sollen – was den konservativen Vererbungstheorien den Schein der Realitätsangemessenheit liefert –, widerspricht dem Optimismus, den eine vorwärtstreibende soziale Bewegung in Bezug auf die Veränderungsfähigkeit der Menschen aufweisen muß.

Eine kritische Psychologie in praktischer Absicht kann sich nicht damit begnügen, die psychoanalytische Position als konservative Machenschaft zu denunzieren. Ein falscher Optimismus in Bezug auf die Veränderungsfähigkeit von Menschen kann dazu führen, daß man sie zur verstockten Anpassung an Überfälliges treibt, indem man sie mit emanzipatorischen Forderungen konfrontiert, denen sie psychisch nicht gewachsen sein können. Eine materialistische politische Psychologie muß die Wahrheit des psychoanalytischen Pessimismus akzeptieren, um seine Falschheit angemessen kritisieren zu können. Nur wer die Unfähigkeit der Menschen, sich ohne weiteres verändern zu können, akzeptiert, weiß, wieviel er von ihnen verlangen kann, ohne sie mit emanzipatorischen Ansprüchen zu überfordern. Ein Übermaß an Optimismus in Bezug auf das, was man unter veränderten Umständen an verändertem Verhalten von Menschen verlangen kann, schlägt – wie die historische Erfahrung zeigt – bei seiner Enttäuschung allzuleicht in einen offenen oder versteckten Zynismus um, der zur autoritären Lösung sozialer Probleme treibt. Man kann seine Mitmenschen auch mit scheinbar legitimen und besonders humanen Ansprüchen terrorisieren, wenn sie diesen nicht gewachsen sein können. Übergroße emanzipatorische Ansprüche an die eigene Person, denen man auf Grund subjektiver oder objektiver Zwänge nicht gewachsen sein kann, führen zu einem verbiesterten Moralismus, der die Genußfähigkeit erstickt und damit als Kehrseite eine von Versagungen gespeiste versteckte Bosheit hervorbringt. Die Forderung z. B. nach einem freien sexuellen Verhalten wird für den zur Qual, die seine Genußfähigkeit vollends zerstört, der ihr wegen seiner Ängste nicht gerecht werden kann.[15] Auf Grund von moralischen Maximen stellt sich keine unter dem Einfluß von Angst abhanden gekommene Liebesfähigkeit wieder ein; bestimmten Arbeitsstörungen ist weder mit rationalen Argumenten noch mit Appellen an die Disziplin beizukommen, wenn diese die fragwürdige Beziehung des Ich zum Über-Ich bzw. zum Ich-Ideal verfestigen, die diesen unbewußt zugrunde liegt. Eine bestimmte Toleranz in bezug auf das Verhalten, das man anderen Menschen abverlangen kann, vermag deren Ängste vor Überforderungen zu reduzieren und kann deshalb dazu beitragen, ihren positiven Seiten Geltung zu verschaffen.

Der psychoanalytische Pessimismus, der die Menschen mit dem Abschluß der frühen Kindheit weitgehend bis ans Lebensende programmiert sieht, hat seine Wurzel in der Einsicht, daß Traumata, denen das Kind in der bestehenden Familie unvermeidbar ausgesetzt ist, nur mit Hilfe von psychischen Versteinerungen zu bewältigen sind, die später kaum noch abzustreifen sind, zumal sie als Panzer gegen eine bedrohliche Realität funktional werden können. Charakterstrukturen sind, wie die Psychoanalyse aufzeigen kann, immer auch Narben; sie sind verfestigte Strategien zur Bewältigung existenzbedrohender Konfliktkonstellationen. Die Ängste des hilflosen Kindes vor dem Verlassenwerden oder vor

15 Berichte aus der Frauenbewegung legen hiervon Zeugnis ab. Siehe z. B. Schwarzer: Der kleine Unterschied und seine großen Folgen, a. a. O., S. 179ff.

körperlichen Verstümmelungen können nur durch psychische Panzerungen bewältigt werden, die die spätere Flexibilität einschränken. Die psychoanalytische Einsicht, daß die Sozialisation unter den bestehenden Familienverhältnissen wesentlich ein mit tausend Ängsten verbundener gewaltsamer Prozeß ist, der notwendig seelische Verhärtungen hervorbringt, denen später schwer zu entkommen ist, entlarvt einen Zustand, den ein «fortschrittlicher» Optimismus verschleiert. Die unabwendbaren Ängste der Kinder in der Kleinfamilie bringen notwendig Verdrängungsprozesse mit sich, die, wie Freud aufgezeigt hat, die Menschen an die Vergangenheit fesseln. Der Begriff der Angst, dem ein zentraler Stellenwert in der psychoanalytischen Theorie zukommt, liefert den Schlüssel zum Begreifen ihrer Wahrheit, aber auch zur Überwindung ihres Pessimismus.

Im Zentrum jeder seelischen Versteinerung, jeder psychisch bedingten Liebes- und Arbeitsunfähigkeit, jedes zwanghaft irrationalen Verhaltens steht, wie die Psychoanalyse aufzeigen kann, die Angst. «Die Angst macht die Verdrängung»[16], die die Subjekte auf der psychologischen Ebene ihrer Autonomie beraubt, sie ist das Herz jeder psychischen Verelendung.[17] Die Angst kann der Motor von Produktivität sein, die hilft, die Realität zu meistern – im Übermaß auferlegt, macht sie starr, dumm und einsam. Wenn Ängste nicht als solche erfahren werden, beweist das keineswegs, wie die Psychoanalyse zeigen kann, ihre Abwesenheit – Ängste können unbewußt sein. Die Verdrängungsprozesse, die Sachverhalte dem Bewußtsein entziehen, die Verhaltensrituale, die Veränderungen ausschließen, die Vermeidungsstrategien, die andere auf Distanz zu halten zwingen, werden unbewußt vom Motor Angst angetrieben. Es gehört mehr psychische «Stärke» und «Gesundheit» dazu, sich seinen Ängsten bewußt stellen zu können, als sie mit Hilfe von Brutalitätsmustern der Thematisierung zu entziehen. Wer sich in dieser Gesellschaft nicht von Ängsten geplagt fühlt, zeigt, wie sehr er schon abgetötet worden ist.

Psychische Strukturen sind, wenigstens in der bestehenden Gesellschaft, immer wesentlich die Konsequenz der Verarbeitung von Angst, die eine feindliche, eine versagende Realität hervorruft. Psychische Verfestigungen richten sich immer gegen etwas, sie dienen der Verarbeitung von Bedrohungen, denen das Subjekt im Lauf seines Lebens ausgesetzt ist. Die Angst, als affektive Dimension der psychischen Ambivalenzen, die aus sozialen Widersprüchen resultieren, treibt das Individuum zu Lernprozessen oder verhindert sie, wenn sie im Übermaß auferlegt wird.

16 S. Freud: Neue Vorlesungen zur Einführung in die Psychoanalyse, in: Gesammelte Werke, Bd. XV, S. 92.

17 Siehe hierzu M. Foucault: Psychologie und Geisteskrankheit, Frankfurt 1968, S. 31 ff.

Das Bemühen um die praktische und intellektuelle Aneignung von Objekten dient nicht nur der Befriedigung von Bedürfnissen, die sie stillen können, es dient auch der Bannung von Ängsten, die sie hervorrufen. Die Fähigkeit zu arbeiten und zu denken ist nicht zuletzt das Produkt des sozialen Zwangs, eine bedrohliche Natur beherrschen zu müssen, der sich mehr oder weniger rational in angsterzeugenden gesellschaftlichen Herrschaftsverhältnissen niederschlägt. Religiöse Systeme, die, wie Adorno und Horkheimer in der «Dialektik der Aufklärung» aufgezeigt haben, als Vorläufer der kritischen und instrumentellen Vernunft gelten können, richten sich gegen eine bedrohliche erste oder zweite Natur, die sie auf magische Art beeinflußbar oder kalkulierbar zu machen suchen, indem sie ihr menschliche Züge verleihen. Richtiges wie falsches Bewußtsein liefert Orientierungsmuster, deren Übernahme dem Zwang entspringt, sich in einer bedrohlichen Realität zurechtfinden zu müssen. Auch scheinbar völlig irrationale Vorurteile, die das Bewußtsein vernebeln, gewinnen eine psychologische Rationalität dadurch, daß sie Orientierungshilfen liefern, die diffuse Ängste kanalisierbar und bearbeitbar machen. Eine Realität, die sprachlich, und sei es nur mit Hilfe von Vorurteilen, beherrschbar ist, wird als weniger bedrohlich erfahren.

Intellektuelle Fähigkeiten, kognitive Leistungen basieren immer auch auf angsterzeugenden Versagungen, sie antworten auf Schwierigkeiten bei der realen Aneignung von Objekten. Intellektuelle vergessen häufig, daß die Fähigkeit zur begrifflichen Aufarbeitung von Sachverhalten wesentlich ein Produkt von mit Angst verknüpften sozialen Zwängen ist und nicht nur Ausdruck von Freiheit. Ein Intellektueller, der gelernt hat, sein Leben am Schreibtisch zu verbringen, hat schmerzliche Dressurleistungen hinter sich: Es muß z. B. gelernt haben, seinen Körper auf extreme Weise zu diskriminieren, da er von körperlichen Aktivitäten entfremdet ist. Die Fähigkeit zur differenzierten psychologischen Reflexion ist nicht nur lediglich, wie manche Psychoanalytiker glauben machen wollen, Ausdruck der Abwesenheit von massiven Abwehrmechanismen, sie ist vor allem das Produkt des Zwangs, mit ihrer Hilfe Lebenskrisen meistern zu müssen oder die Angst vor anderen Menschen bewältigen zu können. Psychologische Einsichten beziehen ihre Kraft nicht zuletzt aus dem Leiden, dem sie sich stellen. Zur psychologischen Reflexionsfähigkeit gehört sicher das Moment der subjektiven Emanzipiertheit, aber ohne angstbeladene psychische Defekte, ohne seelische Verelendung stellt sie sich nicht ein.[18] Die Fähigkeit zur theoretischen Reflexion über soziale Sachverhalte im allgemeinen wie über psychologische im besonderen beruht, auch wenn sie auf eine gewisse Emanzipiertheit

18 Die Psychoanalyseinterpretationen etwa von Habermas oder Lorenzer vergessen ständig das Moment der Unfreiheit, das zur sprachlichen Fassung von psychischen Befindlichkeiten treibt.

angewiesen ist, wesentlich auf günstig gelagerten Formen der seelischen Verelendung – was keineswegs bedeutet, daß diejenigen, die nicht zu ihr fähig sind, etwas weniger beschädigt wären.

Auch an der Entstehung der Psychoanalyse ist die Angst beteiligt. Die Psychoanalyse ist eine Konsequenz der Krise der bürgerlichen Subjektivität. Sie entsteht während der Phase des Übergangs vom liberalen Konkurrenzkapitalismus zum «Monopolkapitalismus», die die traditionelle Form bürgerlicher Subjektivität mit der Zerstörung ihrer materiellen Basis, einem relativ breit gestreuten Privateigentum an Produktionsmitteln, in die Krise geraten läßt. (Die bürgerliche Psychologie ist daneben Ausdruck der in dieser Phase sich verstärkenden intensiven Ausbeutung der Arbeitskraft, die das Kapital zu einer kalkulierten Verplanung der menschlichen Produktivkraft zwingt.[19]) Die psychologische Reflexionsfähigkeit, die die bürgerliche Gesellschaft hervorbringt, ist wesentlich Ausdruck eines gesellschaftlichen Zwangs, der die Menschen dazu nötigt, sich selbst zu instrumentalisieren, um als isolierte Monaden im Dschungel kapitalistischer Konkurrenz bestehen zu können. Die durch die Verinnerlichung von äußeren Autoritäten ermöglichte Selbstkontrolle, die dem isolierten einzelnen abverlangt wird, erlaubt eine ausgeprägte Reflexion im Hinblick auf die eigene Befindlichkeit. Mit den Elternimagines, die die Sozialisation in der bürgerlichen Kleinfamilie in die Psyche introjiziert hat, kann das Ich sozusagen einen permanenten Dialog führen, der als Selbstreflexion erscheint. Die bürgerliche Gesellschaft reißt die Menschen aus vorbürgerlichen kollektiven Bindungen, sie zwingt sie als einzelne mit sozialen Widersprüchen wie mit aus ihnen resultierenden psychischen Ambivalenzen fertig zu werden; sie nötigt die Individuen damit zu Leistungen individueller Synthesis, die eine bestimmte Fähigkeit zu psychologischem Denken erfordern. Psychologische Reflexionsfähigkeit ist nicht zuletzt die Konsequenz von Kontaktschwierigkeiten, die die Gesellschaft den isolierten einzelnen auferlegt; sie entwickelt sich, wenn entfremdete Verhältnisse die Menschen ständig auf sich selbst zurückwerfen, wenn sie zu bestimmten Formen des Narzißmus, zur starken Bezogenheit auf das eigene Selbst gezwungen werden.[20] Freud war ein depressiver Mensch, dessen sexuelle Praxis ausge-

19 Dieser Faktor verschafft sich besonders im Bereich der positivistischen Psychologie Geltung, die sich am Modell der Naturwissenschaften orientiert. Vgl. hierzu K. J. Bruder: Kritik der bürgerlichen Psychologie, Frankfurt 1973.

20 Daß die Psychologie Ausdruck der Krise des bürgerlichen Subjekts ist und besonders in einer Gesellschaft gedeihen kann, die die Menschen voneinander isoliert und auf sich selbst zurückwirft, bedeutet keineswegs notwendig, daß sie eine bürgerliche Ideologie ist. Die Krise des bürgerlichen Subjekts erlaubt bestimmte psychologische Einsichten, die über die bürgerliche Gesellschaft hinausreichen. Auch der Marxismus ist Ausdruck der Krise der bürgerlichen Gesellschaft, und Marx war bekanntlich kein Proletarier, was den Marxismus keineswegs zur bürgerlichen Ideologie macht.

sprochen verklemmte Züge zeigt.[21] Eine kritische Psychologie wurde bisher vorwiegend von Außenseitern mit sozialen Anpassungsschwierigkeiten produziert. Z. B. Juden als Mitglieder einer diskriminierten Minderheit[22] oder soziale Aufsteiger, die ständig gezwungen sind, ihre Identität in Frage zu stellen, sind besonders zur psychologischen Reflexionsfähigkeit prädestiniert. Die Fähigkeit zur kritischen Analyse sozialer Sachverhalte beruht auf schmerzlichen Prozessen der Brechung von unmittelbaren Beziehungen zur Realität. Theoretiker verdanken in der bestehenden Gesellschaft ihre Produktivkraft nicht zuletzt der Tatsache, daß sie von der unmittelbaren Einwirkung auf die soziale Realität abgesperrt sind, was ihnen analytische Distanz erlaubt.[23] Die Fähigkeit zu wissenschaftlichem Arbeiten verlangt ein Maß an zwanghafter Selbstdisziplinierung, das dem Genuß der Privilegien entgegensteht, die sie einbringen kann. Daß kritische Kopfarbeiter, sobald sie nicht arbeiten, notwendig von schmerzlichen Schuldgefühlen gepeinigt werden, die etwa einem Arbeiter nach Feierabend fremd sind, trägt ihnen auch bei ausgeprägten materiellen Privilegien eine hohe Rate an psychischen Zusammenbrüchen ein. Die relative Freiheit von äußeren Normierungen wird mit der Unterwerfung unter rigide verinnerlichte Kontrollen bezahlt, die notwendig bestimmte Formen der Genußfähigkeit, der Lustfeindschaft mit sich bringt.

Intellektuelle Aneignungsprozesse entspringen Schwierigkeiten bei der praktischen Aneignung von Objekten. Die repressive Kleinfamilie, die permanent praktische Aneignungsprozesse von Realität unterbindet, kann sich als Produktionsstätte einer Intellektualität bewähren, die mit ihrem Abstraktionsvermögen den Anforderungen des industriellen Kapitalismus angemessen ist. Die Psychoanalyse hat herausgearbeitet, daß die Basis des Ich sich im Zusammenhang mit angsterfüllten Trennungsprozessen von der Mutter konstituiert; das Über-Ich, das Selbstdisziplin und Selbstreflexion ermöglicht, indem es vorher äußerliche soziale Kontrollen in die Psyche hinein verlegt, ist die Konsequenz der Verarbeitung von traumatischen ödipalen Konfliktkonstellationen. Die Sprache, die herbeischaffen kann, was real nicht vorhanden ist, oder die Phantasie, die Ersatz für verlorene Befriedigungen schafft, sind an den Drang zur Überwindung von Versagungen und Entfremdung gebunden. Theoretisches Denken, das die soziale Realität begreifen will, sucht sich ihrer nicht zuletzt deshalb intellektuell zu bemächtigen, um die Bedrohung, die von ihr ausgeht, zu reduzieren. Jedes Denken nimmt den kindlichen Glauben an die Allmacht der Gedanken in sich auf, den Glauben, daß Gedanken die

21 Siehe hierzu die Freud-Biographie von E. Jones.

22 Die Psychoanalyse war in den Anfängen eine «jüdische» Wissenschaft.

23 Die Abtrennung der intellektuellen Produktion von der gesellschaftlichen Praxis läßt diese freilich auch allzuleicht in die Irre gehen.

Realität so verändern können, daß sie ihre angsterzeugenden Aspekte verliert und den eigenen Bedürfnissen gehorchen muß.[24]

Der Mensch handelt niemals nur aus dem Hier und Jetzt heraus, an seinem Verhalten ist immer seine Lebensgeschichte, seine Vergangenheit beteiligt. Ein Subjekt kann an Autonomie gewinnen, wenn es weiß, welche lebensgeschichtlichen Erfahrungen und Erwerbungen sein Tun jeweils mitbestimmen. Eine der Kräfte, die auf der psychischen Ebene so etwas wie individuelle Geschichte zustande bringt, indem sie Gegenwart und Vergangenheit auf spezifische Art und Weise in Beziehung setzt, ist die Angst. Die Angst kann die psychologische Entwicklung in individuelle Geschichte verwandeln; sie ist ein Motor, der zur Ausbildung einer persönlichen Identität treibt. Die Angst erlaubt es, sich trotz aller lebensgeschichtlichen Veränderungen als identisches Selbst zu erfahren; sie erzwingt es – negativ formuliert – daß das Subjekt nicht aus seiner Haut kann, daß es seine Vergangenheit nicht abzuschütteln vermag. Foucault stellt fest: «Die Angst als psychologisches Erlebnis des inneren Widerspruchs bringt auch das psychologische Werden eines Individuums auf einen gemeinsamen Nenner und gibt ihm eine einzige Bedeutung: Angst wurde erstmals erlebt in den Widersprüchen des kindlichen Lebens und in der von ihnen bewirkten Ambivalenz; und unter ihrem latenten Druck haben sich Abwehrmechanismen gebildet, deren Riten, Vorsichtsmaßnahmen, starre Manöver sich das ganze Leben hindurch wiederholen,

24 Zur infantilen Allmacht der Gedanken siehe S. Ferenczi: Entwicklungsstufen des Wirklichkeitssinns, in: Schriften zur Psychoanalyse I, Frankfurt 1970, S. 148.

Selbst die Kategorien der Realitätserfassung, die Kategorien der Zeit, des Raumes oder der Kausalität erwirbt das Kind wahrscheinlich nur vermittelt über schmerzliche Lernprozesse. (Wobei die Sozialisation allerdings an biogenetisch verankerte oder pränatal erworbene Potentiale anknüpft.) Die Kategorien der Realitätserfassung werden während mit Versagungen verknüpften Versuchen der Realitätsbewältigung erworben oder verfestigt. Es lassen sich folgende Hypothesen aufstellen: Während des schmerzlichen Prozesses der Abtrennung von der Mutter erwirbt das Kind die Fähigkeit zur Erfassung des Raumes. Der Wechsel von Triebbefriedigung und Versagung richtet Horizonte auf, er bringt die Fähigkeit zur Erfassung der Zeit hervor. Die Erfahrung des Kindes, daß es durch seine Lebensäußerungen Menschen und Dinge beeinflussen kann, verankert in seiner Psyche die Kategorie der Kausalität. Wo das Kind Schwierigkeiten hat, sich von der Mutter abzulösen und die Realität zu erkunden, ist die Raumerfahrung gestört. Wo Objektbeziehungen typischerweise Befriedigungen und Versagungen mischen oder wo nur Befriedigungen oder nur Versagungen erfahren werden, können keine Zeithorizonte aufgerichtet werden. Wo Eltern auf das Verhalten des Kindes konfus und widersprüchlich reagieren, hat das Kind Schwierigkeiten, die Fähigkeit zu kausalem Denken zu erwerben. «Psychotische» Störungen, die nach psychoanalytischer Interpretation bereits sehr früh auf Grund gestörter Mutter–Kind-Beziehungen in der Psyche verankert werden, sind mit Störungen der Raum- und Zeiterfahrung wie des kausalen Denkens verknüpft.

sobald die Angst wieder zu erscheinen droht. Man kann in einem bestimmten Sinn sagen, daß sich die psychologische Entwicklung durch die Angst in eine individuelle Geschichte verwandelt; denn es ist effektiv die Angst, die dadurch, daß sie die Vergangenheit und die Gegenwart vereint, beide aufeinander bezieht und beiden eine Sinngemeinschaft verleiht.»[25] Die Art und Weise, wie sie als Kind bestimmte Ängste bewältigt haben, bestimmt, charakterlich verfestigt, entscheidend die Reaktionen mit, die den Erwachsenen zur Meisterung von mit Angst verbundenen Situationen zur Verfügung stehen. Ängste von Erwachsenen, die eine Verwandtschaft mit bestimmten Kinderängsten aufweisen, reaktivieren Strategien, mit denen diese einst bewältigt wurden. Die Verwandtschaft der Ängste verkoppelt auf der psychischen Ebene Gegenwart und Vergangenheit und sorgt damit dafür, daß frühe Formen der Realitätsbewältigung umgeformt in aktuelle eingehen. Daß man trotz aller seiner Veränderungen in gewisser Weise immer derselbe bleiben muß, ist Ausdruck von gesellschaftlichen Gewaltzusammenhängen, die dafür sorgen, daß man im Laufe seines Lebens ständig mit strukturell verwandten sozialen Situationen konfrontiert wird, die verwandte Ängste produzieren. Eine Identität zu haben, ist, zumindest in der bestehenden Gesellschaft, immer auch die Konsequenz von sich ständig in verwandter Form wiederholenden Bedrohungen: Ein Subjekt, das sich als isolierte Monade im Kampf gegen andere behaupten muß und dabei ständig auf sich selbst zurückgeworfen wird, darf die Mauer, mit der es sein Selbst umgrenzen muß, nicht abreißen, wenn es der Zerstörung entgehen will.

Eine durch Angst hervorgerufene psychische Verknüpfung von Vergangenheit und Gegenwart kann automatisiert, unter Ausschaltung des Bewußtseins erfolgen. Wenn aktuelle Anstrengungen, Ängste zu bewältigen, einen Rückgriff auf frühe Strategien der Angstbewältigung provozieren, die mit Verdrängungsprozessen verknüpft waren, schließen sie eine Trübung des Bewußtseins ein. Die Gesellschaft kann ihren Mitgliedern eine Identität zuweisen – die kapitalistische Gesellschaft tut dies in weitem Maße –, die die Fähigkeit zur Verleugnung von bestimmten Aspekten der Persönlichkeit verlangt. Mit übermäßigen Ängsten verkoppelte psychische Ambivalenzen, in denen sich soziale Widersprüche niederschlagen, können von Individuen, die zur Veränderung ihrer Lebensumstände nicht in der Lage sind, oft nur mit Hilfe der Verleugnung bewältigt werden. Das Ich, das im Kapitalismus sowohl durch divergierende Anforderungen in den Bereichen der Produktion, der Verteilung oder der Konsumtion als auch durch lebensgeschichtliche Brüche (z. B. beim Übergang von der Familie zur Schule oder von der Schule zum Beruf) auseinandergerissen wird, hat bei den zu einem Dasein als Mona-

25 M. Foucault: Psychologie und Geisteskrankheit, a. a. O., S. 67.

de Verurteilten extreme psychische Integrationsleistungen zu vollbringen. Es ist diesen nur dadurch gewachsen, daß es sich weigert, bestimmte soziale Widersprüche bzw. die aus ihnen resultierenden psychischen Ambivalenzen bewußt aufzuarbeiten. «Gesund» ist in der kapitalistischen Gesellschaft, wer bestimmte Angst erzeugende Ambivalenzen dadurch zu bewältigen vermag, daß er Abwehrmechanismen einsetzen kann, die es ihm erlauben, sie nicht, nur partiell oder auf schiefe Art zur Kenntnis zu nehmen. Die Erfahrung eines identischen Selbst, die der im Sinn des Bestehenden revidierten neueren Psychoanalyse als Index der Gesundheit gilt, ist eine gesellschaftlich geforderte Fiktion. Diejenigen, die als psychisch schwer gestört gelten, sind nicht mehr in der Lage, diese Fiktion aufrechtzuerhalten, weil ihr Ich unter den Belastungen eines widersprüchlichen Alltags nicht mehr die Kraft zur trügerischen Synthese zu finden vermag.

Die Angst, die Versagungen begleitet, kann produktive Potenzen hervorbringen, wenn sie Gegenwart und Vergangenheit im Stil fortschreitender Integration zu verbinden erlaubt. Dies erfordert, daß sie weder in der Vergangenheit noch in der Gegenwart allzu mächtig ausfiel bzw. ausfällt. Wenn in der Vergangenheit in Verbindung mit bestimmten sozialen Szenen auftauchende Ängste so groß waren, daß das Ich sie nur mit Hilfe von fragwürdigen Abwehrmechanismen bewältigen konnte, die die Erstarrung und das Opfer des Bewußtseins einschließen, erzwingen verwandte Szenen in der Gegenwart ständig einen Rückgriff auf diese Verhaltensweisen, der die Zukunft versperrt. Sobald das Gegenwärtige verwandte psychische Ambivalenzen bzw. mit ihnen verbundene Ängste hervorbringt, wie das traumatisierende Vergangene, rasten zwanghafte, automatisierte Abwehrmechanismen ein, die zukunftsträchtige Konfliktlösungen verhindern.

Der psychisch Beschädigte wehrt sich mit seinen gegenwärtigen Reaktionsweisen gegen seine Vergangenheit, er sucht mit aktuellen Abwehrmechanismen zu verhindern, daß traumatische infantile Ängste zu sehr reaktiviert werden; zugleich schützt er sich mit alten Reaktionsweisen gegen die Gegenwart, er sucht mit infantil erworbenen Abwehrmechanismen zu verhindern, daß gegenwärtige Ängste zu groß werden. Was Foucault in bezug auf Neurosen oder Psychosen formuliert, gilt auch für andere Formen psychischer Versteinerungen. «Es schien uns, als habe das pathologische Verhalten paradoxerweise einen archaischen Sinn und eine signifikante Art, sich in das Gegenwärtige einzufügen. Sobald nämlich das Gegenwärtige im Begriff steht, Ambivalenz und Angst hervorzubringen, löst sich das Spiel der neurotischen Schutzmechanismen aus; aber diese drohende Angst und die Mechanismen, die sie wieder entfernen, sind längst schon in der Geschichte des Subjekts fixiert gewesen. Die Krankheit läuft demzufolge nach Art eines Circulus Vitiosus ab: Der Kranke schützt sich durch seine aktuellen Abwehrmechanismen gegen eine Vergangenheit, deren heimliche Gegenwart die Angst aufsteigen läßt; andererseits schützt sich das Subjekt gegen die Eventualität einer gegenwärtigen Angst dadurch, daß es auf die ehemals im Verlauf ähnlicher Situationen eingesetzten Schutzmechanismen rekurriert. Erwehrt sich der Kranke mit seiner Gegenwart seiner Vergangenheit, oder schützt er sich vor seiner Gegenwart mit Hilfe seiner vergangenen Geschichte? Man wird sagen müssen, daß zweifellos gerade in diesem Zirkel das Wesen der pathologischen Verhaltensweisen liegt. Krank ist der Kranke, sofern die Verbindung zwischen Gegenwart und Vergangenheit nicht im Stil fortschreitender Integration stattfindet. Sicher, jedes Individuum hat Angst erlebt und Abwehrmechanismen errichtet; aber der Kranke erlebt seine Angst und seine Abwehrmechanismen in einem Kreislauf, der ihn veranlaßt, sich mit eben jenen Mechanismen gegen die Angst zu wehren, die historisch an sie gebunden sind, die sie dadurch nur desto mehr steigern und sie ständig wieder an den Tag zu bringen drohen. Im Gegensatz zur Geschichte des normalen Individuums ist diese Monotonie des Kreislaufs der Grundzug der pathologischen Geschichte. Die Psychologie der Entwicklung, die die Symptome als archaische Verhaltensweisen beschreibt, muß also ergänzt werden durch eine Psychologie der Genese, die die gegenwärtige Bedeutung dieser Regression in einer Geschichte beschreibt.»[26] Der psychisch Beschädigte steckt in einem Kreislauf, aus dem es kein Entrinnen zu geben scheint: Aktuelle Ängste, die infantile Ängste zu reaktivieren drohen, müssen mit Abwehrmechanismen beantwortet werden, die die Vergangenheit absperren und damit ihre Aufarbeitung verhindern; infantile Ängste haben Abwehrmechanismen hervorgebracht, die das Individuum zu benutzen gezwungen ist, um aktuelle Ängste zu bekämpfen, wodurch die rationale Bewältigung der Gegenwart gestört wird. Die Angst bildet das Zentrum, um das sich krankhafte psychische Strukturen lebensgeschichtlich ordnen; sie ist sozusagen das Herz der psychischen Verelendung. Therapeutische Anstrengungen müssen demzufolge darin bestehen, andere Formen der Angstbewältigung mit Hilfe der Aufarbeitung von Gegenwart und Vergangenheit bzw. ihrer wechselseitigen Verschränkung ausfindig zu machen.

Die Einsicht in die Rolle, die der Angst lebensgeschichtlich zukommt, zeigt, daß psychische Erstarrungen, die im Extremfall als krankhaft etikettiert werden, nicht, wie simplifizierende psychoanalytische Interpretationen annehmen, schlicht das Produkt infantil gesetzter Dispositionen sind – an ihnen sind bedrohliche gegenwärtige Erfahrungen entscheidend beteiligt.[27] Es ist wichtig, zu wissen, «daß der Kranke seine

26 Ebd., S. 67ff.

27 Bis zu welchem Grad infantil erworbene psychische Strukturen später noch modifiziert werden können, vermögen diese Ausführungen nicht anzugeben. Sie wollen nur benennen, daß sie unter gesellschaftlichen Verhältnissen, die weniger Angst hervorrufen würden, wesentlich an Plastizität zurückgewinnen könnten.

Geschichte nur deshalb wiederholt, weil er auf eine gegenwärtige Situation antwortet»[28]. Mit seinen fragwürdigen Reaktionen sucht er sich einer bedrohlichen Gegenwart zu erwehren. «Der Inhalt der Krankheit ist die Gesamtheit der Flucht- und Abwehrreaktionen, durch die der Kranke auf seine Situation antwortet; und von dieser Gegenwart, von dieser augenblicklichen Situation aus müssen die Evolutionsregressionen, die in den pathologischen Verhaltensweisen hervortreten, begriffen werden und ihren Sinn erhalten; die Regression ist nicht bloß eine Virtualität der Entwicklung, sie ist eine Konsequenz der Geschichte.»[29] Das Individuum kommt von seiner traumatischen Vergangenheit und den ihr entspringenden Erstarrungen nicht los, weil es im Laufe seines Lebens stets von neuem mit Situationen konfrontiert wird, die Reaktionsweisen provozieren, die diese in sich aufnehmen. Infantile Traumata und die fragwürdigen Abwehrmechanismen, die ihrer Verarbeitung dienten, können nur deshalb nicht verjähren, weil das Subjekt ständig in traumatisierende Konfliktkonstellationen hineingestoßen wird, die gleiche Momente aufweisen wie jene, die kindliches Elend besorgt haben. Soziale Konstellationen, die, auch wenn sie sehr verschieden ausfallen, identische Momente mit jenen aufweisen, die überwältigende kindliche «Urängste» hervorgerufen haben, reaktivieren ständig Abwehrmechanismen, die die Vergangenheit über die Gegenwart triumphieren lassen.

In der kapitalistischen Gesellschaft sind die Menschen der Tendenz nach zu einer Existenz als isolierte soziale Atome verdammt; sie führen ein Dasein als einzelne, die in ihrer Vereinigung, die das Kapital stiftet, zugleich voneinander getrennt sind. Diese ihre Einsamkeit macht eines ihrer entscheidenden, sie ständig traumatisierenden Leiden aus. Trotz ihrer vom Kapitalverhältnis gestifteten Isolierung sind die Menschen soziale Wesen; aber das System gesellschaftlicher Arbeit, das sie in Beziehung zueinander setzt, ist vom Prinzip der Konkurrenz durchdrungen, das sie in ihrer Verbindung zugleich zu Feinden macht. Als Teil des gesellschaftlichen «Gesamtarbeiters» sind die Menschen miteinander verbunden, als Agenten des Kapitalverhältnisses werden sie zugleich voneinander getrennt. Dieser Widerspruch verleiht allen Beziehungen zwischen den Menschen, ebenso wie den psychischen Dispositionen, die in sie eingehen, einen ambivalenten Charakter, der es mit sich bringt, daß sie sich mißtrauisch und feindselig begegnen müssen. Trennungsproblematiken und die mit ihnen verknüpften Schwierigkeiten, die aus dem Zwang zu konkurrierendem Verhalten resultieren, sind typisch für die psychischen Strukturen, die das Kapital verordnet. Die Psychoanalyse hat herauszuarbeiten versucht, daß das Kind in der Kleinfamilie, die für die kapitalistische Gesellschaft typisch ist, während der primären Soziali-

28 Foucault, a. a. O., S. 60.
29 Ebd., S. 59.

sation vor allem in zwei Kernkomplexe verstrickt ist, deren Verarbeitung der psychischen Verfaßtheit der Individuen eine basale Prägung verleiht. Die schmerzliche Abtrennung von der Mutter und die ödipale Konfliktkonstellation, die das Kind in Konkurrenzverhältnisse mit übermächtigen Elternfiguren treibt, sind nur mit Hilfe massiver Abwehrmechanismen zu bewältigen, die starre charakterliche Panzerungen erzwingen. In der Psyche werden als Konsequenz der Verarbeitung der infantilen Kernkomplexe Distanzierungszwänge und Zwänge zu konkurrierendem Verhalten so gespeichert, daß sie beim Auftauchen bestimmter Ängste automatisch einrasten.[30] Trennungs- und Konkurrenzproblematiken, ebenso wie Problematiken, die mit dem der Eigentumsordnung entspringenden Verbot der Aneignung von Gebrauchswerten verbunden sind, durchdringen in unterschiedlicher Gestalt alle Lebenszusammenhänge in der kapitalistischen Gesellschaft. Familie, Schule und Betrieb erzwingen Verkehrsformen zwischen Menschen und Beziehungen zu sachlichen Objekten, die in ihrer Nichtidentität identische Züge tragen und damit verwandte Ängste hervorrufen. Sie können deshalb Gegenwart und Vergangenheit auf problematische Weise so verkoppeln, daß sie die Subjekte der Zukunft berauben, weil ihnen unter ihrem Einfluß weder eine Aneignung der Vergangenheit noch der Gegenwart möglich ist.

Solange die Ökonomie den Menschen Isolierungen und Konkurrenz auferlegt, werden sie nicht los, was die traumatische Aufsprengung der Mutter–Kind-Dyade und der ödipale Konflikt hinterlassen haben. Wenn die Psychoanalytiker immer mehr psychische Störungen diagnostizieren, die sie einer gestörten Mutter–Kind-Beziehung zurechnen, bedeutet das nicht zuletzt, daß objektive gesellschaftliche Zwänge die Menschen in allen gesellschaftlichen Sektoren immer mehr in eine Isolierung treiben, die sie auf frühkindliche Trennungsproblematiken zurückwirft. Die zunehmenden Störungen der «narzißtischen Homöostase», die den Psychoanalytikern immer mehr zum Problem werden, sind keineswegs, wie es diesen scheint, nur infantil bedingt, die reduzierten Möglichkeiten zu Objektbesetzungen und Identifikationen, die die Erwachsenen auf Grund der entfremdeten Verhältnisse verstören, sind an ihnen entscheidend beteiligt. Die Individuen bleiben vor allem deshalb unbewußt an ödipale Rivalitäten bzw. an die mit ihnen verknüpften Problematiken fixiert, weil sie die Ökonomie ständig in Konkurrenzsituationen hineinzwingt, die mit existentiellen Bedrohungen verbunden sind. Solange die Gesellschaft die Erwachsenen in Unmündigkeit hält, kommen sie von ihren infantilen seelischen Erschütterungen nicht los; solange sie von undemokratischen Verhältnissen infantilisiert werden, können sie kindliche Traumata nicht abschütteln. Objektiv gesetzte Aneignungs- und Verkehrsformen in Gegenwart und Vergangenheit, die wesentliche identische Momente auf-

30 Siehe hierzu S. 96ff. dieses Buches.

weisen, verhindern, vermittelt über verwandte Ängste, daß Fixierungen verjähren und psychische Verhärtungen sich lösen. Das Aufsprengen versteinerter psychischer Strukturen ist demnach nicht nur mit Hilfe von therapeutischen Prozeduren möglich, die an infantil erworbenen Formen der Angstbewältigung ansetzen, es kann auch durch die Veränderung von Lebensverhältnissen geleistet werden, die Jugendliche und Erwachsene auf diese Formen zurückwerfen. Nur weil die gesellschaftlichen Strukturen, die vom Kapitalverhältnis geprägt sind, diese in qualitativem Ausmaß kaum zulassen, müssen infantil gesetzte psychische Strukturen nahezu als unabänderlich erscheinen.

VI.

Die politische Ökonomie weist der Familie in der kapitalistischen Gesellschaft die Funktion zu, im Prozeß der primären Sozialisation die Basis von menschlicher Arbeitskraft herzustellen, die vom Kapital verwertet werden kann. Die Familie als Konsumtionseinheit ist im Horizont der Kritik derpolitischen Ökonomie zugleich als Produktionsstätte von Arbeitskraft zu begreifen. Sozialisationsprozesse sind demnach im Horizont einer materialistischen Psychologie nicht zuletzt daraufhin zu untersuchen, ob und wie sie eine psychische Verfaßtheit hervorbringen, die der Erfüllung von vom Kapital geforderten Arbeitsleistungen dienlich ist (oder auch dem Widerstand gegen diese). Die Psychologie muß zu diesem Zweck von der Psyche des Erwachsenen ausgehen; sie hat kindliche Lebensschicksale in Bezug auf die spätere Erwachsenheit zu interpretieren. Der Sozialisationsforschung stellt sich in diesem Zusammenhang die Frage, wie die Familie, als von den Sphären der Produktion, der Zirkulation oder des Staates abgespaltene Sozialisationsagentur, die Individuen auf die Berufstätigkeit in diesen Sphären vorbereiten kann. Der Psychoanalyse, die kaum etwas von Arbeit und nichts vom Kapitalismus weiß, sind derartige Fragen fremd; der Marxismus, der etwas von Arbeit und vom Kapitalismus weiß, hat kaum Einblicke in die psychologischen Aspekte der Prozesse familialer Sozialisation. In der Psychoanalyse taucht der Mensch vorwiegend als kleines Kind auf, im Marxismus vorwiegend als erwachsener Arbeiter oder Kapitalist; für die Psychoanalytiker ist das Leben, überspitzt formuliert, mit dem Untergang des Ödipuskomplexes zu Ende, für die Marxisten beginnt es zumeist erst mit dem Eintritt in den Produktionsprozeß.

In letzter Zeit haben verschiedene Autoren mit Nachdruck darauf hingewiesen, daß die Sozialisationsforschung zu beachten hat, daß die Familie eine bereichsspezifische Logik aufweist, die sich von der etwa der Schule oder der Produktionssphäre unterscheidet.[31] Ottomeyer hat ver-

31 Siehe hierzu z. B. A. Lorenzer: Die Wahrheit der psychoanalytischen

sucht aufzuzeigen, daß die Sphären der Produktion, der Zirkulation und der Konsumtion (in deren Zentrum die Familie steht) jeweils fundamental voneinander abweichende Anforderungen an die Subjekte stellen.[32] Der richtige – aber mitunter auch triviale – Hinweis darauf, daß die verschiedenen gesellschaftlichen Sphären verschieden strukturiert sein müssen, wenn sie ihre Funktion bei der Reproduktion des bestehenden gesellschaftlichen Systems erfüllen sollen, kann verdecken, daß die Sozialisationstheorie mindestens ebenso sehr auf die Beachtung von weniger offensichtlichem Identischem im Nichtidentischen angewiesen ist, das ebenso notwendig für die Aufrechterhaltung des Bestehenden ist. Erlerntes, in dem sich die Anforderungen einer sozialisierenden Sphäre niederschlagen, kann nur dann zur Bewältigung der Anforderungen in einer anderen sozialen Sphäre genutzt werden, wenn beide, durch dieselben Produktionsverhältnisse, eine verwandte Formbestimmung erfahren haben. Der Autor hat versucht, das in seinem Buch «Sozialpsychologie der Arbeiterklasse» aufzuzeigen.

Die Situation von Kindern in Familie und Schule unterscheidet sich selbstverständlich grundlegend von der von Erwachsenen im Betrieb. Die Familie kann ihre Sozialisationsfunktion nur erfüllen, wenn sie, im Gegensatz zu Fabrik und Büro, nicht unmittelbar dem Kapital subsumiert ist, wenn sie mehr Freiheitsräume, mehr Möglichkeiten, auf subjektive Bedürfnisse einzugehen, bietet. Die Familie muß im Vergleich mit der Produktionssphäre notwendig eine ungleich stärkere Gebrauchswertorientierung, eine andere Zeitstruktur und mehr Unmittelbarkeit und Liebe kennen, wenn sie ihre Funktion als Stätte der Produktion und Reproduktion der Arbeitskraft erfüllen soll. Die offensichtlich vorhandenen Differenzen in den Organisationsprinzipien von Familie und Betrieb erlauben die Reproduktion der Menschen in einer Art Schonraum, sie führen aber auch zu problematischen und schmerzlichen Brüchen, die die Subjekte auseinanderreißen. Die extremen von Heranwachsenden zu verarbeitenden Brüche – etwa beim Übergang von der Familie zur Schule oder von der Schule zur Berufssphäre – zerstören die Kontinuität der individuellen Geschichte; sie führen zur Abspaltung von Persönlichkeitsanteilen und erschweren es, sich als identisches Selbst zu erfahren, bzw. verleihen dieser Erfahrung Züge von falschem Bewußtsein. Ebenso stellen die Differenzen zwischen den Verhaltensanforderungen, die an die Erwachsenen in der Familie und im Beruf gestellt werden, kaum rational zu bewältigende Anforderungen an die integrativen Fähigkeiten des Ich. (Die Arbeiterklasse ist von allen diesen Belastun-

Erkenntnis, Frankfurt 1975, oder A. Krovoza: Produktion und Sozialisation, Frankfurt 1976.

32 Siehe hierzu K. Ottomeyer: Soziales Verhalten und Ökonomie im Kapitalismus, Bremen 1973.

gen besonders betroffen.)

Neben ihren Differenzen zeigen die Anforderungen der verschiedenen Lebenssphären auch Aspekte, die sie aneinander angleichen; für die Subjekte treten Problemlagen auf, die trotz ihrer Verschiedenheit auch gemeinsame Züge tragen. Die primäre und die sekundäre Sozialisation erfolgen in Sphären mit verschiedener bereichsspezifischer Logik, diese Sphären kennen aber auch Gleiches, wenn auch in verschiedener Gestalt.[33] Die Sozialisationsforschung ist auf dialektische Denkfiguren angewiesen: sie muß Verdoppelungen im Hegelschen Sinn ausmachen können, d. h., sie muß in der Lage sein, im Nichtidentischen das Identische zu finden. Die Sozialisationsagenturen, die auf die Heranwachsenden einwirken, müssen, um ihre Funktionalität für das Kapital zu erlangen, Strukturen aufweisen, die von denen der Institutionen verschieden sind, für die sie Arbeitskräfte produzieren – aber sie gewinnen diese Funktionalität nur, wenn diese Strukturen zugleich auch identische Momente aufweisen, wenn in anderer Gestalt Gleiches auftaucht. In der Kindheit erlerntes Verhalten kann später nur dann in verschiedener Weise generalisiert werden, wenn die soziale Realität, mit der der Erwachsene konfrontiert ist, mit der in der Kindheit erfahrenen verwandt ist. Wenn die Familie gegenüber dem Bereich der Produktion nur das andere wäre, wäre sie als Produktionsstätte der Arbeitskraft absolut ungeeignet: Die Produktionsstätte von Arbeitskraft muß mit der Stätte ihrer Verwertung in gewisser Weise verwandt sein, sie muß Vorerfahrungen von dem liefern, was der Arbeitskraft abverlangt wird. Gesellschaftliche Sphären, in denen nach Feierabend die Regeneration der Arbeitskraft erfolgen soll, die keinerlei Gemeinsamkeit mit der Arbeitssphäre hätten, die nur alternativ zu dieser organisiert wären und nicht auch bestimmte ihrer Züge verdoppeln würden, könnten ihre Funktion nicht erfüllen – sie würden die Menschen so aus der Realität der Arbeitssphäre herausfallen lassen, daß sie nicht mehr in sie zurückfinden könnten. Die Familie muß mehr menschliche Nähe und Selbsttätigkeit erlauben als die Fabrik, um die Reproduktion der Arbeitskraft zu ermöglichen – aber ohne bestimmte Formen von Isolierung in der Vereinigung, ohne Kommunikationsstörungen, die auf widersprüchlichen Abhängigkeitsbeziehungen beruhen, ohne offene und versteckte Konkurrenzsituationen und ohne automatisierte «abstrakte» Verhaltensweisen, ohne Züge also, wie sie in verwandter Form die Arbeitssphäre verlangt, könnte sie diese ihre Funktion auch nicht erfüllen. Die Verkehrs- und Aneignungsformen in der Familie müssen alternativ zu denen der Arbeitssphäre organisiert sein, sie müssen aber auch eine Formbestimmtheit aufweisen, die sie denjenigen in der Arbeitssphäre in gewisser Weise angleicht.

33 Siehe hierzu G. Vinnai: Sozialpsychologie der Arbeiterklasse, a. a. O., S. 74ff.

Die Grundlage des Arbeitsvermögens kann nur unter einer Familienform erzeugt werden, die neben strukturellen Arrangements, welche denen der Arbeitssphäre entgegenstehen, auch solche aufweist, die sie auf spezifische Weise vorwegnehmen. Die verwandten szenischen Elemente sorgen dafür, daß verwandte Ängste auftauchen, deren Verquikkung der Tendenz nach angepaßte Reaktionsweisen bedingen und die Nötigung setzen, sich trotz aller Brüche und Widersprüche als identisches Selbst zu erfahren. Identisches im Nichtidentischen ist mit verwandten Ängsten verknüpft, die Gegenwart und Vergangenheit bewußt oder unbewußt verkoppeln und damit einen Anpassungsprozeß gewährleisten können. Die Ängste der Erwachsenen knüpfen an die «Urängste» der Kindheit an; die Angst als Affektzustand lehnt sich an bestimmte «Erinnerungsbilder» an,[34] die unter szenischen Arrangements wachgerufen werden, die denen verwandt sind, die diese einstmals prägten. Die kindlichen Ängste vor Verlassenheit, Hilflosigkeit oder körperlicher Verstümmelung gehen auf spezifische Weise in die Ängste der Erwachsenen ein. Im günstigsten Fall ergibt das Ineinandergreifen von Ängsten und der mit ihnen verbundenen Bewältigungsformen einen kumulativen Prozeß, der ständige Lernfortschritte einschließt. Wenn traumatische Ängste in der Vergangenheit Abwehrmechanismen notwendig gemacht haben, die mit psychischen Verhärtungen verknüpft sind, wird die ständige Reaktivierung dieser Ängste unter verwandten sozialstrukturellen Arrangements naturhaft starre, eingeschliffene Verhaltensweisen hervorbringen. Die kapitalistische Produktionsweise, die die Menschen ihren Arbeitsleistungen wie deren Produkten entfremdet und sie in ihrer Vereinigung voneinander isoliert, ist auf derartige «abstrakte» Reaktionsweisen angewiesen, die die Menschen Automaten ähnlich machen und sie ihrer Lebendigkeit berauben: Um sie hervorzubringen, muß die Angst im Kapitalismus zur Grunderfahrung der Existenz werden. Die Angst ist auf der subjektiven Ebene das treibende Moment kapitalistischer Rationalisierung. Adorno stellt fest: «Sicherlich kommt das rationale ökonomische Verhalten des Individuums nicht bloß durch den ökonomischen Kalkül, das Gewinnstreben, zustande. Das hat man viel eher nachträglich konstruiert, um durch eine dem Sachverhalt wenig Neues hinzufügende Formel sich die vom Individuum aus keineswegs selbstverständliche Rationalität des durchschnittlichen wirtschaftlichen Verhaltens einigermaßen zurechtzulegen. Wesentlicher als subjektives Motiv der objektiven Rationalität ist die Angst. Sie ist vermittelt. Wer sich nicht nach den ökonomischen Regeln verhält, wird heutzutage selten sogleich untergehen. Aber am Horizont zeichnet die Deklassierung sich ab. Sichtbar wird die Bahn zum Asozialen, zum Kriminellen: die Weigerung,

34 Siehe hierzu S. Freud: Hemmung, Symptom und Angst, in: Gesammelte Werke, Bd. XIV, S. 120f.

mitzuspielen, macht verdächtig und setzt selbst den der gesellschaftlichen Rache aus, der noch nicht zu hungern und unter Brücken zu schlafen braucht. Die Angst vorm Ausgestoßenwerden aber, die gesellschaftliche Sanktionierung des wirtschaftlichen Verhaltens hat sich längst mit andern Tabus verinnerlicht, im einzelnen niedergeschlagen. Sie ist geschichtlich zur zweiten Natur geworden. Das Über-Ich, die Gewisseninstanz, stellt nicht allein dem einzelnen das gesellschaftlich Verpönte als das An-sich-Böse vor Augen, sondern verschmilzt irrational die alte Angst vor der physischen Vernichtung mit der weit späteren, dem gesellschaftlichen Verband nicht mehr anzugehören, der anstatt der Natur die Menschen umgreift. Diese aus atavistischen Quellen gespeiste und vielfach weit übertriebene gesellschaftliche Angst, die freilich neuerdings wieder jeden Augenblick in Realangst übergehen kann, hat solche Gewalt akkumuliert, daß der schon ein moralischer Heros sein müßte, der ihrer sich entledigt, selbst wenn er das Wahnhafte daran noch so gründlich durchschaute.»[35] Eine unauflösliche Mischung von Realängsten und diffusen, oft nicht bewußten Ängsten, die scheinbar gegenstandslos sind, besorgt auf der subjektiven Ebene die Anpassung an Verhältnisse, unter denen sich die Menschen, unter Abstraktion von ihrer Lebendigkeit, vom toten Kapital aufsaugen lassen müssen. Das Leben lebt kaum unterm Kapitalismus, es ist dem Tode verfallen; dieser ist so mächtig, daß das Bewußtsein seiner Existenz kaum noch ertragen werden kann – wenn er nicht mehr zu verleugnen ist, muß er in die Klinik gesperrt werden. Nicht nur die Furcht vor äußeren Bedrohungen, wie die vor dem Verlust des Arbeitsplatzes oder vor der Polizei, zwingt die Menschen zur Anpassung ans Bestehende, sondern auch jene, mit Verdrängungsprozessen verknüpften diffusen Ängste, die verhindern, daß die Menschen Zugang zueinander finden oder ihre Apathie aufgeben können. Nicht zuletzt in den bewußten und unbewußten Ängsten, die in eine Einsamkeit treiben, der kaum jemand in der kapitalistischen Gesellschaft entrinnen kann, auch wenn er mit anderen zusammen ist, manifestiert sich die Gewalt, die das Kapitalverhältnis den Menschen auferlegt.[36] Die traumatischen Erfahrungen, die das Kind in der Familie gemacht hat, werden durch spätere verwandte Belastungen unbewußt reaktiviert; an die Primärverdrängungen knüpfen spätere Nachverdrängungen an, die das Opfer des Bewußtseins und der Lebendigkeit beinhalten. Nicht in erster Linie auf Grund ihrer Unaufgeklärtheit, ihrer Dummheit sind die Subjekte auf der psychischen Ebene dem Bestehenden ausgelie-

35 Th. W. Adorno: Zum Verhältnis von Soziologie und Psychologie, in: Kritische Psychologie, Raubdruck o. O., o. J., ohne Seitenzahlen.

36 Die von Angst provozierte Ablehnung anderer Menschen kann als Gleichgültigkeit, als Abneigung, als Zufriedenheit mit bestehenden Bindungen erfahren werden.

fert, sondern durch tiefsitzende Ängste, die nicht produktiv bewältigt werden können und statt dessen das Opfer des Bewußtseins und der Handlungsfähigkeit erzwingen. Die Furcht vor äußeren Bedrohungen und die Angst vor dem Über-Ich, der verinnerlichten Repräsentanz gesellschaftlicher Herrschaft, gehen eine Verbindung ein, die die Menschen unter der Opferung von Erkenntnismöglichkeiten dem Bestehenden unterwirft. Die Freiheitsspielräume, die das Kapitalverhältnis den Individuen noch offen läßt, können von diesen vor allem deshalb nicht genutzt werden, weil die Abwehrmechanismen, die von äußeren und inneren Bedrohungen provoziert werden, ihnen die Energien dazu rauben. Eine allgegenwärtige Angst, die so mächtig ist, daß die Menschen sich das volle Bewußtsein ihrer Existenz kaum leisten können trägt zu ihrer Verwandlung in isolierte Atome bei und hilft, sie zum Menschenmaterial zu verdinglichen, das sich der Rationalität des Kapitalverhältnisses zu fügen gezwungen ist.

In den Abstraktionsprozessen, die die Menschen verdinglichen, manifestiert sich der stumme Zwang der ökonomischen Verhältnisse – die Kraft, die diesen auf der subjektiven Ebene durchsetzt, ist die Angst. Die scheinbar unaufhebbaren Ängste, die die Menschen erstarren lassen, liefern eine gelebte Bewertung des kapitalistischen Alltags, gegenüber der die verbreiteten Bekundungen von Zufriedenheit kaum mehr sind als psychologische Rationalisierungen der Ohnmacht von einzelnen gegenüber übermächtigen Verhältnissen. Wieviel Empfindsamkeit, Offenheit, Lebendigkeit eine Gesellschaft ihren Mitgliedern erlaubt, ist abhängig von dem Maß an Angst, das sie ihnen auferlegt. Dieses kann als Index dafür gelten, wieviel Freiheit in ihr verwirklicht werden kann. Wenn die bestehende Gesellschaft ihren Mitgliedern mehr Sensibilität gestatten würde, müßten deren Ängste unermeßlich anwachsen. Nur ihre Verhärtungen, die Male ihrer Unfreiheit sind, lassen die psychischen Belastungen, die die Gesellschaft auferlegt, den meisten noch erträglich erscheinen.

Es spricht wenig dafür, daß nachkapitalistische Gesellschaftsordnungen jemals gänzlich ohne die der Kluft zwischen individuellen Bedürfnissen und sozialen Anforderungen entspringenden Versagungen auskommen werden, die innere Widersprüche provozieren, welche mit Angst verknüpft sind. Die Angst als affektive Dimension von inneren Widersprüchen wird so lange fortbestehen, solange der Mensch zur Arbeit, also zum Kampf gegen die äußere wie die innere Natur gezwungen ist. Die mit Angst assoziierte Zerrissenheit des Menschen, die daraus entspringt, daß er ein Teil der Natur ist und zugleich gegen diese kämpfen muß, ist wahrscheinlich nicht abzuschaffen, sie kann «nur» qualitativ verändert werden. Die Art, wie Angst erfahren und bearbeitet wird, kann sich fundamental wandeln. Die Angst als psychisches Korrelat von Versagungen kann so lange dem gesellschaftlichen Fortschritt dienen, solange sie eine demokratisch organisierte kollektive Produktion zu motivieren hilft, die eine bedürfnisadäquatere Objektwelt erstellt, und solange sie zugleich eine subjektive Verfaßtheit zuläßt, die deren Genuß in einem versöhnteren Leben erlaubt.

Die Einsicht in die Tatsache, daß sich in der Familie Elemente der kapitalistisch organisierten Produktion in bestimmter Gestalt auffinden lassen, wird dadurch erschwert, daß die Rationalität des Kapitals in der Familie nur sozusagen menschlich vermittelt wirksam werden kann. Das Wesen von Zwängen, die aus dem Kapitalverhältnis resultieren, wird in der Familie dadurch verhüllt, daß sie als Konsequenz subjektiver Willkür oder subjektiver Defekte erscheinen. Die reale Menschlichkeit, die die Familie zumindest auf verzerrte Art in sich trägt, widerspricht der abstrakten, unpersönlichen Rationalität der Ökonomie – sie kann zugleich als Kitt für diese taugen, weil sie auf versteckte Art von ihr durchsetzt ist. Die Sozialisationsforschung muß sich davor hüten zu «menscheln», wenn Familienverhältnisse thematisiert werden: Auch in der Familie werden die Menschen, wenn auch weniger unmittelbar als in der Produktionssphäre, durch das Kapitalverhältnis zueinander in Beziehung gesetzt. Ihre Beziehungen sind dort nicht schlicht als «zwischenmenschliche» Beziehungen zu begreifen, sind sie doch weitgehend offen und versteckt den Zwangsgesetzen des Kapitalverhältnisses verfallen. In den die Lebendigkeit tötenden Verdrängungsprozessen, denen Familien ihre Stabilität verdanken, manifestiert sich die abstrakte Rationalität des Kapitalverhältnisses. In der Lieblosigkeit und Kälte, an denen das Familienleben typischerweise krankt, äußert sich die kalte Vernunft der Ökonomie. Alle Beziehungen in der Familie sind von dieser Vernunft infiziert, die von der Subjektivität das Gegenüber zu abstrahieren zwingt. Die Kinder werden von den Eltern oder die Frauen von den Männern allzuleicht im Dienste einer blinden, nichthumanisierten Triebökonomie funktionalisiert. Es beziehen sich häufig nicht in erster Linie menschliche Subjekte aufeinander, sondern ihre ihnen entfremdeten Triebregungen, die sie zu bestimmten Handlungen treiben. Die Menschen leben kaum, sie werden eher von einer blinden, vom Kapital enteigneten Triebhaftigkeit gelebt. Es gibt kaum noch wirklich menschliche Konflikte in der Familie, diese sind eher Ausdruck der Tatsache, daß eingeschliffene Triebabläufe die Menschen aufeinanderprallen lassen. Im zum Terrorzusammenhang tendierenden Zwangsverband der Familie[37] verfügen die Menschen nicht wirklich über sich und ihre Bedürfnisse; auch wenn sie frei von äußeren Zwängen zu sein scheinen, werden sie von ihren nicht humanisierten Bedürfnissen auf eine «abstrakte» Art und Weise zueinander in Beziehung gesetzt, in der sich die Rationalität des Kapitalver-

37 Die «schizophrenogene» Familie zeigt diese Dimension des Familienlebens besonders drastisch.

hältnisses Geltung verschafft. Nicht nur durch manifeste äußere Zwänge bestimmtes Verhalten muß sich starren Regeln unterwerfen, auch weniger offensichtlich Geregeltes ist Zwangsgesetzen verfallen, denen Spontaneität und Selbsttätigkeit zum Opfer fallen.

Die Eltern sichern ihre Anpassung an die Anforderungen der bestehenden Produktionsverhältnisse unter anderem dadurch, daß sie bei ihren Kindern zwanghaft diskriminieren, was bei ihnen selbst die Triebrepression zu sehr problematisiert, die sie auf sich nehmen müssen, um der Rationalität des Kapitals gerecht werden zu können. Die Eltern bekämpfen an ihren Kindern offen oder versteckt die Autonomiebestrebungen und die unreglementierte Sinnlichkeit, die sie sich selbst nicht gestatten dürfen, solange sie ihre Arbeitskraft weiterhin entsprechend den Regeln der etablierten Herrschaft verwerten lassen müssen.[38] Eltern sind nicht, wie es der Psychoanalyse zumeist erscheint, schlicht Erwachsene, sondern Arbeiter, Angestellte oder Kapitalisten, die die prägenden Abstraktionen, die ihre Berufsarbeit an ihnen vornimmt, nach Feierabend nicht einfach abschütteln können, die vielmehr deren psychische Niederschläge in die familiären Beziehungen hineintragen. Wie viele Worte an einem Tage in einer Familie geredet werden, wann und worüber Streit ausbricht, wann und wie er beigelegt wird, läßt sich meist relativ exakt mit Hilfe statistischer Verfahren vorhersagen. Das Familienleben ist typischerweise, trotz allen Bemühens um Menschlichkeit, so versteinert, daß es sich mit Hilfe mathematischer Formeln einfangen läßt. Noch die Suche nach der Gegenerfahrung zum Beruf – der Wunsch, Besseres als die entfremdete Arbeitswirklichkeit zu erfahren –, die die positiven Seiten des Familienlebens zeitigt, ebenso wie sie es zerstört, weil sie von der Familie kurzschlüssig etwas verlangt, was diese nicht zu leisten vermag, ist in ihrem Drang, das Andere zu verwirklichen, einer abstrakten Rationalität verfallen, die sie zum Ritual erstarren läßt. Die Erstarrungsprozesse, die das Familienleben abtöten, liefern dem Kind eine Vorerfahrung von den Abstraktionsprozessen, die Schule und Betrieb regieren.

Die Familie, als vom Bereich der materiellen Produktion abgelöste Sphäre, kann die Individuen auf die Tätigkeit in dieser lebensgeschichtlich vorbereiten, weil die Arbeit im Kapitalismus eine spezifische Formbestimmung erfährt, die ihr immer mehr ihren Tätigkeitscharakter raubt. Die Basis der allgemeinen Qualifikation für das Kapital kann von der Familie nur deshalb sozialisiert werden, weil die Arbeit, die unter seiner Regie zu leisten ist, immer mehr an Substanz verliert. Trotz der zu Beginn des Abschnitts dargestellten Tatsache, daß familiäre Aktivitäten zumeist einen «abstrakten» Charakter aufweisen, weil sie von der pro-

38 Die Kinder sollen freilich auch stellvertretend bestimmte unterdrückte Wünsche der Erwachsenen befriedigen.

duktiven kollektiven Auseinandersetzung mit der gegenständlichen Welt weitgehend abgelöst sind, können sie paradoxerweise auf produktive Tätigkeiten im Bereich der materiellen Produktion mit vorbereiten, weil diese nämlich einer ähnlichen Abstraktheit verfallen sind. Den familiären Ritualen, die das Kind zu spüren bekommt, kann die Basis von verwertbarem Arbeitsvermögen entspringen, weil das Kapital Arbeitsleistungen immer mehr entleert hat. Die Arbeit wird, wie Lukács formuliert, eine Art «kontemplativer Haltung». «Der Mensch erscheint weder objektiv noch in seinem Verhalten zum Arbeitsprozeß als dessen eigentlicher Träger, sondern er wird als mechanisierter Teil in ein mechanisches System eingefügt, das er fertig und in völliger Unabhängigkeit von ihm funktionierend vorfindet, dessen Gesetzen er sich willenlos zu fügen hat. Diese Willenlosigkeit steigert sich noch dadurch, daß mit zunehmender Rationalisierung und Mechanisierung des Arbeitsprozesses die Tätigkeit des Arbeiters immer stärker ihren Tätigkeitscharakter verliert und zu einer kontemplativen Haltung wird. Das kontemplative Verhalten einem mechanisch-gesetzmäßigen Prozeß gegenüber, der sich unabhängig vom Bewußtsein, unbeeinflußbar von einer menschlichen Tätigkeit abspielt, sich also als fertiges geschlossenes System offenbart, verwandelt auch die Grundkategorien des unmittelbaren Verhaltens der Menschen zur Welt.»[39] Das ritualisierte Verhalten in der Familie, das im Horizont der Psychoanalyse als Abwehrformation gegen verfemte Triebregungen erscheint, entspricht der Funktion der Familie, an der Produktion von Arbeitskräften mitzuwirken, die sich von der entfremdeten Ökonomie verdinglichen lassen müssen.

Für immer mehr Mitglieder der kapitalistischen Gesellschaft, besonders für solche, die dem neuen «Kleinbürgertum» zugerechnet werden können, reduzieren sich berufliche Arbeitsleistungen immer mehr auf die Beeinflussung anderer Menschen in Interaktionsprozessen. Sie bearbeiten keine Gegenstände, sondern sie lenken bzw. manipulieren andere Menschen; ihre Arbeit, die meist mit der Ausübung von Autorität verknüpft ist, hat die Aufgabe, Gedanken zu transportieren und Interaktionsprozesse zu steuern. Die bestehende Familienform liefert ein primäres Sozialisationsfeld, das derartigen Aktivitäten entgegenkommt. Für das Familienleben gewinnen – auf Grund seiner Abspaltung von produktiven Tätigkeiten – bloße Interaktionsprozesse immer mehr an Gewicht. Die Realabstraktionen, die die Abtrennung von der handfesten Auseinandersetzung mit der gegenständlichen Welt mit sich bringt, können die Basis des Vermögens zu Denkabstraktionen liefern, wie sie die von der Handarbeit abgetrennte Kopfarbeit verlangt: Die Verhinderung von Prozessen praktischer Aneignung der Realität kann unter bestimmten Um-

39 G. Lukács: Geschichte und Klassenbewußtsein, Berlin 1963, S. 101 f. Daß Lukács' Analyse idealistische Züge zeigt, soll hier übersehen werden.

ständen deren intellektuelle Aneignung begünstigen. Die Kleinfamilie mit ihrem Drang zu privatem Glück und Vorwärtskommen sozialisiert eine individualistische Interessenorientierung, die privilegierten Gruppen unterm Kapitalismus angemessen ist. Die bestehende Form der Kleinfamilie entspricht am ehesten noch der Interessenlage von Kopfarbeitern, die mit sozialen Vorrechten ausgestattet sind.

VII.

Ein theoretischer Ansatz, der davon ausgeht, daß die Sozialisationsinstanzen auf Grund verwandter struktureller Arrangements funktional auf andere soziale Institutionen bezogen sind, setzt sich leicht dem Vorwurf des Konservativismus aus. Die «strukturell-funktionale Theorie» der positivistischen Soziologie ebenso wie ihr Widerpart, die späte «Kritische Theorie» der «Frankfurter Schule», die beide einem umfassenden Funktionalismus huldigen, lassen die Gesellschaft allzuleicht als geschlossenes Universum erscheinen und tragen damit dazu bei, die Zukunft zu vermauern. Eine funktionalistische Interpretation braucht nicht notwendig einen konservativen Charakter aufzuweisen, wenn sie bestimmte Problematisierungen in sich aufnimmt, die im folgenden kurz angedeutet werden sollen.

Wenn die Funktionalität einer Sozialisationsinstanz für das Kapitalverhältnis festgestellt wird, braucht sich dies nicht auf alle ihre Leistungen zu beziehen; sie kann neben funktionalen Elementen auch Potenzen aufweisen, die dieses nicht zu verwerten vermag und die nur so lange nicht zum Tragen kommen, solange sie nicht von einer antikapitalistischen Bewegung aufgenommen werden.

Die Funktionalität von Sozialisationsinstanzen für das Kapitalverhältnis wird überwiegend nicht bewußt von der herrschenden Klasse geplant, sie stellt sich vielmehr zumeist naturwüchsig auf Grund ökonomischer Gesetzmäßigkeiten ein. Sozialisationsinstanzen werden für die herrschende Klasse erst dann zum Problem, das ihren steuernden Eingriff hervorruft, wenn sie ihre Funktionen für das Bestehende nicht mehr erfüllen bzw. zuviel abweichendes Verhalten produzieren.

Nur widersprüchliche Sozialisationsinstanzen können für eine widersprüchliche Gesellschaft wie die kapitalistische funktional sein. Da der Widerspruch zwischen Produktivkräften und Produktionsverhältnissen alle Sektoren der kapitalistischen Gesellschaft prägt und sich in gewisser Weise auch in der Psyche des Individuums ausmachen läßt, gibt es keine Lebensäußerung in ihr, die nicht auch antikapitalistische Momente in sich trägt. Wo die gesellschaftliche Totalität einen widersprüchlichen Prozeßcharakter aufweist, müssen auch Sozialisationsinstanzen, die für sie funktional sein sollen, widersprüchliche Potenzen aufweisen.

Die Funktionalität von Sozialisationsinstanzen für die kapitalistische Produktion verlangt, daß sie mehr produktive Potenzen hervorbringen, als diese unmittelbar in sich aufnimmt. Dieser Überschuß an Fähigkeiten, an Leistungsvermögen, ist zur Kompensation vor allem von zerstörerischen Arbeitsbelastungen notwendig. Ohne diesen Überschuß ist die Aufrechterhaltung der Produktion wie der Reproduktion des gesellschaftlichen Ganzen unmöglich.[40] Der Widerspruch zwischen Sozialisation und Produktion ist, ebenso wie deren Einheit, eine gesellschaftliche Notwendigkeit. Die Sozialisationsagenturen müssen an die herrschende Produktionsweise anpassen; das verlangt, daß sie zugleich ein Widerstandspotential gegen diese Produktionsweise sozialisieren, das so lange funktional für sie ist, solange es der individuellen Abwehr zerstörerischer Arbeitserfahrungen dient. Wenn die Abstraktionsprozesse, die das Kapitalverhältnis den Menschen auflegt, allzusehr auf die Sozialisation einwirken, verliert diese ihre Funktionalität für dessen Reproduktion, weil sie nicht mehr die Kraft hervorzubringen vermag, sich dem alltäglichen Kampf gegen die Verhältnisse zu stellen, die für das Überleben im Dschungel der kapitalistischen Konkurrenz notwendig ist. Die Menschen sind nur dann ans Bestehende angepaßt, wenn vor allem ihre primäre Sozialisation die Fähigkeit, sich Hoffnungen zu machen, hervorgebracht hat, die das Bestehende hinter sich lassen, weil dieses nur dadurch erträglich ist. Jede soziale Kraft, die das Bestehende erhalten will, muß auf antikapitalistische Sehnsüchte bauen; noch im reaktionären Nationalismus steckt die Sehnsucht nach sozialistischer Kollektivität, die die Menschen aus ihrer Isolierung befreit; im Glauben an die ordnende Hand des starken Mannes steckt, neben dem Drang nach Unterwerfung, auch das Bedürfnis nach sozialen Verhältnissen, die nicht der abstrakten, unpersönlichen Vernunft der Ökonomie gehorchen, sondern vom Willen der Menschen abhängig sind; der reaktionäre Ruf nach Ordnung ist attraktiv, weil er der Anarchie der Warenproduktion entgegenzustehen scheint. Der kulturelle und politische «Überbau» des Kapitalismus ist auf vorkapitalistische Momente angewiesen, die zugleich in verzerrter Form antikapitalistische Versprechungen transportieren. Der antikapitalistische Überschuß, den die Sozialisationsagenturen produzieren müssen, ist so lange funktional für das Kapitalverhältnis, solange er in private Formen des Widerstandes gegen dieses eingeht – erst durch seine Kollektivierung in der sozialistischen Bewegung, die ihm eine andere Qualität verleiht, bedroht er das Kapitalverhältnis. Ob erworbene psychische Dispositionen kapitalkonform oder in Richtung Sozialismus wirksam werden, ob sie der Anpassung oder dem Widerstand dienen, läßt sich

40 Siehe hierzu U. Volmerg: Zum Verhältnis von Sozialisation und Produktion, in: Sozialisation und Produktion, Frankfurt 1976, S. 105 ff.

zumeist nicht abstrakt bestimmen; die Beantwortung dieser Frage hängt nicht zuletzt von den politischen Konstellationen ab, unter denen ihre verschiedenen Momente wirksam werden können.

Zum Elend der linken Psychologiefeindschaft

Eine sich aufgeklärt gebende bei akademischen Sozialisten verbreitete Psychologiefeindschaft hat wenig Kritisches an sich. Daß die vorhandenen psychologischen Theorien allzu dürftig ausfallen, daß ein Psychologismus, dem alle sozialen Mißstände als Ausfluß menschlicher Unzulänglichkeiten erscheinen, eine führende Ideologie darstellt, die das Bestehende absichert, oder daß manche, die sich auf die Psychologie einlassen, so sehr mit sich selbst beschäftigt sind, daß ihnen die äußere Realität aus dem Blickfeld gerät, rechtfertigt keineswegs die Diffamierung des Interesses an psychologischen Fragen. Die sich kritisch gebende pauschale Ablehnung der Psychologie reproduziert in Wahrheit bewußtlos in der kapitalistischen Gesellschaft angelegte Entwicklungstendenzen, die die Zerstörung von Erfahrungsfähigkeit bewirken und eine Selbstreflexion, die die eigene Subjektivität grundlegend in Frage stellt, unter Angsteinfluß abzuwehren zwingen. Die antipsychologische Einstellung bei linken Intellektuellen ist die Kehrseite eines unbewältigten kleinbürgerlichen Subjektivismus, der auf Grund der zunehmenden Vergesellschaftung der Kopfarbeit immer mehr in die Krise gerät.

Aus psychologischen Analysen lassen sich keine sinnvollen weiterreichenden politischen Strategien ableiten; diese sind auf theoretisch fundierte Einsichten in ökonomische Strukturen und gesellschaftliche Machtverhältnisse, also auf die Erkenntnis der objektiven sozialen Realität angewiesen. Psychologische Einsichten sind aber deshalb für rationales politisches Handeln keineswegs überflüssig, weil die Einsicht in objektive soziale Strukturen keineswegs automatisch auch Auskunft darüber gibt, wie diese von den Menschen erfahren und verarbeitet werden. Eine Politik, die auf selbsttätiges Handeln von Menschen zielt, muß an den Erfahrungen anknüpfen, die mit ihrer Alltagspraxis verknüpft sind; wie diese Erfahrungen aussehen, ist keineswegs zureichend durch Einsichten in die objektiven sozialen Konstellationen bestimmbar, die auf den Menschen lasten. Die Einsicht in die subjektive Verarbeitung von objektiven Strukturen bedarf der differenzierten psychologischen Analyse. Wer die rationalen und irrationalen Ängste der Menschen nicht kennt, wer von ihren bewußten und unbewußten Triebregungen nichts weiß oder wem die Abwehrmechanismen gegen Aufklärungsprozesse gleichgültig sind, die die Menschen zur Aufrechterhaltung des prekären psychischen

Gleichgewichts benötigen, das ihnen ihre soziale Lage abverlangt, konfrontiert die Adressaten seiner Politik allzuleicht mit objektiv richtigen politischen Forderungen, die dadurch falsch werden, daß sie ihnen psychisch nicht gewachsen sein können. Solange die sozialistische Linke die alltäglichen Bedürfnisse, die Sehnsüchte, die Hoffnungen der Massen, die durch traumatische Alltagserfahrungen verbogen werden, nicht kennt und sie deshalb der Integrationskultur des Kapitals überläßt, kann sie ihnen kaum übermäßige Energien für den Widerstand gegen dessen System abverlangen. An sie gerichtete aufklärerische Kampfparolen, denen die Menschen auf Grund objektiver und subjektiver Konstellationen nicht Folge leisten können, treiben sie häufig eher in die verstockte Anpassung als zu politischem Handeln. Die im Kapitalverhältnis verankerten sozialen Widersprüche, die alle Lebensäußerungen der Menschen durchdringen, die unter ihm leben, können auch auf der psychischen Ebene vernünftiges Handeln blockieren; psychische Erkrankungen z. B. können als Konsequenzen unbewältigter innersubjektiver Ambivalenzen begriffen werden, in denen sich objektive soziale Widersprüche niederschlagen. Wer psychische Erkrankungen nicht verstehen will, dem muß auch das mit ihnen verwandte psychische Elend undurchschaubar bleiben, das es den Menschen erschwert, sich mit rationalem Kalkül solidarisch gegen die Übel zu wehren, die ihnen die bestehenden Herrschaftsverhältnisse auferlegen. Die Massen sind keineswegs nur auf Grund objektiver Machtkonstellationen und ihrer Unaufgeklärtheit ans Bestehende gefesselt, sie fallen ihm auch auf Grund einer bestimmten psychischen Struktur zum Opfer. Die Angst vor verinnerlichter äußerer Herrschaft (etwa in Gestalt dessen, was die Psychoanalyse als Über-Ich bezeichnet), pervertierte Bedürfnisse und die mit ihnen verknüpften Wahrnehmungs- und Denkstrukturen können das Handeln der Menschen auf eine Weise beeinflussen, die sie der Widerstandskraft gegen soziale Ungerechtigkeiten beraubt. Der Kapitalismus fesselt die Menschen nicht nur mit Hilfe äußerer Zwangsverhältnisse an seine Strukturen, er versklavt sie auch, weil er sozusagen in ihnen ist.

Je weniger sich eine sozialistische Politik, bei der Abwesenheit von allzu manifestem materiellem Elend, nur mit unmittelbar ökonomischen Forderungen begnügen kann, desto mehr ist sie auf psychologische Einsichten angewiesen. Die realen Abstraktionen, die die Prozesse der Durchkapitalisierung der Gesellschaft an den Menschen vornehmen, machen auch das Leiden der Menschen in gewisser Weise immer abstrakter.[1] Nicht nur materielle Mangelsituationen, sondern auch Arbeits- und Verkehrsformen entspringende scheinbar unabwendbare diffuse Ängste, die die Menschen zu Kontaktstörungen, zu Liebesunfähigkeit, zu Apa-

1 Kafkas Texte, die das abstrakte Grauen darstellen, sind deshalb so realistisch.

thie und Langeweile[2] verdammen, machen die vom Kapitalverhältnis hervorgebrachte Verelendung aus. Daß die Menschen gewissermaßen immer mehr absterben, immer weniger lebendig sein dürfen, ist eine wesentliche Konsequenz des Kapitalverhältnisses, die sich nur vermittelt über psychologische Einsichten zureichend erfassen läßt. In unterentwickelten Regionen, wie z. B. im südlichen Europa, leiden die Menschen zumeist sicherlich mehr unter manifestem materiellem Elend und offen gewaltsamen Herrschaftsverhältnissen, aber sie scheinen weniger von verinnerlichten Zwängen abgetötet zu werden als diejenigen, denen die vom Kapital regierte große Industrie unmittelbarer im Nacken sitzt. Wer das mit Einsamkeit, Leere oder Sprachlosigkeit verbundene Leiden nicht begreifen kann, das als Ausfluß sozialer Verhältnisse eine psychische Verankerung erfahren hat, kann kaum eine Politik machen, die konsequent menschlichere Verhältnisse anstreben will.

Die kapitalistische Entwicklung bringt eine immer stärkere «Durchkapitalisierung» der Subjekte mit sich. Der Kapitalismus dringt immer mehr in die Subjekte ein, sie verfallen ihm auf der psychischen Ebene in gewisser Weise immer mehr. Der Kampf des Kapitals um die Steigerung der Rate des relativen Mehrwerts verlangt eine immer intensivere Reglementierung der produktiven Arbeit, die in die Psyche ihrer Träger hineinreicht; der «subjektive Faktor» muß immer mehr im Sinn des Kapitals durchrationalisiert werden. Im Verteilungssektor muß eine wachsende Anzahl von Angestellten mit ihrem Aussehen, ihrer Sprache, ihren Gesten, ihrer Kleidung für die Waren werben, die sie für das Kapital zu bewegen hat. Auch die manipulativen Zwänge des Konsumbereichs, die Modellierungen der Erfahrungsfähigkeit durch die Warenästhetik, bringen eine zunehmende Enteignung der Psyche mit sich. Der linke «Neokonservativismus» kann, indem er die psychologische Reflexion abwehrt, diese Dimension kapitalistischer Expansion, die für sozialistische Strategien wesentliche Konsequenzen haben muß, nicht fassen. Daß sich ein wachsendes seelisches Elend, in dem sich die «Durchkapitalisierung» der Subjekte ausdrückt, primär in privatistischen Therapiebedürfnissen niederschlägt und kaum im Drang nach alternativen Arbeits- und Verkehrsformen, zeigt unter anderem, daß die Linke sich meist nicht auf der Höhe der historischen Situation befindet. Daß die von Wilhelm Reich initiierte «Sex-Pol-Bewegung» oder die Jugend- und Studentenbewegung der sechziger Jahre, die die kapitalalternative Umwälzung der Innerlichkeit auf die Tagesordnung der Linken setzten, dies in verkürzter und fragwürdig subjektivistischer Art taten, rechtfertigt es keineswegs, die Befassung mit ihr als historisch überholt zu betrachten. Seit der

2 Siehe hierzu O. Fenichel: Zur Psychologie der Langeweile, in: Imago, 20. Jg., 1934, S. 270ff.

deutsche Faschismus auf schreckliche Art demonstriert hat, daß unterdrückte Massen mit einer gewissen Lust gegen ihre genuinen Interessen zu handeln bereit sein können, demonstriert vielmehr eine objektivistisch verkürzte Analyse einen sträflichen Mangel an historischem Bewußtsein.

Diejenigen, denen die psychologische Reflexion nur noch als Verhaftetsein an Formen bürgerlicher Ideologie gilt, fallen ihren fragwürdigen psychischen Dispositionen, dem «Kapitalismus in ihnen», allzuleicht zum Opfer. Eine politische Praxis, die sich zwanghaft gegen psychologische Einsichten sperrt, fällt notwendig undurchschauten psychischen Mechanismen anheim, sie gleitet ständig in einen undurchschauten Psychologismus ab. Nicht nur objektive gesellschaftliche Faktoren, wie die Trennung von geistiger und körperlicher Arbeit, auch subjektive Faktoren, die ihren Lebenszusammenhängen entspringen, sorgen dafür, daß das Denken von Kopfarbeitern immer vom Realitätsverlust bedroht ist. In einer historischen Situation, in der, wie im Augenblick in der Bundesrepublik, die Linke keine Massenbasis hat, die sie dazu zwingt, ihr Handeln ständig zu überprüfen, muß der kritischen Reflexion auf die eigene psychische Verfaßtheit, die dieses Handeln motiviert, ein besonderes Gewicht zukommen. Besonders das politische Handeln von Individuen aus den «Zwischenschichten», die sich auf die Seite der Arbeiterklasse schlagen wollen, obwohl deren materielle Interessen mit den ihrigen nicht identisch sind und ohne daß die Arbeiterklasse sich für sie besonders interessiert, wird auf der psychologischen Ebene nicht selten durch Faktoren mitbestimmt, die so problematisch sind wie die soziale Situation, die sie hervorgebracht haben. Wer glaubt, daß ihn einzig die Empörung über soziale Ungerechtigkeit oder die Liebe zu den Unterdrückten zu politischem Handeln bewegt und nicht auch eigene mehr oder weniger bewußte Bedürfnisse, lebt von Verschleierungen, die die Einsicht in die Bedürfnisse anderer erschweren. Nur wenn die eigenen Bedürfnisse politisch diskutiert und organisiert in kulturrevolutionäre Bemühungen eingehen dürfen, kann verhindert werden, daß sie auf verkehrte Art hinterrücks das Handeln verzerren.

Das politische Handeln von Kopfarbeitern ist keineswegs nur die Konsequenz von intellektuellen Einsichten und Moralität; es lebt auch von dem Bestreben, dem eigenen Leben durch den Kampf um bessere Verhältnisse Sinn und Bedeutung zu verleihen, die die psychische Stabilität gewährleisten können, es lebt von dem Bedürfnis, der Leere und Einsamkeit zu entkommen, es lebt von dem Drang nach Anerkennung und nach liebevoller Zuwendung. Was als legitimes Bedürfnis auftreten kann, führt unter den bestehenden gesellschaftlichen Verhältnissen, wenn es nicht bewußt bearbeitet wird, leicht zu infantilen Omnipotenzphantasien, zum zwanghaften Bemühen, andere zu übertrumpfen und zu instrumentalisieren, um sich Geltung zu verschaffen, oder zu Interpretationen der Realität, die weniger eine vernünftige Politik anleiten als psychische Entlastung gewähren sollen. Derartige Verzerrungen können besonders problematische Konsequenzen zeitigen, wenn sie von Organisationen unbewußt kollektiviert werden. Wenn, wie bei sozialistischen Intellektuellen, nicht eigene manifeste Interessen im Mittelpunkt des politischen Handelns stehen und wenn die historische Situation kein politisches Handeln zuläßt, dessen Erfolg auch nur einigermaßen gewiß ist, muß die Motivation zu politischem Handeln partiell quasi religiöse Züge tragen. Wenn unter dieser Konstellation psychologische Fragen nicht in die permanente Selbstkritik einbezogen werden, können diese Züge weitreichende Folgen zeitigen, die den erklärten Intentionen zuwiderlaufen.

Die linke Szene in der Bundesrepublik ist voll von Reaktionsweisen, die politisches Handeln verderben, weil sie undurchschauten psychischen Manifestationen aufsitzen. Intellektuellenzirkel, die die Arbeiterklasse befreien wollen und sich ihr deshalb im historischen Kostüm proletarischer Parteien als Führer anbieten, oder Grüppchen, die kommunistische Parteien imitieren, die revolutionäre Bewegungen zum Sieg geführt haben, und sich damit eine welthistorische Bedeutung suggerieren, verraten unter anderem einen Überhang an Psychologischem; sie kranken am kollektivierten Aufblähen des eigenen Selbst, das die Einsicht in die Realität trüben muß. In einer allzu gläubigen Orientierung von Intellektuellen an einem idealisierenden Bild der Arbeiterklasse, an der Sowjetunion oder der Volksrepublik China verschafft sich ein bestimmter psychologischer Mechanismus Geltung: die eigene Isolation und Schwäche wird durch eine Art Glaubensakt überwunden, indem man sich mehr oder weniger fiktiv an eine real oder scheinbar welthistorische Kraft anhängt. Die ständige, mitunter geradezu magisch anmutende Beschwörung des «Grundwiderspruchs» zwischen Lohnarbeit und Kapital, mit der nur eine über Parolen vermittelte, abstrakte Verbrüderung mit der Arbeiterklasse korrespondiert, dient manchem dazu, sich intellektuell wie praktisch den Widersprüchlichkeiten seiner eigenen Existenz zu entziehen, denen er psychisch nicht gewachsen ist, solange politische Organisationen ihm dabei nicht behilflich sind. Wenn politische Organisationen die kapitalistische Individualkonkurrenz auf Gruppenebene reproduzieren, ohne daß sich dies als Kampf verschiedener Linien um die richtige Politik rechtfertigen läßt, verweist dies unter anderem auf unaufgearbeitete psychische Dispositionen, die dem Bestehenden verfallen sind, bei ihren Mitgliedern: Die unaufgearbeitete Vergangenheit und Gegenwart, die sich in den Subjekten niederschlägt, kann das politische Handeln auf ungewollte Art und Weise verderben. Die Beziehungen linker Organisationen untereinander sind teilweise von Mechanismen des Vorurteils und der Projektion geprägt, von denen sogar die positivistische Psychologie einiges weiß. Daß von vielen Linken die marxistische politökonomische Analyse auf eine interessenpsychologisch orientierte Verschwörertheorie heruntergebracht wird, zeigt, daß diese dem alltagspsychologischen Mechanismus der Personalisierung erliegen. Daß die herrschende Klasse im Kapitalismus ihr sozioökonomisches System nicht wirklich durchschauen kann, weil sie den Marxismus als Instrument der Analyse nicht anzuwenden vermag, wird, obwohl dies weitreichende praktische Konsequenzen hat, häufig von Linken vergessen, weil sie dieser ihr Wissen mit Hilfe des psychologischen Mechanismus der Projektion zuschreiben.[3] Ein bei vielen Linken üblicher überzogener Moralismus, der politisches Handeln auf das Ablegen von radikalen Bekenntnissen reduziert und der dazu führt, daß Anhänger anderer politischer Linien als «Verräter» denunziert werden, zeigt, daß viele von denjenigen, denen der «Psychotrip» als Grundübel gilt, diesem in weitem Maße verfallen sind. Es ging auf der Linken kaum jemals psychologischer zu als zu Zeiten des Antipsychologismus.

Auch der akademische Marxismus wird durch das Vermeiden von psychologischer Reflexion, die die eigene Subjektivität grundlegend in Frage stellt, verdorben. Da die akademischen Theoriezirkel, ebenso wie die Gruppen, die sich kommunistisch nennen, den subjektiven Bedürfnissen ihrer Mitglieder oft weitgehend gleichgültig gegenüberstehen, verschaffen sich diese, im Rahmen beider Fraktionen, leicht in einem übersteigerten Narzißmus Geltung, der eine Besserwisserei hervorbringt, die sinnvolle Lernprozesse bei denen blockieren muß, denen aufklärerische Bemühungen «zugemessen» werden. Nicht nur, daß die Angehörigen von «Theoriefraktionen» häufig mit dem abschreckenden besserwisserischen Gestus des Klassenprimus aus dem Gymnasium auftreten, weil kleinbürgerlich-elitäre Verhaltensweisen durch einen akademischen Umgang mit der Wissenschaft notwendig verfestigt werden, auch das, was sie bewußt intendieren, wird notwendig verdorben, nämlich die Theoriebildung. Der akademisch produzierte Zwangscharakter verweigert sich gerne der Untersuchung von sozialen Phänomenen, mit denen die systematische Analyse Schwierigkeiten hat. Die systematische Analyse, die die Orientierung an der Logik des Kapitals erlaubt, liefert ihm ein psychologisch sehr attraktives relativ geschlossenes Erklärungssystem, von dem fälschlicherweise angenommen wird, daß es tendenziell auf alle sozialen Fragen Antwort geben kann, die der Kapitalismus stellt. Wer auf Grund seiner Abstinenz von konkreter politischer Praxis keine neuartigen Erfahrungen macht, kann kaum soziale Phantasie entwickeln,

3 Die herrschende Klasse handelt meist nicht so bewußt, wie sich viele Linke das vorstellen. Sie verteidigt ihre Interessen mit Hilfe von Bewußtseinsformen, die eine hochentwickelte instrumentelle Vernunft mit paranoiden Dispositionen in Bezug auf die sozialistische Linke verbinden. Das schwächt sie nicht unbedingt, weil es ihr weniger Skrupel macht, rücksichtslos gegen eine Linke vorzugehen, auf die die eigene Bosheit projiziert wird.

was der Theoriebildung die Neigung zur Produktion allzu abstrakter Modellkonstruktionen verleiht. Der Vernachlässigung der Aufarbeitung der eigenen Lebensgeschichte und der aus ihr resultierenden psychischen Verfaßtheit entspricht die Neigung zur Verabsolutierung der Kritik der politischen Ökonomie beim akademischen Marxismus. Sie bringt die Tendenz mit sich, die lebendigen Menschen, an denen die Abstraktionen vorgenommen werden, die die Kritik der politischen Ökonomie beschreibt, theoretisch zu vernachlässigen und damit die konkret sinnlichen Träger von möglichem politischem Handeln. Wer auf Grund des fehlenden praktischen Bemühens, sie umzuwälzen, keinen geschulten Blick für historisch gewordene Bedürfnisse hat, die an der Gebrauchswertseite der Ökonomie haften, über deren Qualität die Kritik der politischen Ökonomie wenig aussagt, kann keine zureichenden Strategien für politisches Handeln entwerfen.

Wer die gründliche Reflexion auf seine Biographie verweigert, wen der Verlauf seiner lebensgeschichtlichen Lernprozesse nicht interessiert, weiß auch nicht, wie Lernprozesse aussehen sollten, die anderen zu einer politischen Identität verhelfen. Wer sich nicht mehr vorstellen kann, wie er als unpolitisches Individuum die Realität erfahren hat, kann sich nicht rational mit unpolitischen Individuen auseinandersetzen. Die mit der Abwehr der Psychologie verbundene Unfähigkeit vieler Linker, ihre eigenen Politisierungsprozesse zu begreifen, führt dazu, daß sie unpolitischen Individuen gegenüber elitär auftreten und sie auf eine Art mit Parolen eindecken, die dem entspricht, was Paulo Freire als «Bankiersmethode» bezeichnet.[4] Wie Sozialisten ihre potentiellen Anhänger «bearbeiten», ähnelt häufig dem Bild, das sich die Anhänger der positivistischen Instruktionspsychologie fälschlicherweise von sinnvollen Lernprozessen machen. Beide verkennen, daß weiterreichende soziale Lernprozesse notwendig die bisherige Identität erschüttern müssen, deren befreiende Rekonstruktion nur vermittelt über eine längere Zeit in Anspruch nehmende Uminterpretation der eigenen Lebensgeschichte gelingen kann. Wer seine lebensgeschichtlichen Erfahrungen für politisch irrelevant hält, wer seine Vergangenheit und die mit ihr verbundenen Erfahrungsweisen und Ängste verdrängt, kann sich nicht mehr vorstellen, wie andere, die der politischen Aufklärung bedürfen, die Realität erfahren: er verliert damit notwendig den Kontakt zu ihnen.

Wer sich unter sozialen Konstellationen, wie den gegenwärtigen in der Bundesrepublik, wo eher die Reaktion als der Fortschritt im Vormarsch ist, eine Identität als politisches Individuum bewahren will, ist ständig psychischen Belastungen ausgesetzt, die den Realitätsbezug verderben können. Die Unterdrückung der Linken produziert in ihren Reihen notwendig Angst, die, solange sie nicht als zentrales politisches Faktum

4 Siehe hierzu P. Freire: Pädagogik der Unterdrückten, Reinbek 1973.

erkannt wird, das der theoretischen und vor allem der praktischen Aufarbeitung durch die Produktion neuer Verkehrsformen und Lebenszusammenhänge bedarf, Formen der Selbstzerstörung zur Konsequenz haben muß. Ein «Mutprobensozialismus», der sich seine soziale und politische Basis zerstört, indem er Ausgrenzungsstrategien provoziert, denen er nicht gewachsen ist, ebenso wie ein Opportunismus, der, um den Preis der Selbstzerstörung, erreichte subjektive Emanzipationsstufen zurücknimmt und seine theoretischen Einsichten wesentlich zur Rationalisierung praxisferner Anpassungsstrategien benutzt, leben nicht zuletzt von der Unfähigkeit, mit dem Phänomen Angst so umgehen zu können, daß ein halbwegs gangbarer Weg zwischen einem fragwürdigen Radikalismus und seiner überangepaßten Kehrseite gefunden werden kann.

Unter den gegenwärtigen politischen Konstellationen in der Bundesrepublik muß jedes politische Handeln von sozialistischen Intellektuellen, weil ihm der Bezug auf eine kämpferische Arbeiterklasse fehlt, notwendig voluntaristische Züge zeigen, die psychologisch überdeterminiert sind. Wenn in dieser Situation psychologische Reflexionen abgewehrt werden, treiben undurchschaute subjektive Dispositionen leicht ins politische Abseits und damit verbunden in die Rolle des bloßen Opfers von Verhältnissen. Einem verdorbenen Voluntarismus, der sich seine Motivationen verschleiert, entsprechen häufig vulgärmarxistische Interpretationen der Realität, die so allgemein und unpräzise ausfallen, daß sie keine konkreten politischen Handlungen anleiten können oder deren profunde Kritik erlauben. Die Frage nach der richtigen Politik wird als Konsequenz tendenziell auf die Frage nach dem Besitz der richtigen «Weltanschauung» heruntergebracht, die wie eine Wahngewißheit verteidigt wird. Sie dient weniger der Analyse der Verhältnisse, als sie der Partei eine integrierende Ideologie liefert und dabei der Willkür des Zentralkomitees allzuviel Spielraum läßt.

Wo die gesellschaftlichen Verhältnisse jede sinnvolle individuelle wie kollektive Identität tendenziell untergraben, kann das Bemühen, über politisches Handeln eine solche zu erlangen, allzuleicht einen psychologischen Überhang in politisches Handeln einbringen, der undurchschaut den Realitätsbezug verdirbt. Das Bemühen, unter Verhältnissen, die dem zuwiderlaufen, eine kämpferische politische Identität zu erlangen oder beizubehalten, mündet leicht in moralistische Einstellungen, die sich jedem Opportunismus verbieten wollen und dabei einen Opportunismus gegenüber realen politischen Bewegungen hervorbringen, weil ihr abstrakter Radikalismus es verhindert, daß man sich produktiv in sie einschalten kann.[5] Daß bestimmte politische Gruppierungen jeden, der für

5 Diejenigen, die sich Marxisten-Leninisten nennen, haben es zumeist versäumt, über diese Dialektik bei Lenin nachzulesen, in: «Der ‹linke Radikalismus›, die Kinderkrankheit im Kommunismus».

seine unmittelbaren Interessen eintreten will, sofort in die Reihen der Revolution einbringen wollen, die sie zu repräsentieren glauben, daß sie jeder Basisaktivität unvermittelt einen revolutionären Anspruch aufpfropfen wollen, kann, wie die bundesrepublikanische Erfahrung in den vergangenen Jahren zeigt, ausgesprochen entpolitisierende Konsequenzen haben. Wer von anderen verlangt, daß sie ihre materielle Basis aufs Spiel setzen, nur um sich existenzgefährdenden revolutionären Parolen zuzuordnen, hinter denen keine wirkliche soziale Macht steht, wenn es ihnen nur um die Vertretung ihrer naheliegenden ökonomischen Interessen geht, verhindert häufig eine Praxis, aus der allein weiter reichende Politisierungsprozesse resultieren können.

Die Linke entgeht dem Psychologismus nicht, indem sie das Eingehen auf psychologische Probleme tabuisiert, sondern indem sie es so weit treibt, daß psychologische Faktoren nicht undurchschaut das rationale politische Handeln verderben können. Die von manchen linken Organisationen verordnete rigide Ausgrenzung von subjektiven Bedürfnissen aus dem politischen Handeln läßt diese keineswegs verschwinden, sondern sorgt dafür, daß sie durch die Hintertür auf verzerrte Art wieder erscheinen. Fragwürdige subjektive Bedürfnisse werden nicht durch ihr Ignorieren überwunden, sondern indem sie soweit wie möglich bewußt aufgearbeitet und verändert politisch organisiert werden. Eine profunde politische Identität verlangt, daß, vor dem Hintergrund neuartiger Einsichten, die aus politischem Handeln resultieren, die eigene Subjektivität, die eigene Lebensgeschichte ständig neu interpretiert wird, wenn nicht unaufgearbeitetes Vergangenes unterschwellig eine falsche Fixierung ans Bestehende besorgen soll. Man entgeht dem «Psychotrip» nicht, indem man sich weigert, sich mit psychologischen Fragen zu beschäftigen, sondern indem man die psychologischen Momente, die unvermeidbar in politisches Handeln eingehen, bewußt in die politische Praxis integriert. Sozialist wird ein Kopfarbeiter am vernünftigsten, indem er einsieht, daß er trotz seiner Privilegien in der bestehenden Gesellschaft keine Möglichkeit hat, ein erfülltes Leben zu leben, und daraus den Schluß zieht, sich einer politischen Bewegung anzuschließen, die den Kampf um eine bessere Gesellschaft so gestaltet, daß sie Vorahnungen eines solchen Lebens bieten kann. Jeder Sozialist hat einen legitimen Anspruch darauf, daß die Bewegung, der er sich anschließt, ihm die Befriedigung von sozialen Bedürfnissen zu erlauben versucht, auf die die Gesellschaft ansonsten nicht eingeht. Er hat ein Recht darauf, im Rahmen von sozialistischen Arbeits- und Lebenszusammenhängen Vorerfahrungen von alternativen, angstfreieren Formen der Vergesellschaftung zu machen, deren Realisierung er wahrscheinlich nicht erleben wird.

Nur soziale Bewegungen, die das Ziel ihres Kampfes, die bessere Gesellschaft, partiell in ihrer Praxis antizipieren, können auf irrationale

Motivationen politischen Handelns weitgehend verzichten. Eine soziale Emanzipationsbewegung muß von ihren Trägern notwendig Formen der Disziplin verlangen, die die Abstraktion von bestimmten individuellen Bedürfnissen einschließen, um im politischen Kampf bestehen zu können; zugleich muß sie bestimmte soziale Bedürfnisse befriedigen können, auf die die Gesellschaft ansonsten nicht eingeht, wenn sie psychische Energien für den Widerspruch freisetzen will. Diesem Widerspruch kann eine sozialistische Bewegung nicht entkommen; sie kann nur lernen, mit ihm rational so umzugehen, daß keine Seite des Widerspruchs die andere zu erschlagen sucht und damit die Praxis verdirbt. Politisches Handeln kann nicht nur Spaß machen, aber es muß mehr Spaß machen als ein Leben ohne Horizonte als isolierte Monade. Eine sozialistische Bewegung, die keine praktische Kritik des kapitalistischen Alltags liefert, indem sie neue Formen der Bedürfnisbefriedigung für ihre Mitglieder ermöglicht, kann die Energien, die zur Überwindung des Bestehenden notwendig sind, nicht freisetzen. Die Frauenbewegung zieht ihre Kraft nicht zuletzt aus der Tatsache, daß sie die Sehnsucht nach mehr Liebe und Zärtlichkeit, die unterschwellig in jedes antikapitalistische Handeln eingeht, politisiert hat. Die Gefahr des Abgleitens in die perspektivlose pychologistische Nabelschau kann nicht durch die abstrakte Negation von subjektiven Bedürfnissen überwunden werden, weil diese das Abgleiten in eine abstrakte politische Betriebsamkeit nach sich zieht, die an den lebendigen Menschen vorbeigeht. Man kann sich selbst im vernünftig organisierten gemeinsamen Kampf um eine bessere Gesellschaft und der in ihn eingelagerten gegenstandsvermittelten Kooperation ungleich besser erfahren und verändern als in gruppendynamischen Veranstaltungen. Linke Politik gewinnt ihre Effektivität nicht nur dadurch, daß ihre Organisationen politische Macht ausüben können, sondern auch auf Grund der Tatsache, daß sie alternative Verkehrs- und Arbeitsformen vorführt, die attraktiver sind als diejenigen eines perspektivlosen Alltags.[6] Die sozialistische Bewegung ist auf Versuche der Verbindung von Leben und Politik angewiesen.

6 Zumindest im Bereich des «Überbaus» sind hierzu Spielräume vorhanden.

3. Zur Konstitution proletarischer Subjektivität[1]

Die Klassenanalyse von Marx und Engels zeigt einen Widerspruch:[2] Die objektiv gerichtete politökonomische Analyse weist der Arbeiterklasse die Aufgabe zu, eine bessere Gesellschaft durch ihr kollektives Handeln zu ermöglichen; die Marxschen und Engelsschen Beschreibungen von empirischen Subjekten aus der Arbeiterklasse lassen daran zweifeln, ob diese jener Aufgabe gerecht werden können. Ihre Stellung im Produktionsprozeß gibt der Arbeiterklasse die objektive Möglichkeit, als historisches Subjekt das Kapitalverhältnis aus den Angeln zu heben; daß die Mitglieder der Arbeiterklasse die psychische und physische Konstitution mitbringen, diese Leistung vollbringen zu können, scheint auf Grund der Beschreibungen des subjektiven Elends von Arbeitern, die die «Klassiker» geliefert haben, keineswegs garantiert. Ihre konkreten Darstellungen proletarischen Elends zeigen Individuen, deren subjektive Konstitution keineswegs auf besondere revolutionäre Kampfkraft schließen läßt.

Marx spricht häufig vom «Kretinismus des Arbeiters»; er ist nach ihm im Produktionsprozeß «ein verwahrlostes Kind geworden»[3] – heute würde man sagen, er sei infantilisiert. Marx stellt die Lohnarbeit als «kastrierend» dar, eine Feststellung, die an psychoanalytische Interpretationen der Hintergründe der Zerstörung von produktiven Potenzen erinnert. «Dies Verhältnis ist das Verhältnis des Arbeiters zu seiner eigenen Tätigkeit als einer fremden, ihm nicht angehörigen, die Tätigkeit als Leiden, die Kraft als Ohnmacht, die Zeugung als Entmannung.»[4] Bei Marx und Engels erscheinen die Arbeiter vorwiegend als «defiziente Normalsubjekte»[5]. Der Kapitalismus macht aus dem Proletariat eine «entmenschte, degradierte, intellektuell und moralisch zur Bestialität herabgewürdigte, körperlich kränkliche Rasse»[6], heißt es bei Engels in seiner Darstellung «Die Lage der arbeitenden Klasse in England». An anderer Stelle formuliert er dort: «Wer von Kindesbeinen an jeden Tag zwölf Stunden und drüber Nadelknöpfe gemacht oder Kammräder abge-

1 Das folgende Kapitel nimmt Fragestellungen wieder auf, die ich in meinem Buch «Sozialpsychologie der Arbeiterklasse» behandelt habe. Es sucht die Kritik, die an dem dort vertretenen Ansatz geübt wurde, aufzuarbeiten.

2 Thomas Meyer hat diesen Widerspruch mit Hilfe von nicht unproblematischen Modellkonstruktionen aufzuzeigen versucht. Th. Meyer: Der Zwiespalt der Marx'schen Emanzipationstheorie, Kronberg 1973.

3 K. Marx: Ökonomisch-philosophische Manuskripte, MEW Ergänzungsband, S. 584.

4 Ebd., S. 515.

5 Siehe hierzu Th. Meyer, a. a. O., S. 131 ff.

6 MEW 2, S. 295.

feilt und außerdem in den Verhältnissen eines englischen Proletariers gelebt hat, wieviel menschliche Gefühle und Fähigkeiten mag der in sein dreißigstes Jahr hinüberretten? Dasselbe ist's mit der Einführung der Dampfkraft und der Maschinen. Die Tätigkeit des Arbeiters wird leicht, die Anstrengung der Muskeln wird gespart und die Arbeit selbst unbedeutend, aber eintönig im höchsten Grade. Sie gewährt ihm kein Feld für geistige Tätigkeit und nimmt doch seine Aufmerksamkeit gerade so viel in Anspruch, daß er, um sie gut zu besorgen, an nichts anderes denken darf. Und eine Verurteilung zu einer solchen Arbeit – einer Arbeit, die alle disponible Zeit des Arbeiters in Anspruch nimmt, ihm kaum Zeit zum Essen und Schlafen, nicht einmal zu körperlicher Bewegung in freier Luft, zum Genuß der Natur, geschweige zu geistiger Tätigkeit läßt –, eine solche Verurteilung soll den Menschen nicht zum Tier herabwürdigen!»[7] Marx konstatiert im «Kapital» bei der Arbeiterklasse «Elend, Arbeitsqual, Sklaverei, Unwissenheit, Brutalisierung und moralische Degradation»[8]. Er zitiert zustimmend einen offiziellen Bericht, der von einer «geistig und physisch entarteten»[9] Arbeiterbevölkerung spricht und stellt bei dieser «gebrochene Gesundheit, befleckte Moral und geistigen Ruin fest»[10]. In Bezug auf den industriellen Kapitalismus spricht Marx von einer «industriellen Pathologie»;[11] er geht sogar so weit, eine wachsende Zahl von «Geisteskranken» in der britischen Gesellschaft seiner Zeit mit deren Durchkapitalisierung in Verbindung zu bringen. In einem Artikel für die New York Daily Tribune aus dem Jahre 1858 heißt es unter der Überschrift: «Die steigende Zahl der Geisteskrankheiten in England»: «In der britischen Gesellschaft gibt es wohl keine feststehendere Tatsache als die, daß der Pauperismus im gleichen Maße anwächst wie der moderne Reichtum. Merkwürdigerweise scheint dasselbe Gesetz auch für die Geisteskrankheiten zu gelten. Die Zunahme von Geisteskrankheiten in Großbritannien hat mit der Zunahme des Exports Schritt gehalten und die Zunahme der Bevölkerung übertroffen. Ihre rasche Verbreitung in England und Wales in der Zeit von 1852 bis 1857, einer Zeit beispielloser kommerzieller Prosperität, wird aus folgenden Vergleichstabellen in den Jahresberichten von 1852, 1854 und 1857 über Pauper, Geistesgestörte und Idioten klar ersichtlich.»[12]

Eine fragwürdige sozialistische Tradition tendiert dazu, die mit dem Widerspruch in der Marxschen Theorie verbundene Problematik zu verdrängen, indem sie eine «proletarische Metaphysik» produziert, die den Individuen aus der Arbeiterklasse das zuschreibt, was der geschichtli-

7 Ebd., S. 347.
8 K. Marx: Kapital I, MEW 23, S. 675.
9 MEW 16, S. 8.
10 Ebd., S. 7.
11 K. Marx: Das Kapital I, a. a. O., S. 384.
12 MEW 12, S. 533.

chen Mission der Klasse entsprechend für wünschenswert gehalten wird. Der von ihr verdammte Kapitalismus erhält dabei paradoxerweise die positive Qualität zugesprochen, bei den von ihm Ausgebeuteten und Unterdrückten die Menschlichkeit besonders zu fördern. Der angedeutete Widerspruch ist auch mit dem Hinweis auf den bloß anklagenden, agitatorischen Charakter der zitierten Beschreibungen proletarischen Elends nicht wegzuschaffen. Die historische Erfahrung zeigt nämlich, daß er geschichtsmächtig geworden ist: Eine Arbeiterklasse, die das Kapital seit Generationen in der Gewalt hat, ist bisher kaum durch besondere revolutionäre Kampfkraft hervorgetreten. Im England des beginnenden 19. Jahrhunderts, im Rußland der Oktoberrevolution, im Spanien des Bürgerkriegs, im heutigen Portugal oder Italien, wo immer bisher die Arbeiterklasse zu einer radikalen praktischen Kritik des Kapitalismus fähig war, ist noch ein historisches Milieu mit ausgeprägten bäuerlichen und handwerklichen Elementen lebendig, das die meisten ihrer Mitglieder vor nicht allzu langer Zeit verlassen haben.[13] Nur da, wo die Durchkapitalisierung der Gesellschaft noch nicht völlig gelungen ist, wo der Bruch zwischen industriell und bäuerlich-handwerklich geprägten Lebensformen noch schmerzlich von den Subjekten erfahren wird, war bisher massenhaft die Kraft zur Empörung vorhanden. Nur die Erfahrung des Bruchs zwischen einer Sozialisation, die noch entscheidend von vorkapitalistischen Momenten geprägt ist, die eine spezifische Zurichtung der Sinnlichkeit bedingen und den Anforderungen, die die große Industrie stellt, hat bisher eine massenhafte politische Radikalität bei Arbeitern produziert. Das Kapital produzierte bisher nur da massenhaft entschiedene Gegner, wo diese noch entscheidend von Traditionen geprägt sind, die es zerstört. Wo traditionsbestimmte naturwüchsige Beziehungen der Menschen untereinander wie zur Natur, die in den Subjekten, die in die Industrie geworfen werden, noch ihren Niederschlag gefunden haben, von der Industrie zersetzt werden, wo die technologisch fortgeschrittenere Produktion in sie auf der objektiven und subjektiven Ebene einbricht, machte die Erfahrung der Ungleichzeitigkeit bisher den energischen Kampf der lebendigen Arbeit gegen die Diktatur des toten Kapitals möglich.[14]

Besonders im fortgeschrittenen Kapitalismus bedarf die proletarische Subjektivität der systematischen kritischen Analyse, die in veränderte Strategien der Arbeiterbewegung eingehen kann, welche die Umwälzung der subjektiven Verfaßtheit ihrer potentiellen Träger stärker als bisher

13 Siehe hierzu M. Vester: Die Entstehung des Proletariats als Lernprozeß, Frankfurt 1969, oder: O. Negt: Erbschaft aus Ungleichzeitigkeit und das Problem der Propaganda, in: Es muß nicht Marmor sein, Berlin 1975.

14 Siehe hierzu G. Vinnai: Landleben und gesellschaftlicher Fortschritt, in: A. D. Brockmann (Hg.): Landleben, Reinbek 1977.

berücksichtigen. Die traditionellen leninistischen Konzeptionen der Organisation des proletarischen Klassenkampfes waren bisher, im Gegensatz zu ihren ursprünglichen Intentionen, nur in vorwiegend agrarisch bestimmten Gesellschaften erfolgreich. Weil sie die Tendenz in sich tragen, die sozialistische Umwälzung verkürzt nur als Problem des von der Partei zu organisierenden Kampfes zu begreifen, haben sie ihr Ziel bisher nur da erreicht, wo eine vorhandene massenhafte Bereitschaft zum Kampf nur noch organisatorisch gefaßt werden mußte. In hochindustriellen Gesellschaften, wo sich der Kapitalismus immer stärker in die Subjekte hinein verlängert, wo er ihre Bedürfnisse kontrolliert und verzerrt, ist eine sozialistische Bewegung, die die Umwälzung der gesellschaftlich produzierten subjektiven Verfaßtheit mit Hilfe kulturrevolutionärer Strategien nicht wesentlich stärker berücksichtigt, zum Scheitern verurteilt.[15]

Die Geschichte zeigt, daß die Massen zu Beginn des Kapitalismus nur mit äußerst gewaltsamen Mitteln zur Unterwerfung unter dessen Gesetze gezwungen werden konnten.[16] Die von ihrem Land vertriebenen Bauern und die ruinierten Handwerker ließen sich nur mit Hilfe extremer Gewaltanwendung dazu bewegen, die industrielle Disziplin zu akzeptieren. Marx faßt seine Analyse dieses Prozesses im 24. Kapitel des Kapitals wie folgt zusammen: «So wurde das von Grund und Boden gewaltsam expropriierte, verjagte und zum Vagabunden gemachte Landvolk durch grotesk-terroristische Gesetze in eine dem System der Lohnarbeit notwendige Disziplin hineingepeitscht, -gebrandmarkt, -gefoltert.»[17] Das Regiment des Kapitals über die Arbeit wurde erst akzeptiert, nachdem unzählige Menschen wegen «Lasterhaftigkeit» und «Faulheit» hingerichtet oder verstümmelt worden waren, nachdem Arbeitshäuser, Gefängnisse und psychiatrische Anstalten den hierzu notwendigen Schrecken verbreitet hatten. Weil die Unterwerfung unter das Lohnarbeiterverhältnis zunächst nicht einmal mit einer merklichen Verbesserung der materiellen Lebensbedingungen verbunden war, mußten extreme Zwangsgesetze gegen diejenigen eingesetzt werden, die sich dieser Unterwerfung entziehen wollten. Rühle schreibt über die Anfänge des Kapitalismus in England: «So nahm der Arbeiter die Verächtung als Vagabund und Arbeitsscheuer auf sich, ließ sich lieber hart von der Tür weisen und von den Hunden hetzen, als dem Unternehmer zu Willen zu sein und in das Joch der Sklaverei zu kriechen. Freilich schon Heinrich

15 Siehe hierzu S. 231 f. dieses Buches und G. Vinnai: Sozialpsychologie der Arbeiterklasse, a. a. O., S. 90 ff.

16 Siehe hierzu z. B. K. Marx: Das Kapital I, 24. Kapitel; O. Rühle: Illustrierte Kultur und Sittengeschichte des Proletariats, Frankfurt 1970; A. Wacker: Arbeitslosigkeit, Frankfurt 1976; M. Foucault: Wahnsinn und Gesellschaft, Frankfurt 1969.

17 K. Marx: Das Kapital I, a. a. O., S. 765.

VIII. hatte mit der Blutgesetzgebung gegen Bettler und Vagabunden begonnen, die handfest, d. h. arbeitsfähig waren. Sie sollten an einen Karren hinten angebunden und gegeißelt werden, bis das Blut von ihrem Körper strömte. Dann sollten sie einen Eid schwören, zu ihrem Geburtsort oder dorthin, wo sie die letzten drei Jahre gewohnt hatten, zurückkehren und sich an die Arbeit setzen. Da die Bestimmung, so hart sie war, ihre Wirkung verfehlte, wurde sie bald darauf durch Zusätze verschärft. Bei zweiter Ertappung auf Vagabondage sollte die Auspeitschung wiederholt und das halbe Ohr abgeschnitten werden. Beim dritten Rückfall war der Betroffene als schwerer Verbrecher zu behandeln und als Feind des Gemeinwesens hinzurichten. Dieses Gesetz hatte eine schlimme Wirkung. Viele Tausende wurden aufgegriffen, gepeitscht, verstümmelt, in die Kerker geworfen, gehängt. Noch unter der Regierung Heinrichs VIII. wurden 75 000 große und kleine Diebe hingerichtet.»

«Es war üblich, jeden Sonntag in der Kirche die Namen der angekommenen Armen öffentlich zu verkünden. Wehe ihnen, wenn sie ihre Papiere nicht in Ordnung hatten! Man führte sie in ihren Geburtsort, wo sie lebenslang als Sklaven festgehalten blieben. Elisabeth ordnete 1572 an: Bettler ohne Lizenz und über 14 Jahre sollen hart gepeitscht und am linken Ohrlappen gebrandmarkt werden, falls sie keiner für zwei Jahre in Dienst nehmen will; im Wiederholungsfall, wenn über 18 Jahre alt, sollen sie hingerichtet werden, falls sie niemand für zwei Jahre in Dienst nehmen will, bei drittem Rückfall aber ohne Gnade als Staatsverräter hingerichtet werden. Ein ähnliches Statut kam 1597 heraus. Zu Elisabeths Zeiten wurden Landstreicher reihenweise aufgeknüpft; es verstrich gewöhnlich kein Jahr, worin nicht 300 oder 400 an einem Platz oder dem andren dem Galgen anheimfielen.»[18] Mit der Einrichtung von Zucht- und Arbeitshäusern trat die Gesellschaft denen entgegen, die, aus welchen Gründen auch immer, sich ihrer Ordnung zu entziehen drohten. Horkheimer faßt zusammen, was der heraufkommende Kapitalismus für die nichtbürgerlichen Massen bedeutete: «Die Massenhinrichtungen von Landstreichern aus dieser Periode leiten die lange Geschichte des Elends der freien Arbeiter ein. Als die Manufakturen, die in Italien bis ins 13. Jahrhundert zurückreichen, vom Ende des 17. an neben der Hausindustrie, das heißt dem Verlagssystem, allmählich Bedeutung gewannen, waren sie Stätten des Grauens. Wenn sie meist mit Waisen- und Irrenhäusern und Spitälern verbunden waren, besagt dies keineswegs, daß die Arbeitsstätte gleichzeitig ein Spital, sondern daß vielmehr das Spital eine Arbeitsstätte war und die Menschen an der Arbeit als an einem andern Siechtum starben. Die Lehre, daß das isolierte Individuum selbst der Urheber seines Schicksals sei, die freilich erst in den dreißiger Jahren des 19. Jahrhunderts im liberalistischen England ihren gesellschaftlichen

18 Rühle, a. a. O., S. 60ff.

Inhalt restlos offenbarte, hat schon in den vorhergegangenen Jahrhunderten in der Erbarmungslosigkeit, mit der man die Armen in Bergwerke und Manufakturen preßte, einen adäquaten Ausdruck gefunden. Das Altertum und das beginnende Mittelalter sind grausam gewesen, aber mit dem zunehmenden Bedarf an Menschen in der sich ausbreitenden freien Verkehrswirtschaft hat sich der Zwang zu mörderischer Arbeit für die Massen als eine ethische Forderung rationalisiert. Entsprechend ist man nicht nur gegen Arme, sondern gegen alle Ohnmächtigen überhaupt, Kinder, Greise und Kranke vorgegangen.»[19]

Die Anpassung an kapitalistische Verhältnisse geschieht heute reibungsloser; eine spezifische Form der Sozialisation und die seit dem Frühkapitalismus wesentlich erhöhten Prämien, die die Anpassung an die vom Kapital gesetzten industriellen Normen mit sich bringen, sorgen dafür, daß weniger manifeste außerökonomische Gewalt angewandt werden muß, um die Menschen zum Arbeiten in der Fabrik zu bewegen. Der stumme Zwang der ökonomischen Verhältnisse bewirkt heute zumeist eine weniger spektakuläre Unterwerfung unter die Diktatur des Kapitals. «Es ist nicht genug, daß die Arbeitsbedingungen auf den einen Pol als Kapital treffen und auf den andren Pol Menschen, welche nichts zu verkaufen haben als ihre Arbeitskraft. Es genügt auch nicht, sie zu zwingen, sich freiwillig zu verkaufen. Im Fortgang der kapitalistischen Produktion entwickelt sich eine Arbeiterklasse, die aus Erziehung, Tradition, Gewohnheit die Anforderungen jener Produktionsweise als selbstverständliche Naturgesetze anerkennt. Die Organisation des ausgebildeten kapitalistischen Produktionsprozesses bricht jeden Widerstand, die beständige Erzeugung einer relativen Übervölkerung hält das Gesetz der Zufuhr von und Nachfrage nach Arbeit und daher den Arbeitslohn in einem den Verwertungsbedürfnissen des Kapitals entsprechenden Gleise, der stumme Zwang der ökonomischen Verhältnisse besiegelt die Herrschaft des Kapitalisten über den Arbeiter. Außerökonomische, unmittelbare Gewalt wird zwar immer noch angewandt, aber nur ausnahmsweise. Für den gewöhnlichen Gang der Dinge kann der Arbeiter den ‹Naturgesetzen der Produktion› überlassen bleiben, d. h. seiner aus den Produktionsbedingungen selbst entspringenden, durch sie garantierten und verewigten Abhängigkeit vom Kapital.»[20] Was der normale Gang der Verhältnisse für die Mitglieder der Arbeiterklasse auf der psychologischen Ebene bedeutet, wollen die folgenden Ausführungen anzudeuten versuchen. Sie wollen belegen, daß das Kapitalverhältnis so auf die Konstitution proletarischer Subjektivität einwirkt, daß diese der differenzierten kritischen Analyse bedarf, welche in sozialistische Strategien einfließen muß. Die gängigen Klassenbewußtseinsanalysen, die sich le-

19 M. Horkheimer: Autorität und Familie, Paris 1936, S. 36.
20 K. Marx: Das Kapital I, a. a. O., S. 765.

diglich mit der Bewußtseinsebene beschäftigen, vernachlässigen sträflich das psychische Elend des Arbeiters, das seinem emanzipatorischen politischen Handeln entgegensteht, solange seine Bekämpfung nicht in politische Strategien aufgenommen wird. Die Arbeiterklasse in den fortgeschrittensten kapitalistischen Ländern hat sich bisher nicht nur deshalb nicht energischer gegen den Kapitalismus gewehrt, weil ihre Teilhabe an der Ausplünderung der Dritten Welt ihr einigen Wohlstand gebracht hat oder weil die Führung der Arbeiterbewegung Fehler gemacht hat, sie hat auch deshalb den Kapitalismus nicht überwunden, weil die von ihm erzwungene Konstitution proletarischer Subjektivität der kämpferischen Solidarität enorme Schwierigkeiten in den Weg legt.

In der kapitalistischen Gesellschaft wird der Arbeiter weitgehend auf ein Anhängsel seiner zur Ware gewordenen Arbeitskraft reduziert, die er dem Kapital zur Verwertung überlassen muß. In der vom Kapital organisierten Produktion werden dem Arbeiter Arbeitsleistungen und Verkehrsformen abverlangt, die eine spezifische psychische Verfaßtheit erzwingen, die seine Subjektivität entscheidend prägt. Die kapitalistische Produktion hat eine ungeheure Steigerung des gesellschaftlichen Reichtums möglich gemacht, aber dieser Reichtum wurde und wird mit der psychischen und physischen Deformation seiner unmittelbaren Produzenten bezahlt: der gesellschaftliche Reichtum hat seine Kehrseite in der Verelendung derer, die ihn schaffen, er wird von den Arbeitern mit einer psychischen Verfaßtheit bezahlt, die sie weit hinter menschlichen Möglichkeiten zurückbleiben läßt. Die Verhältnisse, unter denen die Arbeiter produktiv tätig sein müssen, bleiben diesen nicht äußerlich – was der Mensch ist, ist wesentlich das Produkt der Arbeit, die er zu leisten hat.[21] Die nachfolgende Analyse will die marxistische Analyse der Organisationsprinzipien entfremdeter Arbeit im Kapitalismus ansatzweise skizzieren und die Frage anzugehen suchen, wie diese sich auf die Psyche der Subjekte auswirken, die sie zu vollbringen haben. Aussagen, die sich auf das beziehen, was man als «Psychoanalyse des Arbeitsprozesses» bezeichnen könnte, fallen beim heutigen Stand der Theoriebildung notwendig relativ spekulativ aus; wer spekulative Aussagen deshalb verdammt, weil sie die Gefahr in sich tragen, ins Leere zu gehen, unterwirft sich dem vorherrschenden Wissenschaftsbetrieb, der mit seiner Festlegung dessen, was als wissenschaftlich legitim gilt, dem Denken an den Kragen geht.

Die kapitalistisch organisierte Produktion verlangt von den körperlich Arbeitenden produktive Leistungen, die einschließen, daß ihre Subjektivität zerstört wird. An den Subjekten werden im Arbeitsprozeß gewaltsa-

21 Im «Kapital» heißt es: «Indem er durch diese Bewegung auf die Natur außer ihm einwirkt und sie verändert, verändert er zugleich seine eigene Natur.» MEW 23, S. 192.

me Abstraktionen vorgenommen, die sie ihrer Lebendigkeit berauben, die sie auseinanderreißen und auf Faktoren reduzieren, denen die individuelle Besonderheit im Wege ist. Der stumme Zwang der ökonomischen Verhältnisse, die Rationalität der kapitalistischen Produktionsweise, hinter der sich die Herrschaft von Menschen über Menschen verbirgt, bringt es mit sich, daß am Arbeiter ständig schmerzliche Reduktionen vorgenommen werden. Karl Marx hat in seiner Kritik der politischen Ökonomie Aussagen über die Abstraktionstendenzen gemacht, die in der Produktionssphäre gewaltsam auf den Menschen lasten. Seine Kapitalanalyse benennt auf relativ allgemeiner Ebene die Strukturprinzipien industrieller Arbeit, die der Arbeiter zu spüren bekommt.

Die Kapitalverwertung, die dem Arbeitsprozeß auflastet, verleiht diesem eine Formbestimmtheit, die sich mehr oder weniger deutlich in allen Bereichen der industriellen Arbeit manifestiert. Bestimmte allgemeine Tendenzen, die den Bereich der industriellen Arbeit prägen, lassen sich am deutlichsten im Bereich der unqualifizierten Arbeit ausmachen. (Diese Tendenzen setzen sich sicherlich nicht geradlinig durch und bringen auch gegenläufige Entwicklungen hervor.) In der repetitiven Teilarbeit am Fließband, die von angelernten und ungelernten Arbeitern verrichtet wird, nehmen sie am eindeutigsten Gestalt an. Da der Kapitalverwertungsprozeß in den Produktionseinheiten über den Arbeitsprozeß dominiert und ihm dadurch eine bestimmte Form aufzwingt, bekommen die Leistungen, die die Arbeiter dort zu vollbringen haben, spezifische Züge der Leere und Abstraktheit. Da für das Kapital die Tauschwertseite der Ökonomie gegenüber der Gebrauchswertseite ein Übergewicht hat – die Gebrauchswerte sind für das Kapital primär als Träger bzw. im Falle der menschlichen Arbeitskraft als Produzenten von Tauschwerten von Interesse –, erlangt die abstrakte Arbeit, auf der, wie Marx aufgezeigt hat, der Tauschwert basiert, für die konkrete, gebrauchswertbildende Arbeit tendenziell Realcharakter: «Dies ökonomische Verhältnis – der Charakter, den Kapitalist und Arbeiter als die Extreme eines Produktionsverhältnisses tragen – wird daher desto reiner und adäquater entwickelt, je mehr die Arbeit allen Kunstcharakter verliert; ihre besondere Fertigkeit immer mehr etwas Abstraktes, Gleichgültiges wird, und sie mehr und mehr rein abstrakte Tätigkeit, rein mechanische, daher gleichgültige, gegen ihre besondere Form indifferente Tätigkeit wird; bloß formelle Tätigkeit oder, was dasselbe ist, bloß stoffliche, Tätigkeit überhaupt, gleichgültig gegen die Form.»[22]

Die an der Auspressung von Mehrwert orientierte Produktionsweise bringt Produktionseinheiten hervor, deren Funktionieren auf der Verstümmelung der in ihnen tätigen Produzenten basiert. Was die kapitalistische Produktionsweise auszeichnet ist «eine besondere Form der Ent-

22 K. Marx: Grundrisse der Kritik der politischen Ökonomie, a. a. O., S. 204.

wicklung der gesellschaftlichen Produktivkräfte der Arbeit, aber als dem Arbeiter gegenüber verselbständigte Kräfte des Kapitals und in direktem Gegensatz daher zu seiner, des Arbeiters eigener Entwicklung»[23]. Je mehr Kapital akkumuliert ist, je mehr die Entfaltung der Produktivkräfte im Kapitalismus fortgeschritten ist, desto mehr wird der Arbeiter in verschiedener Hinsicht verstümmelt. Die konkreten Arbeitsleistungen verfallen einer Rationalität, die vom Besonderen abstrahiert und nur das Quantitative, das Immergleiche kennt. Das Prinzip der quantifizierenden Abstraktion von allem Besonderen leitet eine rationell-kalkulatorische Verplanung und Zerlegung des Arbeitsprozesses an, die die Individualität des Arbeiters negiert. Die Bedürfnisse und Interessen der Arbeiter, als der unmittelbaren Produzenten des gesellschaftlichen Reichtums, sind für das Kapital nur insofern von Interesse, als sie einer möglichst effizienten Tauschwert- bzw. Mehrwertproduktion dienen oder sich als disfunktional in ihr bemerkbar machen. In die Tätigkeiten, die der Arbeiter zu leisten hat, kann er seine Persönlichkeit kaum noch einbringen, seine Besonderheit wird zum Störfaktor. Was den Arbeiter zum Arbeiten bewegt, ist nicht das Interesse an der Erzeugung bestimmter Gebrauchswerte, der Status des Lohnarbeiters bringt notwendig die Entfremdung vom Gebrauchswert der eigenen Arbeitskraft mit sich. Die Arbeiter verhalten sich zur Arbeit, der spezifisch menschlichen Lebensäußerung, die den Menschen über das Tier erhebt, als zu einer ihnen äußerlichen Aktivität, die ein Mittel ist, über den Lohn, den sie einträgt, Bedürfnisse außerhalb ihrer zu befriedigen.

«Verfolgt man den Weg, den die Entwicklung des Arbeitsprozesses vom Handwerk über Kooperation, Manufaktur zur Maschinenindustrie zurücklegt, so zeigt sich dabei eine ständig zunehmende Rationalisierung und immer stärkere Ausschaltung der qualitativen, menschlich-individuellen Eigenschaften des Arbeiters.»[24] Der Arbeitsprozeß wird in stets zunehmendem Maße in abstrakt rationelle Teiloperationen zerlegt, wodurch die Beziehung des Arbeiters zum Produkt als Ganzem zerrissen wird und seine Arbeit sich auf die mechanisch zu wiederholende Spezialfunktion reduziert. Unterm Kapitalismus sind Arbeitsmöglichkeiten, die die Vergegenständlichung individueller Fähigkeiten dulden, Ausnahmen, die einer privilegierten Minderheit vorbehalten sind. Die Agenten des Kapitals, die dessen Rationalität im Betrieb durchsetzen, legen fest, wie die Ware Arbeitskraft eingesetzt wird, ohne daß jene, die sie zu verkaufen gezwungen sind, dabei wesentlich mitbestimmen können. Damit schwindet die Möglichkeit der Identifizierung mit der Arbeit, die durch die Chance gegeben ist, die eigenen Fähigkeiten zu objektivieren, sich in den Objekten – Produkten der eigenen Tätigkeit – wiederzuerken-

23 K. Marx: Das Kapital III, MEW 25, S. 888.
24 G. Lukács: Geschichte und Klassenbewußtsein, Neuwied 1968, S. 176.

nen. Die Produktion erfordert die Ausgrenzung individueller Bedürfnisse, die ihren reibungslosen Ablauf stören. Die für die Arbeit notwendige Werkintelligenz muß vom übrigen Ich isoliert werden: Die individuelle Psyche darf dem normierten Einsatz der Arbeitskraft nicht im Wege stehen. «Mit der modernen ‹psychologischen› Zerlegung des Arbeitsprozesses ragt die rationelle Mechanisierung bis in die ‹Seele› des Arbeiters hinein: selbst seine psychologischen Eigenschaften werden von der Gesamtpersönlichkeit abgetrennt, ihr gegenüber objektiviert, um in rationelle Spezialsysteme eingefügt und hier auf den kalkulatorischen Begriff gebracht werden zu können.»[25] Die lebendige Arbeit wird vom toten Kapital aufgesaugt: bestimmte Leistungen des Ich, bestimmte Gedanken, Gefühle, Bewegungen, die in die Arbeit eingehen, sind fremdgesteuert, der Disposition des Trägers der Arbeitskraft weitgehend entzogen. «Es ist nicht der Arbeiter, der die Produktionsmittel anwendet, sondern es sind die Produktionsmittel, die den Arbeiter anwenden.»[26] Die Verhaltensweisen der lebendigen Arbeit werden dieser weitgehend von außen aufgezwungen, sie gehorchen keiner Vernunft, die ihren Sitz im Arbeiter hat. «Weder über die Organisation ihrer Arbeit noch über deren Produkte haben die Arbeiter zu verfügen. Sie sind ein Leib, der von einem fremden Willen beherrscht wird.»[27] Der Arbeiter erfährt gewissermaßen eine Enteignung seiner Fähigkeiten; Teile seiner Person werden ihm entzogen, er wird aufgespalten. «Sie (die Arbeit, G. V.) verkrüppelt den Arbeiter in eine Abnormität, indem sie sein Detailgeschick treibhausmäßig fördert durch Unterdrückung einer Welt von produktiven Trieben und Anlagen, wie man in den La-Plata-Staaten ein ganzes Tier abschlachtet, um sein Fell oder seinen Talg zu erbeuten. Die besonderen Teilarbeiten werden nicht nur unter verschiedene Individuen verteilt, sondern das Individuum selbst wird geteilt, in das automatische Triebwerk einer Teilarbeit verwandelt und die abgeschmackte Fabel des Menenius Agrippa verwirklicht, die einen Menschen als bloßes Fragment seines eigenen Körpers darstellt.»[28] Die Maschine tendiert dazu, selbst das Denken des Subjekts zu enteignen. «Der Kreislauf der Arbeitsbewegungen an der Maschine bannt auch den Geist in einen Kreislauf, der jedes kontinuierliche Denken verhindert: ‹das war, als ob jeder Gedanke mit der Bewegung der Hand an der Maschine gekoppelt wäre und infolgedessen durch jede Wiederholung dieser Bewegung sich selbst gleichfalls wiederholen müßte.›»[29]

Die Arbeiter erscheinen im Arbeitsprozeß nicht als dessen eigentliche Träger, sondern sie erscheinen als mechanisierte Teile, die in ein mecha-

25 Ebd., S. 177.
26 K. Marx: Das Kapital I, a. a. O., S. 325.
27 K. Marx: Grundrisse der Kritik der politischen Ökonomie, a. a. O., S. 358.
28 K. Marx: Das Kapital I, a. a. O., S. 381.
29 George Friedmann: Zukunft der Arbeit, Köln 1953, S. 62.

nisches System eingefügt werden, dessen Gesetzen sie sich willenlos zu fügen haben. Die Anpassung an derart verhärtete Verhältnisse bringt zugleich eine Verhärtung der Subjekte mit sich: je realitätsgerechter sie sich verhalten, desto mehr werden sie zum Ding, desto weniger lebendig sind sie. Spontanes Handeln, eines der wichtigsten Kennzeichen einer gelungenen Individuierung, muß mechanischen Verrichtungen weichen; Triebregungen, die sich den Forderungen nach Disziplin und Leistung im Dienste des Kapitals nicht unterordnen lassen, müssen unterdrückt und tabuisiert werden; das geschwächte Ich muß wesentliche Energien beim Abwehrkampf gegen die unterdrückten Bedürfnisse verbrauchen. Die entfremdeten Verhältnisse erlauben kaum Objektbesetzungen und Identifikationsprozesse, auf denen die Entfaltung eines autonomen Ichs basiert. Die Beziehungen zur Außenwelt, zu den menschlichen und sachlichen Objekten, liefern zugleich die Triebregulative; einem verhärteten, verarmten Ich, das sich versteinerten Verhältnissen gegenübersieht, entsprechen stereotype, zwanghafte Triebabläufe: Die Verhaltensweisen sind vom Wiederholungszwang geprägt. Mit seiner Hilfe hämmert die Maschinerie, denen, die sie bedienen, ihren Rhythmus ein. «All in all we are in the swing of things»[30] (Alles in allem schwingen wir mit den Dingen mit), stellt ein Arbeiter fest. Der Leib wird gezwungen, wie eine Maschine zu funktionieren, damit er sich in ein maschinelles System einordnen lassen kann. Er muß dazu entsensibilisiert, enterotisiert werden; spontanes Tun, spielerisches Verhalten, der Genuß einer unreglementierten Sinnlichkeit muß den Individuen ausgetrieben werden.

Die Unterdrückung der lebendigen Sinnlichkeit erfolgt mit Hilfe starrer Abwehrsysteme, die als Konsequenz jene stereotypen Bewegungsrituale zeitigen, die der entfremdeten Maschinerie entsprechen. Die Übernahme von Bewegungsritualen kann dadurch erleichtert werden, daß diese eine sekundäre Sexualisierung erfahren: eine der Abwehr sinnlicher Strebungen dienende Formation kann diesen bestimmte Ersatzbefriedigungen zubilligen. Erzwungene Bewegungsrituale können auf versteckte, pervertierte Art sinnliche Strebungen befriedigen und damit erträglicher werden. Der Sport, der eine Kompensationsmöglichkeit für industrielle Arbeit liefert, die diese zugleich verdoppelt,[30a] zeigt, wie lustvoll diese Bewegungsrituale erfahren werden können, wenn sie in gewandelter Form, in Verbindung mit der Möglichkeit, narzißtische Gratifikationen zu erlangen, agiert werden können. In Erstarrungen, die ähnlich wie Symptome psychischer Erkrankungen als Konsequenz des Konflikts zwischen niedergehaltenen Triebregungen und den sie verdrängenden psychischen Instanzen begriffen werden können, können Ersatzbefriedigungen für sinnliche Strebungen eingebaut sein, auf deren

30 H. Marcuse: Der eindimensionale Mensch, Neuwied 1961, S. 46.
30a Siehe hierzu; B. Rigeuer, Sport und Arbeit. Frankfurt 1969.

direkte Befriedigung die Menschen verzichten müssen. Wo die kapitalistische Organisation der Arbeit den Menschen keine Selbstdarstellung, keine Vergegenständlichung ihrer Subjektivität erlaubt und kaum liebende Bindungen an andere duldet, findet die Objektlibido kaum etwas, an das sie sich anheften kann: Der Arbeiter, dem es verwehrt ist, Menschen und Dinge zu lieben, wird auf einen Autoerotismus zurückgeworfen, der zur Überbesetzung von Bewegungsritualen treibt. Die sexuellen Regungen, die kein Objekt finden dürfen, werden dazu verwandt, die sekundäre, quasi neurotische Sexualisierung von Verhaltensritualen zu leisten: Der Industriebetrieb ist eine Schule der Liebesunfähigkeit, der Verarmung der Affektivität und des Ausdrucks.

«Mit der Verwertung der Sachenwelt nimmt die Entwertung der Menschenwelt in direktem Verhältnis zu.»[31] Diese Entwertung erstreckt sich auch auf die Beziehungen der Menschen untereinander. Die Kooperation, die Zusammenarbeit in der kapitalistischen Produktion, wird nicht den Gebrauchswertinteressen der unmittelbaren Produzenten entsprechend organisiert, ihre Bedürfnisse können in diese kaum eingehen. Die Art der Kooperation wird den Arbeitern vom Kapital verordnet, sie wird von denjenigen im Interesse des Kapitals geplant, die als Kopfarbeiter von der unmittelbaren Produktion getrennt sind. «Die Kooperation der Lohnarbeiter ist ferner bloße Wirkung des Kapitals, das sie gleichzeitig anwendet. Der Zusammenhang ihrer Funktionen und ihre Einheit als produktiver Gesamtkörper liegt außer ihnen, im Kapital, das sie zusammenbringt und zusammenhält. Der Zusammenhang ihrer Arbeiten tritt ihnen daher ideell als Plan, praktisch als Autorität des Kapitals gegenüber, als Macht eines fremden Willens, das ihr Tun seinem Zweck unterwirft.»[32] Die Kooperation wird nicht vom Willen und Bewußtsein der Arbeiter gelenkt, in ihr sind sie außer sich. Die produzierenden Subjekte schließen sich nicht auf Grund autonomer Entscheidungen mit dem Ziel zusammen, Gebrauchswerte zu produzieren, die ihren oder allgemeinen gesellschaftlichen Bedürfnissen entsprechen. «Als unabhängige Personen sind die Arbeiter Vereinzelte, die in ein Verhältnis zu demselben Kapital, aber nicht zueinander treten. Ihre Kooperation beginnt erst im Arbeitsprozeß, aber im Arbeitsprozeß haben sie bereits aufgehört, sich selbst zu gehören. Mit dem Eintritt in denselben sind sie dem Kapital einverleibt. Als Kooperierende, als Glieder eines werktätigen Organismus, sind sie selbst nur eine besondere Existenzweise des Kapitals.»[33] Die Beziehungen zwischen den Menschen im Bereich der Produktion gehorchen nicht ihren Bedürfnissen, sie werden ihnen vom Kapital

31 K. Marx: Ökonomisch-philosophische Manuskripte, a. a. O., S. 511.
32 K. Marx: Das Kapital I, a. a. O., S. 351.
33 Ebd., S. 352f.

diktiert: zwischen den Arbeitern herrscht eine objektiv gesetzte Gleichgültigkeit. Die Menschen verkehren im Betrieb gleichgültig miteinander, weil ihre Beziehungen dort nicht wirklich ihre Beziehungen sind. Die Rationalität des Kapitals, die die Arbeit zu etwas Mechanischem, Leerem macht, macht zugleich die Beziehungen zwischen den Menschen, die die Arbeit mit sich bringt, zu etwas Leerem, Mechanischem, Abstraktem, in das Individualität kaum eingebracht werden kann.

Die Verkehrsformen in der vom Kapital organisierten industriellen Produktion sind nicht nur entleert, abstrakt, sie zeigen einen widersprüchlichen Charakter, der ambivalente Gefühlseinstellungen provoziert und damit ein kollektiviertes Mißtrauen hervorbringt, das die Menschen in die Isolierung treibt. Der Produktionsprozeß bindet die Arbeiter auf widersprüchliche Art aneinander, ihre Beziehungsmuster bringen ständig Beziehungsfallen hervor, die kein eindeutiges Verhalten erlauben und zu Verschleierungen zwingen.

Die Interaktionen zwischen den Arbeitern tragen immer ein Doppelgesicht: Die Arbeiter verkehren miteinander als Kooperationspartner im Arbeitsprozeß, als Mitglieder einer Klasse, die dem Kapital gegenübersteht, und zugleich als Träger der Arbeitskraft als Ware, die als Agenten des Kapitals in feindliche Konkurrenzbeziehungen zueinander treten müssen. Die Arbeiter erwarten voneinander als Mitglieder einer Klasse kooperatives Handeln und Klassensolidarität gegenüber dem Kapital; zugleich sind sie gezwungen, bestimmte Interessen individualistisch gegenüber Konkurrenten aus ihrer Klasse durchzusetzen. Die Abhängigkeiten der Arbeiter sind so strukturiert, daß sie zugleich zu kollektiv-solidarischem und individualistisch-konkurrierendem Verhalten gedrängt werden, ohne daß sie sich diesem Widerspruch entziehen können.

Der Produktionsprozeß bindet die Handarbeiter auch auf widersprüchliche Art an die die Produktion leitenden Kopfarbeiter. Die Kopfarbeiter sind für die Handarbeiter einerseits feindliche Repräsentanten der Kapitalherrschaft – ihre Aufgabe ist es, die körperliche Arbeit so zu verplanen und zu kontrollieren, daß aus ihr möglichst viel Mehrwert herausgepreßt werden kann –, andererseits sind die Kopfarbeiter ein Teil des betrieblichen Gesamtarbeiters. «Wie im Natursystem Kopf und Hand zusammen gehören, vereint der Arbeitsprozeß Kopfarbeit und Handarbeit. Später entscheiden sie sich zum feindlichen Gegensatz.»[34] Die Kopfarbeiter repräsentieren die geistigen Potenzen des kollektiven Arbeitsvermögens, die zugleich, durch ihre Scheidung von den körperlichen Potenzen und ihre Verbindung mit dem Kapitalinteresse, zu einer fremden, feindlichen Macht für die Handarbeiter werden. Solange das Kapital die Trennung zwischen Kopf- und Handarbeit aufrechterhält, haben die Kopfarbeiter für die körperlich Arbeitenden immer ein Doppelgesicht, sie stellen

34 K. Marx: Das Kapital I, a. a. O., S. 531.

alternative, nicht integrierbare Anforderungen an die Handarbeiter. Sie stellen Forderungen im Dienste des Gattungsvermögens, im Dienste eines Kollektivs, das produktiv arbeitet, und sie stellen Forderungen als Macht, die im Interesse des Kapitals das Gattungsvermögen zerstört, indem sie die Menschen in feindliche Beziehungen zueinander setzt.

Der Arbeitsprozeß bringt eine permanente Infantilisierung des Arbeiters mit sich. Schon Marx stellte fest, daß der Arbeiter in der industriellen Produktion «ein verwahrlostes Kind geworden ist».[35] Die Abstumpfung der menschlichen Sinne im Arbeitsprozeß steht komplexen Persönlichkeitsstrukturen entgegen, die Arbeiter werden ständig auf undifferenzierte, infantile Reaktionsmuster zurückgeworfen. Die Arbeitswissenschaft im Dienst des Kapitals kann ihnen deshalb zynisch ihre Unreife bescheinigen. «Die moderne Industrie scheint eindeutig durch den Wandel ihrer Produktions- und Arbeitsmethoden in der seelischen Entwicklung zurückgebliebene Menschen zu begünstigen. Infantile Menschen sind z. B. die besten Fließbandarbeiter, sofern sie zugleich fähig sind, in einer sozialen Arbeitsgruppe zu verbleiben. Sie sind am ehesten fähig, automatisierte Gestik von der übrigen Persönlichkeit zu trennen. Ein hochdifferenzierter Mensch, der ständig seine Persönlichkeit in jede seiner Tätigkeiten und Arbeiten ausstrahlen lassen will, bringt diese Spaltung zwischen persönlichen Gehalten und automatisierter Verrichtung nicht zustande.»[36]

Die von der Arbeiterklasse verlangten Arbeitsleistungen beinhalten die Zerstörung der Erfahrung von Raum und Zeit.

«Zeit ist dadurch, daß etwas geschieht und nur dort, wo etwas geschieht.»[37] Die kapitalistische Produktionsweise tendiert dazu, dem Arbeiter während der Arbeit nur leere, inhaltslose Zeit zuzubilligen, die aus der Dimension der Zukunft getilgt ist. Die Organisation der Arbeit basiert auf der rationell-kalkulatorischen Zerlegung des Arbeitsprozesses, die dem Arbeiter monotone Tätigkeiten aufzwingt. Sein Tun schrumpft auf repetitive Teilarbeiten, auf ein paar sich ständig gleichförmig wiederholende Handgriffe. Die Arbeitsleistungen verlieren qualitative Züge, die Quantität ist alles, was Arbeitsleistungen noch auszeichnet. Die Zeit verliert damit während der Arbeit ihren flußartigen Charakter, sie wird zur bloßen Uhrzeit. Die Arbeit wird zum Kampf gegen den Terror einer leeren Zeit, die nicht vergehen will; die Arbeitszeit wird zur Zeit, die die Ausformung sinnhaltiger individueller oder kollektiver Zeitperspektiven kaum duldet. Zeitperspektiven entstehen während der Arbeitszeit nur durch Erwartung, die über diese hinausgreift, durch den

35 K. Marx: Ökonomisch-philosophische Manuskripte, a. a. O., S. 584.

36 U. Moser: Psychologie der Arbeitswahl und der Arbeitsstörungen, Bern/Stuttgart 1953, S. 137, zitiert nach A. Krovoza: Zur Genese der Normen abstrakter Arbeit, Hannover 1976, S. 202.

37 E. Bloch: Tübinger Einleitung in die Philosophie I, Frankfurt 1964, S. 176.

Bezug auf Pausen, den Feierabend, das Wochenende, den Urlaub.

Wie der Arbeitstag erschwert auch das Arbeitsleben die Aufrichtung von individuellen Zeitperspektiven. Die betriebliche Hierarchie erlaubt nur einer kleinen Minderheit der Arbeiter nach längerer Betriebszugehörigkeit den Aufstieg zum Vorarbeiter oder Meister. Der Weg zu einer außerberuflichen Karriere ist durch fehlende materielle Mittel und mangelnde Bildung verbaut. Während Angestellte damit rechnen können, daß sie mit zunehmendem Alter eher ein höheres Einkommen und mehr Einflußchancen am Arbeitsplatz gewinnen, zeigt die entsprechende Linie bei den Arbeitern normalerweise eine absteigende Tendenz.[38] Die relative Lohnhöhe erreicht bei jüngeren Arbeitern, die im Vollbesitz ihrer physischen Leistungsfähigkeit sind, ihren Höhepunkt, mit zunehmendem Alter, wenn das Kapital die Physis des Arbeiters verschlissen hat, sinkt der Wert der Arbeitskraft. Der gealterte Arbeiter, der dem technologischen Wandel und den sich ständig verschärfenden Akkordsystemen nicht mehr gewachsen ist, wird auf schlechter bezahlte Arbeitsplätze abgeschoben, wo seine Tätigkeiten den Charakter von Hilfsdiensten bekommen.

Die betriebliche Situation bringt für den Arbeiter auch eine Beschneidung der Raumerfahrung mit sich. Die industrielle Arbeit fixiert den Arbeiter auf einen bestimmten Platz an der Maschine oder am Band. Sein Aktionsradius im Betrieb ist beschränkt, die Arbeitsorganisation reduziert die Zahl seiner Bewegungen, die nur einen engumgrenzten Raum füllen dürfen. Optische Barrieren, Fragen des Werkschutzes, von Aufsehern, von Arbeitern in anderen Teilen des Werks sabotieren die Aneignung der Räumlichkeit des Betriebs. Prämiert wird die Treue zum Arbeitsplatz, die Fixierung auf ein beschränktes Areal in der Werkshalle.

Die den Arbeitern vorenthaltene Möglichkeit, Arbeitsprozesse selbst zu organisieren, reduziert ihre Chancen, sich Produktionsprozesse transparent zu machen. Die vom Kapital eingesetzte Technologie tritt der Arbeiterklasse weitgehend fremd und feindlich, als undurchschaubare Macht gegenüber. Die Sabotage von Objektbesetzungen und Identifikationsmöglichkeiten läßt das Ich verkümmern und verhindert damit die realitätsgerechte, bewußtseinsmäßige Aneignung von sozialen Verhältnissen: die Wahrnehmung tendiert dazu, den Gesetzen falscher Projektion zu gehorchen, sie trägt «wahnhafte» Züge. Projektives Vorgehen zur Erfassung der Realität ist keineswegs automatisch falsch. Da sich in den psychischen Strukturen der Individuen, in ihrem Denken und Fühlen, die Strukturen der sozialen Objektivität niederschlagen, enthält jede Projektion Momente der Wahrheit; falsch wird sie nur durch den Ausfall einer Reflexion, die überprüft, inwieweit sie die Realität trifft. «Indem das

38 Die ökonomische Krise hat diese Privilegierung der Angestellten teilweise aufgehoben.

Subjekt nicht mehr vermag, dem Objekt zurückzugeben, was es von ihm empfangen hat, wird es nicht reicher, sondern ärmer. Es verliert die Reflexion nach beiden Richtungen: Da es nicht mehr den Gegenstand reflektiert, reflektiert es nicht mehr auf sich selbst und verliert die Fähigkeit zur Differenz. Es schwillt an und verkümmert zugleich.»[39] Die Außenwelt wird reflexionslos mit projizierten Aspekten der eigenen Person versehen, sie wird so rezipiert, wie es den eigenen, oft blinden Bedürfnissen entspricht. Ein Übermaß an Narzißmus, das der Mangel an Objektbesetzungen hervorbringt, zeitigt ein starres Schema der Allmacht, das die Realität überwältigt und Differenzen und Eigenarten negiert: Übergeneralisierte Interpretationsmuster überrollen die Realität. «Die Geschlossenheit des Immergleichen wird zum Surrogat von Allmacht.»[40] Das zwanghaft projizierende Individuum, das an der Realität verzweifelt, kann kaum etwas anderes projizieren als seine eigene Misere. Die unterdrückten Destruktionsregungen werden auf Kommunisten, Juden, Gastarbeiter, Intellektuelle projiziert. Die gesellschaftliche Misere resultiert für den Projizierenden nicht aus bestimmten Produktionsverhältnissen, sondern aus der Heimtücke von Abweichlern. Gewalt und Ausbeutung werden nicht als Ausdruck einer falschen Ökonomie begriffen, sondern erscheinen als Konsequenz der Bosheit und Herrschsucht privilegierter Minderheiten: Die Interpretation von Herrschaftsverhältnissen erfährt eine interessenpsychologische Verkürzung. Die Neigung zur Übergeneralisierung bei der Realitätserfassung, zum Schwarz-Weiß-Denken, verbindet sich mit konkretistischen Einstellungen; um den völligen Bruch mit der sozialen Objektivität zu vermeiden, um den Kontakt mit der Realität nicht gänzlich einzubüßen, klammert sich das Bewußtsein an das unmittelbar Gegebene, an das konkret Faßbare, dessen Vermitteltheit vernachlässigt wird.

Der von der kapitalistischen Produktionsweise geforderte Sozialcharakter muß Züge aufweisen, die denen verwandt sind, die die Psychiatrie bei psychisch Schwergestörten ausgemacht hat. Wenn die dargestellten Abstraktionsprozesse, die aus dem Kapitalverhältnis resultieren, voll durchschlagen würden, müßten die Arbeiter eine psychische Verfaßtheit aufweisen, die dem verwandt ist, was etwa als «psychotisch» etikettiert wird. (Die oft diskutierte Fragestellung, ob die Pathologie des proletarischen Sozialcharakters eine Nähe zum «Psychotiker» oder «Neurotiker» aufweist, ist wenig sinnvoll, weil derartige Einteilungen, wie oben aufgezeigt wurde, sich an einer fragwürdigen innerpsychologischen Logik orientieren. Derartige Klassifikationen gehen fälschlicherweise davon aus, daß die Krankheit schlicht in der Person existiert und nicht wesent-

39 Th. W. Adorno, M. Horkheimer: Dialektik der Aufklärung, Amsterdam 1947, S. 223.
40 Ebd., S. 224.

lich in ihren Reaktionen auf klassenspezifische Lebenszusammenhänge.[41]) Die psychischen Leistungen, die vom Arbeitsprozeß verlangt werden, fordern Subjekte, die Züge tragen, die Symptomen psychischer Erkrankungen gleichen: Der Produktionsprozeß verlangt die Aufspaltung des Arbeiters, er bringt es mit sich, daß der Körper, daß Gedanken und Gefühle als fremdbestimmt erfahren werden können. Eine hochgradige Ambivalenz von Gefühlseinstellungen, die widersprüchlichen Abhängigkeitsbeziehungen entspringt, bringt den Rückzug aus sozialen Beziehungen mit sich. Die Entleerung von Objektbesetzungen führt zu einem übersteigerten Autoerotismus. Die Beziehung zur Realität setzt verzerrte, projektive, «wahnhafte» Wahrnehmungsstrukturen. Verlangt werden verselbständigte, erstarrte Bewegungsrituale, «abstrakte», automatisierte Verhaltensweisen. Die Raum- und Zeiterfahrung wird zerstört. Die Subjekte werden auf infantile Dispositionen zurückgeworfen. Was als Symptom schwerer psychischer Störungen gilt, ist in der vom Kapital organisierten industriellen Arbeit potentiell enthalten. Die Unvernunft, die in individuelle und kollektive Formen psychischer Verelendung in der bestehenden Gesellschaft eingelagert ist, ist die Kehrseite der quantifizierenden Rationalität des Kapitals. Die Unvernunft psychischer Defekte ist Teil der ökonomischen Vernunft. Wenn die Abstraktionen, die das Kapitalverhältnis an den Menschen vornimmt, sich ungehemmt durchsetzen könnten, würden alle Arbeiter zu psychiatrischen Fällen: Die Verrücktheit, der Wahn, ist Teil der kapitalistischen Rationalität. Eine Arbeiterklasse als «Klasse an sich» im strengen Sinn, als Klasse, die nur ein passives bewußtloses Objekt der Verhältnisse wäre, die sich der Rationalität des Kapitals absolut widerstandslos fügen würde, müßte verrückt werden.[42]

Die spärlich vorliegenden empirischen Untersuchungen über den Zusammenhang von Arbeitsbelastungen und psychischer Verelendung von Industriearbeitern bestätigen die vorgetragene These, daß diese mit dem Gewicht der Abstraktionen zunimmt, die im Arbeitsprozeß an ihnen vorgenommen werden. Die ungelernten Arbeiter, die zu repetitiver Teilarbeit verdammt sind, zeigen den vorliegenden Untersuchungen zufolge, im Vergleich mit anderen Gruppen aus der Arbeiterklasse, das höchste Maß an seelischer Beschädigung. Kornhauser, der 407 repräsentativ ausgewählte männliche Arbeiter eines Industriebetriebs in Detroit intensiv interviewt hat, kommt zu dem Ergebnis, daß ungelernte Arbeiter mit repetitiven Tätigkeiten im Schnitt ein wesentlich geringeres Maß an psychischer Gesundheit aufweisen als ungelernte Arbeiter mit anderen

41 Siehe Seite 187ff. dieses Buches.

42 Daß auch in anderen Gesellschaftsordnungen psychische Störungen auftauchen, die eine Verwandtschaft mit den für den Kapitalismus typischen zeigen, weist darauf hin, daß auch dort an den Subjekten gewaltsame Abstraktionen und Reduktionen vorgenommen werden.

Tätigkeiten, als Facharbeiter oder eine zu Vergleichszwecken untersuchte Gruppe von Büroangestellten.[43] Die Erfahrung der «Unmöglichkeit, bei der Arbeit seine Fähigkeiten anwenden zu können», korreliert ihm zufolge am stärksten mit geringer psychischer Gesundheit. Als weitere krankmachende Faktoren kommen etwa hinzu: Unsicherheit des Arbeitsplatzes, schlechtes Auskommen mit Vorgesetzten und Kollegen, keine Aufstiegsmöglichkeiten, geringer Verdienst und große, unüberschaubare Betriebe. Zaleznik u. a. kommen nach einer gründlichen Sekundäranalyse von Untersuchungen über den Zusammenhang von sozialer Schicht, Berufstätigkeit und psychischer Erkrankung zu dem Ergebnis, daß das Risiko des psychischen Zusammenbruchs besonders bei Tätigkeiten mit folgenden Merkmalen hoch ist: einförmige, körperliche schwere Arbeitsvollzüge, Machtlosigkeit, keine oder geringe Möglichkeiten zur Entwicklung von Arbeitszufriedenheit, häufiger Wechsel des Arbeitsplatzes, Isolierung bei der Arbeit, starker Lärm.[44]

In seinem Buch «Sozialpsychologie der Arbeiterklasse» hat der Autor versucht aufzuzeigen, daß nicht nur die vom Kapital organisierte Produktion, sondern die von seiner Rationalität geprägte gesamte gesellschaftliche Totalität die Tendenz zeigt, Menschen hervorzubringen, die mit psychiatrischen Fällen verwandt sind. Die zum Terrorzusammenhang tendierende Kleinfamilie, die für die kapitalistische Gesellschaft typisch ist, zeigt ihre Schattenseiten am deutlichsten in Gestalt der schizophrenogenen Familie. Im Faschismus manifestieren sich in der kapitalistischen Gesellschaft angelegte zerstörerische Potentiale besonders drastisch, die, wie das Beispiel des Nationalsozialismus zeigt, tendenziell ganze Völker mit Zügen der Verrücktheit ausstatten können. Uminterpretierte psychiatrische Befunde erlauben wesentliche Einsichten in die psychische Verfaßtheit der Menschen unterm Kapitalverhältnis. In weiten Bereichen läßt sich Denken und Handeln von Menschen in der bestehenden Gesellschaft eher von der Psychopathologie als von einer rationalistischen Anthropologie ausgehend begreifen, die die Menschen primär als vernunftbegabte Wesen sieht.

Nur eine Minderheit der Arbeiter landet im Irrenhaus, nur relativ wenige werden zu Fällen, mit denen sich die Psychiatrie befaßt. Die spärlich vorliegenden empirischen Befunde sprechen nicht unbedingt für im Vergleich mit anderen sozialen Schichten übermäßig hohe Raten manifester psychischer Erkrankungen bei Arbeitern, die in den Produktionsprozeß integriert sind. Daß Arbeiter nicht massenhaft als psychisch Kranke erscheinen, hat vor allem zwei Ursachen: Dies ist einerseits die Konsequenz des Interpretationsrahmens der etablierten Psychiatrie und

43 A. Kornhauser: Mental Health of the Industrial Worker, New York 1965.

44 Zaleznik u. a.: Social Class, Occupation, and Mental Illness, in: Mclean (Hg.) Mental Health and Work Organizations, Chicago 1970, S. 116ff.

andererseits Ausdruck der Tatsache, daß die gesellschaftlichen Verhältnisse Potentiale aufweisen, die die Abstraktionsprozesse, die den Produktionsverhältnissen entspringen, in Grenzen halten.

Die seelische Verelendung, die in der Arbeiterklasse kollektiviert ist, taucht im Horizont der Psychiatrie nicht auf, solange sie sich der Rationalität der bestehenden Produktionsverhältnisse fügt. Der Gesundheitsbegriff der etablierten Psychiatrie ist, wie der der Medizin im allgemeinen, auf die Arbeitsfähigkeit bezogen. Als psychisch krank wird jemand typischerweise erst dann etikettiert, wenn sein seelisches Elend eine Gestalt angenommen hat, die den Verkauf der Arbeitskraft nicht mehr zuläßt. Daß das «normale» seelische Elend in der Arbeiterklasse sehr weitreichend ausfallen kann, zeigt die Tatsache, daß Individuen mit bestimmten Verhaltensdispositionen, die in den psychiatrischen Bereich fallen, dort weit weniger als abweichend interpretiert werden als in höheren Schichten.[45] Die Kollektivierung einer «Pathologie des Normalen» bringt es mit sich, daß manches, was die Psychiatrie als pathologisch begreifen könnte, nicht als abweichend erfahren wird und deshalb nicht von der Stigmatisierung bedroht ist.

Die psychiatrische Forschung hat aufgezeigt, daß bestimmte psychische Defekte das wenn auch fragwürdige Funktionieren von pathogenen Familienverhältnissen erlauben.[46] Die «schizophrenogene» Familie verdankt das prekäre Gleichgewicht, das ihre Reproduktion erlaubt, den seelischen Verkrüppelungen besonders ihrer schwachen Mitglieder. Diese Verkrüppelungen treten erst dann offen zutage, wenn das Subjekt, das mit ihnen ausgestattet ist, zur Ablösung von der pathogenen Familie gezwungen ist, wenn es sich in einer neuen Realität zurechtfinden muß, der es dann auf Grund seiner familialen Sozialisation nicht gewachsen ist. Ein «schizophrenes» psychisches Potential gewinnt erst dann eine besondere pathologische Bedeutung, wenn das Subjekt, das mit ihm behaftet ist, den Versuch machen muß, Verhältnisse hinter sich zu lassen, denen es sich mit Hilfe dieses Potentials angepaßt hat. In ähnlicher Weise läßt sich behaupten, daß der Arbeiter, der gelernt hat, im Zwangszusammenhang der kapitalistischen Produktion mit Hilfe von bestimmten psychischen Verkrüppelungen zu funktionieren, diese besonders beim Mißlingen des Versuchs offenbart, sich auf andere Verhältnisse einzustellen. Arbeiter, die nach langjähriger stereotyper Bandarbeit gezwungen werden, den Arbeitsplatz zu wechseln, erleben nicht selten psychische Zusammenbrüche, weil sie nicht mehr die Flexibilität aufbringen können, sich an neue Verhältnisse anzupassen. An Arbeitslosen und Rentnern wird offenbar, daß der Arbeitsprozeß kaum Selbsttätigkeit und Kommu-

45 Siehe hierzu E. Parow: Psychotisches Verhalten und soziale Umwelt, Frankfurt 1972, S. 43 ff.

46 Siehe hierzu Bateson u. a.: Schizophrenie und Familie, Frankfurt 1969.

nikationsfähigkeit auszubilden erlaubt, die es gestatten, soziale Beziehungen und Arbeitszusammenhänge außerhalb der ökonomischen Sphäre selbsttätig zu produzieren, die ein psychisches Überleben ohne größere Zerstörungen erlauben.[47] Wer für die entfremdete Produktion zugerichtet ist, ist kaum dazu geeignet, jenseits ihrer Grenzen vernünftig zu leben.

Daß Arbeiter nicht massenhaft als psychisch krank erscheinen, ist freilich nicht nur eine Frage des Interpretationsrahmens der Psychiatrie, es ist vor allem die Konsequenz der Tatsache, daß die Gesellschaft auch Potentiale aufweist, die der zerstörerischen abstrakten Rationalität des Kapitals entgegenwirken. Die Psychologie muß neben den Faktoren, die die psychische Verelendung des Arbeiters hervorbringen, auch die Faktoren benennen, die verhindern, daß der Arbeiter zum psychiatrischen Fall wird; sie muß die Faktoren benennen, die seine Defekte in bestimmten Grenzen halten. Das Normale unterscheidet sich, wie z. B. Sigmund Freud aufgezeigt hat, nur quantitativ vom als pathologisch Bezeichneten, aber die Quantität kann real oder scheinhaft in eine Qualität umschlagen, die den Gesunden vom Kranken trennt. Eine Psychologie in praktisch-politischer Absicht hat zu ermitteln, was verhindert, daß Menschen als psychisch Kranke zu Opfern der Gesellschaft werden, denen man kaum die psychische Verfaßtheit zuschreiben kann, die für den politischen Kampf um bessere Verhältnisse erforderlich ist.

Die sozialen Potentiale, die die psychische Verelendung des Arbeiters in Grenzen halten, sind auf verschiedenen Ebenen angesiedelt. Widerstandspotentiale gegen die Diktatur des Kapitals in der Fabrik wurzeln 1. in der Logik der Produktivkräfte, die der Rationalität der Produktionsverhältnisse entgegenstehen kann, sie wurzeln 2. in Entlastungsmöglichkeiten, die der Freizeitbereich liefert, und sie wurzeln 3. in Widerstandshandlungen der Arbeiter.

Mit dem Doppelcharakter des kapitalistischen Produktionsprozesses als Arbeitsprozeß und Kapitalverwertungsprozeß sind prinzipiell auch widersprüchliche Verhaltenspotentiale gesetzt. Die Abstraktionstendenzen, die aus den Produktionsverhältnissen resultieren, erfahren eine Bremsung dadurch, daß der Produktionsprozeß auch die Logik der Produktivkräfte berücksichtigen muß.[48] Die stofflichen Aspekte der Arbeitsmittel und der herzustellenden Produkte ebenso wie die psychische und physische Beschaffenheit der Arbeiter müssen im Produktionsprozeß

47 Bei der derzeitigen Höhe der Arbeitslosenunterstützung ist das psychische Elend von Arbeitslosen keineswegs allein als materiell bedingt zu begreifen. Zur psychischen Verelendung von Arbeitslosen siehe A. Wacker: Arbeitslosigkeit, Frankfurt 1976.

48 Siehe hierzu und damit zum folgenden K. Ottomeyer: Soziales Verhalten und Ökonomie, Bremen 1973, und L. Hack u. a.: Klassenlage und Interessenorientierung, in: Zeitschrift für Soziologie, Heft 1, 1972, S. 15 ff.

wenigstens so weit berücksichtigt werden, daß die Gebrauchswertproduktion möglich bleibt. Die Abstraktionsprozesse stoßen auf Schranken, die durch die «Natur» des Arbeiters wie die der sachlichen Objekte gesetzt werden: Die Rationalität der Produktivkräfte kann sich niemals völlig der der Produktionsverhältnisse fügen. Der Arbeiter muß auf den spezifischen Inhalt seiner Arbeit wenigstens so weit eingehen können, daß er Unfälle zu vermeiden vermag; er muß zumindest die Chance haben, in seine Arbeit Ansätze einer Rhythmisierung, die die Zeit strukturiert, einzubringen, in der wenigstens rudimentär seine Individualität aufgehoben ist.[49] Der Arbeitsprozeß muß dem Arbeiter wenigstens so viel Autonomie gönnen, daß es ihm möglich bleibt, sich ihm ab und zu mit Hilfe von Phantasietätigkeit zu entziehen, weil er ihn sonst nicht ertragen könnte.[50]

49 «Die Arbeitspsychologie hat das ‹Variieren› und das ‹Ausführen der Aufgabe als Nebenhandlung› als Symptome erkannt, die bei der Ausübung eintöniger, sich wiederholender Handlungen auftreten und die Versuche der Individuen darstellen, die Fortsetzung der Arbeit zu erleichtern bzw. die Arbeit erträglich zu machen. Die individuellen Bemühungen des Variierens haben die Funktion, durch aktives Hinzufügen neuer Momente oder durch willkürliche Betonung von Nuancen eine neue Situationsstruktur zu schaffen. Das Zerfließen der Zeitstruktur und der Subjekt–Objekt-Beziehungen wird beispielsweise dadurch verhindert, daß neue Bewegungen hinzuerfunden werden, die die Gleichförmigkeit des Arbeitsablaufes unterbrechen und auf diese Weise größere Situationseinheiten erlebbar machen. Eine andere wirksame Methode des Variierens besteht in der Einteilung des Arbeitspensums in größere Gruppen und dadurch in Zeiteinheiten. Hierdurch wird der Gefahr der Monotonie durch willkürliche Zeitsetzung begegnet. Die Einschnitte markieren größere Abschnitte, die gegenüber der Destruktion der Zeitstruktur durch die repetitive Arbeit Gegenwart, Vergangenheit und Zukunft unterscheidbar halten. Bei der Akkordarbeit ohne direkt vorgegebenes Zwangstempo kann die Zeit in Stückzahlen eingeteilt und in Stückzahlen gemessen werden; Zeit wird greifbar und sichtbar. Der Verlust des Zeitempfindens, das Gefühl ‹bloßer Dauer› wird vermieden durch die bewußte Verräumlichung der Zeit; das Individuum weiß, an welcher Zeitstelle es sich befindet, wieviel ‹Stückzeit› vergangen ist und wieviel ‹Stückzeit› bis zum Ende des Arbeitstages noch zu bewältigen ist.» U. Volmerg: Zum Verhältnis von Produktion und Sozialisation am Beispiel industrieller Lohnarbeit, in: Produktion, Arbeit, Sozialisation, a. a. O., S. 120f.

50 «Eine andere Methode der Kompensation der Arbeitsbelastungen ist, die Arbeit aus dem Bewußtsein zu verdrängen, sie nur noch nebenbei zu verrichten, während mit Hilfe der Vorstellung eine neue Welt konstituiert wird. Die psychische Aktivität des Individuums wird hier nicht auf die reale Arbeitssituation gerichtet, um diese durch subjektive Zutaten zu strukturieren, sondern vollkommen von dieser abgewandt. Das Tagträumen versetzt das Individuum in einen anderen Raum, in eine andere Zeit, der realen Fragmentierung durch die Arbeit wird eine halluzinierte Einheit der Person entgegengesetzt. Sinnlosigkeit, Objektlosigkeit und Gleichförmigkeit der Arbeitssituation werden ersetzt durch vorge-

Der Doppelcharakter des Produktionsprozesses als Arbeitsprozeß und Kapitalverwertungsprozeß bringt es mit sich, daß auch die Kooperation prinzipiell einen Doppelcharakter aufweisen muß. Auch wenn das Kapital die Menschen der Tendenz nach so zusammenfaßt, daß sie sich nicht selbst gehören, daß sie in ihrer Vereinigung voneinander isoliert sind und ihre Beziehungen entleert sind, verlangt der sinnlich konkrete Arbeitsprozeß, daß die Arbeiter ihre Tätigkeiten und Verhaltensweisen, innerhalb des von der Maschinerie vorgegebenen Rahmens, doch bis zu einem gewissen Grad selbständig aufeinander beziehen. Schon die Notwendigkeit, seine Arbeitskraft möglichst schonend zu verausgaben, um sie längerfristig zu erhalten – also Gesundheit und Leben zu sichern –, setzen für den Arbeiter die Nötigung, bestimmte Beziehungen zu produzieren und die Kooperationsformen zu beeinflussen. Selbst das Kapital muß ein gewisses Interesse daran haben, daß die Arbeiter sich nicht allein an die Regeln halten, die es auferlegt; die Arbeiter müssen neben den reglementierten Beziehungen, die es festlegt, auch informelle, flexiblere Beziehungen entwickeln können, damit die Produktion aufrechterhalten werden kann. Daß die vom formellen Organisationsplan festgelegte Kooperation ohne selbständige Ergänzungen der Arbeiter nicht funktionieren kann, zeigt auf paradoxe Art die Tatsache, daß ein Dienst nach Vorschrift die Produktion typischerweise zum Erliegen kommen läßt. Die fremdbestimmte Struktur bedarf wenigstens rudimentär der Ergänzung durch informelle Strukturen, in die Momente von Selbstbestimmung eingehen.

In den, trotz der vom Kapitalverhältnis ausgehenden Restriktionen, im Produktionsprozeß wenigstens rudimentär erhaltenen Momenten von selbstbestimmten Arbeitsleistungen und Beziehungsmustern steckt eine verkümmerte, verborgene Verwirklichung eines Gattungslebens. Wenn auch auf pervertierte und verzerrte Art realisiert der Arbeiter in der Fabrik, daß er ein soziales Wesen ist, daß er Teil einer Gruppe ist, daß er an einer von Produzenten vollzogenen Kooperation teilhat, daß er zusammen mit anderen etwas leistet. Momente der Kollektivität und der Solidarität sind verfälscht und verdorben auch in der vom Kapital auf vielfältige Art gebrochenen Kooperation noch enthalten. Daß die Arbeitslosigkeit verheerende psychische Folgen zeitigt, hat seine Ursache nicht zuletzt darin, daß sie den Arbeitern eine der letzten Chancen nimmt, sich als soziales Wesen zu erfahren. Die entfremdete Arbeit mit ihren extrem reduzierten menschlichen Möglichkeiten, mit ihren verdorbenen Sozialkontakten kann immer noch mehr bieten als ein Leben als isolierter einzelner mit viel freier Zeit.

stellte Objekte, Interaktionen und Ziele. Der Mangel an realen Ausdrucksmöglichkeiten der Identität wird überspielt durch die Wiederholung lebensgeschichtlicher Erfahrungen.» Ebd., S. 121.

Vor allem die Entlastungschancen in der Reproduktionssphäre, also im Familien- und Freizeitbereich, sorgen dafür, daß die Belastungen des Arbeitsprozesses nicht zum manifesten psychischen Zusammenbruch führen.[51] Die Tatsache, daß psychische Katastrophen besonders bei Unverheirateten, sozial isolierten Individuen auftreten, die diese Entlastungen nicht nutzen können, zeigen ihre Bedeutung für das psychische Überleben. Der Freizeitbereich duldet trotz aller Beschränkungen, die auf ihm lasten, bestimmte Formen unmittelbarer Beziehungen zu Menschen und Elemente nicht entfremdeter Arbeit in Haus oder Garten, die es erlauben, eine bedrohte Identität zu stabilisieren. Das «Abschalten» nach der Arbeit wird dem Arbeiter dadurch erleichtert, daß er eine ausgeprägte instrumentelle Einstellung zur Arbeit zu entwickeln gezwungen ist. Den Arbeiter interessiert an seiner Arbeit in erster Linie, daß sie Geld einbringt, sie ist ein «Job», in den die eigene Subjektivität kaum eingebracht werden kann und von dem die Distanzierung deshalb besonders leichtfällt. Da die Persönlichkeit des Arbeiters während seiner Arbeitsleistungen kaum gefordert wird, bleiben diese ihm in gewisser Weise äußerlich.[52] Beim Angestellten etwa kommt zur entfremdeten Arbeit sehr oft noch eine Form der Selbstentfremdung hinzu, die dem Arbeiter erspart bleibt. Der Angestellte, der z. B. im Verteilungssektor bestimmte Waren zu verkaufen hat, muß mit seinem Aussehen, seinen Gesten, seinem Lächeln für diese werben. Die in der Berufsrolle verankerte Notwendigkeit, sich zumindest gegenüber den Kunden mit dem Interesse der Firma zu identifizieren, fordert, vor allem bei höheren Angestellten, den Einsatz der «ganzen Person». Eigenschaften wie Hilfsbereitschaft oder Freundlichkeit werden beim Angestellten zu völlig unpersönlichen Berufserfordernissen. Auch die ewigen Schuldgefühle, die besonders linke Akademiker plagen, wenn sie nichts arbeiten, sind dem Arbeiter nach Feierabend weitgehend fremd, weil er sich mit seiner Arbeit nicht zu identifizieren braucht.

Die psychische Verelendung der Arbeiter wird nicht zuletzt durch

51 Der extreme Bruch zwischen Produktionssphäre und Reproduktionssphäre bringt freilich auch Belastungen mit sich. Er erschwert es dem Arbeiter, sich als identisches Selbst zu erfahren.

52 Die instrumentelle Einstellung zur Arbeit hat ihre Grenzen; das Arbeitsleben mit seinen Belastungen bleibt der Subjektivität keineswegs äußerlich, auch wenn deren Besonderheit kaum in die Arbeit eingebracht werden kann. Man kann nicht ein Leben lang eine Arbeit verrichten, ohne daß dies die Psyche entscheidend prägt. Der Einfluß der Arbeit auf die Konstitution der Subjektivität ist wesentlich von den Alternativen abhängig, die die Freizeit zu ihr bietet. Die Gleichgültigkeit gegenüber der kapitalistisch bestimmten Arbeit, die die italienische Konzeption der «Arbeiterautonomie» strategisch nutzen will, wird nur dann im Sinne der Linken wirksam, wenn ein ausgeprägtes antikapitalistisches Milieu vorhanden ist, das der Zerstörung proletarischer Subjektivität entgegenwirkt.

ihren Widerstand in Grenzen gehalten. Der solidarische gewerkschaftliche Kampf, die Leistungszurückhaltung durch informelle Gruppen, das «Krankfeiern», der verlängerte Aufenthalt auf der Toilette sorgen dafür, daß das Kapital im Industriebetrieb nicht völlig von den Interessen und Bedürfnissen der Arbeiter abstrahieren kann. Bestimmte offene und versteckte Widerstandsformen der Arbeiter tragen dazu bei, daß ihre psychische Verelendung normalerweise ein Maß nicht übersteigt, das die Erhaltung ihrer Arbeitskraft sichert. Daß bestimmte Widerstandsformen der Arbeiter auch für das Kapital funktional sein können, indem sie die Psyche der Träger der Ware Arbeitskraft stabilisieren, hat schon Max Weber empirisch belegt, indem er aufzeigte, daß sozialdemokratische Arbeiter im Kaiserreich ihre Kollegen an Arbeitsfreude und Tüchtigkeit übertrafen.[53] Der Kampf der Arbeiter gegen das Kapital sorgt dafür, daß sie längerfristig psychisch und auch physisch überleben können, was auch dem Kapital dienlich ist, weil es dafür sorgt, daß die Arbeitskraft nicht allzu rasch verschlissen wird. Der Kampf der Arbeiter gegen das Kapitalverhältnis hat nicht nur institutionelle Reformen durchgesetzt, die dessen Weiterexistenz gesichert haben (z. B. Staatsinterventionismus im ökonomischen Bereich, Sozialstaatlichkeit), er sorgt auch auf der subjektiven Ebene dafür, daß psychische Katastrophen, die die Arbeitskraft zerstören, nicht überhandnehmen. Die Arbeiterklasse kann sich nur dadurch an das Bestehende anpassen, daß ihre Mitglieder einen offenen oder versteckten Kampf gegen dieses führen. Noch in ihrer Apathie steckt die Weigerung, sich von der bestehenden Betriebsamkeit allzusehr einfangen zu lassen. Selbst die offene psychische Erkrankung, die die proletarische Lebensgeschichte hervorbringen kann, stellt neben der Kapitulation vor dem Bestehenden auch eine Weigerung dar, dieses zu akzeptieren.

Der deutsche Faschismus zeigt, daß eine wesentliche Beschneidung der Widerstandsmöglichkeiten der Arbeiter durch eine totalitäre Herrschaft des Kapitals ein durch die Weltwirtschaftskrise gesteigertes psychisches Elend so potenzieren konnte, daß bei großen Teilen des Proletariats das eintrat, was man mit einer gewissen Kühnheit als «Massenpsychose» bezeichnen kann, die auch auf der psychischen Ebene die Kapitulation vor seinem System bewirkte. Der Faschismus, der heute im Zentrum jeder Kapitalismuskritik stehen muß, die sich auf der Höhe der historischen Situation befindet, zeigt, daß die Ohnmacht der Massen ihre psychische Verelendung so weit treiben kann, daß sie zwanghaft und mit einer gewissen Lust gegen ihre genuinen Interessen zu handeln bereit sein können; er hat die Notwendigkeit einer Massenpsychologie, die die Pathologie des Normalen zu begreifen imstande ist, auf die Tagesord-

53 Sicher war dabei die Angst vor der Kündigung und der Reformismus der SPD von Einfluß.

nung gesetzt.

Um den Belastungen der entfremdeten Arbeit gewachsen zu sein, um im alltäglichen Kampf gegen die Verhältnisse bestehen zu können, der für das psychische und physische Überleben notwendig ist, muß der Arbeiter höher qualifiziert sein, als seine Arbeit dies unmittelbar erfordert. Der Arbeiter muß einen Überschuß an produktiven Potenzen aufweisen, der dazu verwandt werden kann, die extremen Arbeitsbelastungen, denen er ausgesetzt ist, während der Arbeitszeit und nach Feierabend zu kompensieren.[54] Seine Widerstandsformen im Produktionsbereich, die vom Streik bis zum Ausweichen in eine phantasierte Realität reichen, oder Arbeiten in Haus und Garten, die seiner in der Fabrik angeschlagenen Identität wieder aufhelfen können, indem sie die Vergegenständlichung individueller Fähigkeiten erlauben, verlangen eine Sozialisation, die ein umfassenderes Arbeitsvermögen ausgebildet hat, als es der Arbeitsprozeß unmittelbar beansprucht. Wenn die Sozialisation diesen Überschuß nicht in zureichendem Maße produziert hat oder wenn eine angeborene oder erworbene physische Disposition ihm zuwiderläuft, kann der Arbeiter bei extremen Arbeitsbelastungen und reduzierten Kompensationschancen im Freizeitbereich zum psychiatrischen Fall werden. Familie und Schule müssen Vorerfahrungen von dem Schrecklichen liefern, das den Arbeiter in der Fabrik erwartet, aber sie müssen auch Besseres, anderes bieten, als die Erwachsenenwelt dem Arbeiter gönnt. Der Überschuß an produktiven Potenzen, den die Sozialisationsinstanzen zur Aufrechterhaltung der kapitalistischen Produktion wie zur Reproduktion des gesellschaftlichen Ganzen liefern müssen, kommt dadurch zustande, daß diese dem Kapital nicht unmittelbar subsumiert sind, daß neben der Einheit von Sozialisation und Produktion auch ein Bruch zwischen beiden vorliegt. Im «Überbau» der kapitalistischen Ökonomie, in der Sphäre des Staates oder der Familie darf sich die Rationalität des Kapitals nicht ungebrochen durchsetzen, wenn dieser seine Aufgabe bei der Reproduktion des Bestehenden erfüllen soll. Im kulturellen und politischen Überbau müssen vorkapitalistische Residuen wirksam sein, die mit Elementen verknüpft sind, die, zumindest in verzerrter Form, nachkapitalistische Zustände antizipieren. Die Familie regiert neben den Gesetzen, die das Kapital auferlegt, das archaische Prinzip der Blutsbande und das feudale Prinzip der Treue; der vom Absolutismus überkommene Staat gehorcht bei seinen wirtschafts- und sozialpolitischen Maßnahmen üblicherweise nicht dem Tauschprinzip, das ansonsten in der Ökonomie gilt. Vorkapitalistische und antikapitalistische Strukturelemente halten die zerstörerischen Potentiale des Kapitals in Grenzen. Die kapitalistische Gesellschaft ist auf historische Ungleichzeitigkeiten angewiesen, die das Verhältnis von Sozialisation und Produk-

54 Siehe hierzu U. Volmerg, a. a. O.

tion, von «Basis» und «Überbau» bestimmen.

Wenn zum Abschluß kurz auf die Frage eingegangen werden soll, woran eine politische Praxis anknüpfen kann, die darauf zielt, das Kapitalverhältnis zu überwinden, das die Arbeiter um die Entfaltung ihrer Möglichkeiten bringt, so läßt sich dies abstrakt so beantworten: Die sozialen Strukturmomente und die an sie geknüpften psychischen Dispositionen, die verhindern, daß der Arbeiter zum psychiatrischen Fall wird, indem sie der abstrakten Rationalität des Kapitals zuwiderlaufen, enthalten das Potential, das, politisch gefaßt, über die Schwelle einer kapitalkonformen Stufe gehoben werden kann. Das Bemühen der Arbeiter, ihre Bedürfnisse und Interessen offen oder versteckt im Bestehenden zur Geltung zu bringen, liefert diesem den notwendigen menschlichen Kitt, solange es sich vor allem individuell und privatistisch Geltung verschaffen will. Seine Kollektivierung durch politische Organisationen, die es qualitativ verändert, kann eine bessere Gesellschaft möglich machen. Der Kapitalismus muß, um sein Fortbestehen zu sichern, der Arbeiterklasse zubilligen, sich das «emanzipative Minimum»[55] zu erkämpfen, das für das psychische Überleben als Träger der Ware Arbeitskraft notwendig ist. Dieses Minimum erlaubt es dem Arbeiter, sich so auf die Realität zu beziehen, daß den Kapitalismus überwindendes kollektives Handeln potentiell möglich bleibt. Der politische Kampf, in den das Ringen um die Produktion alternativer Verkehrs- und Arbeitsformen eingeht, kann es so transformieren und erweitern, daß das organisierte Nein möglich wird, das die Zukunft öffnen kann.

55 Zum Begriff des «emanzipativen Minimum» siehe O. Negt, K. Kluge: Öffentlichkeit und Erfahrung, Frankfurt 1973.

852/5—5a

Angewandte Psychologie

Creativitätstraining [6827]
Kontakttraining
Erfolgsprogramm für das Leben mit anderen Menschen [6867]

RAINER E. KIRSTEN / JOACHIM MÜLLER-SCHWARZ
Gruppentraining. Ein Übungsbuch mit 59 Psycho-Spielen, Trainingsaufgaben und Tests [6943]

RONALD D. LAING
Das geteilte Selbst. Eine existentielle Studie über geistige Gesundheit und Wahnsinn [6978]

PETER LAUSTER
Begabungstests [6844]

Berufstest. Die wichtigste Entscheidung im Leben richtig treffen [6961]

CARL G. LIUNGMAN
Der Intelligenzkult. Eine Kritik des Intelligenzbegriffs und der IQ-Messung. Mit 48 Abb. im Text [6792]

Prof. Dr. MAX LÜSCHER
Signale der Persönlichkeit. Rollenspiele und ihre Motive [6942]

NENA & GEORGE O'NEILL
Die offene Ehe. Konzept für einen neuen Typus der Monogamie [6891]

ERNST OTT
Optimales Denken. Trainingsprogramm [6836]

FELIX R. PATURI
Der Rolltreppeneffekt oder Wie man mühelos nach oben kommt [6899]

LAURENCE J. PETER & RAYMOND HULL
Das Peter-Prinzip oder Die Hierarchie der Unfähigen [6793]

HORST-EBERHARD RICHTER
Patient Familie
Entstehung, Struktur und Therapie von Konflikten in Ehe und Familie [6772]

Dr. G. H. RUDDIES
Psychotraining. Lebenstechnik im Alltag [6901]

Psychostudio. Von der Beobachtung zur Beurteilung des Verhaltens [6971]

Dr. WILLIAM D. SCHUTZ
Freude, Gruppentherapie, Sensitivitytraining. Ich-Erweiterung [6811]

GEORG SIEBER
Achtung Test. Psychologische Testverfahren – was man von ihnen erwarten darf. Mit 8 Farbtafeln [6683]

FRAUKE TEEGEN / ANKE GRUNDMANN / ANGELIKA RÖHRS
Sich ändern lernen. Anleitung zur Selbsterfahrung und Verhaltensmodifikation [6931]

114/9